QUAND LA CALIFORNIE
ÉTAIT FRANÇAISE

DU MÊME AUTEUR :

L'Homme aux semelles de vent, Paris, Grasset, 1977 ; rééd. Payot, 1992 et 1998, coll. « Petite Bibliothèque Payot/Documents ».
Le Paradis perdu, Paris, Grasset, 1981.
Le Journal du romantisme, Genève, Skira, 1981 (grand prix de la Société des gens de lettres).
Ys, dans la rumeur des vagues, La Gacilly (Morbihan), Artus, 1985.
La Porte d'or, Paris, Grasset, 1986.
Dublin, Paris, Autrement, 1986. Nouvelle édition 1997.
Une amitié littéraire : Henry James - Robert Louis Stevenson (correspondance et textes), Lagrasse (Aude), Verdier, 1987 ; nouvelle éd. revue et augmentée Payot, 1994, coll. « Petite Bibliothèque Payot/Documents ».
La Fièvre de l'or, Paris, Gallimard, 1988 ; rééditions 1995 et 1998.
Au vent des royaumes, La Gacilly (Morbihan), Artus, 1991.
Pour une littérature voyageuse (collectif), Bruxelles, Complexe, 1992.
Le Grand Dehors, Paris, Payot, 1992.
Robert Louis Stevenson : les années bohémiennes, biographie, tome I, Paris, NiL éditions, 1994.
Robert Louis Stevenson, Cahiers de l'Herne (direction), Paris, 1995.
Fragments du royaume (entretiens avec Yvon Le Men), Vénissieux (Rhône), Paroles d'Aube, 1995.
Bretagne, entre vents et amers (sur des photographies de Jean Hervoche), Rennes/Bruxelles, Apogée, 1996.
Un hiver en Bretagne, Paris, NiL éditions, 1996 ; rééd. Points-Seuil, 1997.
Écosse, Highlands & Islands (sur des photographies de Jean Hervoche, Hervé Glot et Pietr-Paul Koster), La Gacilly, Artus, 1998.
Les Flibustiers de la Sonore, Paris, Flammarion, 1998.
L'Ouest sauvage (sur des photographies d'Olivier Grünewald), Paris, Le Chêne, 1999.
Étonnants voyageurs, anthologie Gulliver de la littérature voyageuse (direction), Paris, Flammarion, 1999.

MICHEL LE BRIS

QUAND LA CALIFORNIE ÉTAIT FRANÇAISE

L'épopée des chercheurs d'or français en Californie (1848-1854) à travers leurs mémoires, journaux, récits et lettres.

Le Pré aux Clercs

ISBN : 2-84228-061-X
N° d'éditeur : 61

INTRODUCTION

Il est des hasards de l'existence dont on se dit, après coup, qu'ils étaient nécessaires, vous conduisaient là où vous deviez aller depuis toujours et, ce faisant, vous révélaient à vous-même. Celui qui me conduisit en Californie sur les pas des chercheurs d'or français, près de vingt ans après, continue de me troubler. Pourquoi, pris d'une impulsion soudaine, un jour de mai 1980, étais-je sorti de ma voiture alors que j'allais quitter le marché de Morlaix, pour courir jusqu'à la boutique d'un ami bouquiniste ? J'étais en retard, des amis m'attendaient pour le déjeuner, la librairie avait toutes les chances d'être fermée... J'étais entré en coup de vent, avais foncé droit sur un bac, tout au fond, où patientait un livre déjà bien fatigué sur la ruée vers l'or. À peine l'avais-je ouvert qu'une phrase me sauta au visage : « Quant au comte de Raousset-Boulbon, il partit, comme tant d'autres petits romantiques, à la recherche de l'or, en Californie... » La Californie ! Je venais de terminer une très longue recherche sur les enjeux du romantisme et me demandais ce qu'étaient devenus certains de ces jeunes gens qui avaient fourni les troupes de la bataille d'Hernani, dandys et révoltés, poètes souvent sans œuvres, rêveurs de royaume sans le sou, qui avaient fait la légende du romantisme naissant, des soirées fameuses de l'Arsenal où l'on s'amusait à boire de l'alcool dans des crânes jusqu'au camp de nudistes installé par les amis de Pétrus Borel sur la butte Montmartre. Renoncement, répression ? Eux dont les frasques si souvent occupaient les journaux, voilà qu'ils paraissaient, du moins certains d'entre eux, évanouis, disparus, oubliés, après les journées de février et de juin 1848. La Californie ! L'idée, jamais, ne m'était venue de faire le rapprochement entre l'échec de 1848 et la découverte, au même moment, de l'or californien. Et d'ailleurs elle n'était pas venue à grand-monde cette idée, devais-je découvrir, quand je me précipitai à la Bibliothèque nationale, pressé d'en savoir plus. Je m'étais obstiné, néanmoins troublé qu'au bout de mes recherches sur ce qui, pour moi, avait été la plus grande insurrection du siècle contre les pensées de maîtrise, à la pointe aiguë du plus radical pari jamais tenté sur les puissances de rupture du récit, je retrouve ainsi la trame de mes songes d'enfant, la fièvre qui me brûlait à lire Curwood et Jack London, et plus encore que je ne l'imaginais puisque, parti pour la Californie afin d'y poursuivre mes investigations, je devais y croiser les traces de Stevenson et finir par découvrir la véritable « île au trésor »[1] ! Une simple phrase, au détour d'une page, qui allait m'occuper pendant deux décennies...

Ce que je découvrais dans les archives de la Bancroft Library, à l'Université de Berkeley, comme sur les contreforts de la Sierra Nevada, le long de cette *highway 49* qui relie la plupart des grands sites de la ruée vers l'or, avait, il est vrai, de quoi embraser les imaginations les plus engourdies. Comment si fabuleuse histoire, aux résonances si riches, avait-elle pu rester à ce point méconnue ? On connaît à peu près l'histoire des Français du Canada, quelques livres ou films nous ont rendu familiers les Français de Louisiane et l'on va même jusqu'à évoquer la geste des Indiens blancs, comme on appelait alors les trappeurs français qui sillonnèrent les Rocheuses bien avant l'expédition de Lewis et de Clark — mais l'épopée des Français dans la ruée vers l'or californien ? Ignorée, oubliée, effacée. À croire que ces héroïques enfants de la révolution de 1848 avaient été rayés d'un trait de notre mémoire, dès leurs bateaux au large. Qu'emportaient-ils donc avec eux dont la mère patrie ne voulait rien savoir ?

Et pourtant ! Qui pénètre dans le Mother Lode par la route qui conduit de Sacramento à Auburn ne peut longtemps ignorer que les Français, dans l'affaire, jouèrent un rôle non négligeable : nul, sauf à être aveugle, ne peut ignorer la gigantesque statue de mineur placée à l'entrée de cette petite ville d'Auburn que l'on dirait, du moins sa rue centrale, surgie d'un autre siècle, avec ses saloons et son théâtre à la gloire des « *good old days* ». L'homme, un genou à terre, tient entre ses mains une battée — hommage au « mineur inconnu », se dit-on — et puis on sursaute en découvrant que le monument fut en fait érigé à la mémoire du Français Claude Chana, qui, le 16 mai 1848, quelques semaines après la découverte historique de Marshall, mit au jour ici même le filon prodigieux d'Ophir. Poussez jusqu'à Marysville et vous apprendrez que la cité fut ainsi nommée par son fondateur Covillaud, en hommage à sa femme, Marie. Tout comme la ville de Blue Lake,

1. Sur ce voyage : *La porte d'or*, Paris, Grasset, 1986.

dans le Humbolt County, fut fondée par Clément Chartin. Dans le Nevada County, on vous explique que ce sont deux Français, Jules Fricot et André Chavanne, qui démarrèrent en 1851 l'exploitation des veines de quartz aurifères — par un procédé appelé à bouleverser la nature même du *Gold Rush*, puisqu'il permettait de passer à un stade véritablement industriel. Et c'est un autre Français, l'ingénieur Fauchery, qui inventa le « Magenta Flume », grâce auquel purent être mis en action les canons hydrauliques dans les Malakoff Diggins — tandis que le baron de La Grange et François Beaudry, dans le Siskiyou County, développaient les plus grandes mines hydrauliques du monde. D'ailleurs, la prolifération des French Town, French Camp, French Bar, French Canyon, French Creek, French Corral, French Ravine, French Flat, French Gulch, French Hill et autres Frenchman's Ranch (en tout quarante-cinq sites répertoriés dans le *California Gold Camps* d'Edwin G. Gudde !), sans compter les noms progressivement américanisés, comme ce « Gravel Lot » dans les Malakoff Diggings, qui vient tout simplement de... Gravelotte[1], dit assez le poids de la présence française.

Tirez ce fil, et vous ne cessez d'aller de surprise en surprise. Qui sait aujourd'hui qu'ils furent des dizaines de milliers de Français, peut-être quarante mille, à se risquer par le Horn, par Panama ou à travers la Prairie au seul appel de l'or ? Qu'une bonne part d'entre eux étaient des révoltés des journées de février ou de juin 1848 fuyant la répression ? Que cet afflux fut si important, un temps, que San Francisco prit le surnom de « Paris du Pacifique » ? Que l'on y trouvait deux théâtres français, des journaux édités dans la langue de Molière ? Et qu'exaspérés par les tracasseries combinées par des Américains de plus en plus inquiets devant ce raz de marée venu du monde entier, les mineurs français se rebellèrent à Mokelumne Hill, jusqu'au point de songer à une « commune libre », sinon à une Sierra Nevada libérée des Yankees — avant de s'en aller à la conquête du Sonora mexicain, où ils tentèrent de bâtir le monde idéal dont ils n'avaient jamais cessé de rêver ?

En vérité, cette histoire était folle, grandiose. De la fièvre de l'or nous croyions tout savoir, avoir exploré toutes les facettes, de western en roman — et Jack London là-dessus paraît indépassable —, et voici que tout m'apparaissait neuf, fascinant, intrigant. Aventuriers, ils l'étaient tous, bien sûr, ces chercheurs d'or de 1849, et même parfois effroyables brigands ! Mais mystiques tout autant, mormons, quakers,

1. Commune de Lorraine où Français et Prussiens s'affrontèrent violemment en 1870.

presbytériens, poussant toujours plus loin vers l'ouest le rêve d'une Terre promise — et révolutionnaires surtout, écœurés du Vieux Monde qui ne voulait plus d'eux, quarante-huitards français déportés par milliers, phalanstériens timides amoureux de Lola Montès, socialistes utopistes, romantiques se cherchant un théâtre à leur mesure : le plus formidable mouvement de population depuis les croisades. Et de leur folie était née la Californie, si évidemment différente des autres États d'Amérique...

C'est ce télescopage, bien sûr, qui me retenait captif, m'entraînait toujours plus loin dans mes recherches, me précipitait dans les journaux, mémoires, lettres, récits de chercheurs d'or ici et là miraculeusement préservés : la fièvre de l'or et celle de la révolution indissolublement liées, l'appétit de richesse et la nostalgie du paradis, la cupidité et le mysticisme — n'y avait-il pas là de quoi faire rêver un écrivain ? Ces hommes qui grattaient le sol le jour, prêts à tirer sur qui louchait un peu trop sur leurs claims, se retrouvaient la nuit autour des feux de camp, mystiques religieux et mystiques socialistes, disciples de Fourier, de Saint-Simon ou de Cabet, en d'interminables discussions sur les mérites comparés de la Nouvelle Jérusalem et de la Cité d'harmonie, convaincus d'être aux portes du paradis, sans même voir qu'ils crevaient de faim, de froid, de maladie, couverts de poux, attaqués par les rats... Des songe-creux, diront les réalistes — mais des songe-creux, pauvres hères et rêveurs de royaume qui en quelques années bâtirent un monde que les réalistes auraient été bien en peine de seulement imaginer...

L'or, et la révolution de 1848. Car ce n'était pas seulement de France qu'ils arrivèrent en masse, mais de toute l'Europe, d'Allemagne, d'Italie, de Hongrie, partout chassés, brisés, meurtris, mais toujours rêvant de réussir en cette terre nouvelle ce que l'Europe, trop vieille, avait partout refusé. Et il me venait à l'esprit, de façon de plus en plus insistante à mesure que je m'enfonçais en cette étrange épopée, que cette révolution de 1848 si volontiers décrite comme un échec avait peut-être réussi, mais de l'autre côté de l'Atlantique — où elle avait pris le nom de Californie...

Seul un roman, me semblait-il, pouvait faire résonner toutes ces harmoniques, faire entendre le rugissement de ce que Jakob Böhme, le mystique rhénan, appelait « l'être sombre, dans le mystère de sa fureur ». Recréer un monde en gésine, rendre la puissance, l'horreur et la séduction du cratère rugissant où se déployaient dans leur jeunesse encore les forces mythologiques qui traversaient les tragédies antiques : ce fut le pari des *Flibustiers de la Sonore*[1]. Qu'il ait été

1. Flammarion, 1998.

tenu est une autre affaire, dont je ne puis juger, mais je pus, l'écrivant, mesurer comme le roman, tandis qu'il conquiert son autonomie, expulse la matière historique qui en était la trame, à l'origine. Tant de documents rarissimes, inédits, inconnus, sur une part jusqu'ici oubliée de notre histoire, accumulés pendant des décennies pour mon seul usage — cette aventure ne pouvait se clore, pour moi, que si je pouvais, parallèlement, en livrer quelques-uns au public.

Non pas un livre d'histoire au sens strict, mais l'entremêlement de quelques-unes des voix parvenues jusqu'à nous de ces chasseurs de chimères. Était-ce l'or, vraiment, qu'ils cherchaient ? Au lecteur, maintenant, de juger. Il m'a semblé, en tous les cas, que ces témoignages étaient d'une force, d'une vivacité, souvent, qui leur permettait de franchir le cercle étroit des spécialistes. Mémoires, journaux, lettres, ces textes m'ont tant fait rêver, et pendant si longtemps, que je veux croire qu'ils peuvent éveiller chez d'autres de semblables échos.

Voici donc, par ses acteurs eux-mêmes, la grande geste à redécouvrir des Français de Californie...

*
* *

Avec, en préambule, une mise au point : l'histoire ne commence pas le 24 janvier 1848 avec la découverte par James Marshall de la première pépite : nombreux déjà étaient les Français installés en ce territoire au statut incertain, objet de tant de convoitises...

Le premier fut un savant, envoyé là en 1769 pour observer le passage de Vénus. La communauté scientifique était alors en effervescence : ce passage, observable seulement deux fois par siècle, n'allait-il pas permettre d'en savoir plus sur les dimensions du système solaire ? Des missions avaient été dépêchées un peu partout de par le monde, aux endroits stratégiques. Et c'est ainsi que l'abbé Jean-Baptiste Chappe d'Auteroche arriva en juin 1769 à San José del Cabo, en basse Californie, alors que venait tout juste de s'y installer une mission. Las ! une épidémie y faisait rage, qui devait emporter rapidement le malheureux, après qu'il eut le temps, cependant, de faire ses observations, qui furent rapportées par les survivants, avec les dessins du peintre de l'expédition, Alexandre Jean-Noël.

Une deuxième expédition restée, elle, dans l'histoire jeta l'ancre en 1786 en baie de Monterey, où elle demeura dix jours : celle conduite par le comte Jean-François de La Pérouse, avec, à bord de ses deux navires, un exceptionnel aréopage de savants, d'astronomes, de médecins, d'ingénieurs et d'artistes, pour un voyage autour du monde commandé par Louis XVI, le roi géographe. L'expédition devait périr tragiquement sur les côtes des Nouvelles-Hébrides, mais les notes envoyées un peu plus tôt en France (*via* la Sibérie !) montrent qu'en ces quelques jours furent collationnées une masse considérable d'informations sur la région, les Indiens, le fonctionnement des missions — et qu'en repartant les Français laissèrent aux pères des plants de pommes de terre, transportés depuis le Chili (les premières pommes de terre californiennes !), ainsi qu'un petit moulin à grains.

Puis vinrent les pirates, les marchands et les chasseurs de baleines. De sinistre mémoire est resté en Californie Hippolyte Bouchard, le pirate qui multiplia les exactions sur les côtes californiennes en 1818. Mais il ne fut pas le seul à s'illustrer ainsi : pirates et flibustiers français, anglais, hollandais, entrés dans les eaux du Pacifique à la recherche des galions espagnols, écumèrent les côtes du nord au sud. Leurs récits enthousiastes, colportés jusqu'en Europe, contribuèrent à établir la réputation de cette terre presque vierge encore, parée déjà de toutes les vertus. Dans le même temps, les marchands et armateurs français, durement touchés par les tumultes de la Révolution, puis de l'Empire, cherchaient de nouveaux marchés à conquérir, et c'est ainsi que de véritables missions exploratrices furent organisées depuis Bordeaux et Saint-Malo : Camille de Roquefeuil arriva à Yerba Buena, futur San Francisco, à bord de son *Bordelais*, en octobre 1816, puis revint en août 1817. Quant au Malouin Auguste-Bertrand Silly, il resta neuf mois pleins en Californie en 1827, et explora même toute la côte en compagnie du savant Paoli-Emilio Botta — un de ses officiers, Edmond Le Nétrel, publia à son retour un récit tout à fait remarquable de leur voyage — et les baleiniers, de plus en plus nombreux, firent voile vers ces rivages où pullulaient, semblait-il, baleines, phoques et otaries...

La répétition, en parallèle, des missions d'exploration « officielles » finirent par inquiéter, peut-être à juste titre, les autorités californiennes. Faiblement peuplée, idéalement placée pour devenir une plaque tournante du commerce avec l'Orient, aux richesses naturelles apparemment inépuisables, la Californie avait tout pour exciter les convoitises, d'autant que la faiblesse et l'instabilité de son régime en faisaient une proie facile. La mission du capitaine Abel du Petit-Thouars, en 1836, était certes scientifique, mais son vaisseau le *Vénus* était un bâtiment de guerre venu également « protéger les intérêts des baleiniers français » et ses explorations des alentours de San Francisco et de Monterey parurent aux Californiens aller bien au-delà de leur objet supposé — tout comme celle, entre 1837 et 1839, du capitaine Laplace à bord de la frégate *Artémise* sur toute la côte, de Fort Ross à Monterey. À peine était-il parti, d'ailleurs, qu'arriva une nouvelle mission, toujours aussi scientifique, dirigée par Duflot de Mofras, et les moins suspicieux des « Californios » (les Californiens d'origine espagnole) commencèrent à lui trouver des airs de conquérant, quand il venait tout bonnement faire le tour du propriétaire, rencontrant les uns après les autres les personnages importants de la région, passant deux mois dans la Nouvelle-Helvétie, l'immense propriété que le Suisse Johann Sutter, arrivé en 1839, construisait sur les rives du fleuve Sacramento, et n'adressant ses courriers qu'au seul ministre des Affaires étrangères. Mexicains, Américains, Anglais, alertés, commencèrent à s'agiter. « Nul doute que la France intrigue pour se rendre maîtresse de la Californie », écrivit en juillet 1841 le général Vallejo au gouverneur Alvarado. Il est vrai que la situation, alors, était des plus confuses et que se succédaient intrigues et complots, sous l'œil intéressé des puissances étrangères...

En 1836, les Californios, exaspérés par la tutelle de Mexico, avaient repris leur indépendance : soixante-quinze d'entre eux, sous la direction d'un jeune homme de 27 ans, Alvarado, avec l'aide d'un parti d'Américains rassemblés par Isaac Graham, un distillateur d'alcool frelaté venu du Tennessee, avaient suffi à cette révolution. Mais, depuis, les Californios de Los Angeles et de San Diego intriguaient, Alvarado tentait de composer avec Mexico, Graham, qui s'estimait trahi, menaçait de renverser le nouveau gouverneur, tant et si bien que ce dernier, avec l'aide de Vallejo, finit par arrêter tous les étrangers, Anglais et Américains, aux alentours de Monterey, et les expédia au Mexique par bateau, les fers aux pieds. Or, à peine les prisonniers partis, voilà qu'arrivait toutes voiles dehors de Mazatlan la corvette la Danaïde, capitaine Joseph de Rosamel, laquelle, jetant l'ancre au plus près, sur la plage de Monterey, tournait ses canons vers la ville, en exigeant la libération immédiate des prisonniers français. Quelle force opposer à un vaisseau de guerre ? Alvarado s'était prudemment enfui, et les quelques officiels restés en poste avaient eu toutes les peines du monde à convaincre le bouillant Rosamel qu'aucun Français ne faisait partie du convoi de prisonniers. L'incident finit en fêtes et en bals, car, à tout prendre, les Californios s'accordaient mieux avec les Français qu'avec les rigides Yankees, mais un Américain présent, le capitaine Phelps, devait plus tard écrire que « si un seul Français s'était trouvé parmi les prisonniers, le drapeau de cette nation aurait flotté sur la Californie en lieu et place de la bannière étoilée ». Et le général Vallejo se serait encore plus inquiété s'il avait eu connaissance des rapports de Duflot de Mofras, qui pressaient le gouvernement français d'oser intervenir : « Indépendamment du point de vue commercial et politique, de l'intérêt nouveau que donnent à la Californie les affaires du Texas, et la rupture imminente des États-Unis et du Mexique, la création récente du consulat de France à Monterey, la résidence du titulaire et la présence tant de fois réclamée de bâtiments de l'État dans ces parages offriront à nos nationaux et à nos capitalistes, marchands et baleiniers, une protection efficace en cas de trouble ou d'invasion, et des moyens de répression contre l'indiscipline et la désertion des équipages. » Et au cas où le ministre n'aurait pas saisi : « La Californie appartiendra à la nation qui enverra un navire de guerre et deux cent hommes... »

Mais il fallait se hâter, insista le consul Louis Gasquet dès son installation à Monterey, en 1845 : la situation évoluait très vite, les Américains se faisaient plus pressants et commençaient à s'installer, sans égard pour les autorités en place, bien incapables de s'opposer à leur invasion. Thomas O. Larkin, riche marchand du Massachusetts installé à Monterey depuis 1832, nommé consul, s'était vu confier la mission, par le secrétaire d'État, « d'éveiller chez les habitants de la Californie cet amour de la liberté et de l'indépendance si naturel au continent américain ». Le docteur John Marsh, venu de Santa Fe en 1836 avec un parti de trappeurs, s'était établi dans un ranch près de Monte Diablo ; ses lettres, publiées dans les journaux du Missouri, avaient attiré l'attention sur ce pays décrit comme une sorte de paradis terrestre. Un certain John Bidwell, réunissant autour de lui quarante-sept émigrants, trois trappeurs, onze missionnaires catholiques, un pasteur méthodiste, deux touristes, quinze femmes et enfants, se lançait en mai 1841 à travers la Prairie, pour six mois d'un terrible voyage qui marqua les esprits : quelque chose s'amorçait là, qui pouvait tout emporter si l'on n'y prenait garde. En 1843, plus de huit cents personnes déjà, encouragées par la réussite de Bidwell, avaient atteint la vallée de la Willamette, par l'Oregon Trail. Mais il n'était pas trop tard, insistait Gasquet : la présence française était assez forte et les relations assez cordiales avec les Californios pour faire front et intervenir avec succès.

Peine perdue : en 1846 l'Américain (d'origine française) John Frémont, chargé officiellement par son gouvernement d'une mission topographique et guidé par Kit Carson, fomenta peu ou prou une rébellion que l'on devait appeler la Révolution du drapeau de l'ours. Le 7 juillet, le commodore Sloat, commandant la flotte américaine du Pacifique, alerté, pénétra dans la baie de Monterey, hissa la bannière étoilée et décréta l'annexion de la Californie aux États-Unis. « Vous nous avez devancés de quinze jours », reconnut, beau joueur, l'amiral Seymour, arrivé sur ses talons avec la flotte anglaise, qui accepta le fait accompli. Gasquet, tentant le tout pour le tout, refusa de reconnaître les autorités nouvelles et demeura cinquante et un jours prisonnier de fait dans son consulat, en nourrissant l'espoir que la flotte française, prenant prétexte de cet incident diplomatique, pourrait intervenir. Mais nul ne vint à son secours : pour tous, il était clair que l'histoire de la Californie, désormais, serait américaine...

*
* *

Gasquet avait raison, au moins sur un point : l'importance de la présence française dans la Californie en gestation. Qui visite aujourd'hui la Sierra Nevada ne peut qu'être frappé par le nombre de lieux aux noms encore français, et plus encore de découvrir que bien des lieux célèbres de la ruée portaient des noms français avant d'être rebaptisés — ainsi de Mokelumne Hill, où devait éclater une insurrection fameuse, qui s'appelait à l'origine Les Fourcades. La raison en est simple : bien avant tout le monde, les trappeurs franco-canadiens, grands voyageurs et parfaitement indifférents aux supposées frontières (quelle autorité, d'ailleurs, aurait pu alors les faire respecter ?), avaient installé leurs camps dans toute la Sierra Nevada.

La première incursion d'importance sur laquelle nous avons quelques indications se situe en 1821 dans le Modoc County et avait à sa tête le Français Louis Pichette, guidé par l'Indien Louis Kanota. Mais on les trouve partout, tout au long de la « conquête de l'Ouest » : trappeurs vivant à l'indienne, dans les tribus, généralement mariés à des femmes indiennes, ils arpentaient les rives du Missouri, les Rocheuses, la Columbia, la Sierra Nevada à la recherche de fourrures. Qui se souvient encore que la célèbre Hudson Bay Company fut en réalité créée par le Français Pierre Radisson, qui, fatigué du peu d'intérêt marqué par les capitalistes français, finit par se tourner vers les Anglais pour développer son entreprise ? Et qui prend garde que la mythique expédition de Lewis et Clark, en 1804, par laquelle les États-Unis marquèrent symboliquement leur prise de possession du continent, ne fut rendue possible que par l'assistance des guides français (dix-huit trappeurs sur les cinquante-neuf membres de l'expédition), parmi lesquels Toussaint Charbonneau, le mari de la belle Sacajawea, et ce fameux Drewyer que l'on jurerait américain si, lisant le journal manuscrit des chefs de l'expédition, l'on ne découvrait qu'il s'appelait en fait Drouillard[1] ?

1. On découvrirait aussi, à les lire, que leur entreprise d'établir des cartes fiables, en baptisant au passage fleuves, rivières et lieux-dits, consista pour l'essentiel à traduire en anglais les noms français depuis longtemps donnés par les trappeurs, effaçant du même coup l'histoire française des Grandes Plaines : ainsi, pour ne citer qu'un exemple entre mille, le Yellowstone, qui s'appelait auparavant « Roches jaunes ».

Le plus célèbre des *mountainmen* du temps fut Michel La Framboise, arrivé avec John Jacob Astor en 1811 [1] et qui devint très vite une des grandes figures de l'Hudson Bay Company, même si son caractère emporté et rebelle le vit s'opposer maintes fois à ses supérieurs : le « capitaine de la piste de Californie », devait dire plus tard le docteur John Mac Loughlin. Une figure de légende, qui ne voulait connaître d'autre loi que la sienne. En 1832 il établit une base près de l'actuelle ville de Stockton, au lieu-dit depuis French Camp, puis explora la rivière Sacramento, en ignorant superbement les prétentions de John Sutter, et ramena d'énormes quantités de fourrures et de peaux. « Si ces maudits chasseurs de l'Hudson Bay Company, malgré l'interdiction des autorités, n'étaient pas venus cette année, j'aurais pu faire une belle saison de fourrures, se plaignit Sutter auprès de son ami Vioget, installé à San Francisco. J'ai bien interdit à La Framboise de poser ses pièges à castors, mais il n'en fait qu'à sa tête. Sans la moindre permission, il a campé dans ma propriété, entre mes deux fermes. Comment l'empêcher d'agir à sa guise ? Ils sont soixante au moins, armés jusqu'aux dents [...] mon bétail est en grand danger car en plus de ces soixante hommes il y a au moins quarante femmes, quantité d'enfants et de chiens. Tout ce beau monde doit manger, aussi tous les trois jours tuent-ils un daim. Il n'y en a plus beaucoup, d'ailleurs, depuis dix ou douze ans qu'ils viennent par ici... »

Ils étaient plusieurs dizaines, alors, ces camps dans la Sierra et la Grande Vallée de Californie, reliés par tout un réseau de pistes et de caches, qui retrouvaient vie au printemps chaque année, jusqu'à l'automne, et c'étaient de petites armées qui sillonnaient le pays, parfois de plusieurs centaines d'hommes, accompagnés de leurs femmes et de leurs enfants. Les femmes travaillaient au camp, préparaient peaux et fourrures pendant que les hommes posaient leurs pièges à des dizaines de milles à la ronde — ce qui fait que les Indiens étaient de plus en plus nombreux à parler français, tout comme les trappeurs anglais, contraints de s'adapter. Qui se souvient aujourd'hui que le mont Shasta était le mont Chaste, et le Siskiyou les Six Cailloux ?

D'autres Français, dans le même temps, arrivaient par la mer ou par la terre. Nous ne pourrons probablement jamais en apprécier le nombre exact, mais plusieurs devaient laisser leur marque sur l'histoire de la Californie, à commencer par Johann Augustus Sutter. Certes, il était suisse, de langue allemande, originaire de Berne, qu'il avait dû fuir en

1. Washington Irving raconte superbement l'épopée de cet empereur de la fourrure et son grandiose projet d'Astoria dans *Astoria*, que j'ai eu le plaisir d'éditer et de préfacer aux éditions Phébus.

1834 pour cause de banqueroute frauduleuse, en abandonnant femme et enfants, mais il se proclamait ardent francophile, « de la grande famille française », prétendait (faussement) avoir été capitaine de la garde suisse de Charles X à Grenoble, et avait même imaginé avec Duflot de Mofras de hisser un jour le drapeau français sur son domaine, en se plaçant sous la protection de la France. Vingt-cinq mille hectares de terres le long du fleuve Sacramento, mille employés, douze mille têtes de bétail, quinze mille moutons, deux mille chevaux, un fort et une petite armée sous ses ordres : Sutter, arrivé de Hawaii sans fortune en 1839, avait vite prospéré, du moins le croyait-on, au point de devenir une puissance avec laquelle composaient toutes les factions en lutte pour le pouvoir.

D'autres Français, pour être d'envergure plus modeste, n'en allaient pas moins jouer leur rôle.

... Jean-Louis Vignes, originaire de Cadillac (Gironde), arrivé en 1831 à l'âge de 47 ans après quelques revers de fortune dans les îles Sandwich, le premier horticulteur de Californie et le premier vigneron, grâce aux pieds bordelais qu'il avait rapportés d'un voyage au pays : il se bâtit un vaste domaine près de Los Angeles, « El Alizo », et fit venir de Bordeaux ses deux neveux, Jean Vignes et Pierre Sainsevain, avec trente autres Bordelais, ouvriers, charpentiers, tonneliers, qui tous devinrent comme lui de respectés « Californios ».

... Léon Victor Prudhomme, originaire de Lyon, arrivé en 1835 à Los Angeles à l'âge de 27 ans, après avoir traîné ses guêtres en Louisiane, puis sur le Missouri et sur le Santa Fe Trail : il devait devenir don Luis Victor, secrétaire tout à tour du gouverneur Alvarado et du général Vallejo.

... Théodore Sicard, le marin provençal qui découvrit la Californie en 1835 et décida sur-le-champ de s'y installer, d'abord comme surintendant de Hock Farm pour le compte de Sutter, puis à son propre compte, en 1844, à Placer County, où il devait développer les premiers vergers de la Californie du Nord, avec son ami Claude Chana. Devenu le « capitaine Sicard », il construisit un hôtel sur ses terres et fit de son ranch un refuge pour les Argonautes français.

... Claude Chana, originaire, semble-t-il, de Rouen (encore que quelques historiens le donnent pour bourguignon) et qui s'installa en Californie vers 1846 après quelques malheureuses aventures du côté de la Nouvelle-Orléans et de Saint Joseph, Missouri, et qui travailla un temps comme tonnelier à Fort-Sutter, avant de se faire horticulteur. Avec François Gendron, trappeur depuis 1832, Philibert Courteau, ancien compagnon du colonel Frémont, et un certain Eugène sur lequel nous ne savons rien, il découvrit le fabuleux gisement d'Ophir, dans

Auburn Ravine, mais, plus sage que la plupart, il revint à ses pêches, à ses vignes et à ses moulins à blé.

... Jean-Jacques Vioget, qui décida de s'installer là et de n'en plus bouger le jour de 1837 où il découvrit Yerba Buena (doué d'un joli coup de pinceau, il a laissé les premières aquarelles jamais réalisées de la baie de San Francisco). Dans ce qui n'était alors qu'un minuscule hameau, il ouvrit un saloon qui devait devenir le rendez-vous des capitaines de passage, des rancheros et des rares officiels de la région. Dégoûté par les manières brutales des Yankees, devenu « Californio » jusqu'au bout des ongles et citoyen mexicain, il se retira peu avant la ruée pour s'installer avec sa femme, mexicaine évidemment, à San José.

... Et combien d'autres qu'il faudrait encore citer ! Blain, Roussillon, Custot, Lepage, Olivier de Leyssègues — sans oublier bien sûr le plus étonnant, qui fit trembler un temps le gouvernement américain : Joseph-Yves Limantour, natif de Saint-Malo, l'homme qui prétendit, probablement à juste titre, être le propriétaire de San Francisco, de Tiburon et des îles alentour...

Limantour, installé au Mexique, commerçait depuis des années avec la Californie lorsque, sur le conseil de Duflot de Mofras, il demanda et obtint des autorités mexicaines une concession dans la baie de San Francisco, exactement comme Sutter l'avait fait quatre ans auparavant. Il reçut quatre lieues carrées de terrain, une partie de la baie, Tiburon et les îles Farallones. Son tort, sans doute, fut de ne pas s'y installer aussitôt, préférant dans un premier temps, expliqua-t-il, continuer ses activités de marchand. Mais lorsque dix ans plus tard il se présenta devant la commission chargée de valider les titres de propriété (par le traité de Guadalupe Hidalgo, les États-Unis s'étaient engagés à respecter les titres mexicains), un vent de panique souffla sur la cité, car ses terrains couvraient une bonne part de la ville et c'étaient des milliers d'habitants qui se voyaient d'un coup menacés d'occupation illégale, avec en main des titres sans valeur... La concession fut d'abord enregistrée et confirmée, avant d'être refusée en appel malgré l'évidence de tous les témoignages en sa faveur de citoyens dignes de foi. Limantour, convaincu de fraude, dut se retirer au Mexique, où il mourut d'ailleurs fort riche en 1885. Mais il ne fait guère de doute que les titres étaient valides...

Combien étaient-ils alors, ces Français ? Aucun chiffrage n'est possible aujourd'hui, mais nous pouvons tenir sans grand risque d'erreur qu'en 1848 ils formaient avec les Américains la plus forte communauté étrangère de Californie. Et leur vie aurait continué de s'écouler, paisible, si un jour de janvier 1848 une malheureuse pépite découverte dans l'American River n'avait déclenché un gigantesque mouvement de population...

I

La découverte

Le 24 janvier 1848, James Wilson Marshall, inspectant le bief de la scierie qu'il est en train de construire sur la South Fork de l'American River, à Coloma, pour le compte de John Sutter, a soudain l'œil attiré par un scintillement au fond de la tranchée. « Il y avait un pied d'eau, qui coulait encore au fond. Je tendis la main, et mon cœur se mit à battre : quelque chose me disait que c'était de l'or. Le morceau avait à peu près la grosseur et la forme d'un pois. Puis j'en vis un autre dans l'eau, que je ramassai également. Je m'assis alors et me mis à réfléchir : c'était de l'or, j'en étais sûr, et pourtant il ne me semblait pas de la bonne couleur. Et si c'était seulement de la pyrite d'or ? Rien que d'y penser, je me mis à trembler... »

Mais la pyrite est cassante, l'or malléable. Il y porte donc la dent, et son cœur se met à battre plus vite — il saisit une pierre, martèle sa découverte, qui se déforme : pas de doute, c'est de l'or ! Tremblant d'excitation, il montre sa découverte aux ouvriers présents, puis à la femme d'un de ses associés, qui le trempe d'abord dans du vinaigre, avant de le faire bouillir avec sa lessive. Le lendemain, le forgeron recommence le test du marteau, pendant que les ouvriers fouillent la rivière. Marshall lui-même explore la vase du bief quatre jours durant, comme s'il ne parvenait pas à y croire, et trouve trois onces d'or. Aux hourras que poussent de leurs côtés les ouvriers, il ne fait pas de doute que la découverte est d'importance...

D'importance ? Ce n'est pas la première fois, pourtant, que l'on trouve de l'or en Californie. En 1839, un botaniste écossais, David Douglas (qui devait laisser son nom à une variété de pin), déclarait dans une lettre avoir ramassé quelques pépites dans la Sierra Nevada, entre les racines d'un arbre effondré. En 1839, Alvarado, le gouverneur de Californie, avait extrait assez d'or aux alentours de Monterey pour s'en faire, disait-on, deux anneaux de mariage. Et John Bidwell affirme dans ses *Mémoires* qu'un certain Jean-Baptiste Ruelle, trappeur français, avait découvert quelques pépites en 1841 près de Los Angeles. La première mine sur laquelle nous disposons de documents irréfutables fut ouverte en 1843 dans la San Fernando Valley, au Ranch Del Valle, où un *vaquero* mexicain, Francisco Lopez, et deux de ses amis français, Charles Barric, natif de Bordeaux, et Louis-Auguste Martin, avaient trouvé, le 9 mars 1842, une pépite... dans les racines d'un oignon sauvage ! Les bruits les plus fantaisistes devaient courir sur les rendements de cette mine, mais John Bidwell, en 1845, déclara n'y avoir trouvé que trente pauvres hères arrachant à grand-peine la valeur de 25 cents par jour, et le malheureux Barric devait mourir en 1847, à l'âge de 34 ans, criblé de dettes... Il est pourtant probable que l'on avait extrait auparavant de l'or, ici et là, et en grande quantité, sans que se déclenchât la moindre ruée. 18 000 dollars de poudre et pépites auraient même été déposés, en janvier 1838, à l'Hôtel de la monnaie de Philadelphie, par des trappeurs français arrivés de Californie[1]. Pourquoi en alla-t-il autrement cette fois, au point d'ébranler le monde entier ? Sans doute faut-il croire que l'époque était comme en attente...

Toujours est-il que, le 28 au soir, Marshall, trempé jusqu'aux os, hagard, arrive à Fort-Sutter dans un état d'agitation tel que Sutter, inquiet, le reçoit un fusil à la main — avant de se précipiter sur une encyclopédie dès la pépite montrée. Test de l'acide nitrique, test de densité d'Archimède : de l'or, oui, et même de 22 carats !

Le coup de pouce du destin, songe Sutter : ce domaine immense, qu'il agrandit sans cesse dans une fuite en avant pour éviter la ruine, ne parviendra jamais à rembourser ses créanciers ; il n'a jusque-là tenu que par l'énormité de sa dette : l'or sera peut-être sa chance !

Surtout, que l'affaire ne s'ébruite pas... Marshall le rassure : il sera une tombe. Et l'on peut faire, c'est juré, confiance aux ouvriers de la scierie. Sutter parcourt à bride abattue les 90 kilomètres qui le séparent de Coloma. Pour 200 dollars par an, payés en vêtements et en vivres, il loue aux Indiens les terres environnantes, sur 15 kilomètres carrés. Puis il envoie le forgeron, Bennett, à Monterey demander au gouverneur Mason d'entériner la transaction — une formalité, en principe.

1. Source : *The Pony Express*, mai 1950.

Mais, surprise, le gouverneur refuse. « Plus tard ! » dit-il. C'est qu'il ne sait plus trop où il en est : par le traité de Guadalupe Hidalgo, signé le 2 février 1848, le Mexique vient de vendre la Californie (depuis 1846 sous tutelle d'un gouverneur militaire américain, bien que théoriquement mexicaine) aux États-Unis pour 15 millions de dollars. La confusion est totale sur la question des titres de propriété ! « Plus tard », répète Mason — d'ailleurs, pourquoi se presser ?

La malchance de Sutter, qu'il ne mesure pas encore, c'est que tous ses ouvriers, à Coloma, sont mormons, rescapés du mormon Bataillon[1], qui ne reconnaissent comme chef que Sam Brannan, le leader des mormons de San Francisco, arrivés, eux, en février 1846 à bord du *Brooklyn*. Bientôt, toute la communauté mormone est au courant. Un des leurs, Bigler, aurait trouvé un véritable filon sur une petite île, dans l'American River. Sam Brannan, prévenu, arrive sur les lieux en avril 1848. Avant tout, décide-t-il, il faut prendre une concession sur ce qui sera désormais Mormon Island ! Puis, toujours pratique, il négocie l'implantation d'un magasin à Coloma. C'est seulement après, début mai, qu'il entre au galop dans San Francisco en agitant d'une main son chapeau et de l'autre une bouteille de poussière d'or : « De l'or ! De l'or ! Les mormons ont trouvé de l'or dans l'American River ! »

Personne n'imagine alors l'importance de ce que Brannan vient de déclencher : « Le plus grand mouvement de population depuis les croisades », écrira plus tard l'historien Theodore H. Hittell.

Passé les premiers temps d'incrédulité, les villages de Californie se vident en quelques jours. Dès le 1er juin, la moitié au moins des mai-

1. Pour tenter de se concilier les bonnes grâces du président Polk, Brigham Young, le chef des mormons, avait accepté que cinq cent trente-six de ses fidèles soient enrôlés dans l'armée américaine, pendant la guerre contre le Mexique. Leur mission : tracer à travers le désert une route vers la Californie, creuser des puits, élever des forts pour les futurs colons. Après 3 500 kilomètres de marche dans des conditions atroces, le mormon Bataillon arriva au village de Los Angeles le 23 mars 1847. Démobilisés le 16 juillet, les « Saints », moins quatre-vingt-cinq d'entre eux qui choisirent de rester, prirent aussitôt la route vers le nord, à travers la Californie presque vide, à la recherche de Brigham Young. Fin août, stupéfaits, ils découvraient la Nouvelle-Helvétie de Johann Sutter, sur les rives du Sacramento et de l'American River. La seule limite à son extension, leur expliqua ce très étrange Suisse, était le manque de main-d'œuvre qualifiée. Qu'ils restent donc à son service ! Mais beaucoup de ces hommes avaient femmes et enfants dans le convoi de Brigham Young qui, à la même époque, traversait la Prairie en quête de leur Terre promise, et ils voulaient franchir les Rocheuses avant les premières neiges pour tenter de les retrouver : seuls les célibataires acceptèrent de rester jusqu'au printemps...

sons de San Francisco sont abandonnées. « Tout semble s'être arrêté », déplore un journaliste du *Star* avant de partir à son tour sur les placers. « Plus de bruit d'industrie ni de pas dans les rues. Tout a l'air désolé et sombre ; tout, partout, est morne, monotone, mort. » « Tout le monde nous quitte, lecteurs et imprimeurs, renchérit un journaliste du *Californian* le 29 mai. De San Francisco à Los Angeles, du bord de mer aux contreforts de la Sierra Nevada, le pays tout entier retentit du cri sordide : "De l'or ! De l'or !", tandis que le champ reste à demi planté, la maison à demi construite, et que tout est négligé à l'exception de la fabrication des pelles et des pioches. Force nous est d'interrompre notre publication... » Le vaisseau de guerre *Ohio* se trouve bien en peine de maintenir le calme dans le port : ses effectifs ont fondu de cent quarante-cinq hommes en une journée !

Début juin, les quarante hommes de la garnison de Sonora désertent à leur tour. À San José, le shérif, resté seul, s'en va lui aussi, emmenant avec lui les dix pensionnaires de sa prison — qu'il fera travailler à son profit sur les placers. En juillet, le gouverneur Mason quitte Monterey avec cent quarante-cinq hommes pour tenter de rétablir l'ordre dans la Sierra. Mais, le temps qu'ils arrivent à San José, la moitié de sa troupe déjà l'a abandonné. Comment résister à l'appel de l'or quand on a tout juste 7 dollars de solde par mois ? À la fin de l'été, presque tous les hommes de la côte ouest ont émigré vers les placers. 40 000 dollars (or) sont arrachés chaque jour au sable des rivières.

D'abord désolé de n'avoir pu garder le secret, Sutter se fait une raison : tous ces nouveaux venus ont besoin de matériel, d'équipements, de vivres, qu'il peut leur vendre à des prix exorbitants. Mais il déchante vite : c'est qu'ils s'installent partout, ces prospecteurs, sans respect pour les titres de propriété ! Puis ce sont ses ouvriers et ses Indiens qui en font autant et le quittent, non sans l'avoir volé, quand ils le peuvent...

Mais ce n'est pas seulement la Californie qui entre ainsi en effervescence : on dirait que le monde entier veut être de la partie. Les trappeurs canadiens de la Hudson Bay Company, les premiers, portent la nouvelle sur toute la côte nord-ouest, jusqu'à Vancouver. Manille s'embrase dès l'arrivée de la frégate *Rhône*. Parti le 31 mai 1848 de San Francisco, le schooner *Louisa* porte la nouvelle à Honolulu. Puis, avec l'arrivée des premiers bateaux chargés d'or, c'est tout le Pacifique, jusqu'en Australie et en Chine, qui bourdonne comme une ruche. Dès juillet, un bateau d'émigrants quitte les îles Hawaii. La garnison des îles Marquises abandonne le gouverneur, qui se retrouve seul pour représenter l'État français. Des affiches sont placardées dans les villes d'Australie. Le 12 septembre, la frégate *Virginia* quitte Valparaiso avec le premier contingent de chercheurs d'or chiliens. Plus de trois mille hommes accourent de l'Oregon dans les derniers mois de l'année. Et autant de Mexicains, venus du Sonora. Suivent bientôt les Argentins, les Australiens, les Boliviens, les Canaques, les Chinois...

Les États de la côte est sont les derniers à réagir. Il est vrai que les communications, à l'époque, sont lentes et très périlleuses. C'est seulement fin septembre qu'arrive à Washington le lieutenant Beale, porteur de quelques pépites. Et il faudra attendre début décembre pour que le rapport officiel du gouverneur Mason soit enfin rendu public... peu avant le message au Congrès du président Polk — qui a vu dans ce rapport un moyen de clouer le bec des grincheux qui lui reprochaient le coût de la guerre contre le Mexique : « Nous savions, au moment d'acquérir la Californie, que se trouvaient des gisements de métaux précieux, déclare-t-il tranquillement. Mais de récentes découvertes prouvent que ces gisements sont plus riches et plus étendus que prévu : les récits sur l'abondance de l'or dans ce territoire sont si extraordinaires qu'ils seraient difficilement croyables s'ils n'étaient confirmés par des rapports d'officiers au service de l'État. »

Le feu aux poudres...

De La Nouvelle-Orléans aux Grands Lacs, de Saint Louis à Boston. À Washington, la foule se bouscule devant les pépites exposées au ministère de la Guerre. Les bateaux, dans les ports, sont pris d'assaut. Les pelles, les pioches, les chaussures, les armes à feu s'arrachent à prix d'or, dans des magasins incapables de satisfaire la demande. Partir ! Partir à n'importe quel prix ! Réclames pour les matériels d'extraction, avis de navires en partance, conseils pratiques aux candidats prospecteurs, témoignages exaltés remplissent les colonnes des journaux : on aurait trouvé là-bas des montagnes toutes d'or, l'air est si imprégné de poussière d'or, sur les placers, qu'il suffit de brosser son manteau pour faire fortune — et tout le monde s'enthousiasme à la lecture de ces délires. Comme si l'on voulait croire, à tout prix, contre toute raison. Et si le voyage coûte cher, on vend sans hésiter tout ce que l'on possède, maison et terrains. On abandonne du jour au lendemain femmes et enfants. Ou bien l'on s'organise par groupe, par village, par église.

Les descendants des premiers *pilgrims* puritains, eux, veulent voir dans cette découverte comme un signe de Dieu : le temps est venu pour les Justes d'aller coloniser les terres sauvages de l'Ouest. Et l'on imagine, dans l'épreuve de cette Prairie à traverser, un écho à la traversée du désert dans la Bible. Pour tous ceux-là, et ils seront nombreux, il s'agit d'aller bâtir là-bas, face à l'Orient païen, rien de moins qu'une nouvelle Jérusalem.

À la fin de janvier 1849, un quart, déjà, de la population adulte de Boston a pris la mer. Sur les deux cent soixante-quinze bateaux qui arriveront à San Francisco dans l'année 1849, cent vingt et un viendront des ports de Nouvelle-Angleterre.

Puis c'est l'Europe, à son tour, qui se trouve prise de fièvre...

Lettre de M. Moerenhout à Son Excellence monsieur le ministre des Affaires étrangères, Paris

Le document qui suit, découvert dans les archives consulaires du ministère des Affaires étrangères (box Monterey), est exceptionnel : le premier témoignage circonstancié, en forme de grand reportage, sur les débuts de la ruée vers l'or, de la plume même du consul de France à Monterey.

Jacques Antoine Moerenhout, nommé le 26 avril 1845 en remplacement du trop agité Gasquet[1]*, prit ses fonctions en octobre 1846 et s'imposa aussitôt comme un homme de grande valeur. Engagé à 15 ans dans le corps des ingénieurs de la Grande Armée, puis étudiant aux Beaux-Arts, marin, marchand aux fortunes diverses en Amérique du Sud, fasciné par les îles d'Océanie et leurs populations dont il étudia attentivement les cultures (son* Voyage aux îles du Grand Océan *est tenu aujourd'hui encore pour un classique de l'ethnologie), ami à Tahiti de la jeune reine Pomaré, et peut-être même son amant, consul un temps pour le compte des Pays-Bas à Valparaiso, puis consul des États-Unis à Tahiti, au centre, longtemps, des intrigues qui agitèrent ces contrées, négociateur pour le compte de la France dans l'acquisition des îles de la Société, il avait déjà une vie bien remplie quand il prit ses fonctions en Californie, et le récit qui suit, extrait d'une lettre d'une centaine de pages, montre qu'il avait un sens aigu de l'observation — et de bonnes intuitions, puisqu'il ne lui fallut pas une journée pour comprendre que les filons aurifères se trouvaient probablement sur les flancs des montagnes et non, comme le croyaient la plupart des mineurs, dans le fond des rivières...*

1. Voir introduction, p. 14.

Monterey, 17 août 1848

Monsieur le Ministre,

Dans la lettre que j'ai eu l'honneur de vous adresser du Pueblo de San José, le 14 de ce mois, j'informai Votre Excellence que, dans le désir de pouvoir vous donner des détails exacts sur la découverte de terrains aurifères faits dans ce pays depuis peu, je m'étais rendu sur le lieu, afin d'examiner les différentes localités d'où on tire l'or dans ce moment et vous faire connaître, le plus tôt possible, le présent état des exploitations, leur produit, et l'importance de ces découvertes.

Je quittai Monterey le 5 juillet, accompagné de trois Français, Joseph La Bourdire, Pierre Leguere et Pipi (?)[1] ainsi que d'un Indien de la Californie, mon domestique.

En deux jours nous nous rendîmes au Pueblo de San José, distant de 29 à 30 lieues de Monterey. Là, un autre Français, Arnaud Maubé, et deux Californiens se joignirent à nous, mais comme on nous conseillait, vu la longueur et les difficultés du voyage, d'emporter des provisions pour trois semaines au moins, je me vis dans la nécessité d'acheter deux chevaux de charge. Ces nouveaux préparatifs nous firent perdre quatre jours et ce ne fut qu'à onze heures du matin que nous quittâmes le Pueblo.

Pendant ce court séjour, je fus frappé des changements qui s'étaient opérés dans l'esprit des habitants depuis ma dernière visite, le 15 du mois de mai. À cette époque, plusieurs Américains étaient partis pour les régions aurifères, abandonnant demeures et récoltes, et presque tous les autres étrangers qui habitaient là et aux environs se préparaient à les suivre, mais les Californiens, si difficiles à émouvoir et doutant

1. Illisible.

de l'importance de cette découverte, ou croyant les rapports alors en circulation très exagérés, montraient encore beaucoup d'indifférence et paraissaient ne pas vouloir y aller. Aujourd'hui, sur cinq cents hommes qu'on compte au Pueblo et dans les fermes à quelques lieues alentour, c'est à peine s'il en reste trente ou quarante. Tous sont partis pour les placers et le petit nombre qui reste parle également de s'y rendre. Jamais, dans aucun pays au monde, il n'y eut, je crois, pareille agitation, partout les femmes sont laissées seules, même dans les fermes les plus isolées, car les Indiens eux-mêmes ont été emmenés par leurs maîtres ou partent seuls pour aller chercher de l'or, et cette fermentation, loin de diminuer, augmente et s'étend continûment, les routes sont encombrées de monde, de chevaux et de voitures. Au Pueblo de San José, qui par sa situation est devenu comme le centre de toute cette agitation, il règne un mouvement et une activité qui feraient croire qu'on n'est pas dans le même pays ni avec le même peuple et que depuis deux mois l'un et l'autre ont changé d'État et de nature.

Ayant pris de l'avance, j'attendis mes compagnons à la mission de San José, à 5 lieues du Pueblo, mais, retardés par les difficultés que leur donnèrent les chevaux de charge, ils n'arrivèrent à la mission que vers les cinq heures du soir et nous ne pûmes aller plus loin que l'entrée d'une plaine située à deux heures à l'est-nord-est de la mission, connue sous le nom de Llanito — *petite plaine*. Cette plaine, ou vallée, est formée par la chaîne côtière qui, immédiatement au-dessus de la mission de San José, se divise en deux branches, dont l'une se dirige au nord-ouest vers la baie de San Pablo et le détroit de Carquinez et l'autre au nord-nord-ouest vers la base de Suisun, une des grandes divisions de la baie de San Francisco.

Alors que nous quittions la mission, nous rencontrâmes le colonel Mason, gouverneur de la Californie, qui revenait d'une visite dans une partie des régions aurifères. Il en était encore émerveillé et m'assura que la réalité surpassait de beaucoup tous les rapports qui lui avaient été faits et tous les rapports en circulation.

[...]

Le 12 juillet

Au point du jour, nous nous remîmes en route. À peu de distance du lieu où nous avions passé la nuit, la route se divise en deux, l'une dans une direction nord-ouest est celle du détroit et du Sacramento, l'autre, dans une direction est-nord-est, conduit au passage de la rivière San Joaquin. L'une et l'autre sont aujourd'hui parfaitement tracées, car elles conduisent également aux paysages aurifères. Nous prîmes celle à l'est-nord-est car, malgré les difficultés du passage de la rivière, nos Californiens se refusèrent positivement à aller par le détroit et peut-être avec raison car, depuis qu'on y a établi des bateaux de passage, il y a eu plusieurs accidents.

Ayant été retardés de nouveau par plusieurs incidents, nous ne pûmes aller ce jour que jusqu'à un endroit nommé Los Positos, distant de 5 à 6 lieues de l'endroit où nous avions passé la nuit, et qui forme comme l'extrémité est de notre vallée. Là encore nous rencontrâmes plusieurs voyageurs : outre l'eau, excellente, qu'on y peut trouver, les pâturages y sont en abondance, chose, d'après ce qu'on m'assura, qu'on ne trouve plus ensuite avant la rivière de San Joaquin, distante de 7 à 8 lieues.

Le 13 juillet

En quittant ce matin notre camp et la jolie vallée que nous venions de traverser, nous entrâmes presque immédiatement dans un pays triste et sec, dont la stérilité augmentait à mesure que nous avancions entre les collines vers les montagnes. Celles-ci, différentes de celles du côté ouest de la vallée, me paraissaient entièrement composées d'une terre sèche et sablonneuse, peu propre à la végétation et d'après les apparences bien rarement arrosée, car je ne vis nulle part de profonds ravins ni aucun indice des ravages faits par l'eau dans la saison des pluies.

Pour entrer depuis cette vallée dans la plaine des Tulares (dite encore de San Joaquin), il y a une route facile, nommée El Paso de don Gonsado ou Gonsado Pass, que je désirais reconnaître, mais mes compagnons californiens, impatients d'arriver au placer, se décidèrent à prendre une route plus directe, mais beaucoup plus difficile et même très dangereuse, surtout pour les chevaux de charge. Après une heure et demie de fatigue nous eûmes la satisfaction, en arrivant en haut des montagnes, d'avoir une vue magnifique sur la plaine, traversée par la rivière de San Joaquin, qui s'étend à perte de vue du nord au sud sur une largeur considérable et se termine à l'est par les montagnes de la Sierra Nevada.

La descente, non moins difficile ni moins dangereuse que la montée, fut heureusement moins longue. En entrant de nouveau dans une espèce de vallon, nous fûmes tour à tour distraits par la vue de plusieurs antilopes, de coyotes (espèce de grands renards) et d'un énorme ours. Celui-ci descendait une montagne et se dirigeait de notre côté, à une distance de 1 000 à 1 200 mètres. Quand il nous vit, il s'arrêta, comme incertain, puis se tournant brusquement il se sauva dans une autre direction.

En sortant des montagnes, nous trouvâmes une autre compagnie de voyageurs. Ils avaient suivi le chemin de charrette, qui, sans aucune montée, n'est guère plus long que celui que nous avions pris et a l'avantage d'être bien moins fatigant pour les chevaux.

[...] En arrivant au premier endroit où il y avait de l'eau, nous trouvâmes qu'au lieu de la rivière ce n'était qu'une grande flaque d'eau, que la rivière coulait à une demi-lieue à l'est, qu'il était impossible d'en approcher dans cet endroit, et que nous avions encore plus de 3 lieues à faire pour arriver à l'endroit où l'on passait grâce à une embarcation.

Le San Joaquin déborde tous les ans pendant les fontes des neiges dans les hautes montagnes. Dès le mois de mai, il inonde les terres jusqu'à une lieue de chaque bord et quand, vers le milieu de juillet, il rentre dans son lit, il laisse de tous côtés des lagunes, des marécages et des *atascaderos* ou bourbiers dangereux qui, dans plusieurs endroits, empêchent absolument de s'approcher. Nous trouvâmes donc que nous avions de 3 à 4 lieues à remonter au sud, mais la route était belle et il y avait des pâturages et de l'eau pour les chevaux. En avançant le long de ces belles prairies, sur les parties que la rivière inonde, nous vîmes un troupeau de plusieurs centaines de cerfs, qui semblaient paître paisiblement. Après quelques temps et alors que nous les avions entre nous et les lagunes, deux Indiens qui accompagnaient les voyageurs que nous avions rencontrés à la sortie de la montagne, ne pouvant résister à la tentation de les poursuivre, se lancèrent au milieu du troupeau et déjà ils en tenaient serré trois ou quatre qui s'étaient séparés du groupe lorsque le cheval de celui qui se trouvait le plus près s'abattit avec son cavalier. Cet accident fit non seulement abandonner la chasse, mais l'Indien s'étant démis une épaule, nous perdîmes quelque temps et dûmes nous séparer de nos nouveaux compagnons de voyage.

En poursuivant notre route, nous vîmes plusieurs autres troupeaux de cerfs, des chevaux sauvages et un très grand nombre d'antilopes, mais par troupeaux de quatre ou de six tout au plus. Ce joli et agile quadrupède, quoique très nombreux dans cette plaine, paraît ne jamais se réunir en grand nombre — c'est le seul animal que les Californiens confessent ne pouvoir atteindre à cheval.

Il était plus de trois heures de l'après-midi quand nous arrivâmes en face de l'endroit où passer la rivière, mais pour en approcher il y avait également des flaques d'eau, des marécages et des bourbiers très difficiles et très dangereux à passer. Il le fallait, pourtant, car il n'y avait pas d'autre route, et il devint même nécessaire de se hâter, car d'après les apparences la chose devait être longue et il eût été dangereux de se trouver surpris par la nuit au milieu de ces endroits fangeux. Le premier de ces endroits avait environ 3 pieds d'eau, mais le fond était dur et nous passâmes sans difficulté. Le second était un bourbier de plus de 50 mètres de long, où l'on allait au hasard. Plusieurs bœufs y avaient péri et un de nos chevaux de charge faillit y rester, mais nous le passâmes également sans accident. Le troisième était un petit lac, là nous fûmes heureux de trouver un *balsa de tules* (ou immense bâti de roseaux liés ensemble), sur lequel nous passâmes nos selles, nos bagages et nous-mêmes, tandis que les chevaux, eux, passaient à la nage. Après ce lac, nous eûmes encore plusieurs autres bourbiers très difficiles et où l'on trouvait partout des animaux morts. Nous les franchîmes tous sans accident. Dans un seul, un des Français se trouvait si engagé que les Californiens pensaient lui jeter un lasso pour le sauver lorsque son cheval, qui était bon, fit un nouvel effort et, trouvant de la terre plus ferme, réussit à se dégager de ce mauvais pas. Il était six heures du soir quand nous arrivâmes près de la rivière, à l'endroit où, comme je l'ai dit, il y a une embarcation.

À partir du 15 juillet et jusqu'au 15 août, le passage est considéré comme impraticable, même par des hommes à cheval, à cause de ces marécages et bourbiers, mais cette année la soif de l'or a fait surmonter tous les obstacles et braver tous les dangers. Les embarcations, au détroit de Carquinez, n'ayant pas pu faire passer assez vite, plusieurs, parmi les nombreux voyageurs qui s'y présentaient avec des chevaux, des voitures et des marchandises, rebroussèrent chemin et se dirigèrent, dès le commencement de juillet, sur le San Joaquin, où, malgré le travail d'avoir à décharger les voitures à chaque mauvais pas et de devoir passer les marchandises à dos d'homme ou sur des planches et de gros morceaux de bois, et malgré le grand nombre de chevaux et de bestiaux ayant péri dans les bourbiers, et bien que deux hommes se fussent noyés eux aussi dans les marécages, on a continué depuis à s'y porter et nous y trouvâmes donc sept ou huit voitures, une quantité considérable de marchandises, des chevaux, des bestiaux et plus de cinquante hommes qui attendaient leur tour pour passer, car, d'après un règlement établi par les voyageurs eux-mêmes, chacun passe, ainsi que ses effets et ses animaux, dans l'ordre de son arrivée.

Au temps de notre arrivée la rivière était rentrée dans son lit et pouvait avoir de 300 à 400 mètres de largeur, mais comme son courant est assez fort, l'embarcation était à chaque fois emportée à une assez grande distance et ne remontait qu'avec difficulté, ce qui rendait le passage de tant de monde et de tant d'effets très long. D'après toutes les probabilités, notre tour ne pouvait venir qu'après trois ou quatre jours d'attente, chose d'autant plus désagréable que le lieu est très malsain, et qu'on y est dans un supplice continuel à cause des moustiques qui vous attaquent en essaims et ne vous laissent, comme tous ceux qui étaient là nous l'assurèrent, de repos ni de jour ni de nuit.

Déterminé à ne pas me soumettre à ce tourment ni à perdre tant de temps, alors même que nous eussions dû passer sur des *balsas de tules*, je fus voir ceux qui passaient leurs marchandises et que je connaissais, pour leur demander s'ils voulaient, après qu'ils auraient cessé de travailler, me céder l'embarcation, mon intention étant de passer la rivière cette nuit même. Ils consentirent, à condition que j'engage deux hommes pour ramener l'embarcation sur ce bord après notre passage. Après avoir obtenu leur consentement et après avoir trouvé deux hommes qui, moyennant 4 piastres, consentaient à venir dans l'embarcation au dernier passage pour la ramener, je fus voir mes compagnons de voyage, qui tous acceptèrent immédiatement, à l'exception d'un seul, qui finit lui aussi par se décider, mais à condition, ne sachant pas nager, qu'il irait le premier sur l'autre bord, pour recevoir les chevaux.

Il était huit heures et demie quand on me remit l'embarcation. À neuf heures nous commençâmes à passer, faisant à chaque fois nager deux chevaux en même temps qu'on passait nos bagages. Nos selles servaient de pagaies. À une heure du matin les onze chevaux, nos bagages et nous-mêmes étions sur l'autre bord.

Désormais, nous étions certains de ne plus être retardés dans notre voyage. Dans tout autre endroit nous aurions pu nous reposer et attendre le jour, mais ici les moustiques étaient par milliards, nous ne savions où nous mettre, les chevaux mêmes étaient tellement tourmentés qu'ils ruaient et que nous courions le risque de les perdre, aussi proposai-je de poursuivre notre route. Là encore, il y avait des bourbiers à passer — c'était même de ce côté que se trouvaient les flaques d'eau où avaient péri deux Américains —, mais le tourment que nous endurions était si insupportable que tous consentirent et en moins d'un quart d'heure nous étions en route.

Nous passâmes sans grande difficulté plusieurs mauvais endroits. Le plus grand danger était de nous écarter de la route, rarement bien indiquée, et de nous perdre au milieu des marécages. Heureusement, un grand feu, que des voyageurs qui nous avaient précédés avaient allumé de l'autre côté des terres basses, nous servait de phare et nous guidait au milieu des dangers. Vers les cinq heures nous arrivâmes devant la lagune, où peu de jours avant un Américain avait péri. Pendant quelques minutes il y eut de l'hésitation, mais un des Californiens, qui avait un cheval excellent et qui pendant tout le trajet avait montré beaucoup de sang-froid et de courage, s'étant offert pour passer le premier, je le suivis et tous les autres firent de même. La nuit était belle, on allait avec précaution en suivant autant que possible le passage indiqué par les roseaux brisés. En moins de dix minutes nous fûmes tous sur l'autre bord et hors de tout danger.

En approchant du feu qui nous avait guidés, nous trouvâmes une trentaine de voyageurs, dont plusieurs s'étaient levés au bruit que nous avions fait en passant la lagune. Tous exprimèrent leur étonnement de nous voir arriver à cette heure de la nuit et par pareil chemin. L'endroit où nous nous trouvions alors était un peu élevé et sec, on attacha les chevaux dans le voisinage du lagon, où il y avait du pâturage et, exténué de fatigue, chacun se coucha comme il put sur le sable pour attendre le jour et suivre notre route.

Le 14 juillet

À cinq heures du matin nos chevaux étaient sellés et tout était prêt pour nous remettre en route. La journée d'hier avait été fatigante et dure et notre manière de vivre était aussi par trop frugale, peu propre à soutenir pendant longtemps de pareilles fatigues. Je ne pus m'empêcher de remarquer à cet égard la différence de vivre des Français et des Californiens qui m'accompagnaient avec les Américains et les autres étrangers que nous rencontrions sur notre route. En partant du Pueblo de San José, chacun de nous avait emporté sa *mochila*, espèce de caparaçon en cuir qui couvre la selle et les côtés du cheval, et une couverture pour former un lit et se couvrir. Moi seul avais en plus un manteau. Nos provisions consistaient en des viandes séchées, du pain coupé et préparé sous forme de biscuit, du *pinole* ou farine de maïs rôtie, du fromage, du thé et du sucre. Rigoureusement parlant, on pouvait avec cela préparer un repas, car nous apportions aussi une marmite et une bouilloire, mais ayant adopté la coutume de profiter de la fraîcheur de la matinée, nous nous mettions généralement en route avec le lever du soleil et de si bonne heure qu'il était impossible de rien préparer, tandis que les Américains et la plupart des autres étrangers, allant avec des voitures, apportaient de tout et prenaient régulièrement leurs trois repas par jour. Ceux avec qui nous nous trouvions ce matin en préparaient un copieux, fait de viande fraîche, de jambon, de thé, de café, quand ceux qui m'accompagnaient n'avaient qu'une miche de pain et du fromage. Cependant personne ne murmurait, mais j'eus pitié et, sacrifiant une partie de la seule bouteille de vin que j'avais apportée, je donnai à chacun la goutte avant de partir.

Je n'avais pu examiner le terrain par lequel nous avions passé la nuit dernière, mais celui où nous nous trouvions n'était qu'une langue de terre entre deux flaques d'eau et les marécages s'étendaient à perte de vue.

Notre route passait maintenant par un terrain sec et sablonneux qui ne donnait que peu de pâturages. Après deux heures de marche, nous entrâmes enfin dans une autre zone et poursuivîmes notre route par un pays bien boisé, couvert de pâturages, un des plus beaux qu'il soit possible de voir. Je jugeai que nous étions à deux heures et demie ou à trois heures de la rivière, et que c'était là l'extrémité des terrains stériles. Les arbres formaient une ligne parallèle à la rivière. Après une lieue environ dans ce charmant paysage, couvert de beaux chênes et semblable à un parc, nous nous arrêtâmes dans un endroit appelé *El campo de los Franceses*, le camp des Français [1], où il y a un joli ruisseau et du pâturage en abondance. Le nom de ce lieu lui fut donné après qu'en 1830 cinquante ou soixante Canadiens, toujours considérés comme des Français dans ce pays, y eurent campé pendant plusieurs jours. Nous nous y arrêtâmes, le temps de laisser passer la grande chaleur du jour, de nous reposer et de préparer enfin le repas de viande dont nous sentions tous le besoin.

Vers les deux heures et demie, après avoir pris un assez long repas et nous être reposés à l'ombre des beaux arbres qui croissent le long du ruisseau, nous nous remîmes en route. Jusqu'à l'*Arroyo de las Calaveras* [2] il y a 5 lieues, et de 7 à 8 jusqu'à la rivière de *Los Moquelemes* [3]. Le nom singulier du ruisseau (la rivière des Crânes) lui vient d'une guerre d'extermination que la mission de San José mena en 1818 contre les Indiens Moquelomes qui s'étaient arrêtés près du ruisseau pour se défendre. Les soldats espagnols, au nombre de soixante, à cheval et bien armés, tuèrent deux à trois cents Indiens dont les cadavres restèrent exposés et ils emmenèrent un grand nombre de prisonniers. Ces pauvres Indiens, qui n'avaient que des arcs et des flèches, s'étaient pourtant bien défendus. Quatre soldats espagnols y perdirent la vie et plusieurs furent blessés. Le crime dont on accusait ce pauvre peuple était d'avoir cherché à débaucher les Indiens de la mission, c'est-à-dire qu'ils avaient incité leurs enfants, leurs frères et leurs femmes, séduits ou enlevés par la force, à revenir chez eux.

Notre route passait par un pays magnifique, couvert de beaux chênes et de pâturages absolument semblables à un parc, mais qui, de même que presque toutes les autres parties de la haute Californie, manquait d'eau dans cette saison. Nous fîmes 6 lieues depuis le camp des Français jusqu'à l'*Arroyo de las Calaveras* avant de pouvoir faire boire nos bêtes à la ferme du docteur Isabelle [4]. Le docteur, de même que tous ses compatriotes, était parti pour les placers. J'y obtins pourtant quelques pastèques et des melons. Des Indiens, qui ont une *rancheria*

1. Il s'agissait du camp de Michel La Framboise et de ses trappeurs de l'Hudson Bay Company (voir l'introduction). La date exacte est 1832.
2. La Calaveras River.
3. La Mokelumne River.
4. La ferme de James C. Isbell.

au village à peu de distance, nous vendirent un quartier de cerf. Avec ces provisions nous fûmes nous établir sur le bord de l'*arroyo*, sous un groupe de chênes dont un, que je mesurai, avait 21 pieds de circonférence.

Une chose remarquable, et que j'ai observée dans toutes les parties du nord de la haute Californie où j'ai voyagé, c'est qu'on ne trouve point de gros chênes dans un état de décrépitude, tombés ou en décomposition, ou encore consumés en partie par l'âge et par les intempéries. Tous sont sains et vigoureux, tous paraissent d'une même époque et l'on dirait, en voyant ce grand nombre d'arbres si énormes, forts et pleins de vie, que tous ont commencé à pousser vers les mêmes temps, qu'ils sont les premiers de leur espèce à être apparus sur cette terre.

Ces beaux arbres, avec les saules et les lauriers, faisaient le principal ornement du lieu où nous étions campés.

Le 15 juillet

Pendant toute la nuit nous avions distingué le feu qui était dans la plaine, à l'est d'où nous étions, et dans la direction de la route par où nous devions passer. C'était une ligne de 3 ou 4 lieues d'étendue qui s'approchait avec rapidité. À peine nous étions-nous mis en route ce matin qu'une fumée épaisse nous fit suffoquer, qui empêchait de distinguer les objets à la moindre distance. Pendant plus d'une heure de notre marche nous souffrîmes cette incommodité, quelquefois très grande, jusqu'à ce que nous arrivions à l'endroit même où tout était en feu.

Quoique très vif, ce feu ne consumait guère que l'herbe et l'avoine sauvage, lesquelles, très épaisses et très sèches, jetaient une flamme vive et brûlaient avec une telle rapidité qu'il eût été impossible de l'éteindre ou de l'arrêter. Plusieurs arbres, pourtant, étaient aussi en feu et quelques-uns, en partie consumés, étaient tombés au travers de la route, mais c'était là le seul et faible obstacle à notre marche. Car la route étant assez large, sans herbe ni bois, le feu s'était arrêté sur ses bords. En moins d'une demi-heure nous avions passé l'incendie : quand nous arrivâmes à la rivière Moquelomes tout était déjà éteint, mais tout était noir et triste. Plus de pâturage, plus de verdure, les feuilles des arbres elles-mêmes étaient consumées ou flétries par le feu. Ce n'était plus le même pays. Cette désolation durait jusqu'à environ un quart de lieue de la rivière.

[...]

De nouveau nous trouvâmes un grand nombre de voyageurs et des effets au passage de la rivière, mais les hommes étaient à déjeuner. Ils eurent la complaisance de nous céder l'embarcation pour passer notre bagage. L'embarcation n'était autre qu'un gros arbre, creusé en forme de pirogue, mais ronde au-dessous, sans balancier et conséquemment très instable. La rivière, déjà très basse heureusement, n'avait guère que 60 pieds de largeur et sa plus grande profondeur n'excédait pas 12 pieds. Nous poussâmes les chevaux à l'eau, et ils passèrent tous à la fois à la nage.

Voulant arriver ce jour jusqu'à la rivière de Cosumnes *(rio de la Gasion)* à un endroit où un Américain a établi un moulin[1], il nous restait de 10 à 12 lieues à faire, aussi ne fîmes-nous que passer, seller nos chevaux et continuer notre route. À peu de distance de la rivière nous entrâmes de nouveau dans un pays entièrement consumé par le feu et encore fumant, vers dix heures la chaleur devint extrême, à onze heures nous nous arrêtâmes à un endroit désigné sous le nom de *Arroyo Seco*[2], que le feu n'avait pas atteint et où il y avait de l'eau.

Vers midi et une heure la chaleur devint telle que même à l'ombre on se sentait très incommodé, mais le désir d'aller jusqu'au moulin ce jour était tel que nous décidâmes de nous remettre en route vers les deux heures. Nous ignorions le lieu par où nous devions passer : cette journée allait s'avérer la plus cruelle de toutes celles que nous avions connues jusque-là.

Avant de seller nos chevaux, il me vint à l'idée de faire un essai, afin de reconnaître si ce ruisseau, très considérable dans la saison des pluies, ne charriait pas d'or. Nous avions nos *bateas*, espèces de grands plats en bois de 12 à 14 pouces de diamètre et de peu de profondeur, qui servent à laver les terres aurifères. J'en fis remplir une de terre prise au fond, vers le milieu du ruisseau, dans un endroit où il était à sec, et confiai l'opération de laver la terre à Arnaud Maubé, qui pendant quelque temps s'était occupé de lavage des terres aurifères au Mexique. À notre grand étonnement, en mois d'un quart d'heure, il nous montra de l'or, resté au fond avec un peu de sable noir, qui de prime abord me parut être du fer oxydé. L'or était si menu qu'il fallut la loupe pour distinguer qu'il était en paillettes et qu'il y en avait huit ou dix. Cette découverte me fit regretter de n'avoir pas fait le même essai à tous les courants que nous avions passés depuis le San Joaquin. Tous, probablement, devaient charrier de l'or.

Comme de coutume, nous nous mîmes en route vers les deux heures et demie. À peu de distance du ruisseau où nous nous étions arrêtés, nous entrâmes dans une plaine nue dont l'œil n'apercevait pas la fin.

1. Il s'agit probablement du moulin de William Daylor, un marin anglais qui travailla un temps chez Sutter avant de s'installer avec son beau-frère sur la rive nord de la Cosumnes River. Daylor devait mourir du choléra en 1850.

2. Aujourd'hui Dry Creek.

Nous nous étonnâmes tous de l'extrême chaleur que nous sentîmes tout à coup en franchissant la dernière des petites collines qui entourent le ruisseau, chaleur qui augmenta à mesure que nous avancions et devint bientôt presque absolument insupportable. Il ventait, pourtant, mais ce vent qui venait du nord-ouest, si redouté et si froid sur la côte, avait passé sur 60 lieues de plaines et d'un pays tout en feu : au lieu de nous rafraîchir, il était brûlant, suffoquant et semblait sortir d'un four.

Après trois heures de ce supplice, nous approchâmes enfin un pays plus ou moins boisé qui s'améliorait graduellement en avançant vers l'est. Vers six heures ou six heures et demie, nous arrivâmes à la rivière, et quoique la chaleur eût beaucoup diminué, la soif dont nous souffrions était telle qu'en la voyant nous nous précipitâmes tous à la fois vers l'eau.

De la rivière jusqu'au moulin il y a une lieue et, désirant arriver avant la nuit, nous nous remîmes en route immédiatement après nous être rafraîchis. En suivant les bords du Cosumnes, le contraste avec le désert que nous venions de traverser est très grand car les bords de cette rivière sont très jolis et, quoique du côté où nous nous trouvions le pays soit moins boisé que du côté opposé, l'abondance de l'herbage, ses champs cultivés et enclos nous le firent paraître un paradis. Pour arriver au moulin il fallut passer la rivière, guéable en plusieurs endroits en cette saison. Je connaissais le propriétaire du moulin, qui nous reçut avec affabilité, m'offrit sa table et sa maison, mais accablé de fatigue et indisposé, je n'acceptai qu'une tasse de thé et fus rejoindre mes compagnons, de nouveau établis sous un énorme chêne, sur les bords mêmes de la rivière.

Le 16 juillet

Avant de nous mettre en route ce matin, je mesurai le chêne sous lequel nous avions dormi. À 5 pieds de la terre sa circonférence était de 22 à 24 pieds. Son tronc, parfaitement sain, n'avait pas moins de 50 pieds de hauteur.

Nous étions maintenant dans le pays de l'or. On en avait extrait à une lieue du moulin et en assez grande quantité pour qu'une personne, avec un travail ordinaire, pût y faire une piastre à l'heure. Au moulin même on en avait trouvé, mais en moindre quantité. Cette rivière n'est pas non plus le parage le plus au sud où l'on en trouve, puisque, m'apprit-on, les Indiens Moquelemes viennent jusqu'ici vendre de l'or, extrait des sables de leur rivière. Nous étions encore à 12 ou 14 lieues de l'endroit où nous voulions aller, désigné par les Américains sous le nom de Dry Diggings, exploitations sèches, à cause du manque d'eau et d'où l'on extrait particulièrement d'or dans ce moment.

La route qui y conduit suit d'abord sur une lieue le bord de la rivière, puis elle reprend la direction est-nord-est, où se termine la plaine. Le chemin, quoique plane en apparence, monte graduellement en serpentant entre les collines. Pendant 5 à 6 lieues, le paysage parut nu et même aride — des roches d'ardoises, en couches verticales, une terre légère et rougeâtre, quelques broussailles à peine et des chênes verts rabougris. En approchant la Sierra Nevada les collines devinrent plus boisées, le paysage plus beau, la terre se couvrit de verdure, les grands arbres réapparurent.

Dans tous les endroits où nous nous arrêtâmes, et où il y avait de l'eau, je fis faire des essais et partout, en prenant la terre dans les ravins, nous trouvâmes de l'or. Dans une petite vallée, à 10 lieues à l'ouest des exploitations actuelles, nous le trouvâmes même en si grandes quantités que ceux qui m'accompagnaient furent tentés d'y rester.

À environ 8 lieues à l'est-nord-est du moulin, le pays est très boisé et s'embellit à mesure qu'on avance vers l'est. Avant d'arriver au lieu où l'on travaille aujourd'hui, nous eûmes une côte assez raide à passer, la seule vraie difficulté de toute cette route. Après l'avoir franchie, nous nous trouvâmes dans une jolie petite vallée, où nous vîmes des tentes, des voitures, des chevaux, des bœufs, et bientôt une multitude d'hommes au travail. Les uns piochaient dans les ravins que séparaient les nombreuses collines, les autres charriaient ou lavaient de la terre. C'était un mouvement continuel, qu'on aurait pu croire celui d'une grande cité.

Je voulais me rendre, d'abord, là où des Français, Cambuston, Roussillon, Sainsevain[1], et autres, s'étaient établis. Il nous fallut pour cela traverser toute la vallée, sur une lieue environ. Il était nuit quand nous y arrivâmes. L'endroit était bien choisi, un petit courant d'une eau limpide, mais avec leur négligence ordinaire il n'y avait pas une tente, pas même une *enramada*[2] et, quoiqu'ils m'accueillissent bien et me donnassent un souper excellent, il fallut encore, de même que pendant mon voyage, coucher à même la terre, avec les étoiles pour ciel de lit...

1. Henry Cambuston fut éditeur et directeur d'école, avant de prendre la direction de l'asile d'aliénés de Stockton en 1856. Charles Roussillon était l'associé de Pierre « don Pedro » Sainsevain dans la construction de plusieurs moulins dans les montagnes de Santa Cruz et à San José. Ils entreprirent également tous deux de construire un schooner en 1846. En août 1848, ils prospectèrent dans les mines du sud et Pierre Sainsevain donna son nom au fameux Don Pedro's Bar.

2. Une cabane faite de branchages. Les Américains contractèrent le mot en « ramada ».

Le 17 juillet

Au point du jour tout était en mouvement, des hommes partaient à pied et à cheval, chargés de pioches, de piques et de pelles, les uns pour aller piocher et bêcher la terre, les autres pour la charrier, il ne restait presque personne au camp. Mes compagnons de voyage, également impatients de commencer à travailler, vinrent me prier de leur prêter les chevaux de charge pour charrier la terre, attendu qu'il fallait aller en prendre à trois ou quatre milles de là. Je les leur promis pour quatre jours, et ils partirent au trot.

Trop fatigué la nuit dernière pour causer, c'est seulement ce matin que j'appris l'extrême richesse du lieu, en même temps que les difficultés qui se présentaient actuellement pour extraire l'or par lavage, du fait du manque d'eau. Ce parage, situé entre la rivière Américaine[1] et la rivière de Cosumnes, avait été reconnu au début du mois de juin. Ceux qui le découvrirent, ayant encore de l'eau à proximité, y firent facilement 200 à 300 piastres par jour, souvent même ils ne ramassaient que les gros morceaux et ne se servaient d'autres outils que d'une barre de fer et d'un couteau. Mais les Indiens ayant averti ceux qui travaillaient à la rivière Américaine, huit cents à mille personnes s'y transportèrent en moins de huit jours et les ravins les plus riches, qui paraissaient être les véritables départs de l'or puisqu'il ne s'y présentait qu'en morceaux et grains considérables, furent bientôt en partie épuisés, et comme l'eau diminua vers le même temps, du 1er au 10 juillet la journée commune passa de 10 ou 20 onces à 5 ou 6 seulement, et aujourd'hui que l'eau manque presque totalement, et qu'on va chercher la terre à trois ou quatre milles ou même davantage, elle n'est plus que de 2 à 4 onces.

Le lieu où je me trouvais était un petit vallon fermé d'un côté par une montagne assez élevée, presque à pic, et de l'autre côté par de jolies collines, qui, de même que la montagne, étaient couvertes de beaux pins et de cyprès. Au pied de la montagne coulait un ruisseau peu considérable, mais dont l'eau était limpide. Las !, comme on ne cessait d'y laver de la terre, venue de tous les environs, il était comme comblé dans plusieurs endroits, où l'eau devenait boueuse.

La manière de laver la terre la plus généralement adoptée ici, partout où il y a assez d'eau, est au moyen d'une *maquina*, machine à laver la terre. Car en plus des *bateas*, ou plats en bois, on a inventé une machine extrêmement simple, laquelle, maniée par quatre hommes, non compris ceux qui travaillent la terre, peut laver jusqu'à deux tonnes par jour.

1. American River.

[...]

Comme je l'ai dit plus haut, pour travailler cette machine il faut quatre hommes, un qui y jette la terre, l'autre qui y jette de l'eau, un troisième qui l'agite ou la berce, et un quatrième qui remue la terre sur la grille, la détache du fond de la machine et jette les pierres.

À cela s'ajoutent pour piocher la terre, la trier plus ou moins, la charrier, la laver, suivant la nature du terrain, la distance et les difficultés de transport, de huit à dix hommes au moins. Une de ces machines, bien fournie en terre et constamment en mouvement, peut laver un tonneau en trois ou quatre heures et on compte qu'un de ces tonneaux donne ici toujours de 16 à 25 et jusqu'à 30 onces d'or. Mais en ce moment il n'y a nulle part dans les parages d'eau en quantité suffisante, aussi les machines ne peuvent-elles fonctionner plus de quatre à six heures par jour, en sorte que la journée commune n'est que de 3 à 4 onces.

Après avoir examiné ce lieu, je m'en fus à pied découvrir les terrains aurifères. Il n'était guère que six heures ou six heures et demie du matin quand je me mis en route, et déjà je rencontrai plusieurs hommes qui revenaient avec de la terre qu'ils transportaient sur leurs chevaux dans des *alforgas*, ou grandes poches ou sacs en cuir, qui pendaient de chaque côté de la selle, tandis que celui qui conduit le cheval est monté en croupe.

Pour aller jusqu'aux endroits exploités, il fallut de nouveau passer par la jolie vallée que nous avions traversée lors de notre arrivée. Elle n'avait qu'un mille de large sur quatre de longueur, un ruisseau assez considérable coulait au milieu, mais dans ce moment il n'y avait d'eau que de distance en distance et en petite quantité. En plusieurs endroits, sur les bords du ruisseau, poussaient des chênes superbes, sous lesquels les marchands avaient installé leurs tentes et leurs boutiques, et comme la vallée même est formée par des collines de peu d'élévation, couvertes de cyprès, de pins de différentes espèces, le coup d'œil que présente cette petite vallée à l'entrée est vraiment des plus jolis, et comme elle était encore le centre des plus riches exploitations et le principal passage de ceux qui allaient et venaient au travail, il y avait un mouvement et une confusion qui auraient pu faire croire à une fête de village ou à une foire en Europe.

Tous les ravins qui séparent les petites collines avaient été remués de fond en comble, puis abandonnés. Ces exploitations ne se faisaient qu'au milieu des ravins et seulement là, car le fossé ou l'espace où l'on avait creusé n'avait nulle part plus de 3 à 4 pieds de largeur sur une profondeur inégale, suivant qu'on avait rencontré le rocher solide à 2 ou 3 pieds. Les pierres et la terre de ces ravins étaient les mêmes que celles rencontrées depuis plus de 8 lieues à l'ouest — une terre rougeâtre jusqu'à un pied ou un pied et demi de la superficie et en dessous une pierre argileuse qui se défait par lames plus ou moins fines, décomposée à la surface et fragile jusqu'à 2 ou 3 pieds, mais dure et compacte à plus de profondeur...

Je trouvai les premiers travailleurs à un mille de notre camp. Les lieux qu'ils exploitaient étaient trois petits ravins séparant trois collines qui venaient se réunir vers le bas en forme de ruisseau. Les travailleurs s'y trouvaient les uns sur les autres, telles des fourmis. Ceux qui creusent la terre se servent plus particulièrement de pioches et de piques. Ici, de même que dans les lieux abandonnés que j'avais pu examiner avant, l'exploitation se borne à creuser dans les ravins et à 1 ou 2 pieds de chaque côté, bien que l'or se trouve beaucoup plus loin vers les collines, comme je pus m'en convaincre ici même, où plusieurs des travailleurs, armés de petites barres de fer et de leurs couteaux, ne lavent pas la terre et ne ramassent que les grains et les morceaux qu'ils trouvent, surtout sur les côtés des ravins. Tous m'assurèrent que ce travail, qui demande un peu de pratique, est presque toujours le plus profitable, et que c'était là que se trouvaient les plus gros morceaux, que l'eau n'avait pu entraîner jusque dans le ravin — qu'ils s'y trouvaient même par veines qu'ils poursuivaient sur le flanc des collines jusqu'à ce que les éboulements les empêchent d'avancer.

Un Américain qui n'avait d'autre outil que son couteau trouva devant moi un morceau assez considérable. Je lui proposai de me le vendre, ce à quoi il consentit immédiatement. Je n'avais ni mes balances ni mon argent avec moi, mais il me dit de l'emporter et de lui faire envoyer le montant.

Piocher, remuer, charger, transporter la terre est vraiment un travail pénible, surtout de dix heures du matin à trois heures de l'après-dîner, car la chaleur alors est assassine. Malgré cela, partout où j'allais, de colline en colline, je trouvais une multitude de monde au travail. Dans quelques endroits, plus renommés pour leur richesse, comme le premier que j'avais visité, les travailleurs se trouvaient serrés à ne plus pouvoir remuer. Là, l'abondance de l'or avait quelque chose de merveilleux. Quand on découvre de ces *bonanzas*, comme ils les appellent, tout le monde s'y jette, car là un jour, une heure, suffit quelquefois pour faire une petite fortune. On me raconta à cet égard les choses les plus extraordinaires, et un homme avec qui je causai ce matin, le même qui entreprit la construction d'un moulin pour M. Sutter sur la rivière Américaine [1] et qui le premier découvrit que cette dernière charriait de

1. Soit James W. Marshall lui-même.

l'or, et fut la cause de toutes les découvertes faites depuis lors, m'assura avoir ramassé au mois de juin, au lieu même où nous nous trouvions, plus de 6 livres d'or en moins d'une heure. Mais ces cas sont extrêmement rares et ces endroits se trouvent promptement épuisés. Ce que je puis affirmer, en revanche, c'est que dans tous ces parages que l'on appelle Dry Diggings, la journée commune était encore de 3 à 4 onces d'or au moins.

Vers les onze heures et midi la chaleur devint excessive et je commençai à regretter d'être venu à pied. Heureusement, à l'extrémité d'un de ces ravins, je trouvai ceux avec qui j'étais venu et, comme mon domestique indien se trouvait avec eux, je l'envoyai chercher mon cheval. Le premier jour de ce genre de travail paraissait bien dur à mes compagnons de voyage, tous suaient à grosses gouttes. M. Labourdère disait que c'était un travail de nègres, les autres au contraire paraissaient très contents, me montraient plusieurs morceaux d'or qu'ils avaient ramassés et juraient qu'ils ne quitteraient pas ces parages avant que d'avoir 2 000 ou 3 000 piastres chacun.

Pendant que je me trouvais là, à l'ombre d'un bel arbre, j'eus l'occasion de voir extraire l'or à sec. Ceux qui faisaient ce travail étaient des habitants de la Sonore, province du Mexique, et leur technique leur donnait l'avantage de pouvoir travailler sur les lieux mêmes où se trouvait le métal. L'opération était simple, mais demandait de la pratique.

Après avoir rassemblé la terre et toutes les parties friables de la pierre argileuse, qu'ils ont soin de pulvériser, ils mettent le tout à sécher au soleil, puis, quand elle est bien sèche, à l'état de poussière, ils l'agitent dans une espèce de van pour en séparer les petites pierres et faire s'envoler la poussière. Une toile est tendue à terre, sur laquelle l'or et une partie de la terre retombent. La poussière s'envole au vent et l'or, même les plus petites parcelles, tombe à leurs pieds sur la toile. Mais ces hommes se plaignaient que la poussière leur faisait du mal, et ils craignaient de ne pouvoir continuer longtemps le travail. Leur moyen tel qu'il est, pourtant, paraît autrement facile et profitable que le lavage, puisqu'ils m'assuraient avoir fait, depuis qu'ils étaient là, de 6 à 7 onces par jour chacun.

En causant avec eux des placers de la Sonore, ils m'assurèrent qu'ils n'étaient pas comparables à ceux-ci, même si l'on y trouvait aussi, parfois, des *bonanzas*.

Mon domestique étant arrivé avec mon cheval, je retournai à notre petit camp, où on m'attendait pour dîner, repas auquel je fis d'autant plus honneur qu'il était trois heures et que j'étais encore à jeun.

La nourriture, quant à la viande, est assez abondante aux placers, M. Lee de Sonoma[1] ayant amené ici cinq cents bœufs qu'il vend 25 piastres aux Blancs et 100 ou 200 piastres aux Indiens. On en tue plusieurs tous les jours, mais malgré ce prix assez modéré, un dîner est un repas qui coûte énormément cher au placer. Plusieurs payent un cuisinier jusqu'à 30 piastres par jour et le vin que nous buvions, quoique très ordinaire, se vendait 8 piastres la bouteille. Voici les prix des comestibles les plus nécessaires et les seuls qu'on trouve ici :

Viande fraîche ou séchée, la livre	12,5
Farine, les 25 livres	25,0
Sucre, la livre	2,0
Riz, *id.*	1,0
Thé, *id.*	5,0
Biscuit, le quintal	50,0
Vin, eau-de-vie, la bouteille	8,0

Le tout se paie en or du placer, à 16 dollars (piastres) l'once.

Considérant les prix énormes auxquels tout se vendait ici, je fis remarquer à mes compatriotes la différence qu'il y avait entre les manières de voyager des Américains et celles des Californiens comme de beaucoup de Français. Les premiers, venant avec des charrettes, apportent les provisions et tout le nécessaire pour le temps qu'ils veulent rester et n'ont d'autres frais que la viande fraîche, en sorte qu'ils sont rigoureusement partout et peuvent se déplacer à leur guise, plusieurs amenant même leurs femmes et leurs enfants, prenant leurs repas à des heures fixes et vivant à peu près comme chez eux. Tandis que les Californiens et les Français viennent à cheval, n'apportent de provisions que pour quelques jours, mangent d'une manière irrégulière, mal et presque au hasard et sont obligés de s'en aller au bout de très peu de jours, ou d'acheter des provisions à des prix exorbitants[2].

Désirant connaître le produit du travail de cette journée pour ceux

1. Sans doute Jacob P. Leese.

2. Ces différences dans la manière de prévoir et de se rendre aux placers a d'autres conséquences, que j'ai eu l'occasion de remarquer au Pueblo de San José et à Monterey, depuis mon retour : c'est que l'Américain, mieux pourvu et plus persévérant, ne retourne qu'après avoir ramassé une somme assez considérable, rarement moins de 3 000 à 4 000 piastres, tandis que le Californien, obligé de revenir faute de provisions, ou moins avide et plus insouciant sur l'avenir, revient après huit jours ou deux semaines de travail avec rarement plus de 800 ou 1 200 piastres. [Note de Moerenhout.]

établis auprès de moi dans le vallon, je trouvai les proportions suivantes, exprimées en onces :

3 Français venus avec moi	7"9/16
29 Sunol, Sainsevain, Roussillon, Amador et leurs 23 Indiens	130"00
3 Arnaud Maubé & 2 Californiens	19"5/16
3 un Allemand et deux Indiens	7"8/16
2 un Anglais et un Californien	6"00
40 personnes pour un total de	160"6/16

Le 24 juillet

Pendant les six derniers jours, j'ai visité tous les environs à 3 ou 4 lieues à la ronde. Partout l'or est en abondance et, partout où on l'extrait, la journée commune est de 3 à 4 onces au moins. Les lieux où il se trouve — dont une faible partie est exploitée actuellement — sont deux vallées, ou les terrains situés entre trois contreforts qui descendent des premières rangées de montagnes de la Sierra Nevada et courent (autant que j'ai pu en juger sans compas) presque est et ouest. La largeur de chacune de ces vallées n'est guère que de 3 ou 4 lieues, leur longueur, jugée à la simple vue, doit être de 8 à 10 lieues au moins. Ce sont ces collines et leurs milliers de ravins qui sont les véritables terrains aurifères, où ce métal se trouve dans la plus grande abondance, mais en grains et en morceaux, et semblent être les véritables dépôts d'où l'or plus menu, entraîné par les eaux, s'est répandu dans les ruisseaux et les rivières au loin.

En parcourant ces lieux je me suis convaincu que ni la millième, ni peut-être la millionième partie de ce terrain n'est connue ni entamée. Bien que quelques-uns de ces ravins soient abandonnés, aucune de ces mines n'est en fait épuisée puisque, en faisant prendre de la terre dans les ravins les plus travaillés et depuis longtemps délaissés, non seulement j'y ai trouvé de l'or, mais je l'y ai trouvé dans des proportions presque égales à celles des exploitations actuelles les plus vantées. Je pense donc que ces parages, nullement connus, ont été à peine entamés, qu'il y a des richesses pour des années à venir et que l'année prochaine, après les pluies, les endroits aux ravins supposés épuisés seront, sinon les plus riches, au moins les plus productifs, car l'eau, en lavant ces terres déjà remuées, laissera l'or à nu sur la pierre solide ou le jettera en masse dans les creux et les trous des fossés qu'elles ont creusés.

Ce dont je suis convaincu aussi, c'est que le dépôt principal de l'or n'est pas limité aux petits ravins qui séparent les nombreuses collines, car outre les remarques faites à cet égard par des Américains et citées plus haut, je fis moi-même des expériences qui me prouvèrent que les collines en contiennent également toutes vers le bas aux environs des ravins. Dans plusieurs essais faits avec la terre prise à la profondeur de 2 pieds et à 10 ou 15 pieds de distance des ravins, j'ai trouvé plus ou moins d'or partout.

Il paraît donc certain que ce sont les collines elles-mêmes qui sont, sinon le dépôt principal, au moins le dépôt primitif et la source d'où est venu tout l'or, d'où, entraîné par les eaux, il s'est déposé dans les ravins entre les collines, dans les ruisseaux des vallées et dans les rivières des plaines au loin.

Dans une excursion que je fis, accompagné de trois Californiens qui allaient au village, ou *rancheria*, d'Indiens pour les engager à venir travailler pour eux, j'eus l'occasion de voir ce beau pays à plusieurs lieues à l'est, vers la Sierra Nevada. Plus on avance dans cette direction, plus il est boisé et plus il y a de beaux arbres, surtout des pins, des cyprès et autres conifères. C'était alors aussi que j'observai que les vallées où étaient établies les principales exploitations étaient formées par des contreforts qui s'étendaient très au loin et semblaient se détacher des premières rangées des hautes montagnes de la Sierra Nevada. Dans plusieurs endroits nous fîmes à la hâte des essais des terres des ravins et partout nous trouvâmes de l'or. Ce fut alors que, jetant la vue sur ces milliers de collines et les ravins qui les séparent, sur ces ruisseaux et sur ces plaines, sur toutes ces terres encore intactes et vierges, ce fut alors, dis-je, que je pus me convaincre que ces richesses à peine entamées ne s'épuiseront ni dans quelques années, ni même dans des siècles...

Le 25 juillet

Mes observations terminées, ayant pris de la terre aurifère, des pierres et des cristallisations, ayant en outre réussi à acheter le morceau d'or le plus gros trouvé jusqu'alors dans les parages, je profitai de la compagnie de quelques personnes qui se rendaient au moulin, à la Fourche américaine[1], pour aller examiner cette région elle aussi aurifère. Je n'amenai avec moi que mon domestique indien, car ceux qui m'avaient accompagnés depuis le Pueblo désiraient rester au lieu où ils étaient. Ils me remboursèrent ce que j'avais avancé pour eux et je leur cédai un des chevaux de charge, au prix qu'il m'avait coûté. Tous, à l'exception des Californiens, parlaient de rester jusqu'à l'arrivée de l'hiver.

1. L'American Fork.

La Fourche américaine où a été élevé un moulin est à 20 lieues[1]. Le pays sur 2 ou 3 lieues est à peu près le même qu'aux Dry Diggings, bien boisé, aux chemins faciles entre les collines, puis, en s'approchant de la rivière, il devient plus nu et d'apparence stérile. Vers midi nous arrivâmes aux premières exploitations. Ce n'était plus cette multitude et cette confusion que je venais de quitter : les travailleurs se trouvaient à grande distance les uns des autres et l'on ne comptait guère, sur toute l'étendue de la rivière, que deux cent cinquante à trois cents personnes.

L'or est ici extrait, pour l'essentiel, des boues sur les berges de la rivières et de celles amassées dans les coudes, les anses, les petites îles et autres endroits laissés à sec. Une de ces îles, grande d'un arpent, est appelée *the Mormons' Diggings*[2]. Dans les exploitations des mormons situées à quelque distance en dessous du moulin, on a extrait en moins de deux mois plus de 100 000 piastres d'or, et ce dépôt n'est pas épuisé. Ici encore, l'or ne se trouve qu'à la profondeur de 2 ou 3 pieds : au-dessous commence le granit, qui forme le lit de la rivière. L'or se présente surtout en paillettes qui diminuent en grosseur et en quantité à mesure qu'on descend la rivière.

L'endroit où a été élevé le moulin est devenu célèbre comme origine et cause de la fameuse découverte des placers dans la partie nord de ce pays.

Vers le milieu de 1847, M. Sutter, de nationalité suisse et propriétaire de la Nouvelle-Helvétie, dont l'esprit d'entreprise a été souvent utile et a causé tant de changements et d'améliorations dans cette partie de la haute Californie, avait fait commencer l'érection d'un moulin à scier sur la partie sud de la Fourche américaine, où, en outre de la facilité qu'offre la rivière, il y a des forêts magnifiques à peu de distance. Ayant creusé un fossé par lequel l'eau devait venir au moulin, ils en firent l'essai dans le mois de février dernier, mais trouvant qu'il n'avait pas assez de profondeur, ils arrêtèrent l'eau afin de pouvoir le creuser davantage et ce fut en recommençant le travail que les ouvriers s'aperçurent que l'eau y avait déposé un certain métal dont M. Sutter fit l'essai et qui se trouvait être de l'or, d'excellente qualité.

M. Sutter, sans soupçonner l'immense résultat qu'allait avoir cette première découverte et croyant que les terres charriées par la rivière à cet endroit étaient les seules terres aurifères, sollicita du gouverneur à Monterey le droit de l'exploiter à son bénéfice. Mais avant qu'il eût

1. Il s'agit bien du moulin de John Sutter, à Coloma, où fut trouvée la première pépite.
2. C'est sur cette île que fut trouvé le premier filon d'importance.

reçu la réponse négative, la nouvelle de cette découverte s'était répandue et plusieurs Américains, sans même avertir Sutter, y commencèrent des exploitations. D'autres découvertes se firent. Les mormons découvrirent la petite île mentionnée plus haut et commencèrent leurs recherches vers la fin d'avril. On examina les rivières des Ours, de la Yuba et des Plumes[1] et on trouva de l'or partout. En mai ou juin un Irlandais, passant de la Fourche américaine à la rivière de Los Cosumnes, découvrit le lieu aujourd'hui appelé Dry Diggings, où l'on trouva de l'or dans une telle profusion et en si grande abondance que tous ceux qui s'y rendirent quand les ruisseaux avaient encore assez d'eau pour le lavage en revinrent avec des fortunes obtenues en quelques semaines et souvent en quelques jours.

Le 26 juillet

De très bonne heure ce matin je me suis mis en route pour l'*arroyo de Los Osos* (Bear River) accompagné seulement de mon domestique indien. En approchant de la rivière, le pays devient de nouveau très boisé et on suppose qu'il y a également de l'or dans les collines, mais n'ayant plus de *batea* et n'osant pas m'aventurer dans une contrée où je pouvais manquer d'eau, je ne pus faire aucune expérience.

En arrivant près du ruisseau, je le trouvai en cette saison bien peu considérable et, dans l'endroit où je le passai, à quelque distance de la ferme d'un M. Johnson, il était presque à sec. Ne voyant aucun travailleur dans les environs, je poursuivis ma route[2].

Le pays entre la Bear River et la Yuba est plus beau que celui entre cette dernière et l'American River et, bien que le feu y eût fait aussi de gros ravages, plusieurs vallées étaient d'un aspect charmant, mais si le chemin n'avait pas été très bien tracé, je me serais infailliblement perdu au milieu des collines boisées, toutes absolument semblables.

Il était quatre heures de l'après-midi quand j'arrivai à la rivière. Le chemin m'avait conduit à un endroit où travaillaient une multitude de gens, tous américains, étrangers ou indiens.

Après une demi-heure de repos sous une tente où l'on m'avait offert l'hospitalité, je remontai à cheval pour longer les bords de la rivière, qui sont assez jolis, et visiter quelques-uns des endroits en exploitation. Je pus constater que le travail était le même que sur l'American River, que l'or y était de la même qualité et donnait le même produit, ou à peu près, puisque la journée ordinaire y était d'une once à une once et demie.

1. Respectivement : Bear River, Yuba River, Feather River.

2. Tyrwhitt Brooks et ses associés s'y installèrent vers cette époque et y trouvèrent 115 livres d'or en septembre.

Le 27 juillet

Ce matin de bonne heure, je me mis en route pour la rivière des Plumes (Feather River), distante de 8 lieues. Il n'était pas dix heures quand j'arrivai à l'endroit où étaient établis les principaux lavages. Il n'y avait pas beaucoup de monde et presque tous étaient des Indiens. La raison en est que ces exploitations sont dirigées par des Américains qui, possédant des fermes dans le voisinage, peuvent aisément obtenir des Indiens.

Peu de temps avant mon arrivée, un Américain avait tiré plus d'une livre d'or d'une fente d'un rocher sur le bord du courant, à plusieurs pieds au-dessus de l'eau, ce qui semble confirmer que l'or des rivières ne vient pas du tout de celles-ci, mais se détache des collines et terrains sur les côtés. Autre fait qui me confirme dans cette idée : on m'apporta deux morceaux d'or, l'un d'une once, l'autre de plus d'une demi-once, trouvés tous deux à plus de 60 pieds au-dessus du niveau des eaux. Un autre individu avait extrait près de 3 onces d'or en grains et morceaux semblables à ceux des Dry Diggings d'un ravin à 3 lieues de la rivière.

Le 28 juillet

Commençant à ressentir les effets de ces courses dans une saison aux chaleurs excessives et convaincu que ces exploitations étaient partout pareilles, je pris la détermination de ne pas aller plus loin, et dans la crainte de me perdre ou de rencontrer de grandes difficultés en descendant la Feather River jusqu'au Sacramento, je me décidai à reprendre le chemin du moulin et à suivre l'American River jusqu'à la Nouvelle-Helvétie. Je pris la route au point du jour. Impatient de terminer mon voyage et de retourner à Monterey, je cherchai à faire du chemin, sans plus m'attarder à observer le pays, mais nos chevaux, déjà très fatigués, souffraient tant de la chaleur que je jugeai prudent de m'arrêter, le temps que passe la grande chaleur du jour. Le lieu avait de l'eau et de l'herbe et son aspect était des plus charmants, mais c'était un désert, sans un être humain, probablement à plusieurs lieues à la ronde, sauf peut-être des Indiens qui, plus redoutables que les ours, inspiraient une peur terrible à celui qui m'accompagnait. À trois heures nous nous remîmes en route, à six heures j'étais au moulin.

Le 29 juillet

Malgré la fatigue de mes chevaux, je partis bien avant le lever du soleil. Douze lieues environ séparaient le moulin du fort de M. Sutter et comme je voulais visiter tout de même les Lower Diggings, à 6 lieues du Sacramento et à 5 de la Nouvelle-Helvétie, je prolongeai ma route de deux à trois heures.

Quelques hommes continuaient d'y travailler. L'or me parut le même qu'en haut, peut-être un peu plus menu, mais comme il était un peu moins abondant, la meilleure journée ici ne dépassait guère une once.

Avant d'arriver à la ferme de Leidesdorff, située à 2 ou 3 lieues de la Nouvelle-Helvétie, le cheval de mon domestique ne voulut plus marcher, et il fallut que celui-ci aille à pied en le tenant par la bride, aussi était-il tard quand nous arrivâmes à la ferme, où nous passâmes la nuit.

J'étais maintenant sorti du pays de l'or, car il semble bien qu'on n'en rencontre pas plus bas qu'à 3 ou 4 lieues de Sacramento, et qu'il en aille de même pour tous ses affluents.

Sur la Feather River on m'avait assuré qu'on trouvait de l'or jusqu'à plus de 50 milles au nord, dans les lits des ruisseaux. Les montagnes connues sous le nom de *Los Pitos*, les Buttes [1], situées dans la vallée du Sacramento à environ 39° 32' de latitude nord, sont d'une grande richesse, mais l'absence d'eau rend impossible leur exploitation. Si l'on pense que les collines entre les rivières sont très probablement les véritables dépôts de l'or, dont seulement les plus petites parties sont entraînées par les eaux vers les rivières, que les découvertes s'étendent déjà au sud de la même manière qu'au nord, que déjà les Indiens apportent de l'or extrait de la Stanislaus River et que selon toute vraisemblance elles ne se termineront dans cette direction qu'au-delà de l'ancien placer de San Fernando par 34° de latitude nord, on est comme frappé d'étonnement, et on se demande quelle sera l'influence dans un pays nouveau, et même dans ces mers, d'une pareille découverte. Car enfin, d'après le calcul le plus modéré, il est certain qu'on a déjà extrait de ces dépôts, en moins de trois mois, pour une valeur de plus de 4 millions de piastres en or, avec un terme moyen de mille sept cents travailleurs, mais qui se renouvellent continuellement.

[...]

Après une visite à Sutter, Moerenhout regagne Monterey.

Le 11 août

Il était dix heures quand nous arrivâmes à la Mission, où nous trouvâmes beaucoup de monde qui partait aux placers ou en revenait, car c'est le passage obligé, quelle que puisse être la route suivie ensuite, détroit de Carquinez ou San Joaquin. Nous y fîmes une brève halte, le temps d'acheter quelque nourriture, et à deux heures de l'après-midi j'arrivai chez M. Sunol, au Pueblo de San José, un mois après mon départ jour pour jour.

1. Près de Marysville.

Le lendemain, 12 juillet[1], était le jour de la fête de Santa Clara et il y eut un grand service à la Mission, située à une lieue du Pueblo, et une foule qui m'étonna d'abord, mais M. Sunol m'expliqua que presque tous les hommes du Pueblo et des environs étaient revenus des placers pour être présents à la fête : il estimait à deux cents ou trois cents ceux qui étaient revenus chez eux depuis huit jours. Plusieurs Américains et autres étrangers avaient fait de même, en sorte qu'ils étaient, tous ensemble, pas moins de cinq cents. Chacun avait rapporté pas moins de 1000 piastres en or. Cette valeur d'un demi-million de piastres entre les mains de tant d'individus disposés à en dépenser une grande partie avait fait se vider en un instant toutes les boutiques et tous les magasins. Il n'y avait plus une aune d'étoffe ni aucune marchandise sur la place, et l'or s'échangeait déjà contre de l'argent, à raison de 8 à 10 piastres pour une once.

Les changements extraordinaires occasionnés par la découverte des terrains aurifères dans l'État et le caractère des gens de la région peuvent à peine se concevoir. Des pauvres, si l'on donne à ce mot sa véritable signification de gens dans le besoin, il n'y en a jamais eu dans la haute Californie. L'abondance des bestiaux et l'extrême fertilité du sol font que la nourriture n'a jamais manqué à personne. Mais on connaissait à peine l'argent. Ce dont chacun avait besoin, pour l'usage des personnes ou de la maison, il l'obtenait en échange de cuirs ou de suif. Ceux qui étaient en possession de 500 ou 1 000 piastres étaient extrêmement rares. Là, tout à coup, le dernier, le plus malheureux parmi eux se trouvait en possession de ces sommes, obtenues en un instant et avec une telle facilité qu'elles lui paraissaient de peu d'importance, aussi les dépensait-il avec prodigalité et une sorte d'indifférence.

Plus extraordinaire, les étrangers et les Américains eux-mêmes paraissent tous dans les mêmes dispositions, font des dépenses extravagantes, jettent l'or à poignée et se montrent généreux jusqu'à la prodigalité.

Du 14 au 16 août

Ayant appris ce jour qu'un bâtiment chilien, le *Six-Juin*, devait partir dans deux jours du port de Yerba Buena pour Valparaiso, je profite de l'offre d'un Français qui se rend là-bas pour faire mettre à bord une petite caisse avec des échantillons et de l'or de différents parages aurifères, ainsi que les autres objets que je m'étais procurés pendant mon voyage. Je les adresse à Votre Excellence comme j'ai eu l'honneur de vous en informer par la lettre qui l'accompagne.

1. Août, en réalité. Moerenhout répète plusieurs fois cette erreur dans son journal.

Le 15 au matin, je quittai le Pueblo pour Monterey, mais n'arrivai au soir qu'à la mission de San Juan. Je continuai le 16 par la Sierra de San Juan, une montée longue et difficile, exténuante pour les chevaux. Dans la plaine de la Nation (Rancho National), les fermes et les villages étaient presque à l'abandon, où ne vivaient plus que quelques femmes et des enfants. En entrant à Monterey, je fus frappé par le silence qui y régnait. Nul bateau dans le port, nulle âme dans les rues, et j'appris bientôt que tous les hommes, californiens comme étrangers, étaient partis pour les placers, que seul le gouverneur restait avec quelques officiers, que les soldats avaient déserté et qu'il en restait à peine assez pour monter la garde au Fort.

J'ai l'honneur d'être, Monsieur le Ministre, avec le plus profond respect, votre très humble et très obéissant serviteur.

II

La ruée

La nouvelle se répandit en France, dans les premiers mois de 1849, comme une traînée de poudre : là-bas, en lointaine Californie, on ramassait de l'or à la pelle. « Je dis bien ramasser », insistait Moerenhout, le consul de France à Monterey, dans une lettre adressée le 18 octobre 1848 à l'amiral, commandant la flotte du Pacifique, « parce que, effectivement, dans beaucoup d'endroits on ne fait plus que ramasser. MM. Fourcade viennent d'arriver avec 70 livres d'or obtenues en quelques semaines et dont les deux tiers sont de gros morceaux qu'ils ont ramassés, morceaux qui se trouvent en telle abondance qu'ils ont fait des journées de 1 000 à 1 500 piastres chacun ».

Une boîte contenant quelques pépites était jointe, pour preuve, à cet envoi, qui devait mettre bientôt le ministère des Affaires étrangères en ébullition, d'autant plus que le contre-amiral Legoarant de Tromelin y avait ajouté ces quelques commentaires depuis Valparaiso : « J'ai déjà vu ici plusieurs spécimens de l'or qu'on recueille dans ce pays ; c'est réellement merveilleux : la terre est mêlée de paillettes, plus ou moins fortes, et parfois de morceaux de grosseurs variées d'or natif pur du poids de 2 à 3 onces ; il y a aussi des pierres dont l'or est mélangé à 30 et à 50 % de son poids ; [...] les navires qui y vont perdent leur équipage en grande partie ; tout le monde va ramasser de l'or en lavant la terre ; les outils, vêtements confectionnés, aliments préparés, vins, eaux-de-vie se vendent au poids de l'or, à la lettre. »

Le lieutenant Henri Carrey, à son tour, confirmait les rumeurs, dans une lettre datée du 24 novembre : « *La Constance* a apporté de Californie des nouvelles qui ont mis tout en l'air à Valparaiso. On en a oublié la France, l'Italie et leurs révolutions, pour ne plus parler que d'or ». Tout le monde part pour la Californie, c'est une véritable fièvre. On ne s'aborde plus que par ces mots : « Quand partez-vous ? » Et de citer l'exemple d'un capitaine parti avec 14 000 piastres de marchandises, « revenu avec quatre-vingts et quelques mille piastres de bénéfices ».

Dès le mois de février 1849, la presse parisienne s'empare de ces nouvelles. Le 16, *Le Moniteur* commence la publication d'une liste des marchandises que l'on peut vendre avec grands bénéfices en Californie ; le *Journal des débats*, le même mois, traduit les souvenirs du docteur J. Tyrwhitt Brooks, *Quatre Mois au milieu des chercheurs d'or en haute Californie*, et le *Constitutionnel*, de son côté, publie les *Souvenirs d'un voyage en 1848 en Californie* par Paul Duplessis, d'après M. Carlos Urriaga.

À Talacahuano, le 11 janvier, un baleinier venant de San Francisco aurait déclaré avoir ramassé en quelques mois 300 000 piastres de poudre d'or, révèle *Le Siècle* le 15 avril. Et le steamer le *Lexington* 360 000 dollars-or, ajoute le *Journal du Havre* le 3 mai. « À en croire l'opinion générale, la terre est mélangée d'or sur une étendue de plusieurs centaines de milles. Il faudra des siècles et des millions de travailleurs pour épuiser les gisements », s'extasie le *Constitutionnel* le 15 mai, rattrapé dans l'outrance par *La Presse* du 8 juin : « On écrit de San Francisco que, dans la vaste étendue des gisements aurifères, il y a à peine un mètre de terrain qui ne renferme de l'or. » Le lieutenant Beale aurait vu une pépite de 25 livres à San Francisco, prétend *L'Estafette* du 16 juin, reprenant une information du *New York Herald.* « Quoi qu'on fasse, on ne peut pas recueillir moins de 20 piastres par jour », rêve *Le Temps* en date du 1er juillet. Du délire...

On ne jure plus que par la Californie. Le 1er mars 1849, le théâtre du Luxembourg donne un vaudeville en un acte, *Le Voyage en Californie*, de Bouché et Lelioux ; le 23 janvier 1850, Fournier et Duplessis y proposent à leur tour le drame *Les Chercheurs d'or du Sacramento* les Variétés enchaînent le 23 mars par une « folie-vaudeville » en un acte, *Les Chercheuses d'or.* En juin, on lance même un aérostat, *la Californie*, dans le ciel de Paris. Et en août les *Variétés* présentent un vaudeville à grand spectacle, dont les décors auraient été peints, selon *L'Entracte*, par des artistes envoyés tout exprès en Californie : *L'Alchimiste, ou le Train de plaisir pour la Californie.* D'ailleurs, ne dit-on pas désormais « une mine d'or », « une vraie Californie » pour vanter un succès au théâtre ?

Partir ! Des compagnies privées pour l'émigration se montent par dizaines, les unes strictement commerciales, les autres sous forme de mutuelles de travailleurs, mêlant l'éloge du capitalisme sauvage et les rêveries philanthropiques, promettant l'extinction du paupérisme, proposant parfois des inventions miraculeuses pour trouver l'or sans fatigues excessives, fournissant même les cartes des gisements aurifères : la Californienne, la Ruche d'or, l'Association des trois cents travailleurs, le Mineur, la compagnie agricole la Bretonne, l'Aurifère, la Fortune, la Société franco-californienne, le Club de San Francisco, la Compagnie française de Sacramento, l'Union fraternelle, l'Extirpation, la Caravane havraise, la Caisse limousine, le Comptoir général de la Californie, la Compagnie française et américaine de San Francisco — un tourbillon où l'on s'étonne à peine de trouver l'Américaine, dirigée par « Milord, dit Vilette, bien connu dans les milieux de la bohème », le Sable d'or, qui propose rien de moins que d'aller chercher le sable aurifère en Californie pour le traiter à Paris, ou cette société, le Nouveau Monde, au capital de... 46 millions de francs (!), fondée par un certain... Christophe Colomb, « ingénieur naturaliste, membre de la Société zoologique de France », et deux avocats rayés du barreau pour abus de confiance, dont un avocat corse, Paganelli de Zivaco, qui prétend avoir acheté des terrains au colonel Frémont lui-même.

Tout cela entretenu, amplifié, porté par des centaines de brochures, mémoires, récits de voyage, conseils, comme ce *Guide pratique des émigrants* d'un certain Jules Rossignon, « professeur de physique à l'Université et inspecteur général des poudres et salpêtres de la République du Guatemala », où l'on se demande parfois si le soi-disant voyageur a seulement pris la peine de regarder sur une carte en quelle partie du globe se trouve la Californie. Mais qu'importe ! En cette époque où triomphe le *Comte de Monte-Cristo*, où l'on veut croire que l'argent suffit à effacer toutes les distinctions sociales, la France tout entière ne rêve plus que d'aller faire fortune, là-bas, en quelques mois. « Les rêves de l'or ont remplacé les rêves socialistes dans le prolétariat parisien », constate Karl Marx, amer.

C'est dans ce climat d'agitation des esprits qu'éclate en plein mois d'août 1850 une annonce incroyable : une nouvelle société, la Loterie des lingots d'or, organise une loterie, dont le premier prix sera un lot de 400 000 francs, le deuxième un lot de 200 000 francs, le troisième un lot de 100 000 francs — en tout deux cent vingt-quatre lots représentés par des lingots d'or fin pour un montant total de 1 200 000 francs ! Mieux : le gouvernement approuve le projet, dont le bénéfice attendu de 4 600 000 francs est destiné « à faire transporter gratuitement en Californie cinq mille émigrants trop pauvres pour faire la traversée ». Et pour que les choses soient claires, le préfet de police Carlier ajoute, dans le texte de son autorisation :

« Les colons, dont le produit net de la loterie servira à payer le passage, seront désignés par mon administration parmi ceux qui se seront fait inscrire sur des registres ouverts à cet effet. »

Cinq mille émigrants ! N'y avait-il pas là de quoi faire rêver tous les miséreux de France ? Mais les intentions du gouvernement apparurent rapidement évidentes : se débarrasser à bon compte du plus grand nombre d'indésirables. Pierre-Charles de Saint-Amant, pourtant fervent bonapartiste, devait le dire tout net un peu plus tard : « Ceux qui ont dirigé la Loterie des lingots d'or avaient pour but principal de purger la société politique française d'un grand nombre de "frères et amis" qui étaient un embarras quand ils n'étaient pas un danger ; subsidiairement (et pourquoi nier le but charitable et fraternel ?), cette transportation officieuse et bienveillante pouvait être une source de fortune et d'aisance pour les transportés. »

Une gêne quand ils n'étaient pas un danger... La garde nationale, créée en plein mois de février 1848, avait permis de recruter, et donc d'encadrer, vingt-quatre mille trublions des faubourgs de Paris. Dévoués corps et âme au gouvernement provisoire, ils avaient sur ses ordres contribué à sauvagement réprimer l'insurrection socialiste de juin 1848, ce qui leur avait valu le sinistre surnom de « bouchers de Cavaignac ». Réduits à douze bataillons en janvier 1849, puis démobilisés, ils s'estimaient peu ou prou trahis et constituaient de ce fait une masse dangereuse — tout comme les gardes républicains, licenciés en février 1848, rappelés à la rescousse en mai 1848 et licenciés de nouveau en 1849. Comment tout à la fois les récompenser pour leur rôle pendant les journées de juin 1848 et s'en débarrasser ?

En février 1850, soit six mois auparavant, le gouvernement avait déjà patronné la création d'une Compagnie des gardes mobiles dans le dessein d'envoyer sur les champs aurifères d'anciens sous-officiers ou soldats de ce corps. Cent trente et un d'entre eux, arrivés à San Francisco le 23 novembre à bord de la corvette *la Sérieuse*, y avaient été accueillis avec beaucoup d'égards par les autorités et avaient même défilé dans la ville en uniforme, clairon en tête. À cette occasion, Brenham, le maire de San Francisco, avait écrit sa satisfaction au gouvernement français, ajoutant qu'il serait heureux de voir venir de France « de jeunes paysannes, afin de cimenter par des mariages mixtes l'union des deux grands éléments dont se compose la population californienne : les Américains et les Français ». Oui, décidément, cette Loterie des lingots d'or était une excellente idée...

Pour plus de garantie, on adjoignit au directeur-fondateur Jean-François Langlois, ancien capitaine de marine, un conseil de surveillance composé de fonctionnaires, de négociants honorablement connus et de représentants de l'Assemblée, dont Porion, maire d'Amiens — et pour accentuer encore le caractère « officiel » de cette entreprise, le préfet de Paris recommanda aux maires du département de la Seine de placer les billets dans leurs mairies. Clary, ancien chef de corps de la garde mobile, présidait le conseil, confirmant ainsi, s'il en était besoin, les motifs « généreux » de la loterie.

Elle suscita pendant des mois les espoirs les plus fous. Car quelle que fût la volonté de s'étourdir dans ses rêves, quelle que pût être la crédulité du public, celui-ci ne pouvait pas ne pas commencer à s'apercevoir que la plupart des sociétés privées d'émigration disparaissaient aussi vite qu'elles étaient apparues, dans des rumeurs inquiétantes de fonds détournés, de faillites frauduleuses, de fuites à l'étranger.

Le fondateur de la Bretonne, disait un rapport de police, était « un escroc déjà traduit en correctionnelle pour usurpation de testament » ; la Société générale de San Francisco avait été créée « par deux hommes aux noms aristocratiques qui avaient déjà figuré dans l'industrie de la commandite ». Suau de Varennes, l'un des directeurs de l'Eldorado, était un « joueur notoire » ; la Commerciale était dirigée « par un escroc de la pire espèce ». Escrocs encore les directeurs de l'Espérance, de la Parisienne, de la Nationale, du Pactole, du Commerce de San Francisco, de la *Californienne*, de la Moisson d'or (dont les bureaux, précisait le même rapport, « ressemblent plus à un estaminet qu'à une administration »), de la *Compagnie* française de Sacramento, de l'Espérance — entraînant souvent dans leur chute notables, prêtres, aristocrates prête-noms, hommes politiques trop crédules dont ils avaient su se ménager le patronage. De quoi troubler les âmes les plus naïves ou les plus exaltées ! La caution du gouvernement, dans ce carnaval affairé, apportait tout à coup une espérance nouvelle. Libéré grâce à lui de l'emprise des spéculateurs, le rêve allait, pensait-on, se faire réalité...

La mise en place de la loterie, pourtant, n'allait pas sans problème. Son fondateur, Langlois, entendait bien prendre sa part de bénéfice sur les 4 600 000 francs destinés à financer le voyage des cinq mille émigrants en affrétant lui-même un navire, ce que contestaient avec indignation les membres du conseil, qui souhaitaient une mise en adjudication du transport. Porion, dès le 12 octobre, donna sa démission, suivi en décembre par Clary : « Si je démissionne, c'est pour le but unique de prouver aux pauvres gardes mobiles, mes anciens camarades, que je n'avais accepté cette mission qu'avec la ferme résolution de les tirer de la misère dans laquelle ils se trouvaient depuis près de trois mois, par suite du licenciement, écrivit-il au préfet de police. Je ne veux ni ne puis tromper le public plus longtemps en abandonnant à la mendicité une foule de braves gens. »

L'affaire, on l'imagine, fit grand bruit. Interpellé vivement à l'Assemblée, le 21 décembre, sur les termes de sa concession qui semblaient donner raison à Langlois, le gouvernement, embarrassé, promit une surveillance plus stricte.

En conséquence, le conseil décida de faire l'acquisition des lots au fur et à mesure de la rentrée des fonds, et d'abord du gros lot, qui fut exposé dans un magasin loué 10, boulevard Montmartre, à l'angle du passage Jouffroy.

Il faut croire que ces premiers remous n'avaient pas entamé l'enthousiasme populaire : la foule se précipita, créant des mêlées indescriptibles. Une immense banderole décorait la façade du magasin : « 400 000 francs pour 1 franc ! », des vendeurs de billets hurlaient dans la cohue, et le public en extase défila jour après jour devant le fameux lingot, placé sur le plateau d'une balance où six gros blocs de fonte lui faisaient à peine contrepoids, au-dessous d'une pancarte propre à tourneboule tous les esprits : « 116 kilos 870 grammes = 400 770 francs. »

« Le lingot d'or du boulevard Montmartre est une page de l'histoire du XIXe siècle, il vivra dans le souvenir des hommes à aussi juste titre que la mémoire de Law et le récit des gigantesques entreprises de la rue Quincampoix », s'indigna un journaliste un peu moins crédule que la plupart, Édouard Texier. Daumier, narquois, consacra à l'événement une lithographie.

Mais le 28 février 1851, sur intervention exprès du préfet de police — craignait-il une prolongation des encombrements, une disparition, quelque jour, du lingot ? Ou bien voulait-il, en cas d'effondrement fâcheux, ne pas être impliqué plus avant dans toute cette affaire ? —, le conseil renonça à l'exposition de la rue Montmartre : le lingot, jusqu'au jour du tirage, serait déposé à la Banque de France. Et comme il fallait, néanmoins, entretenir l'agitation des esprits tout le temps de la vente, il fut décidé de confier la rédaction d'une brochure publicitaire à un jeune auteur qui venait de s'attirer un beau succès de librairie : Alexandre Dumas fils.

Probablement le jeune Alexandre était-il plus doué pour les effusions sentimentales que pour les dures réalités de la publicité : le texte qu'il livra était d'une platitude rare, qui commençait par une histoire, fort détaillée, des loteries à travers les âges, se poursuivait par quelques anecdotes d'un goût douteux sur le succès de la Loterie (des bandits, à Bayonne, auraient dévalisé une diligence pour s'emparer de billets de la Loterie !), avant de s'achever sur un vibrant hommage au créateur, au père des Lingots d'or, le bon M. Langlois, « un des hommes les plus honorables et les plus honorés de la marine marchande ». Mais il serait exagéré de le rendre responsable de toutes les difficultés de la Loterie — car de toute évidence, malgré tout le bruit qu'elle suscitait, la Loterie des lingots d'or connaissait quelques problèmes.

Certes, les listes de miséreux candidats au départ continuaient de s'allonger sur les registres de la préfecture, mais les billets, après un départ foudroyant, se vendaient, eux, de plus en plus mal. Pour une raison simple : seuls l'envoi de quelques centaines d'émigrants en Californie, le récit, authentifié par les autorités, de l'excellence de leur accueil et de leurs premiers succès sur les placers auraient pu entretenir durablement la confiance. Or, en septembre 1851, aucun bateau n'avait encore été affrété, quand le premier départ avait été envisagé, à l'origine, pour le mois d'octobre 1850... Des rumeurs circulaient, selon lesquelles le gouvernement envisageait surtout de se débarrasser ainsi de la lie des prisons. Et ces rumeurs étaient assez insistantes pour que le consul des États-Unis à Marseille mît en garde les autorités californiennes contre l'arrivée prochaine, par ce biais, « de l'écume de Paris, dans laquelle se trouvaient les pires desperados d'Europe » — les réponses du gouvernement, en novembre 1851, n'avaient pas pleinement rassuré les Vigilants de San Francisco, qui avaient déjà fort à faire avec les forbans arrivés des bagnes de Sydney...

Que se passait-il donc ? Tout simplement que Langlois, furieux, continuait à exiger la libre disposition de ces 4 600 000 francs et que, n'obtenant pas gain de cause, il n'avait pas hésité à entamer une campagne de presse contre les membres du conseil. Le 14 juillet 1851, *L'Estafette* avait publié, à son initiative, un article publicitaire qui laissait entendre « qu'une autre destination pourrait être donnée aux fonds de la loterie ».

Fureur du préfet de police : Langlois avait dû s'excuser. Mais le 19 juillet il revenait à la charge, informant le conseil que des éléments nouveaux lui paraissaient aller contre l'idée d'une émigration en Californie. La concession du transport ayant été confiée, pour son plus grand dépit, à la compagnie havraise Marziou, sur la base de 795 francs par émigrant transporté, il était intervenu encore, en août 1851, en suggérant au maire du Havre de réclamer la restitution des sommes versées par les habitants de la ville au bénéfice de « M. Normand, dont les chantiers [venaient] d'être brûlés ». À quel jeu jouait donc le bon M. Langlois ?

Tout s'éclaire en septembre : la *Loterie des lingots d'or* est au bord du dépôt de bilan. Les ventes de billets ont été insuffisantes, et M. Langlois, trompant la vigilance du conseil, a réussi à prélever sur la caisse 1 200 000 francs pour ses frais ! Émoi au gouvernement. D'abord éviter le scandale ! M. Langlois est prié de se retirer. Le conseil de surveillance organise à la hâte trois départs, le 11 octobre, le 23 octobre, le 13 novembre. Et puis l'on achète les autres lots, dont on avait jusque-là oublié de se préoccuper. Et le 16 novembre, enfin, on procède au tirage.

Depuis le temps qu'on l'attendait ! Dès 8 heures et demie du matin, la foule se presse dans la salle du Cirque des Champs-Élysées pour admirer la machine du tirage « exécutée par M. Palmer, mécanicien ». Et ce sont quarante mille personnes surexcitées qui s'y bousculent l'après-midi pour assister au grand spectacle du tirage. « La salle est éclairée au gaz et ornée avec goût, raconte le lendemain le *Journal des débats* ; une estrade, en forme de flèche, décorée de velours cramoisi avec franges dorées, s'élève au centre de l'enceinte du monument. Vingt et un enfants de l'établissement des jeunes orphelins, vêtus uniformément, veste de drap et collet rouge, la casquette sur la tête et conduits par un surveillant, viennent s'asseoir sur des pliants rangés sur l'estrade. Ils ont devant eux sept tambours montés sur des trépieds en fonte, mus par une crémaillère qui leur imprime le mouvement de rotation simultanément et dans lesquels les numéros sont introduits, inscrits sur des boules de caoutchouc. »

Le gros lot fut gagné par le n° 2558115.

Pendant trois semaines, l'événement éclipsa tout le reste de l'actualité, d'autant que se multipliaient les bruits selon lesquels il y aurait eu fraude lors du tirage, le dernier officiel à examiner le tambour des centaines ayant subtilisé une des boules, dont le nombre était commun, assurait-on, à tous les faux billets, pour la remplacer par une autre — ce qui laissait supposer une escroquerie organisée au plus haut niveau. Karl Marx soutint que les organisateurs, et donc les pouvoirs publics, non seulement avaient empoché le surplus des 7 millions prévus pour le budget total de l'opération (incluant les 4,5 millions des frais de transport), mais encore avaient fabriqué les faux billets, « vendant dix, quinze et même vingt billets portant le même numéro » —, mais on peut se demander sur quels documents il fondait un avis si péremptoire, rien dans le dossier d'instruction de l'affaire ne permettant d'étayer pareille accusation.

La distribution des lots eut lieu les 2, 3 et 6 décembre 1851 aux Tuileries. Les gagnants devaient venir munis de leurs billets ou, s'ils habitaient loin de Paris, pouvaient se faire représenter. Louis-Médard Yvonnet, vigneron à Bouzy, dans le canton d'Ay près de Reims, emporta le gros lot. Fin du premier acte. Les difficultés, maintenant, commençaient : comment se tirer convenablement de cette triste affaire ?

Le 25 novembre, un comité de liquidation fut nommé, différent du conseil de surveillance. De nombreuses personnalités, sollicitées, se récusèrent. Le premier inventaire fit apparaître que 243 848 billets avaient été vendus, soit la moitié seulement des billets émis. Plusieurs concessionnaires refusèrent de payer. Langlois lui-même prétendit faire un procès au comité, mais se trouva débouté par le tribunal civil de la Seine le 16 avril 1852 — il devait revenir à la charge pendant huit ans. Et puis il fallait tenir les promesses faites aux émigrants.

Les registres de candidatures furent clos le 7 décembre 1852 et dix-sept navires furent affrétés, qui transportèrent à San Francisco quatre mille émigrants environ, sur les cinq mille promis.

Certaines bonnes âmes s'inquiétèrent : que devenaient là-bas ces malheureux ? Un accueil était-il au moins prévu ? Il apparut que rien, en fait, n'avait été préparé. Le comité en toute hâte dépêcha en Californie un représentant, Gabriel de Ferry de Bellemare, auteur à succès de romans à la James Fenimore Cooper — *Le Coureur des bois, Apaches et chercheurs d'or, Main rouge et sang mêlé*, ainsi que des *Scènes de la vie sauvage au Mexique* (où il avait vécu) — qui avaient été très appréciés des lecteurs de la *Revue des Deux Mondes*.

Las ! Gabriel de Ferry devait périr au large de Southampton, dans l'incendie du navire qui le transportait. Et l'on préféra donc oublier les malheureux émigrants. Après tout, l'opinion avait d'autres chats à fouetter, d'autres événements auxquels s'intéresser : le 2 décembre 1851, le prince Louis-Napoléon réussissait son coup d'État.

Oubliés, ces malheureux chercheurs d'or n'en continuaient pas moins d'exister. Leur premier navire, l'*Alphonse-Nicolas Cézard*, capitaine Le Bozec, arriva le 28 février 1852 avec, à son bord, cent soixante-neuf émigrants. « À leur débarquement, raconte Daniel Lévy, émigrant lui aussi qui nous a laissé un témoignage capital, *Les Français en Californie*, des secours en argent et en nature leur furent distribués, et on paya le passage à ceux qui désiraient aller aux mines. Un certain nombre trouvèrent à s'employer comme domestiques à cent dollars par mois à San Francisco même, et comme garçons de ferme à 4 dollars par jour, dans les environs. »

Suivirent, en mai, le *Fortune*, du Havre, le *Malouin* et la *Foi*, de

Saint-Malo, puis, en juin, le *Courrier de l'Inde*. Le 16 novembre arrivait à San Francisco l'*Adèle*, de Marseille, et le 20 du même mois, l'*Indépendance*, du Havre. « Jusqu'alors, l'administration des Lingots avait toujours pourvu à leurs premiers besoins ; mais cette fois elle paraissait vouloir les abandonner à leur propre initiative. Cela était d'autant plus malheureux qu'on était au cœur de l'hiver, et que les pluies avaient partout suspendu les travaux. »

En fait, leur situation était dramatique. Paris restait sourd aux appels au secours de Patrice Dillon, le consul, qui se dévouait avec un cœur admirable, n'hésitant pas à épuiser les fonds dont il disposait pour aider les plus démunis, mobilisant les négociants français dans une société de bienfaisance, mais la marée grossissait toujours : le *Sansonnet* et le *Damblat*, de Bordeaux, l'*Alphonse-Nicolas Cézard* de nouveau, le *Sacramento*, le *Malouin*, le *Vesta*, le *Lormont*, l'*Antonio*, l'*Oscar*, l'*Adèle*, l'*Indépendance*, le *Magellan*, le *Cachalot*, le *Moïse*, le *Sacramento*, le *Notre-Dame-des-Victoires*, le *Saint-Joseph*...

« C'est faute d'avoir tenu compte de mes avis que nos malheureux émigrants se trouvent en ce moment campés à San Francisco où le travail manque complètement, se plaignit amèrement le consul Dillon. Mon cabinet ne désemplit pas, depuis le matin jusqu'au soir, d'indigents recrutés pour la plupart dans les grandes villes de France, et qui ne savent ni supporter les privations ni se créer des ressources par leurs propres bras. » Déjà prévenus par la mise en garde de leur consul à Marseille, les Américains de San Francisco s'inquiétèrent d'autant plus de ce flot ininterrompu que non seulement il charriait avec lui bandits et prostituées, mais qu'encore il suscitait des troubles sur les placers. Bientôt le terme « lingots » allait devenir, dans leur bouche, la pire des injures.

Daniel Lévy voulut prendre leur défense : « Les uns disent : c'était un ramassis de malfaiteurs que l'on avait renvoyés de France pour s'en débarrasser. Les autres disent : c'étaient des révolutionnaires, des repris de justice, des forçats libérés ! Que ne dit-on pas sur leur compte, hélas ! La vérité, la voici : c'étaient tous des Français aimant leur pays. Ceux que j'ai vus de près — et j'en ai connu la plus grande partie — étaient tous des ouvriers, tels que charpentiers, ébénistes, cuisiniers, bijoutiers, tailleurs, cordonniers, cultivateurs. Il y avait aussi quelques notaires, commis de magasin, négociants, voyageurs de commerce, etc. En un mot, tous avaient un métier ou une profession [1]. »

1. Et Daniel Lévy, dans son ouvrage, cite ces notes d'un « Lingot d'or », le seul témoignage direct resté de cette aventure. « Aux termes de la convention faite avec la compagnie, chacun de nous devait recevoir à son débarquement une chemise de

Les registres d'inscription à la préfecture permettent une réponse plus précise. Beaucoup de miséreux, bien sûr, célibataires pour la plupart et citadins, mais aussi des familles entières égrenant sur les registres la litanie de l'échec et du désespoir, des femmes seules, parfois, comme cette Mme Lainé, de Saint-Servan, « qui attend au Havre avec ses deux enfants parce qu'elle a vendu tout son mobilier », des déchus comme ce Firmin Alexandre Celles, cinquante et un ans, ex-sociétaire de la Comédie-Française, qui espère être là-bas « moins malheureux qu'à Paris ». Et puis les mauvais garçons, Jean B., condamné pour fausse monnaie, Louis M. pour recel, Joseph B. pour association

laine, un pantalon, un bourgeron en toile, une paire de souliers, un chapeau, des outils de mineurs, et quinze jours de vivres.

« Notre premier soin à notre arrivée à San Francisco, le 14 mai 1852, par le navire la *Foi*, capitaine Hubert, fut naturellement d'aller au consulat de France, où l'on nous fit assez froid accueil. Nous comptions chacun recevoir 20 piastres, somme nécessaire pour nous rendre aux mines et pourvoir à nos premiers soins ; mais quelle fut notre surprise en ne recevant que la somme dérisoire de 3 dollars ! Le lendemain, M. Dillon nous expédia, au nombre de sept, à Marysville où nous passâmes la nuit. Notre souper et notre coucher payés, c'était une fameuse brèche faite à nos 3 dollars.

« Nous partîmes de Marysville de grand matin, après nous être renseignés sur la situation des mines les plus proches. On nous avait indiqué un endroit, appelé Longbar ; malheureusement, l'un de nous, qui prétendait savoir l'anglais, crut entendre Longsbar au lieu de Longbar. Or, le premier de ces placers était sur la Yuba, à 6 ou 8 milles de Marysville, tandis que l'autre se trouvait sur la Plume River à 40 milles de ce centre. À force de marcher, nous arrivâmes à la chute du jour près d'une ferme où l'on nous donna à manger pour le peu d'argent qui nous restait, mais comme il n'y avait pas de place pour nous loger, nous dûmes coucher à la belle étoile.

« Le lendemain matin, on nous dit que nous avions encore au moins 20 milles à faire pour arriver à notre destination. Bien que forcés de nous passer de déjeuner, nous ne perdîmes pas courage, et nous reprîmes notre bâton de pèlerin. Le soir nous arrivions près d'une maison complètement isolée, située sur l'emplacement où s'élève aujourd'hui la petite ville d'Oroville — c'était une buvette —, nous fîmes halte. Comme la faim m'avait donné un peu d'imagination — il ne nous restait plus que 10 sous —, je demandai du whisky pour un avec sept verres. L'homme qui tenait l'établissement me regarda d'abord avec surprise : mais devinant bien vite notre détresse, il me dit : "Never mind, take the bottle and help yourself." Puis il nous apporta des crackers, en nous engageant à manger à notre faim. Aussitôt que nous eûmes fini notre frugal repas, il nous dit qu'il n'avait pas de place pour nous loger dans sa maison, mais qu'il avait des peaux d'ours et qu'il voulait bien nous les prêter pour passer la nuit dehors.

« À notre réveil, le brave homme d'hôte nous offrit une nouvelle collation, pareille à celle de la veille. Après l'avoir remercié comme il le méritait, nous nous remîmes en route avec nos bagages. Enfin, vers 4 heures de l'après-midi, nous arrivâmes en vue du lieu de notre destination. Là, nouvel embarras. Il fallait traverser une rivière, et nous n'avions pas de quoi payer le petit bateau qui transportait les voyageurs d'un bord à l'autre. Force nous fut d'abandonner une partie de nos outils au batelier.

de malfaiteurs, Timothée C. pour vagabondage et son frère David pour escroquerie, Désiré B. pour coups et blessures, Henri G. pour vol, Pierre L., missionnaire, interné huit jours à Pontivy... Auxquels s'ajoutent les prostituées, aventurières ou simples malheureuses, comme ces sœurs L., « écrouées six mois pour abus de confiance », ou la femme M., « condamnée pour abandon d'enfant » — l'*Oscar*, arrivé le 16 août 1852, en transportait une centaine, qui s'ajoutèrent à toutes celles déjà parties, actrices sans plus de rôles, grisettes, « nymphes du pavé », si nombreuses bientôt que le nom de *madams* resta aux prostituées de San Francisco.

Miséreux, délinquants et *madams* étaient au nombre d'un millier, environ, tout le reste se composant d'anciens gardes nationaux, d'anciens gardes mobiles ou d'anciens insurgés de juin devenus indésirables, qui le plus souvent se contentaient d'inscrire en face de leur nom le chiffre « 48 ». Trois mille hommes qui s'en allèrent grossir les rangs des disciples de Cabet, de Fourier, de Saint-Simon, déjà arrivés par leurs propres moyens. « Les pauvres petits mobiles, les héros des journées de juin se faisaient surtout remarquer par leur esprit gouailleur, leur insouciance et leur courage », notera Lachapelle dans ses *Mémoires*.

Et puis, pour les autres qui ne furent pas des « Lingots d'or » et arrivèrent en Californie par leurs propres moyens, une litanie de la misère dont ne nous restent plus que quelques traces : lettres oubliées, demandes d'aide, noms griffonnés sur les registres d'embarquement. Cloutiers, doreurs, bottiers, horlogers, confiseurs, cuisinières, manouvrières[2], blanchisseuses, ils partent tous, dirait-on, comme s'ils touchaient le fond de la détresse, dans ces années terribles, sans plus d'espérance — et elle est des plus troublantes, cette désertion de masse, comme si le corps du pays, tout à coup, se défaisait. « Sans

« Arrivés de l'autre côté de la rivière, nous nous adressâmes à un Canadien, nommé Paradis, propriétaire d'un petit magasin de provisions, et nous lui exposâmes notre triste situation. "Mes enfants, nous dit-il, vous êtes venus ici dans l'intention de travailler ; eh bien ! quand vous ferez de l'or vous me paierez. En attendant, mangez, voici de quoi vous réconforter ; puis vous vous reposerez, et demain je vous avancerai tous les outils qui vous sont nécessaires."

« Jugez quelle eût été notre position si nous n'avions rencontré cet homme bienveillant ! »

Hélas ! ajoute en note Daniel Lévy, la Californie ne lui fut pas propice : « Après trente-deux ans de rude labeur et de cruelles déceptions, [l'auteur de ces lignes] vient de mourir, pauvre comme à son arrivée, à l'hôpital du comté de San Francisco. »

2. De « main » et « ouvrière ». Personne qui travaillait de ses mains et à la journée.

fortune, sans emploi, je viens, monsieur le Préfet, vous prier de m'accorder pour moi et mon épouse un passage gratuit pour la Californie » — combien de lettres ainsi libellées ? Comédiens sans public, petits et grands voyous rêvant de se refaire, grisettes, dames de petite vertu, tous et toutes arrivant aux ports d'embarquement en haillons, auxquels il faut avancer de quoi s'acheter des chaussures, un pantalon, une robe...

Et puis, en masse, en un nombre qui donne le vertige quand on compulse les registres d'embarquement, les insurgés de 1848, ceux-là mêmes, souvent, que les bouchers de Cavaignac massacrèrent dans les journées de juin : au total un tiers des émigrants, selon les estimations de l'historien américain Abraham Nasatir — parmi lesquels le poète Pierre Cauwet, inquiété pour avoir écrit un manifeste sur l'élection présidentielle du 10 décembre, le docteur Paul Gornet, maire du XIIe arrondissement, fuyant la répression avec femme et enfants, et tant d'autres dont nous ne savons rien, qui portaient simplement, comme explication suffisante, « 48 » sur les registres.

Sans compter tous ceux qui voulaient croire que là-bas, par le miracle de l'or, ils allaient pouvoir enfin bâtir leur cité idéale, selon les principes éclairés de Saint-Simon, Proudhon ou Cabet, et qui s'accrochaient à leurs mutuelles, associations, sociétés d'émigration, se perdaient avant le départ dans des discussions exaltées sur les techniques d'extraction, les mérites comparés des « tablettes sibériennes » et des « amalgameuses », les principes d'organisation de leur société idéale (lesquels bien sûr combineraient une extraction raisonnable des richesses aurifères avec l'établissement d'un phalanstère ou d'une exploitation agricole rationnelle) — sans même voir, souvent, qu'ils étaient roulés par des escrocs, que leur association battait de l'aile avant même de lever l'ancre, quand le gérant n'était pas déjà parti avec la caisse...

Sans compter non plus la pittoresque cohorte des nobles ruinés, témoins désorientés des bouleversements d'une société qui les laissait sans ressources, ou bien canards boiteux, rebelles, envoyés se faire pendre aux Amériques par des familles soucieuses de respectabilité. Hippolyte Pasquier de Dommartin, qui rêvait de percer l'isthme de Panama, tout en subissant les sarcasmes de son père, Charles Pindray, le terrible Pindray, contraint de s'enfuir après s'être compromis dans une affaire de fausse monnaie, qui allait devenir une figure de légende ; les frères La Chapelle, que nous retrouverons plus loin, déçus de la « vie parisienne » ; le comte de Villatelle, à ce point désargenté qu'il essaya de se faire embarquer avec les Lingots d'or ; Lépine de Ségondis, qui devait être, lui aussi, de l'aventure de la Sonore, Henry de La Madelène, Ernest de Massey, dont on lira plus loin le passionnant journal, Edgar de Dion, Saint-Amant, Jules de France, Raousset-Boulbon, dont il sera beaucoup question dans les pages qui suivent : ils seront des centaines à vouloir tenter la chance et se refaire.

C'est toute l'Europe, en fait, qui s'agite et rêve de départ. Il faut prendre la mesure de ce que fut 1848 pour comprendre l'onde de choc en retour, et cet élan qui poussa tant et tant de gens vers la Californie : après deux ans de crise économique, on vit en quelques mois la guerre civile et le triomphe des radicaux en Suisse, Louis-Philippe détrôné et la république restaurée en France, l'insurrection de Sicile, les émeutes de Milan, l'éveil du nationalisme danois, l'agitation en Allemagne, le mouvement Jeune Irlande à Dublin, les révoltes à Glasgow ; et puis les barricades dressées à Prague, à Vienne, à Berlin, à Venise, à Madrid, à Francfort, dans le duché de Bade, en Vojvodine serbe, à Naples, en Transylvanie, à Bucarest, brassant pêle-mêle catholiques sociaux, disciples des socialistes utopiques Fourier, Lamennais, Cabet, Saint-Simon, nationalistes romantiques, démocrates et idéalistes, dans un même appel d'air, une même exigence de liberté. Une lame de fond...

Metternich et Pie IX s'enfuient, Louis II de Bavière abdique, Frédéric-Guillaume IV capitule, les nationalités opprimées partout se dressent, portées par le verbe enflammé d'un Kossuth ou d'un Mickiewicz, les Roumains, les Slovènes, les Ukrainiens entrent en rébellion ouverte, les Italiens se rassemblent derrière Charles-Albert : la vieille Europe, peut-on croire un instant, vacille. Et puis, dès le mois de juin, l'échec partout, la répression brutale, comme si l'Europe refusait en cet instant sa part de rêve et de jeunesse.

Pour tous les révolutionnaires vaincus, persécutés, désespérés, bannis, l'or paraît la promesse d'un nouveau monde possible. En Allemagne, les départs sont si nombreux que les autorités, inquiètes, diffusent des brochures dépeignant l'aventure californienne comme un cauchemar. En vain. Épuisée, affamée (deux millions de personnes sont mortes de faim, de typhus, de choléra), meurtrie par l'échec du mouvement nationaliste, l'Irlande, littéralement, se vide. Même situation en Écosse. Effervescence aussi en Italie, en Belgique, en Suisse, aux Pays-Bas, au Danemark, en Suède, dans tous les pays d'Europe centrale...

Combien de Français, au total, tentèrent l'aventure ? Disons, au bas mot, quarante mille, sans risque de se tromper. Et c'est énorme. On verra plus loin dans quelles conditions, pour beaucoup. De la triste épopée des « Lingots d'or », malheureusement, il ne nous reste que des rapports, des courriers officiels, des cris d'alarme du consul de San

Francisco, mais pas d'autres témoignages directs que celui proposé un peu plus haut, en note : les pauvres ne parlent pas. Restent les autres, qui se risquèrent, les uns par le Horn — la route la plus longue, mais aussi la moins chère : six mois de voyage en moyenne, avec une seule escale —, les autres par Panama, souvent les plus aisés ou les plus courageux, car il fallait débarquer à Chagres, sur la côte Atlantique, s'enfoncer dans la jungle et les marais, remonter en pirogue une rivière infestée de caïmans jusqu'à Crucès, puis, de là, gagner Panama par la montagne à dos de mulet. Panama, ravagée par la malaria et la fièvre jaune, où s'entassaient les voyageurs, souvent trop démunis pour prendre place à bord des rares steamers en partance pour San Francisco...

Lettre de Raousset-Boulbon

De lui, nous aurons bien des occasions de reparler : il fut l'une des grandes figures de cette aventure, qui la prolongea jusqu'à son point de non-retour, dans le Sonora mexicain. Les lettres qu'il nous a laissées de cette aventure mexicaine nous font regretter qu'il ne se soit pas plus étendu sur son voyage ou sur sa vie en Californie : quelle vivacité de plume, quels bonheurs d'écriture, souvent ! Lui, l'écrivain raté, dont le seul roman publié — Une Conversion *— surprend par son style convenu (même si nous comprenons que c'est lui qu'il met en scène sous les traits du jeune Langenais, lequel, après avoir dilapidé sa fortune, revient, la tête vibrante d'idées nouvelles, pour se heurter aux préjugés de sa famille), lui, l'auteur de pièces de théâtre jamais jouées, trouve ici, semble-t-il, un espace à sa mesure. Mais c'était de sa vie qu'il voulait faire une œuvre, non de ses écrits — nous reste cependant cette lettre très enlevée sur son voyage par Chagres et Panama...*

*Il avait vécu bien des aventures, connu bien des échecs, le Raousset-Boulbon qui s'embarque le 17 mai 1850 à bord de l'*Avon *pour le voyage de la dernière chance. Quitte ou double : c'est bien la seule issue qu'il s'imagine, lui, l'âme tourmentée et violente, rongée de rêves immenses, qui aurait pu prendre pour devise : « Être Napoléon ou rien. » Né le 2 décembre 1817 en Avignon dans une famille dominée par un père d'humeur sombre qui le prit tôt en grippe, il avait été un enfant rebelle, « irascible et hautain », élevé à la dure chez les jésuites de Fribourg avant de se donner des airs « jeune France » pour mieux provoquer son austère paternel. Brillant avec cela, « écuyer intrépide, prévôt d'escrime, fin tireur, chantant avec goût, dessinant de manière remarquable et* *faisant des vers charmants à ses moments perdus*[1] *». Ami du dandy de Beauvoir, il dilapide sa fortune en mille extravagances et fêtes fastueuses jusqu'à ce que, presque ruiné, il tente de s'établir comme colon en Algérie. Il s'y adonne surtout à la chasse aux grands fauves, s'oppose à Bugeaud, puis, revenu en France, se lance en politique, libertaire et conservateur à la fois, ce qui n'est peut-être pas la meilleure façon de se faire élire. Sa campagne dans le Vaucluse, « en habits noirs et gants blancs », sera un cuisant échec. Il y dilapidera le reste de ses ressources — au point qu'il ne lui restera bientôt plus que le choix du départ vers la terre de l'or.*

À bord de l'*Ecuador*, 22 juillet 1850,
par 10° de lat., 84° de long.

L'*Ecuador* est un petit steamer qui danse à cette heure sur la grande houle du Pacifique. Malgré ces détestables conditions, je vais essayer d'écrire, mon cher ami, conditions mauvaises, en effet, car les plumes en fer me poursuivent jusqu'à tes antipodes.

Il est midi ; le soleil est en ce moment perpendiculaire au pont du navire. Le passager stupéfait cherche vainement son ombre ; la houle est forte et mon chien hurle sur l'avant ; pauvre bête, comme son maître, il aspire à la liberté. Singulier navire ! Le pavillon est anglais, le capitaine américain, l'équipage un peu de partout. Du reste, il marche bien, et si nous trouvons du charbon à San Blas, sur la côte du Mexique, nous pourrons être dans vingt-cinq jours à San Francisco.

Seul à bord, probablement, je pense et j'écris. Une centaine de passagers sont vautrés, deçà, delà, dormant et suant, seules choses que puisse faire un étranger dans ces torrides régions. Tout ce monde-là vient des États-Unis, la plupart sont, d'origine, espagnols, allemands ou français. La soif de l'or les traîne tous par le même chemin ; la

1. Dont cette ritournelle qu'il sifflotait souvent, et qui semble par avance tracer sa destinée :

Mon cœur en désespéré
Court la prétentaine
Qui peut savoir si j'irai
Jusqu'à la trentaine ?
Mais que l'avenir soit gai
Ou qu'on me fusille
Baisez-moi, Camille, ô gué
Baisez-moi, Camille.

Californie est au bout. Combien peu, sans doute, y trouveront la satisfaction de leurs désirs, et moi-même, quel sort m'attend au terme de ce voyage ?

Certes ! j'ai déjà bien souffert. Depuis mon départ de l'Europe, je vis aux dernières places, à peine nourri, point couché, confondu avec des goujats, j'ai encore vingt-cinq jours à subir cette existence. Loin de la voir s'améliorer, je la vois s'aggraver en Californie ; cependant je ne me repens pas et je m'applaudis d'avoir pris cette résolution. Au milieu même de ma misère actuelle, et plus que jamais, je sens que je ne puis vivre en France, à moins d'y posséder la vigoureuse indépendance de la fortune. Y parviendrai-je ? Dieu le sait. Moi, j'espère à peine. Je me trouve amené tout naturellement à penser à ta propre vie, mon cher E... Pauvre ami, comment fais-tu pour être malheureux ? car tu l'es. Que te manque-t-il ? À mes yeux, rien, puisque tu possèdes une bonne partie des choses que je désire, et qu'il ne tient qu'à toi de te donner le reste. Si à cette heure tu grouillais comme moi, pêle-mêle avec un tas de galapians, parqué dans un navire où l'on étouffe, avec de la viande salée et de l'eau exécrable ; si tu en étais là, de quelle auréole charmante ta vie actuelle t'apparaîtrait entourée ! Je te le disais à Paris, je te le répète aujourd'hui, essaye. Quitte la France avec six chemises et point de domestique, fais-toi misérable, mais réellement misérable pendant un an ou deux ; voyage, fais le tour du monde, et quand tu retrouveras ta mère, Paris, tu ne penseras plus à te plaindre, tu seras heureux !

Mais, niais que je suis, je te fais de la morale, je te donne des conseils... comme si cela servait jamais à quelque chose ! Tu veux que je te parle plutôt de moi et de ce qui m'entoure. Laisse-moi maudire cette exécrable plume de fer et le navire qui roule, et je te satisfais.

Je suis parti de Southampton le 17 mai, à bord de l'*Avon*, superbe steamer de 1 800 tonneaux. On assure que les passagers y jouissent de tout le confort imaginable. Le fait est que j'ai vu de vastes approvisionnements de moutons, de volailles et de légumes frais ; une vache même était à bord ; mais, ô malheureux E..., j'avais une place de matelot, et je ne puis te parler que de la viande salée et du biscuit de l'*Avon*. On n'en meurt pas, c'est tout ce que je puis dire. T'imagines-tu ce que c'est que de se trouver sans transition, comme je l'ai fait, dans un cercle de matelots et de domestiques ? La première heure est une heure cruelle. Certes, on ne manque pas de bonnes raisons qui font appel à plus de stoïcisme, mais pour moi, comme pour toi, la vie est faite de sentiments. Il y avait à bord une douzaine de Français, un vicomte de bon aloi, de Touraine, je crois, réactionnaire fougueux quoique ne manquant pas d'esprit, un gentilhomme breton, assez *Gazette de*

France, bon diable et fort têtu ; un M. de Navailles, payeur à la Guadeloupe, homme bon, spirituel et sensé ; deux Bretons inoffensifs, quoique capitaines au long cours ; un monsieur qui, ayant beaucoup voyagé, se croyait dans l'obligation de se montrer très réservé ; un épicier de Bordeaux, gasconnant comme un forcené, un M. Jocrisse, et enfin le frère d'un banquier californien... Ces messieurs ont bien voulu reconnaître, après quelques jours de traversée, que je pouvais, quoique passager de l'avant, frayer avec eux sans les compromettre. Cette société m'a fait paraître le temps plus court, bien qu'en dignes Gaulois nous ayons braillé politique pendant les trois quarts de la traversée.

Je devrais, mon cher E..., en bon voyageur, si je l'étais, te faire une description détaillée de Madère avec la pittoresque avant-garde de Porto-Santo. Ces paysages-là sentent le maître. Salvator n'eût pas mieux fait. Crêtes sombres dont les silhouettes hardies coupent le ciel ; rochers calcinés que lèche l'indigo des vagues ; horizon blanc, ciel de feu, tout cela, mon ami, vaudrait la peine qu'on charge sa palette ; mais songe que j'écris sur un pont qui tremble, et que mon amitié pour toi seule est assez forte pour m'empêcher de briser l'atroce bec de fer que je tiens entre mes doigts. Le moyen d'être peintre et poète dans de pareilles conditions !

L'épicier bordelais me joignit sur le pont, en face de cette île, sœur des îles Fortunées, et m'apprit que Madère produit un vin fort estimé ; je le remerciai du renseignement et l'assurai que j'en vérifierais l'exactitude à notre arrivée à terre. Quoique passager prolétaire, j'avoue que je n'y manquai pas. Il nous est mort à bord un major anglais qui allait à la Jamaïque ; mort d'eau-de-vie, s'il vous plaît, comme il convient à un major anglais. L'eau-de-vie l'a conduit au *delirium tremens* et de là au tétanos. Tu sais comment on *enterre à bord*. Le mort cousu dans un sac est jeté à l'eau. C'est assez triste.

Le 3 juin, nous avons passé le tropique ; je m'attendais à quelques-unes de ces cérémonies qui faisaient la joie des vieux navigateurs ; mais le bonhomme Tropique n'est pas descendu par le grand étai, nous n'avons pas reçu le baptême. Le passage du tropique n'a donné lieu qu'à cette plaisanterie douteuse envers Jocrisse, le passager : on lui a fait voir le tropique dans une lunette, il est convaincu qu'il l'a vu, voilà tout. La science vient, la poésie s'en va ; le positivisme monnayé prend la place de la vieille gaieté de nos pères.

Le 7 juin, nous avons jeté l'ancre à la Barbade. Ici, enfin, nous apparaît la population nègre dans toute sa profusion. L'Européen disparaît, le mulâtre occupe le haut du pavé. Le soir, nous eûmes un bal de femmes de couleur, bal très décolleté, comme bien tu penses. Les mulâtresses sautaient aux sons du fifre agréablement accompagné du tambour de basque et du violon ; j'oubliais un basson qui ne faisait, ma foi, pas un mauvais effet. J'espérais voir la *bamboula*, la vraie danse qui convient à ces sauvages, et je n'ai trouvé que la contredanse importée par les Anglais et les robes à volants. Il n'est pas de colonie anglaise où le Nègre ne cherche à paraître anglais ; je te laisse à penser quelle caricature ce peut être qu'une Négresse en chapeau rose, affublée d'une robe à trois volants. En somme, nous avons passé fort agréablement deux jours à la Barbade. L'île est petite, mais très habitée, très cultivée, très florissante.

De la Barbade à Saint-Thomas, nous longeons presque toujours les Antilles sur la droite. La mer est calme, le ciel constamment orageux. Contrairement à sa réputation, nulle part la mer des tropiques n'atteint la limpidité des parades d'Afrique.

Le 11, nous étions à Saint-Thomas, beau port d'où le douanier est banni. Là, cher ami, j'ai acheté des filets, précaution que j'ai prise dans le cas où je serais obligé de gagner ma vie à San Francisco. Je me ferais pêcheur — pêcheur, marchand de poisson, quelle chute ! j'ai bien envie de déchirer cette lettre et d'attendre pour t'écrire que je sois ressuscité. Pêcheur ! c'est très joli à rêver à l'ombre et au frais en prenant le thé... mais... Allons ! du courage et en avant. On en revient. Que de philosophie je fais maintenant à l'aspect de ces filets ! Philosophie, morale, raison, vous venez bien tard !

Après Saint-Thomas, Porto Rico, un pays comme tu n'en as jamais vu, un panorama comme tu en as pu rêver, un cadre dans lequel il semble que la vie doit être composée tout entière d'or, de lumière et d'amour. Imagination, faculté douce et cruelle à la fois, que me parles-tu d'amour, de lumière et d'or ? L'Atlantique roule pesamment, les Américains mes compagnons ne laissent voir que des visages sinistres, j'ai la tête étourdie, et ma bourse est à peu près vide !

Le 1er juin, Saint-Domingue, terre basse, végétation terne, le lendemain la terre se rapproche, s'élève, se boise, verdit et se colore : voilà bien notre belle colonie perdue, dont les révolutions ont fait le ridicule empire de Soulouque. N'ayant pas vu Sa Majesté, ni le duc de Trou-Bonbon, ni le baron du Petit-Trou, ni le prince de la Marmelade, ni le marquis de la Morue, je ne puis t'en parler sans m'exposer à de graves inexactitudes. Quant à leur pays, il est, hélas ! plus beau que la Provence.

Nous quittons la Jamaïque le 20, c'est la dernière des Antilles que nous verrons, terres bénies où l'homme devrait raffiner la vie et où il ne raffine que du sucre. C'est grande pitié que de voir ce paradis terrestre ainsi désolé. Ici nous avons changé de navire, nous sommes à bord du *Dee*, autre navire anglais qui va nous porter à Chagres. J'ai failli noyer mon bagage en allant à bord, juge de mes transes, mon magot était dans ma malle. Depuis ce jour, je le porte affectueusement autour de ma ceinture.

Sainte-Marthe ! Enfin, nous voici dans la véritable Amérique, l'Amérique espagnole. Des ruines, des mendiants, une race abâtardie, mélange hasardeux de tous les sangs, des fainéants qui pincent de la guitare, des femmes sur les balcons, des enfants tout nus, petits sauvages errant pêle-mêle avec les chiens. De loin en loin un moine, Basile à face plate ; pas un navire, pas une barque dans le port, et tout cela dans un pays admirable : voilà l'Amérique espagnole telle que les révolutions l'ont faite. Après Sainte-Marthe, passons Carthagène et débarquons à Chagres. C'est dans les environs de cette ville que débarqua Pizarre. Que ferait Pizarre aujourd'hui ?

Ici, mon ami, le voyage commence à devenir pittoresque. On remonte la rivière de Chagres pour traverser l'isthme, mais ne pense pas que le voyageur ait pris possession de ces bords restés dans l'état où Dieu les fit. Le coche d'Auxerre à Joigny ferait lui-même une étrange figure sans les méandres de ce fleuve bizarre. Me voici couché dans une de ces pirogues dont les voyageurs nous racontent des merveilles, creusées dans un arbre, conduites à la pagaye par trois sauvages entièrement nus. De temps en temps, avec mon fusil, je m'amuse à tirer quelque héron qui passe ; l'écho du fleuve se réveille, des bandes de perroquets s'envolent en criant.

Ne t'imagine pas que Chagres soit une ville. Un vieux fort à l'entrée de la rivière se cache sous un manteau de verdure ; quelques mendiants sang-mêlé y représentent la garnison ; sur la rive droite des huttes de roseaux posent pour une ville ; il est vrai qu'en face de cette antiquaille espagnole, le drapeau constellé de la jeune Amérique flotte sur des maisons de bois d'un aspect plus moderne ; ceci, c'est la conquête pacifique de l'industrie. L'Espagne et les États-Unis sont là côte à côte, mais ceux-ci vivent et l'autre dort pour ne se réveiller jamais.

La rivière de Chagres est d'une splendeur monotone. On chemine entre deux rideaux de verdure ; des arbres gigantesques, des arbustes d'espèces sans nombre, des plantes bizarres, des lianes sans fin plongent dans ses eaux vertes ; des perroquets voltigent en criant dans cette frondaison bariolée comme eux ; des singes escaladent les cocotiers, des serpents se balancent et se mêlent aux lianes ; des caïmans se jouent dans le limon du fleuve. Ceci, mon ami, vaut bien la Durance et le Beuvron ; mais heureux celui qui ne succombe pas à la tentation de quitter leurs rives pacifiques.

Nos sauvages ont pagayé jusqu'à 10 heures du soir ; un *pueblo*, un village, si tu préfères, marque cette station : j'ai passé la nuit dans la barque ; mes compagnons de route, plus délicats, sont allés se coucher sur une peau de bœuf avec le sol pour matelas et un caillou pour oreiller.

J'ai pourtant pris d'excellent chocolat dans un de ces *pueblos*, d'autant meilleur qu'il était servi par une des plus belles créatures que j'aie vues de ma vie ; une femme couleur de terre cuite avec des cheveux crépus ; mais quelles lignes, quelles couleurs et quelles épaules ! Ces bienheureuses épaules sont toujours nues ; aucune espèce de corset n'emprisonne la gorge, gorge superbe, que souvent découvrent les ondulations d'une robe mal attachée. De tout ce que j'ai vu, depuis mon départ, ces épaules sont encore une des beautés les moins incontestables et les plus curieuses ; j'eus tout le loisir de m'en convaincre la veille du jour de mon départ, au bal chez l'alcade de Cruces. Ici, enfin, je rencontrai quelque chose de ce que j'espérais dans les danses du pays. La gracieuse Espagne a laissé sur ces sauvages son cachet, comme la roide Albion impose le sien à ses Nègres.

En sortant de ce bal, je rencontrai en pleine rue une table de jeu tenue par des Américains, une roulette, s'il vous plaît. Les muletiers, les bateliers viennent perdre là les dollars qu'ils extorquent aux voyageurs ; je commençai par m'indigner et je finis par perdre 6 piastres.

Sortons de Cruces, traversons l'isthme à dos de mulets et venons à Panama. Mais, avant d'y arriver, je veux te conter la rencontre que j'ai faite dans cet isthme, qui, comme le disent les journaux, est infesté de brigands. Nous cheminions, escortant nos mulets dans une gorge étroite et sombre, nos carabines au poing, l'œil au guet. Devant nous, un encombrement s'était formé ; des mules et des muletiers se battaient dans la boue ; nous nous mîmes de mieux en mieux sur nos gardes et nous avançâmes. Il y avait là une vingtaine de mulets, chargés chacun de deux caisses de médiocre apparence, cinq ou six hommes du pays marchaient auprès, les excitant de la voix et du geste. « Que portez-vous là ? leur demandai-je. — De l'or, me répondit-on, comme on m'aurait dit : du cuivre. » Chaque mulet portait deux cents livres ; fais le compte.

Ces fortunes, ces dix fortunes étaient là sans escorte, au milieu d'une forêt vierge. Je regardai ma carabine d'un air honteux. Les habitants du pays doivent avoir une forte dose de gravité espagnole pour ne pas rire de l'accoutrement guerrier des étrangers qui passent. — J'ai décidément bien du mérite à t'écrire malgré cette plume de fer.

Panama est encombré de voyageurs ; un seul steamer était en partance, et imagine-toi, pour te faire une idée de l'embarras général, que l'épicier bordelais a payé 425 dollars un billet de troisième classe dont le prix est de 150 au bureau. Arrivé à Panama le 25, je crois, je n'en ai pu repartir que le 20 du mois suivant. Enfin, je suis en route depuis quatre fois vingt-quatre heures, et, dans quinze ou vingt jours probablement, je saluerai la Californie.

Panama nous a donné un avant-goût du pays. Voici ce qu'est un hôtel dans cette ville. Imagine une grande maison de bois occupée par des rangées de pliants sans draps, sans couvertures, sans matelas. De ces pliants, on en met tant qu'il peut en tenir. Le propriétaire de *Mansion House*, mieux avisé, a fait construire tout autour de ses chambres des cases superposées, où s'insinue le voyageur. Chaises, tables et pots de chambre sont ici des meubles inconnus. J'ai vécu quinze jours caserné de cette manière, soigneux de mes affaires, comme tu me connais, et, quoique je fusse pêle-mêle avec des gens qui, certes, ne sortaient pas de faire leur première communion, on ne m'a rien volé. Ce *lodjing*-là, mon cher, coûte un dollar par jour.

Quant à Panama, la ville des moines, églises, couvents, remparts, tout est en ruines. Toute institution, si bonne qu'elle soit, périt par l'abus, ceci est applicable surtout aux moines espagnols. Édifices ruinés, remparts, églises, couvents, canons abandonnés, population qui dort, c'est ici comme en Espagne.

Ici surtout apparaît l'envahissement du Nord ; pas une enseigne qui ne soit en anglais, les rues sont pleines de yankees graves, sales et osseux. Le Français se reconnaît à la barbe ; l'Espagnol a quelque chose de monacal dans les allures ; l'Allemand est largement représenté dans toutes les variétés de la grande famille germanique ; toutes les modifications du Nègre, depuis le Congo jusqu'au mulâtre blanc ; l'Indien natif et l'Indien croisé d'Espagnol, croisement qui produit plastiquement une des races les plus belles ; le Chilien aux longs cheveux et au regard doux ; je n'en finirais pas, mon cher ami, si je t'énumérais tout ce que l'on rencontre dans les rues de Panama. Mais ce que le regard se plaît à chercher, ce sont les splendides épaules des femmes jaunes de ce beau pays. Quand je dis jaunes, c'est que je subis involontairement l'influence d'un souvenir, car, du Blanc européen au Noir de Guinée, toutes les couleurs se rencontrent parmi les indigènes.

Nous avons à bord plusieurs Américains qui retournent en Californie ; l'un a rapporté à New York 20 000 piastres ramassées aux mines en quatre mois ; un autre a récolté 13 000 piastres d'or en onze mois. Un de ceux-là offrait aujourd'hui à un capitaine de navire 20 dollars par jour s'il voulait travailler pour lui aux mines. Ces gens-là m'ont donné des détails de mœurs qui sont la chose du monde la plus fantasque. Le jeu, en Californie, est une fureur ; mais une fureur et une débauche magnifiques. On parle de tables de jeu sur lesquelles le banquier étale un million de dollars, et il se trouve un ponte pour faire *banco* !

Adieu, je vais vérifier tout cela par moi-même ; je franchis une cataracte, arriverai-je vivant ou noyé ?

Le 22 août 1850, Raousset-Boulbon débarquait à San Francisco.

S. de Lapeyrouse

Misères oubliées :
le roman d'un chercheur d'or
du Havre à San Francisco

De Samuel de Lapeyrouse nous ne savons guère plus que ce qu'il nous dit de lui dans ses mémoires, publiés en 1886 sous le titre Misères oubliées : le roman d'un chercheur d'or, Californie 1850-1853, *sinon qu'il fut consul de France. Disons-le tout net, passé le premier tiers, son livre vire au mauvais roman, d'une invraisemblance « héroïque » tout à fait dans le goût de l'époque — l'histoire du brave Martial Hubert et de la belle Vacotah est même d'un ridicule achevé —, mais le récit de son voyage mouvementé à bord de l'*Anna, *puis de ses premières semaines à San Francisco et sur les placers paraît digne de foi, pour autant que nous puissions en juger par divers recoupements. Digne de foi et fort enlevé, comme on va voir...*

Ces impressions d'un voyage que je raconte après plus de trente ans écoulés, et que je ne crois pas que personne ait raconté avant moi, m'offrent un charme inexprimable et me remplissent d'une douce illusion. Mes souvenirs m'apparaissent comme de chers amis qu'on retrouve après une bien longue absence et qu'il semble n'avoir jamais quittés. Oui, je les revois tels que je les ai laissés au départ. J'ai vieilli, eux sont toujours jeunes !

Ceux de mes contemporains sur la tête de qui le Temps a jeté, comme dit Boileau,

> avec ses doigts pesants,
> Onze lustres entiers surchargés de trois ans,

se rappelleront aisément l'extraordinaire émotion dont fut agité le Vieux Monde quand il apprit en 1848 que le colonel Sutter et ses Indiens avaient découvert, dans les vallées de la Californie, des nappes d'or presque à fleur de terre, ce qui fut d'ailleurs exactement vrai pour les premiers arrivés.

Ce fut une étincelle électrique qui vint frapper toutes les imaginations. Le dernier des va-nu-pieds aussi bien que l'homme du monde déclassé ou ruiné ne rêva plus que fortune gigantesque et facile, puisque, prétendaient les stupéfiants rapports, il n'y avait qu'à se baisser pour en prendre. De là cet amalgame prodigieux d'individus de toutes les nations qu'on constata sur le sol californien, surtout pendant les dix premières années.

Les prolétaires, ce que j'appellerai le menu fretin de ces bandes d'aventuriers, s'adressèrent, avec une confiance digne d'un meilleur sort, aux nombreuses compagnies d'émigration qui s'étaient aussitôt formées et qui devaient les transporter, moyennant un prix modéré, en leur fournissant même les outils nécessaires. La Ruche d'or, la Bretonne et dix autres sociétés ne purent bientôt plus suffire, en France, à l'encombrement des demandes et il est probable qu'elles réalisèrent de gros bénéfices. Je me hâte de dire, pour ne plus y revenir, que ces contrats donnèrent naissance à beaucoup de plaintes et de difficultés, et que je n'ai pas connu une seule agglomération de mineurs, parvenus en Californie par l'entremise de ces agences, qui ne se soit démembrée tout à fait au bout de quelques mois à peine. J'ai du reste vingt fois observé, dans mes longues courses à travers le monde, le manque absolu d'entente qui a toujours caractérisé toute association de Français à l'étranger. Il me serait très aisé, par l'expérience, d'en déduire les causes, si ces explications ne s'écartaient pas de mon cadre.

Quant aux gens, je ne dirai pas plus intelligents, mais plus instruits et mieux élevés, ce fut individuellement et à leurs propres frais qu'ils s'expatrièrent, généralement du moins.

Pour moi, j'arrêtai mon passage, au prix de 1 500 francs en première classe, sur l'*Anna*, un magnifique voilier de 1 000 tonneaux, commandé par le capitaine Barbel et appartenant à MM. Perker et fils, les riches armateurs du Havre.

Bien des ennuis précédèrent notre départ.

Depuis plus de trois semaines, la Manche était secouée par une interminable tempête du sud-ouest et il ne fallait pas songer à quitter le bassin du Commerce avant qu'elle fût un peu calmée. Or, les armateurs ne devant la nourriture des passagers qu'une fois en mer, les émigrants qui ne voulaient pas entamer le très maigre pécule qu'ils avaient en réserve assaillaient journellement les bureaux de MM. Perker pour en obtenir soit le départ immédiat, malgré les dangers qu'il offrait, soit l'entretien matériel à bord. De regrettables scènes se produisirent, et le capitaine Barbel fut surtout pris en haine pour le refus obstiné qu'il opposa aux obsessions des émigrants, ne voulant pas, en marin expérimenté, prendre charge de tant d'âmes en présence d'un temps aussi démonté, selon l'expression du métier. On verra plus tard comment ces dispositions hostiles se manifestèrent dans une circonstance bien pénible pour cet excellent officier.

Enfin, nous pûmes mettre à la voile le 30 novembre 1850. J'avais pour compagnon de voyage un de mes anciens condisciples de Toulouse, mon cher ami Sophrone S., que je fus si heureux de retrouver plus tard à Paris.

À peine sortis du port, nous trouvâmes la Manche encore excessivement houleuse et grosse, et notre début maritime ne manqua pas d'émotions.

J'étais sur le pont, le cigare crânement à la bouche, le jarret tendu et regardant filer à l'horizon les côtes de France. Cette martiale attitude ne dura pas longtemps devant l'intensité du tangage. J'avais beau me raidir contre l'approche de l'ennemi que je sentais, mes jambes faiblissaient, un écœurement inconnu m'envahissait, ma tête semblait tourner et je jetais par-dessus le bord des regards inquiets. Au moment où mon malaise atteignait son apogée et où je m'apprêtais à prendre, sur le bastingage, une pose gracieusement inclinée, un vieux loup de mer me dit en passant près de moi :

— Eh bien ! jeune homme, il paraît que ça ne va pas !

Je me retournai vers le brave homme d'un air ahuri qui devait être fort drôle, car il se mit largement à rire et ajouta :

— Allez, on n'en meurt pas ! Il y a même un moyen de se guérir vite...

Je me contentai, pour toute réponse, d'une pantomime expressive, car je crois que si j'avais ouvert la bouche, mes paroles en seraient sorties avec... accompagnement.

— Tenez, continua-t-il en m'attirant vers la claire-voie qui ouvrait sur le carré-salon des premières... Regardez le tas de bonnes choses que voilà sur la table et ces jolies bouteilles si engageantes... Eh bien, descendez là-dedans, asseyez-vous et tapez ferme sur la victuaille en l'arrosant copieusement... Vous m'en direz des nouvelles ! Vous serez peut-être plus malade après, mais si vous avez un estomac vigoureux, ce sera probablement fini pour toujours ! C'est le système de *l'orméopartie*, comme disent les savants...

Je suivis ce conseil, et parvenu à grand-peine dans le carré, tant mes forces étaient anéanties, j'engageai une lutte acharnée avec le lunch choisi qui était servi à tous les passagers indistinctement, à cause de la solennité du départ, et après avoir asséché une fiole entière de madère, j'ingurgitai coup sur coup quatre ou cinq verres de rœderer, puis je remontai gaillardement sur le pont en fumant un énorme *panatellas.* L'effet de ce repas pantagruélique ne se fit pas attendre, hâté par les atroces secousses du roulis qui avait succédé au tangage. Je n'eus que le temps de me précipiter vers la lisse, et plus magnifique que le doge de Venise qui, du haut du *Bucentaure*, se contentait de jeter un simple anneau dans l'Adriatique, moi, des haubans de l'*Anna*, je lançai résolument, dans la Manche, tous les trésors que je venais d'enfouir au plus profond de mon être. Quelle générosité, n'est-ce pas, et n'était-ce point vraiment trop avoir le *cœur sur la main* ?

L'héroïque remède de mon vieux matelot, qui consistait tout bonnement à se tenir l'estomac bien lesté et souvent, eut un tel succès sur ma personne que je n'ai plus connu le mal de mer, bien que j'aie parcouru plus de 25 000 lieues sur ce perfide élément.

Quand nous eûmes franchi les eaux de la Manche, ce que les marins appellent *démancher*, nous trouvâmes une navigation plus douce jusque par le travers du golfe de Gascogne, où une tempête fort dure nous assaillit tout à coup. Nous courûmes un moment un réel danger, un marin fut emporté par un coup de mer et notre gouvernail fut brisé par les assauts répétés des vagues en furie. Avec des peines infinies, on put heureusement en établir un provisoire qui nous permit de nous tirer de ce mauvais pas.

Au moment où le péril paraissait le plus grand, je descendis dans la cabine d'un passager avec lequel je m'étais promptement lié et qui se nommait Émile Amouroux. Depuis Le Havre il n'avait pas quitté sa couchette, terrassé par ce même mal de mer dont je m'étais si vite débarrassé, quoiqu'il fût d'une constitution au moins aussi robuste que la mienne.

— Émile, lui criai-je, lève-toi, nous sommes en danger... Il faut monter sur le pont pour être prêts à tout hasard...

Je n'oublierai jamais sa réponse.

— Je m'en f..., fit-il d'une voix dolente... Tu me dirais que le navire s'entrouvre que je ne ferais pas un pas pour me sauver... Je souffre trop !

On voit combien les effets de ce mal, dont on rit souvent, varient selon les personnes, puisqu'ils peuvent amener jusqu'au dégoût de la vie.

Jusqu'à l'équateur, rien à signaler. Là, un calme plat nous arrêta quinze mortels jours. L'Atlantique était si tranquille que nous retrouvions le lendemain, le long du bord, les plumes, les bouts de papier, les morceaux d'étoupe que nous y avions jetés la veille au soir pour nous convaincre de l'immobilité du navire. Les journées se passaient alors à tailler de continuels baccaras, souvent meurtriers, et une partie des nuits à dormir sur la dunette ou à écouter les romances qu'un passager chantait avec assez de goût, en s'accompagnant de la guitare.

Je ne parle pas d'intrigues passablement piquantes, ma foi, qui s'étaient nouées dès le début de notre traversée et qui étaient alors en plein épanouissement, car nous possédions un assez joli stock de femmes plus ou moins mariées. L'un de nous eut un jour, à propos de son Hélène, une discussion fort vive avec un passager auquel, comme dernier argument, il appliqua un maître soufflet. On devait se transpercer mutuellement à l'arrivée à Valparaiso, mais l'affaire s'arrangea, chacun gardant ce qu'il avait, l'un la beauté cause du débat, l'autre sa gifle magistrale.

Les vents alizés s'étant enfin mis à souffler, nous pûmes sortir de notre engourdissement et continuer notre route.

Nous approchions des îles Malouines quand une bien regrettable échauffourée éclata à bord. C'était le 24 février 1851, et les passagers de troisième classe, gens pour la plupart de la pire espèce, s'étaient mis en tête de célébrer à leur façon cet anniversaire de la révolution de 1848. Depuis plusieurs jours, dans cette intention, toutes les rations d'eau-de-vie avaient été soigneusement conservées, et un punch immense fut allumé au milieu même de l'entrepont, au risque de mettre le feu aux membrures du bâtiment que la flamme venait à chaque instant lécher profondément. Le capitaine Barbel, prévenu du danger terrible que nous courions, descendit aussitôt au milieu de ces forcenés pour leur faire entendre raison. On se jeta sur lui, on déchira ses vêtements, on le frappa même avec violence, car lorsqu'il reparut sur le pont, sa figure était inondée de sang. Il fallait pourtant empêcher la possibilité d'une catastrophe. Nous prîmes une prompte et énergique résolution, et comme, tant aux premières qu'aux deuxièmes, nous étions une soixantaine d'hommes bien armés, nous nous réunîmes, et avec l'adjonction des dix-neuf matelots de l'équipage, nous formâmes une troupe à peu près égale en nombre aux enragés qu'il s'agissait de maîtriser. Tous ces mauvais gars, en voyant la coalition qui se préparait contre eux, s'étaient massés sur l'avant de l'*Anna*, tandis que notre groupe en occupait l'arrière. On voit d'ici cet effroyable tableau : un navire en pleine mer, à 500 lieues de toute côte, deux cents hommes exaspérés, divisés en deux camps ennemis et prêts à se ruer les uns sur les autres ! Le capitaine Barbel s'avança pour sommer les mutins de déposer leurs armes et de redescendre dans l'entrepont ; il fut accueilli par une bordée d'injures. Nous allions en venir infailliblement aux mains lorsque l'abbé Dumiel se jeta entre nous et parvint, par ses supplications et ses courageux efforts, à prévenir une collision sanglante dont les conséquences eussent été incalculables pour tous.

Ce vénérable prêtre, qui semblait plus qu'un autre prédestiné par son nom à la douceur évangélique, et qui se rendait en Californie pour prêcher les Indiens, était universellement aimé à bord, et son intervention providentielle nous évita certainement les plus grands malheurs. À sa voix, les rebelles consentirent à remettre leurs armes à feu, et l'on peut croire qu'elles furent soigneusement enfermées dans la sainte-barbe jusqu'à notre arrivée à destination. Je retrouvai plus tard le bon abbé Dumiel ; il avait obtenu, de l'évêque de Monterey, la petite cure de Santa Clara, près de San José, au fond de la baie de San Francisco. Maintenant, si l'on se rappelle que j'ai dit, en commençant, que le capitaine Barbel s'était attiré l'animosité des émigrants de bas étage par son refus de partir avant que le dangereux coup de vent qui soufflait dans la Manche n'eût cessé, on comprendra que cette rancune dût entrer pour beaucoup, à coup sûr, dans les mauvais traitements qu'il eut à subir de la part de ces misérables.

Après les Malouines, nous atteignîmes l'île des États qui n'est séparée de la Terre de Feu que par un mince détroit, et nous mouillâmes pour réparer nos manœuvres et nous préparer au passage du cap Horn. C'est une île absolument déserte, refuge d'innombrables oiseaux de mer. Plusieurs de nous désiraient en tirer quelques-uns et je fus député vers le capitaine Barbel pour lui demander la permission d'aller à terre. Après quelque hésitation, il nous l'octroya et, appelant le second du navire, le capitaine Delabarre, il le chargea de nous accompagner avec quatre rameurs. Nous avions déjà abattu un certain nombre de poules d'eau et de pingouins, lorsque, avec une rapidité foudroyante, un formidable brouillard s'éleva dont l'opacité était telle que nous ne voyions pas le bout du canon de nos fusils. Nous devions cependant regagner l'*Anna*, car notre temps était limité et l'on ne devait pas tarder à lever l'ancre. Pour commencer, nous eûmes déjà beaucoup de peine à retrouver notre canot, et il nous fallut, en tâtonnant et en poussant de forts appels, rebrousser le chemin que nous avions fait le long du rivage. Nos hommes finirent par nous entendre et nous pûmes nous réembarquer. Mais alors ce fut bien autre chose. Nous nagions à l'aventure, tirant des coups de feu par intervalles, dans l'espérance qu'on nous entendrait du navire et qu'on nous répondrait. Mais le brouillard, le plus mauvais conducteur du son qui soit connu, avait encore augmenté et nous enveloppait de toutes parts dans un froid et blanc manteau. Depuis plus de deux heures nous nous épuisions en inutiles efforts et notre position devenait extrêmement critique, car un coup de vent subit, comme on en éprouve tant dans ces dangereux parages, pouvait éclater qui eût forcé le capitaine Barbel à prendre le large précipitamment pour ne pas être brisé sur cette côte inhospitalière, et à nous abandonner à une fatale destinée. Tout à coup, une baguette de fusée vint tomber, par un hasard étrange, juste au milieu de nous. Il était dès lors évident que l'*Anna* n'était pas éloignée et qu'on y avait compris le péril que nous courions. Enfin, une lueur assez rapprochée déchira le rideau épais qui nous dérobait encore le navire et nous pûmes apercevoir le haut de sa mâture. Quelques minutes après, nous escaladions l'échelle, tout transis et grelottants, jurant, mais un peu tard, qu'on ne nous y prendrait plus.

Nous nous présentâmes enfin devant le cap Horn. Le vent ne soufflait malheureusement pas du sud-est, et sans son aide nous ne pouvions pas le doubler. Il fallut donc longtemps louvoyer et lutter contre les deux énormes courants qui se rejoignent à la pointe de l'Amérique méridionale. Nous dérivions considérablement vers le pôle austral et le froid devenait si intense qu'après le lavage de chaque matin le pont du navire se couvrait rapidement d'une couche de glace. Nous eûmes pourtant la satisfaction de voir arriver la brise favorable, et nous pûmes, en refaisant bonne route, rattraper le temps perdu et entrer dans l'océan Pacifique.

C'est dans ces latitudes qu'abondent les oiseaux de mer les plus curieux, les damiers, les mauves, les paille-en-culs, les alcyons et principalement les gigantesques albatros. Nous tuâmes quelques-uns de ces derniers au fusil chargé de chevrotines, mais c'est surtout à *la traîne* que nous en prîmes un grand nombre. On attachait un morceau de viande gâtée au bout d'un grelin terminé par un crochet en fer, et on lançait le tout à la mer, du haut de la dunette, par l'arrière du navire. Ces voraces animaux, après avoir un moment tournoyé au-dessus de l'appât tentateur, s'abattaient sur lui et l'engloutissaient dans leur bec énorme. Il ne s'agissait plus que de les hisser à bord, ce qui était encore assez malaisé, vu leur très grande force de résistance. Les matelots excellent à dépouiller ces oiseaux et font, avec les os de leurs ailes, de longs tuyaux de pipes polis comme de l'ivoire, et, avec leurs pattes palmées, des blagues à tabac fort originales, qu'ils vendent ensuite aux passagers. Il va sans dire que chacun de nous en avait une collection complète.

Au bout de quinze jours d'une navigation paisible, nous jetions l'ancre dans la rade de Valparaiso. C'était le jeudi saint, 7 avril 1851.

Je ne sais, après tant d'années, ce qu'est devenue cette jolie ville ; elle a sans doute suivi la progression ascendante de tant d'autres cités et doit être de nos jours un des centres les plus brillants de l'Amérique du Sud. À cette époque, elle offrait, vue de la mer, l'aspect le plus pittoresque. Elle s'étendait sur une étroite bande de terre qui courait le long du rivage et se reliait aux premiers contreforts des Andes ; là étaient les beaux quartiers des administrations et du commerce. Au fond, les faubourgs s'élevaient en amphithéâtre, habités par une population pauvre et fainéante.

On se figure facilement avec quel empressement, après plus de quatre mois de traversée, nous quittâmes l'*Anna* pour aller nous installer à terre, car le capitaine nous avait prévenus qu'il ne comptait pas remettre à la voile avant une douzaine de jours qui lui étaient nécessaires pour réparer son navire et faire de nouvelles provisions. C'était pour les armateurs une assez forte économie, car la plupart des passagers de première et de deuxième classe ne revinrent qu'au moment du départ ; seuls les émigrants de l'entrepont, tout en descendant fréquemment en ville, continuèrent à prendre leurs repas à bord.

Du débarcadère, nous courûmes au café de la Bolsa, qui devint bientôt notre point de rendez-vous général pendant tout notre séjour.

Un de ces *chulos* toujours à l'affût des fantaisies ou des besoins des voyageurs et qui nous suivait depuis le quai s'approcha alors d'une table où j'étais assis avec Sophrone, Émile Amouroux, que nous étions parvenus à déraciner de sa couchette, le comte de Saint-Sény, son fils Albéric et quelques autres camarades et, prenant son air le plus aimable :

— Illustres seigneurs, fit-il, si vous avez besoin d'un respectable logis où *rien ne vous manquera* — et en disant ces mots, *donde nada le faltara a Ustedes*, un sourire très significatif lui venait aux lèvres —, j'aurai l'honneur de vous conduire à la maison de dona Eusebia... On y est très accommodant et les prix sont à la portée de toutes les bourses... Je vais prendre les devants...

— Prévoyant ami, lui répondis-je en sa langue, quand le besoin du *rien* dont tu parles se fera sentir, nous saurons bien trouver ce qu'il nous faudra, sois-en sûr... Va *usted con Dios* ! ajoutai-je en lui montrant péremptoirement la porte et en lui jetant un quart de piastre.

C'est tout ce que le quidam demandait et il se hâta de déguerpir pour aller recommencer sa petite industrie auprès d'autres passagers.

Nous sortîmes de la Bolsa pour nous mettre en quête d'un bon hôtel, et tous renseignements pris, nous choisîmes la Posada del Chile.

Le reste de la journée se passa à visiter la ville et ses nombreuses églises. Ce qui nous charma le plus, dans notre tournée, ce fut le jardin botanique, situé Plaza del Almendral et fondé par un Français du nom d'Abadie. On y trouve la flore du monde entier et toutes les essences d'arbres, même ceux des pays les plus septentrionaux. C'est une merveille d'élégance et d'aménagement, bien entendu.

Nous avions le projet de faire, le lendemain, une partie de cheval à la vallée de la Sora qu'on nous avait beaucoup vantée et nous n'oubliâmes pas d'aller commander nos montures avant de rentrer à la Posada pour le dîner, nous réservant pour le soir de diriger nos investigations du côté du quartier de San Francisco célèbre par ses médianoches, ses bals ouverts à tout venant, ses guitaristes, ses *manolas* et l'hospitalité empressée qu'elles vous offrent, non pas toutefois à la mode écossaise, mais à des conditions cependant très douces.

Nous n'eûmes pas en effet à nous repentir de notre promenade nocturne. Nous n'eûmes que le choix entre cinquante *ventorillos* plus ou moins élégants. Nous entrâmes un peu partout, dansant, chantant, buvant au bout d'un long tuyau en paille sucé sans interruption, et toujours le même, par toutes les bouches à la ronde, cette insipide imitation de thé que les Chiliens appellent *mate* et qui ressemble tout à fait à notre camomille.

Tant que ce n'étaient que les jolies lèvres des brunes *ninas* qui aspiraient le fade breuvage, nous y allions gaiement après elles ; mais quand nous voyions ce satané tuyau sortir d'entre les dents d'un *caballero* puant l'ail et l'aguardiente, nous trouvions toujours un prétexte pour passer le régal à notre voisin.

Je venais d'esquisser une *zamacueca* assez réussie pour un novice, quand ma danseuse, que je reconduisais à sa place, me dit en me glissant une clef dans la main :

— Cavalier, reviens à une heure, mon frère sera parti !

Et elle me désignait de l'œil un grand gaillard que j'avais déjà remarqué et qui me semblait faire les honneurs du logis, aidé par une matrone aux lèvres ombragées.

Passablement intrigué par ce début d'aventure, je fis signe à Manuelita, c'était le nom de mon engageante Chilienne, que j'attendais d'autres explications. Elle profita d'un moment où son frère, après avoir roulé une cigarette, allait la fumer sur le pas de la porte de la rue pour m'apprendre que le *ventorillo* lui appartenait, mais que tous les soirs, après sa fermeture, il rejoignait une troupe dont il était le chef et qui se livrait à une contrebande active et souvent dangereuse.

— Il ne faut pas que Pablo se doute de quelque chose, parce que j'ai un *novio* !

— Ah ! vous êtes fiancée ! fis-je, agréablement flatté de la préférence.

— Oui, avec son lieutenant Ramon... Il a beaucoup d'onces !

Ce naïf aveu jeta un froid subit sur ma naissante bonne fortune et je crus prudent de révéler à Manuelita que mon système monétaire différait essentiellement de celui du señor Ramon et que je comptais par unités infiniment plus modestes.

— Oh ! je ne te demande rien, reprit-elle avec feu... Rien que de l'amour !

J'étais assez en fonds de cette monnaie pour satisfaire aux appétits de Manuelita et je lui promis d'être exact à l'heure dite. Mais avant de la quitter, je lui adressai une dernière question.

— Et cette grosse señora qui est assise près du mandoliniste ?

— Ne t'en inquiète pas... C'est ma mère !

Aimable enfant ! Je ne me souviens que fort vaguement des doux instants passés dans sa chambrette, mais en revanche je n'oublierai jamais qu'après avoir dépouillé le dernier voile, comme disent les grands stylistes, et avant d'éteindre sa fumeuse lumière, elle retourna prestement du côté de la muraille les cadres de toutes les images de sainteté qui ornaient son réduit. Nous étions, en effet, dans la nuit du vendredi saint ! Ô pudeur ! où allais-tu te nicher ?

Le lendemain, nous sortions de la Posada del Chile, où je n'étais rentré qu'à une heure fort avancée, et nous nous dirigions vers l'écurie de notre loueur de chevaux d'où nous devions tous partir ensemble pour notre excursion de la vallée de la Sora ; il était 6 heures du matin. Je marchais gaiement au milieu de la rue de la Aduana, la plus large de Valparaiso, donnant le bras à Sophrone, quand soudain nous entendîmes sous nos pieds un bruit formidable, pareil au roulement assourdissant que produirait, sur une chaussée pavée, le défilé de plusieurs batteries de grosse artillerie, et presque aussitôt une commotion horrible fit tressaillir toute la ville. C'était un tremblement de terre, phénomène inconnu pour nous et qui nous glaça d'effroi. Devant nos yeux, et de chaque côté de la voie, un nombre énorme de maisons s'effondrèrent. Nous prîmes notre course, affolés, vers le débarcadère, assez proche, juste au moment où derrière nous une église s'écroulait en barrant entièrement le passage de la rue. À cette heure matinale pour ce pays indolent, la plupart des habitants dormaient encore ; plusieurs milliers d'entre eux ne se réveillèrent plus ! Ceux qui purent s'échapper des ruines de leurs demeures se précipitèrent, en poussant des cris de terreur, vers les places et les carrefours et formèrent autour des croix qu'on rencontre partout dans la ville des grappes vivantes de désespérés. Les femmes surtout, presque nues, échevelées, élevant leurs enfants sur leurs bras pour les présenter à la protection divine, offraient un de ces spectacles d'une indicible horreur dont le souvenir se grave pour la vie dans la mémoire.

J'ai, depuis cette époque, assisté à un grand nombre de ces lugubres drames. Pendant huit ans de séjour au Japon, j'ai pu en compter deux ou trois par mois, mais assez bénins pour que j'en prisse l'habitude. Récemment encore à Malaga, mon dernier poste consulaire, j'ai été témoin d'une série de tremblements de terre — cinquante-deux en quatre mois — dont quelques-uns furent excessivement intenses et firent malheureusement beaucoup de victimes. Mais jamais aucun de ces cataclysmes ne n'impressionna comme celui de Valparaiso, ce fatal jour du vendredi saint de l'an 1851. Un détail significatif pour finir : une montagne assez haute, nommée le Savero, à la base de laquelle s'élevaient en gradins les quartiers pauvres et où passait la route nationale conduisant à Santiago, capitale de la République, fut fendue jusqu'au tiers de son altitude et ne présenta plus désormais qu'une immense brèche ayant la forme triangulaire d'un gigantesque V.

Eh bien, le croirait-on ? Notre premier moment d'épouvante passé, nous ne pensâmes plus qu'à notre cavalcade, et bientôt nous galopions, insouciants au milieu de la désolation générale, sur la route de la Sora. Bel âge, où les plus vives émotions sont souvent si fugaces, c'est pour toi qu'Horace a sans doute buriné son immortel *impavidum ferient ruinae.*

Le terme de notre relâche étant arrivé, le capitaine Barbel nous fit prévenir que l'*Anna* appareillerait le soir même.

Rien de bien particulier ne marqua la suite de notre voyage, et sans la pêche aux requins, qui nous divertit beaucoup, nous n'eussions jamais su comment occuper notre temps pendant ces longs jours brûlants de la mer Pacifique. Le baccara était mort faute de combattants, et les habiles, pour ne pas les qualifier autrement, qui nous avaient mis à sec — et il va sans dire que Sophrone et moi étions de ce nombre — ne se montraient plus d'humeur, à la veille d'arriver au port, à nous donner une revanche.

Pour prendre le requin, on employait le même procédé que pour l'albatros, c'est-à-dire qu'au bout d'un fort câble armé d'un solide crampon, on fixait un gros morceau de lard avarié et qu'on laissait traîner l'appareil à l'arrière du navire. Bientôt apparaissait la bête vorace, précédée invariablement, à un demi-mètre de distance, par un petit poisson très frétillant et bien nommé, le « pilote ». De la dunette, on retirait l'appât au fur et à mesure que le requin s'en approchait, de manière à exciter davantage son avidité, et au bout de quelque temps de ce manège, quand l'animal commençait à se retourner lentement sur le côté — car il offre cette particularité que, sa mâchoire inférieure étant beaucoup plus courte que la supérieure, il ne peut saisir sa proie d'emblée —, on lâchait tout ce qui restait du câble. L'effet ne tardait pas à se produire, et le requin, pour se débarrasser de l'énorme hameçon qu'il avait avalé, se mettait à battre l'eau avec des bonds furieux. Il fallait alors plusieurs hommes pour le tirer à bord, et là le véritable danger commençait. Le matelot le plus agile et le plus adroit se tenait près du bastingage, une hache d'abordage bien tranchante à la main, et dès que l'animal, après avoir franchi la lisse, retombait lourdement sur le pont, il lui coupait, avec la rapidité de l'éclair, sa redoutable queue, dont la moindre atteinte aurait suffi pour vous casser quelque membre. La chair du requin, qui ressemble assez comme goût à celle de la raie, est exécrable et abominablement coriace. Nous voulûmes en tâter, et le maître coq de l'*Anna* en servit un jour, au dîner, un plat savamment confectionné. Malgré tout son talent, ce mets insolite fut trouvé repoussant et envoyé au poste de l'équipage, qui, moins raffiné, s'en lécha les doigts. J'ai conservé une canne fort curieuse faite avec l'épine dorsale d'un de ces squales.

Alexandre Dumas

Un Gil Blas en Californie

Que vient faire ici Alexandre Dumas ? Son Gil Blas en Californie *est assurément un de ses plus médiocres romans, même si son héros se révèle être un assez joli coquin. Mais nous savons aujourd'hui qu'il rédigea ce livre à la hâte, à partir d'un journal qu'il avait acheté à un pauvre hère de retour des mines. Les précisions données sur San Francisco et plus généralement sur la Californie (où Dumas n'était évidemment pas allé) sont exactes, à une époque où l'on en disait à peu près n'importe quoi, et les noms estropiés, les expressions parfois un peu curieuses révèlent vite qu'il s'agit d'un « journal » tout bonnement recopié. Ainsi le colonel Mason devient-il Maron, Mokelumne Mokelems, et la phrase « depuis le cap blanc Zurgua Valvedia » doit bien sûr se lire « depuis le cap Blanc jusqu'à Valvidia »...*

Journal authentique, donc, probablement, qui nous livre crûment certains détails de la vie en mer qu'évoquera également, plus loin, Bénard de Russailh...

I

Le départ

J'avais 24 ans, l'ouvrage manquait ; il n'était question en France que des mines de la Californie. À tous les coins de rue, des compagnies s'organisaient pour le transport des voyageurs. C'était entre tous ces accapareurs à qui se ruinerait en promesses, à qui s'épuiserait en magnificences. Je n'étais pas assez riche pour me croiser les bras ;

j'étais assez jeune pour perdre un ou deux ans à la recherche de la fortune. Je résolus de risquer 1 000 francs et ma vie, les deux seules choses qui fussent bien complètement à ma disposition.

D'ailleurs, j'avais déjà fait connaissance avec les eaux bleues, comme disent les matelots. Le bonhomme Tropique était de mes amis, et j'avais reçu de sa main le baptême de la Ligne. Apprenti marin, j'avais fait avec l'amiral Dupetit-Thouars le voyage des îles Marquises, et touché au pic de Ténériffe, à Rio de Janeiro, à Valparaiso, à Tahiti et à Noukaïva en allant, et à Woilhavo et à Lima en revenant.

Mon parti pris, restait à savoir à laquelle de toutes ces sociétés je donnerais la préférence : cela valait la peine de réfléchir.

En effet, je réfléchis si bien que je fis choix d'une des plus mauvaises, c'est-à-dire de la Société mutuelle. La Société mutuelle avait son siège à Paris, rue Pigalle, n° 24.

Chaque associé devait avoir 1 000 francs pour le passage et la nourriture. Nous devions travailler de concert et partager les bénéfices ; de plus, si un passager où associé (c'était la même chose) emportait une pacotille quelconque, la compagnie se chargeait de la vente de la pacotille et assurait un tiers des bénéfices.

En outre, pour ces 1 000 francs que chacun de nous déposait, la compagnie nous devait, une fois arrivés, le logement dans des maisons en bois que notre bâtiment transporterait avec nous. Nous avions un docteur et une pharmacie attachés à l'entreprise ; mais chacun devait se munir à ses frais d'un fusil à deux coups, portant des balles de calibre et ayant une baïonnette.

Les pistolets étaient de fantaisie et du calibre qui convenait à l'acheteur.

Étant chasseur, j'attachai un grand soin à cette partie de mon équipement, et bien m'en prit, comme on verra plus tard. Arrivés là-bas, nous travaillerions sous la direction de chefs élus par nous.

Tous les trois mois, on changerait ces chefs, qui travailleraient avec nous et comme nous.

On s'engageait à Paris, mais le rendez-vous était à Nantes.

À Nantes, on devait acheter un bâtiment de 400 tonneaux ; c'était un banquier de Nantes avec lequel, disait la compagnie, toutes conditions étaient faites d'avance, qui achetait ce bâtiment.

Ce bâtiment devait, de plus, être chargé à notre profit d'une cargaison dont le banquier faisait les frais, en se réservant sur elle un honnête bénéfice.

Toutes ces fournitures étaient acquises à la société, qui remboursait le capital et payait un intérêt de 5 %.

On voit que tout cela était magnifique — sur le papier du moins.

Le 21 mai 1849, je partis pour Nantes et descendis à l'hôtel du Commerce.

J'avais fait la route avec deux de mes amis, engagés comme moi et partant avec moi.

Ces deux amis étaient MM. de Mirandole et Gauthier.

De plus, un autre ami à moi, mon voisin de village, Tillier de Groslay, était déjà parti et embarqué. Nous étions très liés depuis notre jeunesse, et son départ avait fort influé sur le mien.

Tillier était engagé dans la Société nationale.

À Nantes, les difficultés commencèrent. Des discussions s'étant élevées entre les sociétaires et les directeurs, le banquier ne voulut plus faire les fonds. Il en résulta que l'armateur qui avait vendu le bâtiment, traité avec un capitaine et loué des matelots se trouva obligé de tout prendre à son compte. Comme il était dans son droit, comme ses actes avec la Société étaient en règle, la perte retomba sur les sociétaires, et nous en fûmes chacun pour 400 francs.

Avec les 600 francs restants, la Société était forcée de nous expédier en Californie. Comment ? Cela la regardait.

Cela nous regardait peut-être bien aussi quelque peu ; mais on ne jugea point à propos de nous consulter là-dessus.

En conséquence, on nous chargea sur des voitures qui nous transportèrent de Nantes à Laval, de Laval à Mayenne, et de Mayenne à Caen.

À Caen, nous fûmes aménagés sur un bateau vapeur et transportés au Havre.

Nous devions partir le 25 juillet.

Le 25, le 26 et le 27 se passèrent à nous faire prendre patience sous des prétextes tellement absurdes que, le 27, on fut obligé de nous avouer que nous ne partirions décidément et définitivement que le 30.

C'étaient trois jours de patience à mettre au service de la Société. Nous nous rappelâmes qu'en février 1848 les ouvriers avaient mis trois mois de misère au service de la patrie ; nous trouvâmes que notre sacrifice était bien médiocre en comparaison du leur. Nous nous résignâmes et nous attendîmes.

Malheureusement, le 30 juillet, il fallut nous faire un autre aveu : c'est que nous ne partirions que le 20 août.

Les plus pauvres d'entre nous parlaient de se révolter ; il y en avait en effet qui ne savaient comment ils vivraient pendant ces vingt et un jours.

Les riches partagèrent avec les pauvres, et l'on attendit le 20 août. Mais, au moment de partir, nous fîmes une autre découverte : c'est que la Société, étant ou se disant plus pauvre encore que nous, ne pouvait nous fournir une foule de choses, de première nécessité cependant, dans un voyage tel que celui que nous entreprenions.

Ces objets étaient le sucre, le café, le rhum, l'eau-de-vie, le thé. Nous fîmes nos réclamations, nous menaçâmes de nous fâcher, nous parlâmes même d'un nouveau procès ; mais la Société secoua la tête, et force fut aux pauvres sociétaires de fouiller au plus profond de leurs poches.

Hélas ! beaucoup étaient si profondes qu'elles n'avaient pas de fond.

On fit une provision commune des objets sus-désignés, et l'on se promit mutuellement la plus grande discrétion à l'endroit de ces sortes de douceurs.

Le jour du départ arriva enfin. Nous partions sur le *Cachalot*, ancien baleinier, connu, au reste, pour un des meilleurs marcheurs du commerce.

Il jaugeait 500 tonneaux.

La veille et la surveille du jour où nous devions mettre à la voile, la plupart de nos parents étaient arrivés au Havre pour nous dire adieu.

Il y avait parmi ces parents pas mal de mères et de sœurs fort religieuses ; d'ailleurs, il y a peu de voyageurs athées, la veille d'un voyage qui doit durer six mois et vous conduire de l'océan Atlantique dans l'océan Pacifique.

Il fut donc décidé qu'il serait fait une dernière dépense à l'endroit d'une messe, dite à l'intention de notre heureuse traversée.

Cette messe devait être dite à l'église.

C'est toujours une chose grave qu'une messe au moment d'un pareil départ, car bien certainement, pour quelques-uns de ceux qui l'entendent, elle doit être une messe de mort.

Ce fut la réflexion que me fit un charmant garçon qui écoutait religieusement cette messe à côté de moi : c'était un rédacteur du *Journal du commerce*, nommé Bottin.

Je lui fis silencieusement signe de la tête que c'était justement ce que je me disais tout bas au moment où il me le disait tout haut.

Au lever Dieu, je jetai les yeux autour de moi : chacun était à genoux, et, je vous en réponds, tout le monde priait sérieusement.

La messe dite, on proposa un banquet fraternel à 1 franc 50 centimes par tête.

Nous étions cent cinquante passagers, dont quinze femmes.

En retournant toutes les poches, on parvint à réunir 225 francs.

C'était le compte.

Mais cette débauche portait une rude atteinte au reste de nos capitaux.

Il va sans dire que nos parents et amis contribuèrent pour leur compte. Nous n'étions pas assez riches pour les inviter.

Mirandole et deux autres furent nommés commissaires et se chargèrent, pour nos 30 sous, de nous faire faire un banquet splendide.

Le banquet eut lieu à Ingouville.

À 4 heures, on devait se réunir sur le port ; à 5 heures, on devait être à table.

Chacun fut aussi exact qu'à la messe : on arriva deux par deux, on se plaça dans le plus grand ordre et l'on essaya d'être gai.

Je dis l'on essaya, car, en somme, chacun avait le cœur gros, et j'ai bien idée que plus on criait tout haut, plus on pleurait tout bas.

On porta des tostes [*sic*] à notre bon voyage ; on nous souhaita les plus riches placers du San Joaquin, les plus épais filons du Sacramento.

M. le maître armateur du *Cachalot* ne fut pas oublié non plus. Il est vrai qu'il avait, outre sa cotisation d'un franc cinquante, envoyé deux paniers de vin de Champagne.

Le dîner se prolongea assez avant dans la nuit. À force de se monter la tête, on était arrivé à quelque chose qui ressemblait à de la gaieté.

Le lendemain, dès le matin, les matelots, à leur tour, firent leur promenade dans la ville avec des drapeaux et des bouquets.

Cette promenade aboutit au port, où se tenait toute la population assemblée pour saluer notre départ et nous faire ses adieux.

Chacun de nous courait tout affairé d'une boutique à l'autre. C'est au moment du départ seulement qu'on s'aperçoit de ce qui va vous manquer une fois que vous serez partis.

Je fis, pour mon compte, ma provision de poudre et de balles : 10 livres de l'une, 40 livres des autres.

À 11 heures, le bâtiment sortit du port, poussé par une jolie petite brise du nord-ouest ; devant nous était un bâtiment américain remorqué par le bateau à vapeur le *Mercure*.

Nous suivîmes la jetée en chantant *La Marseillaise*, *Le Chant du départ* et *Mourir pour la patrie* ! Tous les mouchoirs flottaient sur le port, tous les mouchoirs flottaient sur le bâtiment.

Quelques parents et quelques amis étaient montés avec nous à bord. À moitié rade, le pilote et l'armateur nous quittèrent ; parents et amis revinrent avec eux ; ce fut un second adieu, plus douloureux que le premier.

Alors se trouvèrent isolés tous ceux qui devaient courir ensemble la même fortune.

Les femmes pleuraient, les hommes auraient bien voulu être des femmes pour pleurer aussi.

Tant que la terre fut visible, tous les regards furent tournés vers la terre.

Le soir, vers 5 heures, elle disparut.

Nous ne devions plus la revoir qu'au cap, c'est-à-dire à l'autre extrémité d'un autre monde.

II

Du Havre à Valparaiso

J'ai dit que nous étions cent cinquante passagers, dont quinze femmes, deux à la chambre du capitaine et les autres en bas.

L'équipage se composait du capitaine, de son second, du lieutenant, de huit hommes et d'un mousse.

Le faux-pont, réservé aux passagers, n'avait reçu aucune marchandise : il avait été aménagé pour le transport des voyageurs et contenait quatre rangs de cabines.

Nous étions deux par cabine ; les lits étaient superposés.

M. de Mirandole était mon camarade de chambrée.

Les femmes étaient séparées ; on avait construit pour elles, à bâbord, derrière, une espèce de parc.

Nos cent cinquante passagers se composaient des envoyés de trois compagnies ; aucune n'avait tenu les engagements pris, quoique chaque passager eût scrupuleusement donné son argent.

Il en résultait que, comme il y avait à peine place pour les voyageurs, il n'y avait pas place du tout pour les malles.

Aussi chacun avait-il la sienne devant sa cabine ; elle servait de siège pour s'asseoir et de table pour faire sa toilette.

Les autres bagages formant superfluités avaient été descendus dans la cale.

Tout ce qui restait de place sur le bâtiment était consacré aux marchandises appartenant tant à l'armateur qu'aux passagers.

Ces marchandises consistaient en alcools et en quincailleries.

Notre premier dîner à bord eut lieu à 5 heures, au moment même où nous venions de perdre de vue la terre. Personne n'avait encore le mal de mer, et cependant nul n'avait grand appétit.

La table était mise sur le pont, ou plutôt le pont servait de table ; l'emplacement était fort restreint, le pont étant encombré par des caisses d'acide sulfurique, par des tonnes d'eau destinées à être bues pendant la traversée, et par des planches préparées pour être agencées les unes dans les autres et faire des maisons aussitôt notre arrivée.

Nous avions en outre douze petites maisons toutes bâties, et qu'on n'avait plus qu'à monter comme des horloges.

Elles avaient été construites au Havre et allaient dans le prix de 100 à 125 francs.

Le premier jour, comme c'est l'habitude en sortant du port, le dîner se composa de soupe, d'une ration de viande bouillie, d'un quart de vin et d'un très petit morceau de pain.

Cela nous indiquait que le pain n'était pas en abondance à bord. En effet, plus tard, nous n'eûmes de pain que le dimanche et le jeudi. Les autres jours, on mangeait du biscuit.

Nous avions un grand plat de fer-blanc, commun à huit passagers ; chacun l'accostait avec sa gamelle, qui était à lui, ainsi que son couvert.

Nous nous accroupîmes à la manière des Orientaux, et nous mangeâmes.

Le même jour, vers 8 heures du soir, nous atteignîmes les vents du sud.

Ils soufflèrent toute la nuit, et le lendemain ils furent assez violents pour nous pousser sur les côtes d'Angleterre.

Un pêcheur vint à bord ; sa barque était pleine de poisson ; le marché commença, puis la correspondance.

Un des grands besoins de l'homme qui s'éloigne, qui traverse une grande étendue d'eau, qui se trouve entre le ciel et la terre, est de donner de ses nouvelles à ceux qu'il vient de quitter.

Il se trouve si petit dans cette immensité qu'en se rattachant par une lettre à la terre il se donne la consolation de s'assurer lui-même qu'il n'est pas perdu.

Malheureux ceux qui dans ce cas-là n'ont personne à qui écrire !

Le pêcheur s'en alla chargé de lettres comme un facteur de la poste.

Le soir du second jour, les vents changèrent sans nous avoir fait perdre beaucoup de temps ni donné une grande fatigue. À partir de ce moment nous fîmes bonne route.

Le capitaine, qui, comme nous l'avons dit, était fort économe sur le pain, vu le peu de farine transportée à bord, nous avait bercés de cet espoir que nous relâcherions à Madère pour y embarquer des pommes de terre ; mais, comme le vent était bon, il nous fit valoir l'économie de temps que nous aurions à continuer notre chemin tout droit.

On lui fit bien quelques observations qui lui donnèrent à entendre que nous n'étions pas dupes de la véritable économie qu'il était dans l'intention de faire ; mais capitaine est roi à son bord. Le nôtre fit lui-même sa majorité, décida qu'on passerait outre et que le bon vent tiendrait lieu de pommes de terre.

Il est vrai que c'était plaisir de nous voir marcher : le *Cachalot* était excellent voilier, comme nous avons dit, et dans les plus mauvais jours, nous filions encore 6 ou 7 nœuds à l'heure.

Par le travers du Sénégal, notre vigie nous signala un bâtiment : c'était une frégate américaine en croisière. Elle surveillait la traite ; elle courut sur nous, hissa son pavillon. Nous en fîmes autant ; nous nous donnâmes mutuellement notre longitude et notre latitude, le bonjour et le bonsoir des marins, puis nous continuâmes notre route, et la frégate reprit sa croisière.

Cette longitude et cette latitude n'étaient point choses inutiles pour nous, attendu que nous avions un très mauvais chronomètre.

Nous ne sûmes point le nom de la frégate qui venait de nous rendre ce service. À part cette balafre sanglante qui indiquait ses canons, elle était toute peinte en noir, comme le vaisseau du *Corsaire rouge*.

Au fur et à mesure que nous avancions vers le tropique, tous les signes particuliers à l'équateur venaient au-devant de nous. Les eaux de la mer passaient au bleu foncé ; nous déchirions de larges bancs de ces herbes que l'on appelle raisins des tropiques. Les poissons volants relançaient hors de l'eau ; les bonites et les dorades passaient par bandes ; la chaleur devenait étouffante ; il n'y avait pas à s'y tromper.

La pêche des bonites et des dorades commença.

Cette pêche est chose bien simple et bien facile à côté des ruses qu'emploient les vieux pêcheurs des bords de la Seine. C'est l'enfance de l'art. On suspend au beaupré un certain nombre de ficelles, à l'extrémité desquelles pendille le simulacre d'un poisson volant ; le tangage plonge l'amorce dans l'eau et la fait sortir alternativement. Chaque fois que les ficelles sortent de l'eau, dorades et bonites prennent l'amorce pour des poissons véritables, sautent après et restent pendues à l'hameçon.

C'est une véritable manne que Dieu, sous cette chaude latitude, envoie aux pauvres passagers.

La pêche était commune.

Nous atteignîmes et traversâmes la ligne. Il va sans dire qu'il y eut, à propos de cette solennité, toutes les cérémonies d'usage, c'est-à-dire un Neptune fort galant pour les dames, si vieux qu'il parût ; une Amphitrite qui fit force agaceries aux hommes, et des Tritons qui nous inondèrent d'une quantité indéfinie de seaux d'eau.

Il va sans dire qu'en ma qualité de voyageur ayant déjà eu le soleil devant moi et derrière moi, je pus assister au spectacle du haut de la galerie, c'est-à-dire de la hune.

Puisque j'ai dit un mot de nos femmes, revenons à elles.

Elles n'étaient point parties, comme on le comprend bien, pour se faire religieuses ; il en résulte que, si vite que marchât le bâtiment, outre le loto, le domino, le trictrac et l'écarté, l'on jouait à un jeu particulier qu'on appelait le mariage et qui consistait, dans ses deux phases principales, à se marier et à divorcer.

Comme il n'y avait que treize femmes et cent trente-cinq hommes, c'était plus qu'un jeu, c'était presque une institution, et une institution philanthropique.

Trois femmes étaient engagées avant que de partir. Elles avaient de vrais maris, ou plutôt de vrais amants, de sorte que, si elles se mariaient, c'était *in partibus* et sans billets de convocation.

Chacun dans ces mariages pour rire avait été chargé de fonctions correspondantes à celles qui sont remplies par les témoins, les parents ou les prêtres dans les mariages sérieux.

Ces fonctions s'accomplissaient avec une merveilleuse gravité.

Une autre fonction très grave et dans laquelle il fallait une haute impartialité avait été créée encore.

C'était celle d'arbitre.

Voici à quelle occasion.

Un de nos amis, B..., avait emmené sa maîtresse : c'était une de nos trois femmes « mariées », et il lui avait fait, en partant de France, aux dépens de sa propre pacotille, un chargement d'effets à son usage : robes de soie, robes de laine, robes de popeline, châles petits et grands, bonnets, chapeaux, etc.

Mais il arriva qu'en route, par un de ces caprices qu'il faut toujours mettre sur le compte du voyage, mademoiselle X... trouva monsieur D... préférable à son premier amant, et, sans se donner la peine de faire prononcer le divorce, se remaria avec monsieur D...

D'où la plainte et réclamation du premier mari, qui prétendit, s'il avait perdu ses droits sur la femme, les avoir conservés sur les effets, et qui, en conséquence, s'empara un matin de toute la garde-robe, laissant mademoiselle X... avec une seule chemise.

Si chaud qu'il fasse sous l'équateur, où l'événement se passait, une chemise était un vêtement un peu bien léger ; aussi mademoiselle X... se plaignit-elle, et dans ses plaintes en appela-t-elle à nous tous.

Quoique nous trouvassions que le costume allait admirablement à mademoiselle X..., nous étions trop équitables pour ne pas répondre à son appel. On se constitua en tribunal, et le tribunal nomma des arbitres.

De là, la création de cette nouvelle magistrature.

Les arbitres rendirent un jugement qui, à mon avis, peut faire le pendant du jugement de Salomon.

Ils décidèrent :

1° Que mademoiselle X... avait le droit de disposer de sa personne comme bon lui semblait et même comme bon lui semblerait.

2° Qu'elle ne pouvait être entièrement dépouillée ; que Junie seule avait le droit d'être vue

Dans le simple appareil
D'une beauté qu'on vient d'arracher au sommeil ;

qu'en conséquence, B... aurait à lui laisser le nécessaire, c'est-à-dire ses chemises, son linge, sa chaussure, un chapeau et un bonnet.

3° Toutes les autres hardes, étant considérées comme superfluités, revenaient à B...

Le jugement fut signifié à B... avec les formalités d'usage, et, comme il était sans appel, B... fut obligé de se soumettre sans en appeler.

Mademoiselle X... apporta donc en dot à son nouvel époux le strict nécessaire, ce à quoi D... obvia en lui faisant cadeau de sa robe de chambre, dont elle se fit une robe, et d'une couverture, dont elle se fit un caban.

Il faut dire que mademoiselle était charmante sous ces nouveaux costumes.

Notre route continuait avec bon vent. Plusieurs fois nous eûmes en vue la côte du Brésil. Nous rasâmes la terre à Montevideo, et nous vîmes de loin cette autre Troie, assiégée alors depuis huit ans.

III

De Valparaiso à San Francisco

Quinze jours avant d'arriver à Valparaiso, les pommes de terre avaient manqué. C'était une absence qui se faisait douloureusement sentir.

On avait remplacé le mets disparu par une ration de farine, d'eau-de-vie et de mélasse.

Les huit convives de la même écuelle réunissaient les huit rations, et l'on pétrissait un plum-pudding que l'on faisait cuire dans des sacs à l'eau bouillante.

Mais si industrieux que soit l'homme, la pomme de terre ne remplace point le pain, et le plum-pudding ne remplace pas la pomme de terre.

Valparaiso était donc pour nous la terre promise ; dans tous les groupes on n'entendait que ce mot : « Valparaiso ! Valparaiso ! » On avait trois mois de mer, aucune relâche, et, Valparaiso franchi, on n'avait plus à faire qu'un quart du chemin.

Les trois autres quarts étaient derrière, oubliés, évanouis, emportés par la tempête du cap Horn.

Enfin, un mardi, ce cri retentit des hunes : « Terre ! Terre ! » Chaque passager s'assura de la vérité par ses propres yeux et s'empressa de s'habiller de son mieux, de se disposer à se rendre à terre et de faire ses comptes pour voir ce qui lui restait à dépenser.

On mouilla en grande rade, c'est-à-dire à trois quarts de lieue de terre. Aussitôt on vit partir de Valparaiso, avec la même ardeur que s'il s'agissait de gagner le prix des régates, une douzaine de ces embarcations connues sous le nom de baleinières.

Au bout d'un quart d'heure, ces embarcations assiégeaient le bâtiment.

Mais aux premiers mots que prononcèrent à propos du prix les Chiliens qui montaient ces embarcations, on reconnut qu'ils avaient de folles prétentions. Ils ne pouvaient, disaient-ils, nous mettre à terre à moins de 36 sous par personne, 3 réaux au Chili.

On comprend qu'une pareille somme soit exorbitante pour des gens qui ont passé par les mains des compagnies californiennes, qui ont été à Nantes, qui y sont restés quinze jours, qui de Nantes ont été au Havre, et qui, au Havre, sont restés six semaines.

À ce prix, la moitié de nous à peine eût pu aller à terre et une moitié de cette moitié n'eût pas pu en revenir.

Après avoir vivement débattu de nos intérêts, nous fîmes prix à un réal (12 sous et demi).

D'ailleurs, ce fut en cette circonstance que la fraternité de bord se montra dans toute sa sublime bonhomie : ceux qui avaient de l'argent mirent cet argent dans leurs mains, et, en souriant, étendirent la main vers leurs compagnons. Ceux qui n'en avaient point assez ou ceux qui n'en avaient point du tout vinrent puiser dans ces mains étendues.

Le prix fait, chacun ayant de quoi aller à terre vivre trente-six heures et revenir, on se précipita dans les barques. Un quart d'heure après, nous débarquions.

Il était 4 heures du soir.

Là, chacun se dispersa, cherchant l'aventure selon le caprice de son imagination, et surtout selon la pesanteur de sa bourse.

Ma bourse n'était pas lourde, il s'en fallait ; mais j'avais pour moi l'expérience d'un premier voyage.

En allant aux îles Marquises avec l'amiral Dupetit-Thouars, j'avais déjà touché Valparaiso. Par conséquent, je connaissais le pays.

Mirandole, qui savait mes antécédents, se confia à moi et déclara qu'il ne me quitterait point.

Nous descendîmes à l'hôtel du Commerce, et comme il n'y avait pas grand-chose à faire ce jour-là, puisqu'il était 5 heures, nous allâmes visiter le théâtre, magnifique bâtiment qui avait poussé entre mes deux voyages.

Il est situé à l'une des quatre faces de la place, qui est elle-même sinon une des plus belles, du moins une des plus délicieuses places du monde, avec sa fontaine au centre et son bois d'orangers touffu comme un bois de chênes et tout plein de fruits d'or.

Nous passâmes sur cette place, sans autre distraction que nos rêveries, rafraîchis par le vent du soir, embaumés par la senteur des orangers, deux des plus douces heures de notre vie.

Quant à nos compagnons, ils s'étaient éparpillés comme une bande d'écoliers en récréation, et couraient de Fortop à Maintop.

Qu'est-ce que Fortop et Maintop ? d'où viennent ces noms bizarres ?

Je n'en sais rien, et me contenterai de répondre à la première question.

Fortop et Maintop sont deux bals publics près desquels Mabille et la Chaumière sont collet monté.

Fortop et Maintop sont, à Valparaiso, ce que les musicos sont à Amsterdam et à La Haye.

C'est là qu'on trouve les belles Chiliennes, au teint olivâtre, aux grands yeux noirs fendus jusqu'aux tempes, aux cheveux lisses et bleus à force d'être noirs, vêtues de soie aux couleurs vives et décolletées jusqu'à la ceinture ; c'est là qu'on danse des polkas et des chillas dont on n'a aucune idée en France, avec accompagnement de guitares et de voix relevé de coups frappés avec le plat de la main sur les tables : c'est là qu'ont lieu les courtes querelles suivies de longues vengeances ; c'est là que commencent par des paroles ces duels qui finissent à la porte par le couteau.

La nuit se passa à attendre le lendemain. Aux plaisirs de la danse devait succéder, le lendemain, le plaisir de la cavalcade. Le Français est essentiellement cavalier, le Parisien surtout : il a pris ses leçons et fait ses classes d'équitation sur les ânes de la mère Champagne, à Montmorency, et sur les chevaux de Ravelet, à Saint-Germain.

Le capitaine, en nous donnant congé le mardi soir, avait recommandé aux passagers de se trouver prêts à partir le jeudi suivant.

Le signe de ralliement devait être le pavillon français à la corne et le pavillon rouge au mât de misaine.

On avait cinq heures devant soi, à partir du moment où le pavillon rouge serait arboré.

Mais c'était le jeudi matin seulement qu'il s'agissait de s'inquiéter du pavillon rouge ou tricolore : le mercredi était à nous tout entier, depuis la veille jusqu'au lendemain, vingt-quatre heures, c'est-à-dire une minute ou une éternité, selon que le plaisir ou la douleur regarde marcher l'aiguille du temps.

Le principal amusement de cette journée devait être de galoper sur la route de San Iago, de Valparaiso à Avigny.

Ceux qui n'avaient pas assez d'argent pour prendre des chevaux restèrent à la ville.

J'étais du nombre de ces enfants prodigues qui, sans s'inquiéter de l'avenir, dépensaient leurs derniers réaux à cette joyeuse course.

D'ailleurs, à quoi bon nous inquiéter ? C'eût été folie que de songer à l'avenir : les trois quarts du chemin étaient faits ; cinq semaines de traversée encore, et nous touchions le but ; et le but, c'étaient les placers du San Joaquin et du Sacramento.

Nous voyions passer près de nous, grotesques clowns accroupis sur nos chevaux comme les nains des ballades allemandes et écossaises, ces magnifiques cavaliers chiliens, avec leurs pantalons fendus, boutonnés et brodés à partir de la cuisse jusqu'au bas de la botte, recouvrant un second pantalon de soie, avec leur petite veste ronde, l'élégant puncho par-dessus, le chapeau pointu à large bord et à galon d'argent sur la tête, le lasso à la main, le sabre à la cuisse, les pistolets à la ceinture.

Tous glissaient au galop dans leurs selles brodées aux couleurs éclatantes, où ils se tiennent assis fermes comme dans des fauteuils.

La journée fut bientôt passée. Nous avions l'air, dans notre impatience du mouvement, de courir après les heures ; et les heures indifférentes, sans se hâter d'une seconde, marchaient de leur pas habituel : celles du matin, fraîches et les cheveux au vent ; celles du jour, haletantes et abattues ; celles du soir, tristes et voilées.

Les femmes nous avaient accompagnés partout, plus ardentes, plus aventureuses, plus infatigables que les hommes.

Bottin avait été ravissant de verve, d'imprévu et de gaieté.

On rentra pour dîner ; les groupes se formèrent. Partout où l'homme marche par troupes, il a ses groupes d'amis, d'indifférents, d'ennemis.

Le lendemain jeudi, à 8 heures du matin, chacun était sur la jetée : on aperçut le pavillon rouge ; on s'informa : depuis deux heures il avait été hissé.

Trois heures restaient.

Oh ! les trois dernières heures, comme celles-là vont vite pour les passagers qui n'ont plus que trois heures à passer à terre !

Chacun employa ces trois heures de son mieux. Ceux à qui quelque argent restait en profitèrent pour faire provision de ce que les Chiliens appellent du pain de fruits.

Le pain de fruits est, comme l'indique son nom, une composition de fruits secs ; ils se vendent coupés par tranches très minces et ont la forme des fromages ronds.

À 10 heures et demie, on reprit pour un réal les mêmes embarcations qui avaient amené toute la colonie à terre. La colonie fut reconduite à bord, et, arrivé là, chacun se réintégra dans sa boîte.

À 2 heures précises, l'ancre fut levée ; on appareilla : le vent était parfait. Avant le soir, nous perdîmes la terre de vue.

Nous avions devant nous un brick sarde et un trois-mâts anglais que nous dépassâmes avec rapidité.

Nous laissâmes sur rade la frégate française l'*Algérie* avec un de nos matelots que l'on avait mis au service pour une dispute avec le lieutenant.

Peu de personnes comprendront cette locution toute maritime : *mettre au service*. Nous allons donc en donner l'explication.

Lorsqu'un matelot se conduit mal sur un bâtiment marchand, si le capitaine rencontre un bâtiment de guerre et qu'il lui convienne de se débarrasser de son matelot, il le *met au service*.

C'est-à-dire que ce matelot qu'il ne veut pas garder comme incorrigible, il en fait cadeau à l'État.

Le matelot passe ainsi, au caprice du capitaine, de la marine marchande dans la marine militaire.

C'est, on en conviendra, une triste manière de recruter la marine ; pour les soldats de terre, on a créé les compagnies de discipline.

Bien souvent d'ailleurs les capitaines, qui n'ont à rendre compte à personne de leurs faits et gestes, sont injustes pour de pauvres diables qu'ils ont pris en antipathie et dont ils se débarrassent de cette façon. J'ai bien peur, par exemple, que notre matelot à nous n'ait été victime de la mauvaise humeur du capitaine.

La brise était forte et la mer grosse ; on avait passé quarante heures à terre : le mal de mer reprit les moins acoquinés à la houle. Les femmes en général, et je fis à mon tour cette remarque que d'autres avaient faite avant moi, les femmes furent celles qui supportèrent le mieux cette longue et pénible traversée.

Jusque-là, chose merveilleuse, nous n'avions eu à bord, sur cent cinquante passagers, ni maladie ni accident.

Nous allions, sous ce rapport, être cruellement éprouvés.

Nous avions dépassé Panama, franchi la ligne dans le sens opposé où nous l'avions franchie en venant ; nous marchions avec bonne brise, toutes voiles dehors, même les bonnettes, ne filant plus que 4 ou 5 nœuds à l'heure, c'est vrai — ce qui est encore, du reste, une bénédiction relativement aux calmes qu'on éprouve d'ordinaire dans ces parages —, lorsque tout à coup, vers le 17° degré de latitude, ce cri terrible retentit :

— Un homme à la mer !

Sur un navire de guerre, tout est prévu pour ce cas. On a des bouées, un homme toujours prêt à lâcher la poulie des chaloupes, qui n'ont qu'à glisser sur leurs cordages, et, à moins qu'il n'y ait gros temps ou que l'homme ne sache point nager, il est bien rare qu'on n'arrive pas à temps pour le sauver.

Mais il n'en est pas de même sur les navires marchands, avec leurs huit ou dix hommes d'équipage et leurs chaloupes engagées sur le pont.

À ce cri : « Un homme à la mer ! », tandis que nos compagnons se regardaient, se comptaient, cherchant avec terreur celui qui manquait au milieu d'eux, je m'élançai vers la hune.

Mes yeux se portèrent aussitôt vers le sillage, et au milieu de l'écume, déjà à plus de cent cinquante pas de distance, je reconnus Bottin.

— Bottin à la mer ! m'écriai-je.

Bottin était tellement aimé qu'à son nom je ne doutais point que chacun ne redoublât d'énergie.

On avait déjà, du reste, jeté dans le sillage une vergue de perroquet.

Bottin venait de faire son blanchissage : nous étions, comme on le comprend bien, nos propres blanchisseuses. Il avait voulu faire sécher son linge dans les haubans ; le pied lui avait manqué, et il était tombé à la mer sans que personne le vît.

Au cri qu'il avait poussé seulement, le timonier s'était élancé à l'arrière, et, voyant reparaître un homme dans le sillage, il avait, sans savoir quel était cet homme, fait entendre le cri qui nous avait tous pris au cœur :

— Un homme à la mer !

Je ne m'étais pas trompé : au cri : « C'est Bottin ! », capitaine et passagers se mirent à la besogne pour démarrer la yole, qui fut jetée à la mer par-dessus le pont.

Le lieutenant et un novice se trouvèrent dans la yole on ne sait comment.

En même temps, le capitaine ordonna de brasser vent dessus vent dedans, et le trois-mâts resta en panne.

Au reste, réduit à lui-même, l'accident n'aurait rien eu de bien dangereux : le temps était magnifique et Bottin excellent nageur.

Du moment où il avait vu la yole à la mer, il avait fait des bras signe qu'il était inutile de se presser, et, quoiqu'il nageât du côté de la vergue de perroquet, il était évident qu'il nageait de ce côté parce qu'elle était sur son chemin, et non parce qu'il avait besoin de se faire un appui.

Cependant, la yole, conduite par l'officier et le novice, ramait rapidement vers le nageur. De la hune d'artimon, où j'étais, je voyais la distance disparaître entre Bottin et la barque. Bottin faisait toujours des signes pour nous tranquilliser ; en effet, la barque n'était plus guère qu'à cinquante pas de lui, quand tout à coup je le vis disparaître.

Je crus d'abord qu'une vague l'avait recouvert et que, la vague passée, on le reverrait de nouveau. Les deux hommes de la chaloupe eurent la même idée que moi, car ils continuèrent à ramer. Cependant, au bout de quelque temps, je les vis s'arrêter, inquiets, se lever, abaisser leurs mains sur leurs yeux, chercher du regard, se détourner de notre côté comme pour nous consulter, puis reporter leur vue sur l'étendue immense.

L'étendue demeura solitaire ; rien ne reparut.

Notre pauvre ami Bottin venait d'être coupé en deux par un requin.

Hélas ! il n'y avait pas de doute sur son genre de mort. Il était trop bon nageur pour disparaître ainsi tout à coup. Celui-là même qui ne sait pas nager reparaît deux ou trois fois avant de disparaître pour toujours.

Deux heures, on chercha à la place où il avait été. Le capitaine ne pouvait pas se décider à rappeler la yole ; le lieutenant et le novice ne pouvaient pas se décider à revenir.

Cependant il fallait continuer la route ; le signal de rappel fut fait, et la yole revint tristement, traînant à la remorque la vergue de perroquet qu'elle avait recueillie en route.

Ce fut un grand deuil à bord. Tout le monde aimait Bottin : c'était le grand conciliateur de toutes les querelles. Un procès-verbal constata la mort de notre malheureux ami. Ses effets et ses papiers furent réclamés par le capitaine.

Les effets, quinze jours après sa mort, furent vendus aux enchères.

Les papiers furent conservés pour être remis à sa famille.

Le soir, plus de chants ; le dimanche suivant, pas de danses.

Tout le monde était triste.

Cependant, peu à peu on reprit la vie accoutumée ; seulement, à tout propos, dans la conversation, revenaient ces mots :

— Ce pauvre Bottin !

Bénard de Russailh

Journal

Et maintenant, une petite merveille, un des plus beaux témoignages arrivés jusqu'à nous : le journal, hélas ! inachevé, de Bénard, dit de Russailh...

Pourquoi décida-t-il de partir, un jour de septembre 1850, pour la Californie ? Mystère. Un cœur dévasté par quelque grand chagrin, comme il sied à un jeune romantique ? On a quelque peine à croire longtemps à ses tourments amoureux, et lui-même, d'ailleurs, emporté par son tempérament, oublie très vite sa mystérieuse lady Harriet dans les bras des señoritas. Des ennuis politiques ? Homme d'ordre, farouchement conservateur, il considère avec horreur les quarante-huitards qui l'entourent et tient les plus paisibles républicains pour des buveurs de sang. La misère ? Sans être très à l'aise, il n'est pas à la rue. Mystère, donc : toujours est-il qu'il part, en ajoutant « de Russailh » à son vrai nom : Bénard, prénom Albert. Et pour notre bonheur, il emporte dans son bagage un gros cahier, où il tient scrupuleusement son journal chaque jour, dont il enverra plus tard copie à sa mère.

Lisez. Il a tous les défauts, cet Albert Bénard. Un orgueil de caste qui lui fait tout juger de haut, chauvin avec cela, antisémite à l'occasion, comme il était de bon ton chez les petits-bourgeois, qui ne voit même pas le bas peuple embarqué à bord du Joseph *avec lui (quarante et un passagers, dit-il, oubliant les quatre-vingt-dix de deuxième et troisième classes), prompt au coup de griffe, peu généreux avec les femmes et très, très content de lui-même... Et pourtant nous le suivons, emportés par sa verve, conquis par son irrépressible vitalité, qui le sauvera plus tard, quand les épreuves du voyage et de San Francisco se seront chargées de faire voler en éclats sa carapace de préjugés...*

Dimanche 8, lundi 9, mardi 10 septembre. En pleine mer.

Remorqués par la machine puissante du vapeur l'*Alcide*, nous sortîmes des jetées du Havre le dimanche 8 septembre 1850, à 11 heures précises du matin. En peu d'instants, nous fûmes conduits jusqu'à la hauteur du cap de la Hève, où sont placés les phares qui indiquent aux pilotes l'entrée du port du Havre. Là, la mission du vapeur était terminée ; on largua la remorque et nous fûmes abandonnés au gré des vents et des flots. Les matelots commencèrent alors à appareiller, et sous la sauvegarde du pilote qui était chargé de nous conduire au-delà des bancs de sable qui avoisinent de toutes parts le port du Havre, nous voguâmes jusqu'à la pointe de Barfleur, poussés par une bonne brise d'est. Pendant que la conduite du navire était encore confiée au pilote, le capitaine fit procéder à l'appel nominal de tous les passagers. Mon ami dut répondre pour moi, car déjà je ressentais les premiers symptômes du mal de mer qui, selon Méry, fait tant de bien et qui semble être, pour les navigateurs novices, un purgatif naturel envoyé par l'océan. L'heure matinale à laquelle nous nous étions embarqués, le chagrin que j'éprouvais de quitter la terre, peut-être pour toujours, ne m'avaient point permis de prendre de nourriture. Aussi attribuai-je à ces circonstances les tortures atroces que je souffrais et les efforts inouïs que je faisais pour payer à la mer le tribut qu'elle exige de ceux qui s'aventurent à naviguer dans ses eaux. Pendant quarante-huit heures je fus dans un état de faiblesse et d'abattement tel qu'il m'était impossible de faire un pas et même de me tenir sur mes jambes. J'étais totalement étranger à ce qui se passait autour de moi, insensible à tout, je ne me sentais pas vivre. Je restai couché jusqu'au mardi matin sans pouvoir prendre aucune nourriture. Le soleil qui brillait de tout son éclat, l'ennui que j'éprouvais d'être ainsi couché comme une masse inerte et les sollicitations de mon ami me décidèrent enfin à me lever. Je m'affublai tant bien que mal de ma robe de chambre et je me hasardai à monter sur la dunette. Favorisés par un temps magnifique, nous avions franchi la Manche en quarante-huit heures. Nous entrions dans l'océan, et nous découvrions à notre droite les côtes d'Angleterre. Start Point apparaissait à l'horizon. Le grand air me fit du bien, et je pus, vers le soir, prendre une part — mais bien faible encore — du dîner qui m'était offert par le capitaine. Il me fut alors possible de jeter un coup d'œil sur le navire où je me trouvais et sur les passagers avec lesquels j'allais faire la traversée jusqu'à San Francisco.

Plusieurs navires étaient en partance au Havre pour la Californie. Il n'y avait que l'embarras du choix, car tous devaient être, ou à peu près, dans les meilleures conditions possibles pour effectuer ce voyage.

Quelques renseignements que nous avions fait prendre à l'avance, mon ami et moi, et la visite que nous étions venus faire au Havre de tous les navires en charge pour le nouvel Eldorado nous déterminèrent à arrêter notre passage à bord du *Joseph*, dont les installations étaient aussi confortables qu'on pouvait le désirer pour un navire français. Indépendamment d'un chargement considérable de marchandises de toutes sortes, envoyées en consignation par des négociants ou emportées par les passagers, le *Joseph* avait à son bord environ cent cinquante passagers, dont quarante passagers de chambre. Le reste avait été logé pêle-mêle dans des espèces de boîtes qu'on avait pompeusement décorées du nom de *rouffle [sic]*, ou dans l'entrepont. Tout était encombré au point que les matelots eux-mêmes ne pouvaient exécuter les manœuvres qu'en passant par-dessus les bagages des passagers que, dans la précipitation du départ, on n'avait même point eu la précaution de serrer. Si la mer, au moment de notre départ, avait été quelque peu houleuse, et si le vent avait soufflé avec quelque violence, nul doute que toutes les malles eussent été emportées. Mais peu importait à l'armateur, tourmenté qu'il était, depuis que son navire était en charge pour San Francisco, par tous les passagers qui l'obsédaient de questions et d'observations. Il avait annoncé le départ pour le 8 septembre et il fallait partir. Une fois en mer, pensait-il, les explications et les reproches ne pourront pas être entendus, tout sera alors pour le mieux.

Quant aux passagers, je remarque que la société est bien mélangée. Il sera très peu agréable de se trouver à chaque instant du jour en contact avec certaines personnes dans un espace aussi restreint que la dunette de notre navire. De la circonspection, de la prudence, de la patience et de la tolérance surtout, voilà le bagage indispensable avec lequel il faut, je crois, naviguer.

Mercredi 11 septembre

Je deviens marin. Le roulis ne me fait plus de mal, je marche pour prendre un peu d'exercice, je me retrouve, je sens que je vis. Je ne me plaindrais pas si mes souvenirs ne me rappelaient pas sans cesse des jours plus heureux partagés entre le plaisir et l'amour.

Nous sommes en plein océan. La brise est toujours bonne et nous pousse rapidement. Le temps est magnifique. Dieu veuille que les gros vents et les orages ne viennent point nous assaillir ! Presque toute la journée, nous avons vu de tous côtés du navire d'autres navires paraissant suivre la même route, mais soit que le vent nous ait favorisés, soit que les navires en vue aient changé de direction, après les avoir dépassés nous n'avons plus aperçu que le haut de longs mâts, puis rien. La vie, autour de nous, avait entièrement disparu. L'immensité de l'océan apparaissait avec toutes ses beautés, toute sa magnificence, mais aussi toute sa monotonie et son ennui. Admirer les eaux d'un bleu noirâtre de l'océan, voir la vague monter et descendre et se briser en écumant sur les flancs de notre navire m'a semblé imposant tout d'abord, m'a plu, charmé, ravi, mais j'ai depuis quelques jours le même tableau sous les yeux et il commence à avoir moins d'attraits pour moi.

Jeudi 12, vendredi 13, samedi 14 septembre

Si on ne savait point que la traversée doit durer six mois, on ne s'ennuierait pas trop. Mais le trajet est si long que l'on s'ennuie à l'avance. L'imagination a un trop vaste champ et les idées qu'elle enfante sont loin de nous montrer sous de riantes couleurs les rives lointaines du Sacramento. Chaque jour de navigation nous dessille un peu les yeux sur les illusions que des journaux intéressés avaient pu faire concevoir. Patience, un jour viendra où, moi aussi, je saurai la vérité sur la Californie.

Lundi 16 septembre

Nous sommes dans le golfe de Gascogne. Le vent nous seconde toujours, la mer est un peu plus grosse qu'à l'ordinaire, le balancement du navire augmente, mais personne cependant ne ressent plus le malaise occasionné par le roulis.

Quelques passagers, prévoyant l'ennui qui ne manquerait pas de leur servir d'escorte pendant leur traversée, s'étaient munis de ce qui pouvait leur procurer quelques distractions. Les uns avaient acheté des jeux de cartes, de dames, d'échecs, de dominos, etc., d'autres avaient fait une ample provision de lignes de toutes sortes et de toutes dimensions. Pour apprêt, ils avaient fabriqué, avec quelques morceaux de toile, de petits poissons qu'ils accrochèrent à leurs hameçons afin de mieux tromper les gros poissons que nous allions rencontrer. Le golfe de Gascogne est très poissonneux. Il s'y fait chaque année une pêche très fructueuse de thons et de dorades, poissons d'un volume assez considérable et d'un goût délicat. Les lignes avaient été lancées à la mer depuis une heure environ et un pêcheur attentif était à la poupe, tenant dans un religieux silence l'extrémité de la corde sur laquelle reposait son espoir. À chaque petite secousse occasionnée par le sillon laissé par le navire il était facile de lire sur sa physionomie toutes les émotions qu'il éprouvait. Plusieurs fois déjà, impatient qu'il était, il avait retiré sa ligne, croyant avoir quelque chose. Trompé dans son attente, il la lançait de nouveau à la mer, à moitié désespéré de sa non-réussite. Tout à coup il poussa un cri de joie. Cette fois, il était heureux. Un poisson vorace s'était jeté sur le petit poisson factice et s'était laissé prendre. Notre pêcheur n'y pouvait plus tenir, les forces lui manquaient, le plaisir qu'il éprouvait le mettait hors de lui. Il fut obligé d'appeler un matelot à son aide pour amener sur le navire le produit de sa pêche. Habitué à de pareilles choses, un vieux loup de mer arriva et en un instant amena sur le pont un thon magnifique pesant au moins 25 ou 30 livres. L'heureux pêcheur ne pouvait plus se contenir ! Il n'avait jamais pêché que des goujons... Un flot de sang rougit le pont et le poisson expira. Le soir, à table, délicieusement apprêté par le cuisinier du bord, il trouva sa sépulture dans notre estomac.

Quelques instants plus tard, un autre spectacle nous était offert. Plusieurs poissons d'une grosseur prodigieuse nageaient dans les eaux du navire et nous accompagnaient. De temps à autre, ils venaient à fleur d'eau pour respirer. Ces poissons, appelés « plongeurs » par les marins, ressemblent beaucoup aux dauphins.

L'émigration pour la Californie n'atteint pas seulement les hommes ; les chiens suivent et accompagnent leurs maîtres. Il y a à bord au moins une dizaine de chiens. Dès les premiers jours je supposai que ces chiens seraient la cause de querelles ; mes prévisions ne tardèrent pas à se réaliser. Un énorme chien appartenant à un passager de chambre, grand parleur, hâbleur de table d'hôte, homme de mauvais ton et de plus mauvaise compagnie encore, un M. Descourtils, Poitevin lourdaud et d'une prétention ridicule, avait eu la fantaisie de choisir mon lit pour reposer ses membres engourdis. Nous allions nous mettre à table, et je m'aperçus de la visite que l'intrus venait me faire. Le chasser peu respectueusement et le châtier comme un chien qu'il était ne fut que l'affaire d'un instant. Son maître, grossier personnage, se permit de m'en faire un reproche. De caractère peu endurant, je relevai le gant aussitôt... La discussion devint très vive et nécessita même l'intervention de notre capitaine, qui, pour nous calmer, ne trouva rien de mieux à dire que pour faire cesser toutes discussions, si elles se renouvelaient, il coulerait bas le navire, prétendant qu'il ne pouvait s'occuper de la direction du navire et de son administration, et être en même temps le pacificateur des passagers qui ne se convenaient pas. Cette sortie déplacée produisit sur tous la plus triste impression. Déjà, pour un motif semblable, notre capitaine avait menacé un passager d'entrepont de le mettre aux fers... M. Pecqueur est un jeune capitaine au long cours ; il paraît 30 ou 31 ans au plus. Il semble être un marin consommé et expérimenté, mais il manque de sang-froid. Il est violent et dur envers ses officiers et n'aura jamais l'autorité qu'il devrait avoir pour commander un navire où il y a cent cinquante passagers. Si peu nombreux que soient les hommes mis en présence, ils ne peuvent s'entendre. Où donc faut-il aller, grand Dieu, pour vivre en paix ?

Mardi 17 septembre

Toujours favorisés par le temps et une brise légère, nous avons déjà franchi l'espace qui sépare Le Havre de l'extrémité de la côte du Portugal. Cinquante lieues seulement nous séparent, dit-on, de Madère. Presque tous les passagers font aujourd'hui leur correspondance. Ils présument qu'en passant devant Madère le capitaine mettra une embarcation à la mer et enverra à terre pour porter les lettres. Je fais comme tout le monde et prépare aussi mes lettres. Une à l'adresse de ma mère d'abord, une autre pour Harriet.

Mercredi 18 septembre

Le reste de la journée d'hier s'est passé dans une attente cruelle. Le capitaine ne disait à personne ses intentions et nous avions tous l'espoir qu'on relâcherait. Nous nous étions bercés d'un vain espoir. L'intention du capitaine n'était nullement de relâcher à Madère. Après huit jours de navigation, c'eût été occasionner des frais considérables et inutiles à son armateur. On nous fait espérer que dans huit ou dix jours, si les vents que nous avons règnent encore, nous atteindrons les îles du Cap-Vert où nous toucherons pour prendre des légumes frais et des fruits. Quant à moi, je désirerais vivement qu'on relâchât à chaque port, car il est probable que je n'aurai jamais l'occasion ni la fantaisie de parcourir ces parages en amateur ; je verrais au moins du pays et m'instruirais.

Jeudi 19 septembre

Les jeudis et dimanches sont des jours de fête à bord et sont signalés par un surcroît de nourriture et de liquides. On verse à pleins verres le madère et le champagne et la soirée se ressent un peu du temps passé à table. Rien ne dissipe les humeurs noires comme le vin de Champagne. Ce vin, détestable à mon avis, n'a qu'un bon côté : c'est d'exciter au plaisir et d'engourdir les chagrins.

Nous avons à bord des acteurs, des actrices et des artistes de toutes sortes qui quittent aussi Paris et renoncent à leur vie d'insouciance, de bonheur et de misère tout à la fois pour aller tenter la fortune sur des rives moins favorisées des arts que la capitale de la France. Les actrices ne sont ni jeunes ni belles, mais elles n'ont point de prétentions et c'est beaucoup.

Quant aux acteurs, ils sont ce qu'ils sont toujours, gais, insouciants de l'avenir et ne manquant point d'esprit. À force de mettre en relief l'esprit des autres, à tant par soirée, ils ont fini par moissonner quelque chose pour leur propre compte.

Que dirai-je des artistes ? Nous possédons plusieurs instruments, violons, flûtes, cornets à piston, etc. Ce ne sont ni des Paganini ni des Tulous, mais quand on est privé de musique, tout paraît beau. Quelques jeunes gens, amateurs de musique et chanteurs, nous font entendre quelques romances qui font agréablement passer le temps.

La soirée était magnifique et la lune, dans tout son éclat, laissait tomber sur la mer ses rayons argentés. Un orchestre improvisé dans l'ombre à l'instigation de quelques dames vint tout à coup sur la dunette préluder à un quadrille assez dansant. J'ai rarement pu résister à une polka et une valse m'a toujours fait sortir de mes rêveries. Je pris place au quadrille et dansai sans trop m'apercevoir que le salon improvisé où je me trouvais n'était point sans dangers. La soirée se passa aussi agréablement que possible et, la danse finie, chacun regagna sa cabine, se félicitant d'avoir ainsi passé une soirée sans ennui.

Dimanche 6 octobre

Depuis quelques jours je ne sais quel mauvais vent a soufflé sur le navire, mais on n'entend que des discussions de tous côtés. Les passagers d'entrepont se sont plaints au capitaine de ce qu'on ne leur donne pas ce qui leur avait été promis avant le départ. Des paroles assez acerbes ont été échangées. La discussion s'animait et un mot imprudent lâché par le second lieutenant a mis le comble à l'exaspération des esprits. Il paraît que, serré de près par quelques mauvais drôles de l'entrepont qui le tourmentaient, le lieutenant les avait menacés de les mettre aux fers s'ils ne voulaient pas rester tranquilles. « Le lieutenant à la mer ! » fut le cri proféré immédiatement par tous les passagers d'entrepont. L'autorité du capitaine fut reconnue cependant. Il leur a prouvé que non seulement on leur donnait tout ce à quoi ils avaient droit, mais encore que, pour adoucir leur sort, il prenait sur lui d'améliorer leur nourriture. Le soir, il fit assembler tous les passagers et il fit lire une proclamation où, tout en déclarant qu'il ne céderait jamais à la menace, il faisait voir qu'il était tout disposé à faire ce qui était en son pouvoir pour contenter tout le monde, ajoutant que, si des scènes semblables se renouvelaient et si les passagers enfreignaient en quoi que ce soit le règlement du navire, il débarquerait au premier port de relâche les meneurs et les livrerait à la rigueur des lois. Cette proclamation, imbue d'un bon esprit, fut assez bien accueillie et il est à espérer que ces scènes ne se renouvelleront plus.

Nous avons eu aussi ce soir, dans la chambre, notre petite proclamation. Une discussion survenue entre deux passagers pour une niaiserie en avait été cause. Le capitaine recommandait la tolérance, engageait les passagers à vivre en bonne intelligence et finissait en souhaitant que la gaieté et la bonne humeur nous accompagnassent jusqu'à San Francisco. Ces deux proclamations étaient assurément faites dans un bon esprit, mais quel style ! quelles phrases ! quel français !

Mercredi 9 octobre

J'ai dit que je parlerais de mes compagnons de voyage. À tout seigneur tout honneur, le capitaine sera en tête de cette petite revue, puis les officiers, et ensuite viendront les passagers de chambre. Je ne m'occuperai pas le moins du monde des passagers de seconde et troisième classes, que je ne connais pas et avec lesquels je n'ai aucun rapport.

Le capitaine du *Joseph* s'appelle M. Pecqueur. Natif de Bordeaux, il a conservé quelque peu l'accent de son pays et se ressent parfois dans sa conversation du voisinage des bords de la Garonne. Assez bien de figure, toujours soigné dans sa tenue à bord, il aurait presque l'air d'un homme comme il faut et bien élevé s'il était muet. Quand on l'entend parler le désenchantement arrive. Dégrossi un peu par la fréquentation des passagers qu'il a transportés dans ses voyages, il en a copié les manières, pris quelques habitudes, mais n'a jamais pu profiter de l'éducation qu'ils pouvaient avoir reçue, n'en ayant jamais reçu lui-même. Mousse à l'âge de 12 ans, il a navigué pendant 18 ans pour faire son apprentissage. Aujourd'hui il a 32 ans et navigue comme capitaine depuis huit ans. Il est marié et père de trois petites filles qui habitent Bordeaux. C'est un homme violent avec ses matelots et qui, pour la plus petite infraction, soit aux règlements soit aux usages, les corrige de suite en leur appliquant plusieurs soufflets ; il paraît que dans la marine c'est la correction la plus ordinairement employée. Avec les passagers il est à peu près convenable. Sa mission, du reste, est assez délicate et difficile. C'est, je crois, un marin consommé, qui connaît son affaire à fond et qui nous mènera, je l'espère, à bon port à San Francisco.

Le second, M. Adolphe, est un jeune homme de 30 ans, sans éducation aucune, qui n'a pas la moindre idée des usages et des convenances. D'un caractère doux et obligeant, il a su se concilier l'amitié de tous les passagers. Il possède à fond la pratique de l'art de la navigation, mais ne connaît nullement la théorie. Il a besoin de faire des études sérieuses pour pouvoir devenir un bon capitaine.

Notre premier lieutenant, M. Théophile, est le type du marin. D'une agilité rare, d'une force herculéenne, connaissant très bien la manœuvre, c'est un homme sur lequel on peut compter au moment du danger. D'un coup d'œil il voit tout de suite ce qu'il y a à faire, et il n'a pas plutôt vu que c'est exécuté. Bon garçon, sans prétentions et esclave de son devoir, voilà l'homme.

Le second lieutenant, M. Liéber, est un tout jeune homme qui, à bord, est exclusivement chargé de la comptabilité et de la ration à faire aux passagers de seconde et troisième classes. Il possède quelques connaissances nautiques, a navigué à bord d'un navire de guerre pendant quelque temps et a assisté, je crois, à un combat naval sur la Plata. C'est le type de l'orgueil, de la vanité et de la fatuité. Plusieurs fois déjà il a été cause de discussions assez graves, soit entre des passagers, soit avec des passagers mêmes. Le capitaine, tout en lui reconnaissant un certain mérite, ne l'aime pas et souvent lui fait devant tous les passagers des reproches qui doivent l'humilier beaucoup dans son orgueil.

De tous les officiers, le capitaine est assurément le mieux, et cependant c'est un homme qui ne connaît ni les usages ni les convenances. Du reste, à bord, on ne paraît pas se douter même des convenances. Quant à la politesse, elle est complètement inconnue de la majorité des passagers. L'élite de la société française, à juger par l'échantillon qui est sur le *Joseph*, n'émigre point en Californie. Aussi souffrons-nous davantage encore, mon ami et moi, de nous trouver fourvoyés au milieu d'une semblable compagnie.

La première cabine de bâbord est occupée par M. Mayer, sa femme — qui n'est que sa maîtresse —, la sœur de Mme Mayer — Mme Falco — et Mlle Falco fille. M. Mayer est un juif ; je pourrais me dispenser d'en dire davantage : indiquer sa nation, c'est montrer l'homme. M. Mayer exerçait à Paris, rue de Trévise, l'industrie commune à tous ceux de sa race, brocanteur en grand. Il prêtait aussi de l'argent de temps en temps, avec un intérêt usuraire. Il paraît qu'il était à son aise, mais qu'une perte récente et considérable dans son commerce l'a déterminé, comme tant d'autres, à aller tenter la fortune à San Francisco. C'est un homme d'une santé très délicate. J'ai peu causé avec lui, cependant j'ai remarqué qu'il ne causait pas mal et que, s'il n'avait point une éducation brillante et des airs de gentilhomme, il avait au moins conservé quelques-unes des bonnes habitudes des Parisiens.

J'ignore vraiment ce que je peux dire de sa femme ou de sa maîtresse sans être impoli et sans manquer d'égards au sexe. Mme Mayer est une grande femme blonde, qui rit toujours et vous adresse à brûle-pourpoint les questions les plus ébouriffantes. Elle est loin d'être jolie.

Elle n'est pas non plus de la première fraîcheur ni de la première jeunesse. Tournure commune, grosses mains, gros pieds, l'air hébété. On voit de suite qu'elle ne doit pas briller par son esprit ; quand on cause avec elle on en acquiert la certitude. C'est peut-être une excellente femme ; elle paraît très attachée à M. Mayer et l'entoure de soins.

Mme Falco, sa sœur, est une femme de 55 ans au moins, laide, aux cheveux tout gris. Je ne lui ai jamais adressé la parole que pour m'informer par politesse de sa santé. Elle n'a point la physionomie beaucoup plus intelligente que sa sœur, mais elle a au moins le bon esprit de ne point se mettre en évidence et de se renfermer dans le plus complet silence. Elle travaille, coud et lit.

Mlle Falco est une enfant toute jeune, quinze ans à peine, fraîche et gentille, des yeux noirs magnifiques, une peau blanche admirable, un air modeste et quelque peu langoureux. Sa mère l'emmène à San Francisco dans l'espoir de lui faire faire un riche établissement. Un mari riche, voilà la mine d'or que la mère et l'enfant vont chercher en Californie. Encore une pauvre enfant sacrifiée ; on ne consultera ni son cœur ni ses sentiments, on ne veut qu'un homme riche.

Toute la famille Mayer va en Californie pour donner des concerts. Elle emmène avec elle un Anglais dont je parlerai bientôt, qui est excellent musicien ; il joue du violon, de l'orgue et du piano. M. Mayer joue de l'alto et du piano.

La cabine qui suit celle de la famille Mayer est habitée par M. et Mme Hermier, qui exerçaient à Paris la profession d'imprimeurs lithographes, rue Cadet, et qui vont en Californie continuer leur industrie. C'est le couple le plus singulier que j'aie jamais vu. M. Hermier est un petit homme marqué de la petite vérole. C'est le très humble valet de son épouse, qui le traite absolument comme un gamin, lui ordonne de rester près d'elle, lui met un tricot dans les mains et le fait travailler. Comme beaucoup de Parisiens, M. Hermier n'avait jamais vu la mer et ne se doutait pas le moins du monde de ce que pouvait être un navire. Aussi, depuis que nous sommes embarqués, il ne parle que de cordages, de manœuvres, etc., ne cesse de monter dans la mâture malgré la défense du capitaine et les observations de sa femme, qui le gronde sans cesse. Mme Hermier est presque aussi grande que moi. Elle a pu n'être pas trop mal jadis, mais aujourd'hui quarante et quelques printemps ont bien passé sur sa tête et elle n'a point pu « réparer des ans l'irréparable outrage ». Elle a une physionomie assez intelligente, danse bien, avec une certaine aisance même, et impose presque toujours silence à son mari quand il veut parler, pour l'empêcher de dire quelque balourdise. Ils paraissent très unis. Ce couple heureux a conservé à bord les habitudes qu'il avait contractées à Paris.

Chaque dimanche, M. et Mme Hermier s'habillent absolument comme si, après avoir fermé leur boutique, ils se disposaient à aller faire une promenade au château d'Asnières ou à Bercy. Rien ne manque à leur toilette. M. Hermier va même jusqu'à mettre son chapeau de ville ; s'il avait une canne ce serait parfait. Pour eux, le dimanche n'est pas seulement un jour de repos (ils font ensemble, toute la journée, une partie de dames), c'est un jour de fête. Mme Hermier prend son café après déjeuner et dîner, elle arrose son moka de petits verres, ce qui ne l'empêche pas de savourer le champagne. Quand elle sort de table, elle a la figure enluminée, les yeux pétillants, les jambes flageolantes, mais un jour de fête un petit extra est bien permis.

Louis et moi habitons la troisième cabine. Passons, car nous ne pouvons nous juger nous-mêmes. Souvent triste, Louis regrette amèrement les folies qui l'ont conduit sur la route de la Californie ; moi, je partage mes pensées entre ma mère et ma bonne Harriet, que j'ai quittées, et mon frère que j'espère retrouver.

La cabine suivante est occupée par M. Descourtils et M. Dupuis. Le premier est un homme grand, à la figure patibulaire, à l'air insolent. Les yeux enfoncés, la figure quelque peu marquée de petite vérole, il inspire de suite une antipathie qu'on ne peut définir ni expliquer. À table, on n'entend que lui, il mange et boit comme quatre et trouve encore moyen de dire des grossièretés à tout le monde. Querelleur, il y a peu de passagers avec lesquels il n'ait eu jusqu'à présent une discussion. Il prend des airs d'importance parce qu'il a déjà fait un voyage à New York. Il répète tout haut qu'il est immensément riche et qu'il va en Californie chargé d'une mission. Je plains beaucoup le gouvernement s'il ne peut trouver d'autres ambassadeurs que celui-là.

Son compagnon de cabine, M. Dupuis, Poitevin comme lui, est un gros paysan quelque peu dégrossi. C'est un vigoureux gaillard fortement constitué, doux et tranquille, ce qu'on peut appeler un bon garçon. Sa conversation ne roule guère que sur les chiens, les chevaux et les bêtes en général. M. Dupuis va en Californie pour faire de l'agriculture.

M. Douckier est un jeune homme (30 ans), belge d'origine, qui, à Liège, faisait le commerce des vins. Alléché par tout ce qu'on dit de la Californie, il y va pour faire fortune, sans plan arrêté.

Passant à tribord, nous trouvons dans la première cabine Mlle Fanny et M. Allain. Dès les premiers jours, on avait bien été quelque peu surpris de voir dans la même cabine Mlle Fanny et M. Allain. M. Allain, qui n'est pas très habile, crut faire taire les cancans en faisant passer Mlle Fanny pour sa cousine. C'est peu moral pour un cousin et une cousine d'habiter sous le même toit et d'assister l'un l'autre aux mille petits soins de leur toilette réciproque, aussi cette histoire fut-elle reçue avec tout le ridicule qu'elle méritait. Mlle Fanny est une petite femme maigre et laide. Elle n'a pour elle qu'un sourire assez gracieux. Ses dents, qui ne sont pas d'une éclatante blancheur, sortent toutes, à part une ou deux, de l'atelier d'un William Roger ou d'un Désirabode quelconque. La moitié de ses cheveux sort également de la boutique d'un coiffeur. Quant à sa gorge, la main pourrait longtemps se promener sur sa poitrine sans rencontrer le moindre obstacle. Elle va rejoindre en Californie, dit-elle, un amant qui l'adore. Elle emporte avec elle, à ce qu'il paraît, une petite pacotille. C'est la lionne du bord. Elle met de temps à autre des robes de soie qui trompent, très avantageusement pour elle, une nature ingrate. Rusée comme une lorette, fine et adroite, dans un pays où les femmes brillent surtout par leur absence, elle aura plusieurs cordes à son arc et pourra bien laisser là-bas, sur la terre étrangère, des marques nombreuses de sa générosité envers l'humanité souffrante.

M. Allain est un petit monsieur à lunettes qui a quelque ressemblance de physionomie avec M. Thiers. Il fait partie de la société de M. Mayer. Ce n'est point un artiste distingué, il s'en faut ; il joue du violon d'une façon très ordinaire. Il appartient à une bonne famille. Son père est receveur des douanes et entreposeur des tabacs dans une petite ville du Nord. Le goût qu'il avait pour les arts lui a fait abandonner le notariat auquel son père le destinait. Seul de tous les passagers, il n'a point eu le mal de mer, quoiqu'il n'ait jamais vu la mer avant de s'embarquer, et il a prodigué tous ses soins à sa prétendue cousine, qui riait aux éclats derrière son dos de la bonhomie avec laquelle il s'empressait de lui être agréable. L'amour, je crois, s'est emparé du cœur de M. Allain.

La cabine contiguë à celle de Mlle Fanny et de M. Allain est occupée par M. et Mme Bresson. M. Bresson a déjà fait un voyage en Californie et y retourne, emmenant avec lui sa femme, son beau-frère et deux individus qui doivent lui servir dans l'industrie qu'il doit exercer. Il a fait construire à Paris une maison en bois que je suis allé visiter rue de Laval. Son intention est de monter un café à San Francisco. Il emporte avec lui tout ce qui lui est nécessaire pour un établissement complet, billard, etc. M. Bresson est un homme qui, tout commun qu'il est, ne manque cependant pas de moyens ; il lit beaucoup et des livres sérieux, et il a souvent des reparties spirituelles. Mais il a, malheureusement, la fâcheuse habitude de boire.

Mme Bresson a l'air d'une excellente femme qui souffre beaucoup de voir son mari s'oublier si souvent. Cette pauvre dame n'a pu, jusqu'à aujourd'hui, passer un seul jour sans ressentir le mal de mer. Combien j'aurais souffert moi-même si ma bonne Harriet, s'embarquant avec moi, eût ressenti aussi longtemps cet affreux mal de mer !

Mme Lucienne Carpentier et Mme Sapin habitent la cabine suivante. Ces deux dames, parties ensemble de Paris pour monter à San Francisco un magasin de modes et de lingerie, sont séparées depuis longtemps et se détestent cordialement. Mme Carpentier est une ancienne lorette qui plus d'une fois a sacrifié à l'autel de l'amour, qui y sacrifie pendant la traversée et qui y sacrifiera encore sans aucun doute sur le rivage de San Francisco. Elle a été jolie et n'est point mal encore. Elle obtint, toute jeune encore et grâce à un protecteur généreux, l'honneur insigne de monter sur les planches du théâtre des Variétés. Comme actrice elle brillait si peu qu'on ne put mieux utiliser son talent qu'en lui faisant danser la polka. Elle eut quelque succès, trouva un autre protecteur qui lui fit quitter les planches, la meubla richement, lui donna chevaux et équipage et l'abandonna ensuite. Un incendie lui fit perdre ce qu'elle avait et elle dut chercher ailleurs d'autres amours. Les Allemands l'accueillirent assez bien à ce qu'il paraît. Puis elle revint à Paris. Elle demeurait dans la Chaussée d'Antin et, de mes fenêtres, je voyais tout ce qui se passait chez elle. Égoïste, sans cœur, sans âme, méchante à l'excès, elle est arrivée à se faire détester de tous. La foule des adorateurs dont elle s'était entourée a bien vite disparu. On l'a jugée telle qu'elle était, et elle a été forcée de se rejeter sur le second du navire, pour qui une femme comme elle peut être une bonne fortune. Mais ces amours n'ont duré qu'une semaine, et aujourd'hui délaissée elle enrage de dépit et de honte. Elle va en Californie pour chanter dans les concerts, son premier projet a été abandonné par suite de sa brouille avec Mme Sapin.

Mme Sapin, compagne de chambre de Mme Lucienne, n'est point une vertu non plus, il s'en faut. Mais au moins elle n'affiche point, comme l'autre, des airs de pruderie ridicule. Elle a de suite et sans façon pris pour amant un jeune homme, M. Des Marais, qui a navigué autrefois à bord d'un navire de l'État. Mme Sapin n'est pas jeune et elle est encore moins jolie. Elle est très adroite et laborieuse, et confectionne très bien tout ce qui est relatif à la lingerie. Peut-être n'a-t-elle pris un amant que pour avoir quelqu'un qui lui donne des soins en cas de maladie.

La cabine suivante est occupée par MM. Villeroy frères. Ce sont deux jeunes Brésiliens de Rio de Janeiro. Leur réserve pendant les premiers temps de la traversée, leur bonne tenue vis-à-vis de tous me les avaient fait remarquer. On voit de suite qu'ils doivent appartenir à une bonne famille. Ils se rendent en Californie pour y faire de l'agriculture.

Voilà tous les passagers qui habitent la chambre. Il n'eût pas dû y en avoir un si grand nombre. Nous n'eussions point alors été aussi gênés et encombrés que nous le sommes. Mais ce n'eût point été le compte de l'armateur. Les passagers se présentant en assez grand nombre, il dut aviser aux moyens de n'en refuser aucun, et consultant avant tout son intérêt personnel, il y sacrifia la commodité de ses passagers. Il fit d'abord construire un rouf au pied du grand mât, où sont logées neuf personnes, puis à l'entrepont, immédiatement au-dessous de notre chambre, il fit une espèce de dortoir dans lequel il trouva moyen de placer encore une douzaine de lits.

Dans une petite cabine du rouf, en face de l'office, habite Mme Chalas. Cette chambre, d'abord destinée au second, a dû être par lui cédée aux passagers. Il n'y a qu'un seul lit. Si la cabine a l'inconvénient d'être plus petite que les autres, elle a au moins cet avantage qu'elle est plus aérée et qu'on peut s'enfermer chez soi et être entièrement seul. Mme Chalas est bordelaise ; elle a l'accent de son pays très prononcé, bien qu'elle ait habité Paris pendant longtemps. Les Bordelaises sont ordinairement jolies, mais à en juger par cet échantillon on serait tenté de soutenir que les femmes de ce pays ont une réputation de beauté tout à fait usurpée : le teint jaune, des yeux de chat, plate et maigre sans tournure, Mme Chalas n'a pour elle que de jolies dents et d'assez beaux cheveux noirs. La vertu n'est pour elle qu'un vain mot. Elle a vécu à Paris comme tant d'autres, profanant l'amour et en faisant un vil métier. Rouée à l'excès, elle va en Californie pour y continuer son commerce. C'est actuellement la favorite du capitaine.

Une cabine de quatre lits dépendant du rouf est habitée par M. Hastier, M. André, M. Hérisson et M. Pitou. M. Hastier est le beau-frère de M. Bresson et va avec lui monter et exploiter un café à San Francisco. C'est un garçon doux et tranquille, qui passe son temps à lire et conte quelquefois des histoires drolatiques.

M. André et M. Hérisson sont emmenés par la société Bresson pour exploiter en commun leur industrie. Ce sont des gens qui n'ouvrent la bouche que pour dire les bêtises les plus incroyables. M. Pitou est un jeune homme qui a déjà tenté bien des choses. Du commerce où ses parents l'avaient placé, il s'engagea dans un régiment de chasseurs. Il le quitta bientôt pour entrer dans les hussards où il ne fit pas un très long séjour. C'est un mauvais sujet dont les parents n'ont rien trouvé de mieux à faire que de l'envoyer en Californie pour s'en débarrasser. Joueur affreux et ivrogne, je doute fort qu'il réussisse là-bas.

L'autre cabine à quatre lits dépendant du rouf est habitée par les frères Munié et leurs femmes. Ce sont des artistes qui ont été jadis attachés à la Porte-Saint-Martin et qui vont créer un théâtre français à San Francisco. M. Munié est d'une gaieté folle, boute-en-train, farceur, et farceur spirituel, ce qui est rare. Mon front sévère et pensif s'est souvent déridé en l'entendant raconter des aventures plus ou moins véridiques mais toujours amusantes. Il a déjà fait, il y a plusieurs années, un voyage en Chine, où il a monté et décoré un théâtre, car il est peintre en même temps qu'artiste. Il a la mémoire très ornée et est très amusant. D'une ressemblance frappante avec l'Empereur, il joue avec beaucoup de succès toutes les pièces de l'Empire où nos auteurs dramatiques ont fait paraître Napoléon.

Sa femme est une petite femme maigre qui n'est point jolie et qui, cependant, est assez agréable. Mère de trois petits enfants qu'elle a laissés à Paris aux soins de sa famille, elle a consenti à être privée de leurs caresses pendant quelques années pour tâcher d'arriver à leur procurer une honnête aisance. C'est une bonne mère de famille, dévouée, et qui ne ressemble en rien aux actrices en général. Quoique la lune de miel doive être passée chez les Munié depuis longtemps, ils sont encore comme deux amoureux. Leur bonheur me rend jaloux et me rappelle mes délicieuses soirées passées dans les bras d'Harriet. Ah ! que n'y suis-je encore !

M. Munié jeune est le digne pendant de son frère pour la gaieté. Moins fin et beaucoup moins spirituel, il cherche à faire briller un esprit qui lui manque. C'est un garçon un peu trop sans-gêne. Je n'en fais pas ma société. Sa femme, sœur de la femme de son frère, ne peut pas être jolie avec de petits yeux, un petit nez retroussé et une figure osseuse. Elle a cependant quelques prétentions à la beauté. En revanche, elle ne manque pas d'esprit et quand on cause avec elle on oublie vite ses petits ridicules pour ne songer qu'à sa conversation enjouée et amusante. Elle paraît aussi faire bon ménage avec son mari et être très heureuse.

J'arrive aux habitants de l'entrepont qui font partie des premières et habitent un endroit pompeusement décoré du nom de « Boudoir bleu », à cause de la couleur des rideaux. MM. Boncourt, Matagrin, Millon sont tous trois lyonnais. Anciens commis voyageurs, communs, grossiers, hâbleurs, le souvenir de leurs plaisirs dans telle ou telle ville, de leurs distractions dans telle ou telle autre, de leurs orgies dans toutes compose tous les thèmes de leur conversation.

M. Pruvost est un ami des frères Munié et part avec eux. C'est un républicain éclos des journées de février. Il a beaucoup lu, beaucoup appris et sait beaucoup. Il s'occupa de bonne heure de littérature et se jeta ensuite dans le journalisme. Ses opinions un peu trop avancées le firent jeter en prison pour quelques mois quand il était au Havre, rédacteur d'un journal républicain. Les petits folliculaires ne faisant point fortune en France, il va la chercher en Californie.

M. Mac Korkel est anglais, ou plutôt écossais. Se parant du titre de professeur d'anglais, il avait eu l'espoir un moment de donner des leçons à tous les passagers. Il organisa son cours après huit ou dix jours de mer. Un assez grand nombre d'élèves étaient inscrits et attendaient la leçon du maître. 40 francs était le prix fixé pour la durée de la traversée. Il demandait le paiement comptant. Les élèves s'y opposèrent, disant qu'il pouvait se faire qu'au bout d'un mois ils fussent fatigués et ne voulussent plus continuer. Il fut convenu alors qu'on paierait 10 francs par mois. Pendant quelques jours la classe fut complète, mais on reconnut bientôt que le professeur savait trop peu le français pour pouvoir enseigner l'anglais et la classe diminua de jour en jour, si bien qu'aujourd'hui, de vingt ou vingt-cinq élèves, il ne lui en reste plus que quatre. M. Mac Korkel fait partie de la société Mayer. Il est très fort sur le piano, l'orgue et le violon, et donnera des concerts en Californie. C'est un homme qui ne manque pas d'esprit et qui a des manières d'homme comme il faut. Comme tous les Anglais qui parlent peu le français, il emploie les expressions les plus drolatiques qu'on puisse imaginer. Quand la mer est houleuse, il dit qu'elle est décolletée et indécente. Ne comprenant pas toujours très bien ce qu'on lui dit, il s'imagine toujours qu'on le tourne en ridicule. Il a l'esprit de nationalité porté au suprême degré et ne souffre pas qu'on attaque son pays ou ses compatriotes. Grand, sec, maigre et les cheveux couleur roux britannique, c'est le type de l'Anglais pur sang.

M. Coudert est un étudiant que ses parents éloignent de Paris. De mauvaises habitudes, des connaissances perfides l'ont conduit dans les tripots. C'est un fat, plein de sottise. Il passe ses journées à jouer à la bouillotte avec Mme Chalas et autres *ejusdem farinae*. M. Leboucher est aussi un étudiant. D'origine normande, il a quelquefois dans ses expressions la naïveté fine des honnêtes habitants de cette partie de la France. Tout rond, tout franc, il est beaucoup moins insupportable que M. Coudert, et souvent fort amusant.

M. Lebaigue est un ancien maître de poste de je ne sais quelle ville, que les chemins de fer ont ruiné, et qui va en Californie faire de l'agriculture. C'est un homme convenable qui, comme nous, se tient à l'écart de la plus grande partie des passagers insupportables.

M. Frémicourt est un jeune homme maniaque et qui semble à moitié paralysé. Parler et manger sont ses deux grandes occupations. J'ignore ce qu'un garçon taillé comme celui-là peut aller faire en Californie.

M. Des Marais est l'objet chéri de Mme Sapin. Jamais je n'ai vu plus grand enfant. À 22 ans il n'a pas plus de raison qu'un enfant de 15. C'est l'insouciance personnifiée. Il a quitté la marine militaire où il était engagé pour aller tenter fortune à San Francisco. Comme MM. Leboucher et Poitou, il passe ses journées à boire, et le soir, à minuit, il boit encore. Puis, quand tout le monde est couché, il vient dans la chambre chanter à pleine voix pour réveiller ceux qui dorment. Pendant le grain que nous avons essuyé ces jours passés, il monta dans le mât d'artimon carguer une voile qu'on appelle la perruche, et comme il ressemble tout à fait à un perroquet, que son nez et son menton se touchent, on lui a fait le lendemain une décoration en fer-blanc sur laquelle on avait dessiné une perruche et un perroquet, et on avait inscrit dessus ces mots : « Au perroquet, la perruche reconnaissante. » Cette croix lui fut remise au milieu des passagers, avec tout le cérémonial de règle lors de la distribution de semblables récompenses.

Je passe rapidement sur MM. Bourdin et Ernest, jeunes gens que rien ne peut faire remarquer, sinon leur nullité complète.

Voilà les passagers du *Joseph*, voilà nos compagnons de voyage. Société nombreuse, mais bien peu choisie. Nous ne nous trouvons qu'au milieu de goujats, pour me servir de l'expression favorite de cette pauvre Harriet, quand elle voyait quelqu'un qui n'était point comme il faut.

Mercredi 23 octobre

Je ne m'étais point trompé quand j'avais prédit que les femmes qui sont à bord seraient tôt ou tard la cause de brouilles entre quelques passagers, et j'étais bien sûr que je n'aurais qu'à me féliciter d'être resté éloigné de ces sirènes savantes qui tiennent école de vice et professent la honte. Je n'irai jamais profaner avec ces viles créatures l'amour que j'ai voué à Harriet. Le dernier baiser qu'elle a laissé sur mes lèvres y restera jusqu'à mon retour en France.

Il est arrivé ce qui était inévitable. Mlle Fanny a jeté le mouchoir à M. Leboucher. Ce choix n'a pas laissé que de faire des jaloux, M. Coudert entre autres qui, non content d'être le valet de Mlle Fanny et d'obéir à ses moindres désirs, avait encore payé de sa poche quelques pertes qu'elle avait faites à la bouillotte. Désappointement cruel. Ce pauvre jeune homme a voulu chercher querelle à M. Leboucher. Encore deux passagers qui se détestent et qui se sont menacés de se brûler réciproquement la cervelle à Valparaiso. Ne croirait-on pas que nous n'avons tous quitté notre patrie, notre famille et tout ce que nous avions de cher au monde pour aller à 4 000 lieues de la France nous faire tuer ?

Jeudi 24 octobre

Une pluie fine survenue ce matin après le lever du soleil a tout à coup apaisé les vents favorables avec lesquels nous voguions depuis quelques jours et sur lesquels on comptait pour passer rapidement le tropique du Capricorne. C'est une journée de calme, aussi nous apercevons-nous un peu plus de la chaleur, et en souffrons-nous d'autant plus que le temps est lourd et orageux.

Nous allons maintenant côtoyer le Brésil, à 400 ou 500 lieues environ, jusqu'à ce que nous ayons atteint la côte de Patagonie, à l'extrémité de laquelle se trouve le cap Horn.

Vendredi 1er novembre

Toute la journée du jeudi fut extrêmement fatigante. La nuit du jeudi au vendredi se passa aussi très mal. Il était impossible de fermer l'œil, secoué qu'on était par le roulis et forcé à chaque instant de se cramponner pour ne pas rouler à terre. M. Hérisson, croyant sa dernière heure arrivée, s'était levé et avait fait sa malle. Mais il y avait mis tant de précipitation qu'il avait serré, dans l'obscurité où il se trouvait, les pantalons de ses camarades de chambre, qui, le matin, se trouvèrent fort embarrassés. Car enfin, bien que nos dames ne soient pas d'une vertu farouche, ils ne pouvaient sortir de leur cabine « dans le simple appareil d'une beauté qu'on vient d'arracher au sommeil ».

Dimanche 3 novembre

Le jeu prend à bord des proportions gigantesques et les joueurs ne quittent plus le tapis qu'à une heure fort avancée de la nuit. Les jeunes gens, fatigués de la bouillotte, jouent maintenant au lansquenet et jusqu'à 2 heures du matin la chambre retentit des cris de joie de l'un et des imprécations de l'autre. Notre sommeil est constamment interrompu car dès le matin, à 5 heures, les maîtres d'hôtel et les mousses commencent leur service de propreté et il n'est plus possible de fermer les yeux.

Aujourd'hui nous avons une belle journée, le soleil brille de tout son éclat et l'air n'est point aussi froid que ces deux jours passés. Nous marchons toujours bien. Quand donc arriverons-nous ? Quand pourrai-je travailler et commencer à gagner quelque argent ? Six mois de traversée, c'est six mois de perdus, six mois de plus à passer sans revoir son pays et sa famille. Je n'ai point oublié qu'aujourd'hui c'est la fête de ma mère et que, chaque année, j'allais la lui souhaiter et lui témoigner toute mon affection. Aujourd'hui 2 000 ou 3 000 lieues nous séparent. Puisse mon souvenir voler jusqu'à elle et lui faire voir tout ce qu'il y a d'amitié et d'affection dans mon cœur.

Dimanche 17 novembre

Debout ! on voit la terre ! C'est le cri avec lequel on m'a réveillé ce matin à 6 heures (10 heures à Paris). En un instant je fus sur le pont. Une longue chaîne de montagnes apparaissait à l'horizon, nous n'étions guère qu'à 2 lieues des îles Malouines. Le temps était clair, et le soleil dont les rayons se reflétaient sur ces montagnes nous permettait de distinguer parfaitement les couches épaisses de neige qui sont leur seule parure. Rien n'est triste comme ces parages. Pas un arbre, pas même la trace d'herbes sauvages ou de lichens, rien qu'une aridité qui vous donne le frisson et vous glace le cœur. Toutes ces îles, qui forment un groupe considérable, séparées par le détroit de San Carlos — un chenal qu'on dit très navigable —, sont hérissées de rochers qui s'avancent très loin dans la mer et sont pour les marins autant d'écueils sur lesquels les vents du sud-ouest les poussent souvent, et où ils risquent de se briser.

Lundi 18 novembre

Je viens de terminer la lecture d'une brochure de M. Haussmann, ex-délégué du Commerce français dans la Mission de Chine, sur l'isthme de Panama et la Californie, qui a paru en feuilleton dans *Le National*. J'avoue que, malgré tout mon courage et toute mon énergie, le récit qu'il fait de la Californie, qu'il a habitée et exploitée, m'a glacé le cœur d'effroi. Selon lui, le climat est malsain, et l'on ne trouverait pas, même aux mines, le moyen de réaliser de beaux bénéfices. Toutes les privations qu'il faut endurer, la misère affreuse à laquelle tant d'émigrants ont été réduits et à laquelle ils ont succombé ne sont nullement faites pour rassurer ceux qui vont en Californie et que la soif de l'or entraîne dans les vallées du Sacramento. Selon lui, rien n'est plus rare que de voir un chercheur d'or quitter la Californie avec une petite fortune. Sans contester les mille sources de richesse que la Californie offre à la partie prudente et intelligente de l'émigration, il dit cependant qu'on ne saurait trop prémunir les émigrants contre toute espèce d'illusion, en leur découvrant, en dépit de mille prospectus trompeurs, le sort qui les attend aux mines et surtout en leur répétant que le métier de chercheur d'or ne peut et ne doit être pratiqué que par les hommes les plus vigoureux, habitués à manier la pioche depuis leur enfance. Il prétend aussi que la moitié des chercheurs d'or avaient été obligés par les maladies, pendant l'été de 1849, d'interrompre leurs travaux et que beaucoup d'entre eux n'avaient eu d'autre parti à prendre que de consacrer le fruit de leur travail à aller rétablir leur santé à San Francisco. Aujourd'hui San Francisco serait doté, au dire de M. Haussmann, de tous les établissements industriels qui prospèrent en Europe et la fortune ne serait assurée que pour ceux qui y arrivent avec de grands capitaux. « Que faire et quel parti prendre ? La poste et retourner en France. » Ah ! si c'était possible, je ne sais pas vraiment si, quoique à moitié de la route environ, je ne rebrousserais pas chemin immédiatement. L'avenir pour moi, en Californie, est loin d'être brillant. Quand je songe que dans deux mois ou deux mois et demi je vais me trouver à 6 000 lieues de mon pays, sur une terre étrangère, seul, sans ressources aucunes, les idées les plus sinistres me passent par la tête. Si peu heureux jusqu'à présent, il me semble voir la faim et la misère la plus affreuse m'accueillir au port et me suivre partout avec leur hideux cortège.

Dimanche 24 novembre

Nous avons maintenant tout à fait doublé la pointe du cap Horn. Il ne nous reste plus qu'à filer encore au large pour doubler la Terre de Feu et attraper les vents du sud-ouest qui doivent nous conduire à Valparaiso. Il paraît que lorsqu'on double le cap Horn pendant la saison d'hiver, le froid y est si intense que les marins sont forcés, pour desserrer leurs voiles gelées, de jeter de l'eau bouillante à pleins seaux, et qu'on a vu des marins presque entièrement gelés après être restés une heure seulement au gouvernail. Il nous est facile, du reste, de nous figurer ce que doit y être l'hiver, à nous qui le doublons en pleine saison d'été. Nous sommes couverts autant qu'il est possible de l'être, fourrés de la tête aux pieds, presque toute la figure entourée de chauds et épais cache-nez. Bien que le soleil brille de tout son éclat et que le ciel soit aussi clair et aussi pur que dans un véritable jour d'été, le froid est tellement intense qu'il faut renoncer au plaisir d'admirer la mer. Le cap Horn, si redouté, n'est nullement effrayant en définitive et, au dire des marins, si la mer y est quelquefois très mauvaise, les dangers qu'on y court ne sont pas à comparer à ceux que présente la Manche en hiver. Le cap Horn n'est redouté qu'à cause des vents contraires qui y règnent constamment et forcent quelquefois à rester trente ou quarante jours à la cape sans avancer.

Lundi 25 novembre

Notre capitaine a des boutades à chaque instant. Il avait permis, depuis notre départ, que les passagers de chambre missent leurs malles devant leurs cabines, sous les bancs de la table, pour qu'ils aient la facilité d'y prendre ce qui leur était nécessaire. Il y a deux jours, il les a fait enlever sous un prétexte futile et les a fait mettre dans la cambuse — une espèce de cave à l'entrepont où l'on met toutes les provisions du bord —, de sorte que nous ne pourrons communiquer avec nos malles que tous les huit ou quinze jours. C'est très incommode et gênant. Mais ce n'est pas tout. Depuis environ trois semaines — les provisions diminuent probablement —, nous sommes loin d'être traités comme nous devrions l'être.

Nous n'avons plus à nos repas que des salaisons de toutes sortes et des conserves qui ne valent pas le diable, alors le capitaine, trouvant aussi probablement que la cuisine du bord dégénère, mange dans sa cabine, en tête-à-tête avec Mme Chalas, sa dulcinée ; de sorte que c'est le second qui préside à table. Ce manque de procédés a excité des murmures. Par ailleurs, les joueurs sont furieux. Le capitaine, par un ordre du jour, a fait fermer tous les jeux et défendu qu'un jeu de cartes reparût à bord. Ceux qui jouaient depuis le matin jusqu'au soir sont aujourd'hui complètement désœuvrés et errent comme des âmes en peine. Certes, j'approuve cette mesure, mais je la trouve beaucoup trop tardive. Il y a quelques jeunes gens qui perdent 400 à 500 francs et qui se trouvent par là dans l'impossibilité de se rattraper. Il leur épargne peut-être des pertes plus considérables, mais un joueur ne voit que les bénéfices qu'il peut réaliser. Il est résulté de tout cela que le capitaine s'est mis mal avec nous tous, et qu'à part un ou deux vils flatteurs, personne ne lui adresse plus la parole. Avant peu, j'en suis persuadé, il comprendra qu'on ne peut nous traiter comme des matelots et que nous aurions le droit de nous plaindre sévèrement au consul de son manque d'égards et de procédés.

Dimanche 1er décembre

Nous nous éloignons insensiblement du cap Horn, que nous avons doublé, en définitive, avec assez de bonheur. Aujourd'hui même le temps est beau et l'on se croirait presque au commencement du printemps. Encore quelques jours et nous voguerons dans l'océan Pacifique.

Lundi 2 décembre

Les chevaliers du lansquenet, les banquiers du vingt-et-un avaient vu avec le plus grand regret le capitaine ordonner la fermeture des jeux. La vie leur était devenue insupportable. Les cartes étaient rigoureusement défendues, il fallait donc trouver le moyen de jouer sans toucher à une carte. On avait cherché à inventer des jeux, mais sans succès. Les joueurs se désespéraient lorsque l'un d'eux avisa un loto. La joie reparut sur tous les visages et l'on vit tous les ponteurs effrénés du lansquenet, ainsi que les passagers d'un certain âge, se grouper autour de la table et chercher, dans le jeu de nos premières années, des émotions qui, pour être moins vives que celles qu'on éprouve aux autres jeux, n'en étaient cependant pas moins agréables. Quand le jeu était dans toute sa fureur et que l'argent était éparpillé en grande quantité sur la table, j'avais regardé cela avec dédain et mépris, me disant que l'or était une chimère. J'avais bien raison, moi qui n'ai rien. Mais il était écrit que mon courage faiblirait et que le démon tentateur triompherait un jour de mes résolutions. Entraîné, tourmenté par tous, pris moi-même par la lotomanie, je cédai et pris place au tapis. Si pauvre que je fusse, mes moyens me permettaient de prendre un ou deux cartons ; ils n'étaient d'ailleurs cotés qu'à 50 centimes chacun. Je jouai donc, je l'avoue, et la fortune, lasse sans doute de me tourner le dos, eut le caprice — qui le croirait ? — de me favoriser, et sur la route de la Californie je viens de trouver le moyen de commencer ma fortune. En effet, depuis deux jours j'ai réalisé une cinquantaine de francs de bénéfices au loto. Jusqu'à présent je n'avais guère compris comment on pouvait passer plusieurs heures les yeux tournés vers un carton de loto et attendre patiemment que les numéros marqués sortissent de l'urne du destin, jusqu'à ce qu'enfin l'une des lignes de chiffres, entièrement formée, permît de pousser l'exclamation « Quine ! », qui, arrivant toujours à l'impromptu, fait sauter les joueurs sur leurs banquettes et détruit promptement leurs espérances. Je ne comprends pas encore, c'est vrai, comment nous avons le courage de jouer au loto quatre ou cinq heures par jour, et cependant je joue. Louis aussi fait sérieusement sa partie de loto et crie quelquefois « Quine ! » avec un plaisir infini. Ce jeu m'amuse beaucoup, mais je voudrais bien être arrivé à San Francisco pour ne plus jouer au loto.

Mercredi 4 décembre

Aujourd'hui les matelots de notre équipage ont fait bombance toute la journée. Le capitaine leur a fait boire madère, vins, liqueurs, etc. C'était la Sainte-Barbe et il paraît que ce jour, qui est la fête des artilleurs, est aussi celle des matelots. Le vin leur avait donné de l'inspiration et ils ont exécuté toutes les manœuvres en vociférant les chansons les plus comiques.

Mercredi 11, jeudi 12, vendredi 13 décembre

Nous devrions être déjà à Valparaiso et nous en avons encore pour sept ou huit jours peut-être avant de jeter l'ancre dans la rade. Le capitaine est furieux du retard qu'il éprouve. Il ne comprend rien à la persistance des vents du nord-ouest qui nous arrêtent ici, à la hauteur des îles Chiloé, qui se trouvent à l'extrémité de la côte du Chili. Quel ennui ! quel ennui ! quel ennui ! ! ! ! ! !

Samedi 14 décembre

Aujourd'hui je n'ai rien pu manger de ce qu'on avait servi sur la table, tant tout était mauvais : la morue capable de vous faire tomber à la renverse, une conserve de veau financière totalement pourrie et un plat de lard salé flanqué de haricots, tel était le menu. Le maître d'hôtel avait jugé à propos de nous priver de pommes de terre, et sans pommes de terre, moi, je ne peux dîner, c'est en grande partie tout ce qui compose ma nourriture. Nous nous plaignions assez hautement à table, Louis et moi, de la conduite du maître d'hôtel à la merci duquel nous nous trouvions, et du dîner détestable qui nous était offert. Le capitaine ne sut répondre que des grossièretés et nous accusa, Louis, moi personnellement et d'autres passagers, d'avoir conservé du vin dans nos cabines pour boire en dehors des heures de repas. Une articulation semblable ne pouvait rester sans un démenti formel. La discussion fut vive. Comme nous ne pouvons subir ainsi les caprices et les injures grossières d'un goujat comme le capitaine, j'ai rédigé immédiatement une protestation dont voici les termes, et qui a été couverte de signatures :

À Monsieur le Consul de France à Valparaiso :

Les passagers de chambre à bord du Joseph, *capitaine Pecqueur,*

Ont l'honneur de vous exposer, Monsieur le Consul,

Qu'ils se sont embarqués au Havre le 8 septembre 1850 à bord du trois-mâts le Joseph, *capitaine Pecqueur, à destination de San Francisco (Californie).*

Qu'à peine en mer, ils ont commencé à souffrir de l'encombrement extrême des passagers qu'une cupidité blâmable avait entassés à bord.

Que depuis leur départ ils ont eu à subir des apostrophes grossières et des injures de toutes sortes de la part du capitaine, dont le caractère susceptible et emporté veut tout faire plier à l'autorité qui lui est dévolue, autorité dont il n'a su comprendre ni les bornes ni la valeur.

Qu'ils sont d'autant plus étonnés d'une conduite semblable qu'ils n'ont jamais donné lieu à aucun reproche de sa part et qu'ils ont toujours, autant que cela leur était possible, contribué avec plaisir à l'exécution des manœuvres par lui commandées.

Que cependant il ne se passe pas de jour sans qu'ils aient lieu de se plaindre de son manque d'égards et de procédés.

Que sa conduite qui, à bord, devrait être exemplaire sous tous les rapports est d'une inconvenance et d'une immoralité déplorables.

Qu'aujourd'hui, 14 décembre 1850, il s'est permis grossièrement et injustement d'accuser plusieurs passagers de s'être approprié les provisions du navire servies sur la table, et a avancé qu'il était à même de prouver le fait par lui articulé.

Que la preuve d'une semblable articulation, impossible d'ailleurs parce qu'elle est d'une entière fausseté, n'a point été et ne peut être faite par lui.

Qu'une accusation semblable ne saurait être maintenue en ces termes à cause de sa gravité, les exposants, fatigués et blessés à juste raison des propos outrageants du capitaine à leur égard, croient devoir protester et protestent par les présentes, de la manière la plus formelle et la plus énergique contre une conduite semblable et contre un oubli si grand de toutes les lois de la bienséance, des convenances et de la politesse.

C'est pourquoi les exposants vous prient, Monsieur le Consul, et vous requièrent même, au besoin, de vouloir bien leur faire faire justice de semblables injures et de faire rentrer dans la limite de ses devoirs un capitaine assez imprudent pour s'en être éloigné.

Tous les soussignés approuvent la protestation ci-dessus dans tout son contenu, et l'ont signée après lecture sous toutes réserves.

À bord du trois-mâts le Joseph, *le 14 décembre 1850. Ont signé : MM. de Montchannay, Albert Bénard, Blanchart, Douckier, Rollet, Mayer, Ichenap, Lebaigue, Millon, A. Munié, A. Villeroy, Des Marais.*

À notre arrivée à Valparaiso, nous irons trouver le capitaine, notre protestation à la main, et s'il ne fait pas amende honorable et ne nous donne pas, pour le reste du voyage, les garanties de politesse et d'égards que nous avons le droit d'exiger de lui, alors nous déposerons notre pièce entre les mains du consul, et l'affaire suivra son cours. Peut-être lui ôtera-t-on son commandement, ou l'admonestera-t-on vertement. Voilà à quoi il s'est exposé, mais nous ne pouvons nous laisser traiter comme des nègres.

Dimanche 15 décembre

Nous avons enfin des vents favorables. On a mis toutes les voiles dehors, ainsi que toutes les bonnettes qu'il a été possible de placer comme dans les premiers jours de notre navigation. Si les vents continuent, nous arriverons probablement enfin en vue de Valparaiso jeudi ou vendredi.

Vendredi 20 décembre

À 5 heures et demie nous jetions l'ancre dans la rade de Valparaiso [...]. À 9 heures moins quelques minutes, j'étais à terre. Louis m'accompagnait, ainsi que deux ou trois passagers. Notre premier soin fut de chercher un hôtel. Les deux premiers où nous nous présentâmes étaient pleins. Pendant près d'une demi-heure nous courûmes les rues, et nous trouvâmes enfin un gîte à l'Hôtel de France, *Calle de la Planchada*. Une fois sûrs d'avoir une chambre et un lit, nous cherchâmes un restaurant ou un café où il nous serait possible de souper, car il n'y avait plus rien à l'office de l'hôtel. On nous indiqua le café de *la Bolsa* (la Bourse), tenu par un Français, M. Maillard. Nous y entrâmes, et là, avec quelques viandes froides et du vin que nous savourâmes avec délices, nous passâmes quelques instants en fumant de délicieux cigares. Je m'informai de l'endroit où était la poste et j'y allai de suite, bien qu'il fût 10 heures du soir passées. Comme le steamer était arrivé la veille de Panama, les portes étaient encore ouvertes. J'y trouvai mes lettres et je dévorai de suite, plutôt que je ne lus, celle de ma mère.

Samedi 21 décembre

À Valparaiso, le prix des hôtels est partout le même. Pour 12 réaux par jour vous êtes logé et nourri, mais sans vin — le vin se paie à part. Je dois dire en passant qu'on le paie très cher et qu'il est très mauvais. On ne peut pas avoir une bouteille du bordeaux le plus ordinaire sans la payer 1 piastre ; le vin du pays, qui a beaucoup de rapports avec le vin de Suresnes et d'Argenteuil, mais qui est plus mauvais encore, vaut de 6 à 8 réaux la bouteille. La bière est bonne et coûte 2 réaux la bouteille, mais notre maître d'hôtel, voyant au nombre des passagers qu'il était à même de gagner quelque argent avec son vin, eut l'excellente idée de nous dire qu'il n'avait plus de bière, nous forçant ainsi à lui donner 1 piastre par repas pour notre bouteille de vin. Les maîtres d'hôtel, on le voit, sont partout les mêmes. Par ailleurs, nous n'avons pas trop à nous plaindre. Les chambres sont grandes et nues, sans aucun luxe, et ressemblent à toutes les chambres d'hôtel d'Europe, à cette différence près que dans chaque chambre il y a des tapis. Les lits sont très larges et très durs. J'y aurais très bien dormi si je n'avais chaque nuit été dévoré par les puces.

Les mœurs des Chiliens sont des plus relâchées. Toutes les femmes se livrent à la prostitution. Cependant il y a, ce me semble, moins de dépravation et beaucoup moins de dévergondage surtout que chez les femmes éhontées qui, à Paris par exemple, arpentent le trottoir et, véritables sirènes, cherchent à vous attirer dans leur taudis et à vous dévaliser. Au Chili, si les femmes de bas étage qui se livrent à la prostitution sortent dans les rues le soir, jamais elles ne vous accostent et elles ne font rien pour vous décider à les suivre. Si une femme vous plaît, il suffit de lui dire : « *Kereiouste à la vostra casa coumins ?* » *[sic]* Vous la suivez et tout est dit. Les femmes qu'à Paris nous appelons des lorettes, et qu'ici nous pourrions appeler les *señoritas*, ne sortent point de chez elles ; elles attendent dans leur *casa* qu'un *caballiero* vienne les trouver. Si vous ne payez pas le plaisir que vous avez goûté, elles ne disent rien et vous laissent partir sans faire le moindre reproche. Les Chiliennes sont d'une ignorance complète, absolue, sur tous les plaisirs de l'amour ; la lascivité leur est inconnue. Il leur semble que ce qu'elles font est une chose tellement naturelle que, chez elles, elles ne se cachent pas même devant des enfants. Les petites filles n'ont pas plutôt atteint l'âge de douze ans qu'elles se vendent déjà. C'est là ce qu'il y a d'ignoble.

Avec une dépravation aussi grande, on est tout étonné de trouver, dans ce pays, tant de religion. Les *niñas*, en effet — je ne peux écrire ces lignes sans donner un souvenir à Carmencita, Carlotta et à Maria Blanco, la belle Espagnole, qui m'ont initié à ces secrets —, alors même qu'elles sont entre les bras d'un homme auquel elles ont donné ou vendu leur corps et leurs faveurs, font leurs prières avec une ferveur et un recueillement qui feraient envie à la plus dévote de nos Européennes. Elles embrassent une médaille et se livrent ensuite avec abandon aux voluptés qu'on exige d'elles. Cela prouve que ces femmes ne sont point aussi dépravées qu'elles paraissent l'être, et que peut-être on pourrait encore les faire rentrer dans la bonne voie, d'autant que les prêtres ont, dans ce pays, une très grande influence.

Les Chiliens ne sont pas jolis en général, mais ils ont tous une physionomie bien tranchée, l'œil fier et altier comme un hidalgo, l'air noble et distingué, même dans la classe la plus basse de la société, la démarche aisée, le teint bruni, et avec tout cela une douceur répandue sur tout leur visage.

Les Chiliennes offrent les mêmes caractères. Elles ne sont pas jolies non plus, mais elles ont toutes les plus beaux yeux et les plus beaux cheveux noirs qu'on puisse voir. Leurs cheveux tombent jusqu'à leurs pieds. Elles seraient passables, malgré leur teint bruni et oléagineux, si elles avaient des dents, mais elles pèchent toutes par là. Les Espagnoles sont toutes fort jolies au contraire et pleines de charme.

Mercredi 25 décembre

Valparaiso possède un théâtre, et un joli théâtre, vraiment. Il y a des acteurs pendant une grande partie de l'année. Ils desservent alternativement le théâtre de Valparaiso et celui de Santiago, la capitale du Chili. Les artistes français que nous avions à bord n'ont pu, malgré toutes leurs démarches, parvenir à obtenir la salle. L'incertitude dans laquelle nous étions relativement à notre départ les avait empêchés de contracter vis-à-vis du propriétaire des obligations qu'ils risquaient de ne pouvoir remplir — avec la première petite brise le navire pouvait sortir de la rade et gagner le large.

La troupe française de Valparaiso était allée en représentation à Santiago et la salle, libre pour un moment, se trouvait disputée par une troupe d'opéra italien de passage, par Henri Herz, qui l'avait louée pour donner des concerts, et enfin par les artistes qui voyageaient avec nous. L'Opéra italien avait retenu la salle pour toute la semaine de notre séjour à Valparaiso, Herz l'avait louée pour quatre concerts, de sorte que nos malheureux compagnons de voyage se trouvaient évincés et ne pouvaient jouer les pièces qu'ils avaient pris tant de peine à répéter à bord.

Les artistes se connaissent tous, en général, et les nôtres ne tardèrent pas à être au mieux avec M. Eyman, directeur de la troupe italienne, qui mit obligeamment plusieurs billets à la disposition des Français. On me donna une loge et je m'empressai de l'accepter, trop heureux de pouvoir passer ainsi une soirée et d'être à même d'admirer les belles *señoras* qui ne manqueraient pas d'assister en grande toilette à la représentation. On jouait *Roméo et Juliette* et le spectacle devait commencer à 8 heures et demie. Après le dîner je fis toilette et allai avec plusieurs de mes compagnons de voyage, tous parés comme pour un bal, prendre sur la *Plaza de la Aduana* un *birlocho* qui ne tarda point à nous conduire au théâtre.

La salle est assez jolie et assez vaste. Elle se compose d'un parterre divisé en stalles. Sous le siège de chaque stalle on a pratiqué une sorte de boîte où l'on met son chapeau ; c'est là une commodité fort agréable. Il n'y a pas de stalles d'orchestre, tout le théâtre est divisé en loges. Il y a des loges de baignoires, de première et de seconde galerie. Puis il y a un amphithéâtre, qui est bien la partie la plus curieuse du théâtre. En effet, à l'amphithéâtre se trouvent toutes les femmes d'une vertu facile et généreuse. Là, les hommes se rendent, et tout en fumant leurs cigares et leurs cigarettes, pendant la représentation même, ils causent avec les *señoras*, marchandent leur vertu, et entente faite ils suivent la *señora* de leur choix qui les conduit alors dans sa *casa*. Toutes les classes de la société, tous les peuples se coudoient dans ce marché de femmes. Le Français marche fièrement à côté du fier Espagnol, l'Espagnol côtoie l'Anglais, et les Chiliens sont partout.

Je ne parlerai pas de la représentation même, qui était bien la chose du monde la plus plaisante et la plus comique que j'aie vue. Un ténor qui miaulait comme un chat, une basse-taille qui ressemblait à Sancho Pança et qui beuglait si fort qu'il ne pouvait s'empêcher de rire lui-même des sons qui sortaient de son gosier, une première chanteuse âgée de cinquante ans au moins et dont la voix ne ressemblait en rien au chant du rossignol, des chœurs qui se seraient fait un cas de conscience de chanter juste et en mesure, voilà ce qu'était la troupe de M. Eyman, et cependant des applaudissements frénétiques se faisaient entendre de temps à autre. Mais nous ne pouvions pas espérer, à 4000 lieues de la France, dans un pays de montagnes, rencontrer des Mario, des Lablache, des Ronconi, des Alboni, des Grisi... Quoi qu'il en soit, je sortis enchanté de la soirée que j'avais passée et je regagnai tranquillement l'hôtel *de Francia*.

Samedi 28 décembre

De tous les navires faisant voile pour la Californie, le *Joseph* est, à ce qu'il paraît, celui qui emmène sur les rives dorées du Sacramento les passagers les plus convenables. C'est du moins l'impression des habitants de Valparaiso. Avant nous, ils n'avaient vu que des passagers turbulents, querelleurs, mauvais sujets, tous ces hommes sans foi ni loi que les compagnies californiennes avaient recrutés, et qui allaient peut-être en Californie fomenter des discordes et des luttes intestines, comme celles dont ils avaient été les auteurs à Paris. Il y a à bord, ainsi que j'ai déjà eu l'occasion de le dire, quelques hommes comme il faut et qui, malgré leur ruine plus ou moins complète, conservent cet air distingué, ce savoir-vivre et ces bonnes manières qu'on ne perd jamais quand on a été bien élevé. Notre conduite à terre a été ce qu'elle devait être, celle d'hommes posés, graves et réfléchis, aussi a-t-elle fait l'admiration des Chiliens. C'était flatteur.

À peine débarqués à Valparaiso, notre premier soin fut de prendre sur la Californie tous les renseignements propres à nous éclairer. Pendant les deux ou trois premiers jours de notre séjour, nous obtenions dans toutes les maisons où nous nous présentions des renseignements déplorables et bien faits pour nous décourager. À entendre les Chiliens, la Californie était un véritable pays de désolation, où ils avaient tous perdu plus ou moins de milliers de piastres. Pour eux, la Californie était au Chili, et il ne fallait pas continuer un voyage à la fin duquel nous ne trouverions que misère affreuse et maladie. Tous nous engageaient à rester. J'avoue que, dans les premiers jours, ces renseignements produisirent sur moi une certaine impression et je résolus de savoir positivement à quoi m'en tenir sur l'état de la Californie. J'allai chez plusieurs négociants sérieux prendre des informations et là je fus un peu rassuré. La Californie est encore aujourd'hui ce qu'elle a toujours été, une source de richesse pour les uns, de misère pour les autres. C'est un coup de dés. Comme j'avais déjà fait la moitié de la partie après 4 000 lieues en mer, je me déterminai à continuer ma route, résolu à tout faire pour réussir.

Étonné de la contradiction des renseignements que j'obtenais, j'en demandai la cause, et j'appris que les Chiliens et les Espagnols, peu en odeur de sainteté auprès des Américains du Nord, avaient été fort maltraités par ces derniers lorsque la soif de l'or les avait entraînés sur les bords du Sacramento, qu'ils avaient même été tellement malheureux qu'une grande partie d'entre eux, pour échapper aux mauvais traitements qu'on leur faisait subir, avaient dû retourner promptement dans leur pays. De là une haine éternelle entre les Américains du Nord et ceux du Sud, de là aussi les renseignements affreux qu'ils donnaient sur le pays.

Le capitaine n'avait l'intention de séjourner à Valparaiso que le temps strictement nécessaire pour faire ses provisions, mais les vents le forcèrent à prolonger son escale et nous ne pûmes nous réembarquer qu'aujourd'hui. L'heure du départ avait été fixée à 3 heures de l'après-midi ; il fallait être à bord à 2 heures et demie au plus tard. Il fallait de nouveau quitter la terre, renoncer aux promenades dans les montagnes. Il fallait dire adieu aux *señoras*, s'arracher de leurs bras, renoncer à entendre leurs chants et à voir leurs danses. Le moment était venu, on allait lever l'ancre. M. de Bréa, commandant du brick de guerre français, était à bord pour assister à notre départ. En quelques instants les voiles furent mises au vent et nous gagnâmes le large, poussés par une petite brise du sud-est. Bientôt nous ne vîmes plus dans le lointain qu'un point noir, puis rien. Nous reprîmes nos habitudes de bord et nous voguons plus tristement que jamais vers la Californie, pays de l'inconnu, chaos affreux dont on ne peut se tirer que par un hasard providentiel. Cinq passagers, effrayés par ce qu'on disait de la Californie, sont restés à Valparaiso et vont y tenter la fortune. On leur a généralement reproché le parti qu'ils ont pris. Quand on a tant fait que d'entreprendre un voyage comme celui-ci, il faut aller jusqu'au bout, avoir assez de courage pour tout braver et assez de résolution pour ne pas se laisser ébranler par des récits plus ou moins véridiques.

Mercredi 1er janvier 1851

J'ai bien rarement vu s'écouler le premier jour de l'année sans verser quelques larmes et le 1er janvier 1851 n'a rien changé à mes habitudes. Plus triste, plus malheureux encore que je ne l'avais été, loin aujourd'hui de toute famille, de toute affection, seul et sans ressources, exposé à toutes les fureurs des flots et des vents, je fuis loin de mon pays sur une terre étrangère qui, loin de me donner la fortune et le bien-être, ne me fera trouver peut-être que la misère et la mort.

À bord, nous ne nous sommes aperçus du premier de l'an 1851 que par un dîner un peu plus copieux qu'à l'ordinaire, et par l'apparition sur la table de quelques bouteilles d'un bordeaux que le capitaine prétend être vieux et excellent, et d'un champagne dont l'étiquette ne serait point menteuse en annonçant que c'est de la tisane. La gaieté de certains passagers me serrait le cœur au lieu de me distraire. Pour moi, je le crains, je ne retrouverai ma gaieté d'autrefois que lorsque j'aurai amassé assez de pépites pour retourner en France me reposer sur mes lauriers.

Jeudi 2 janvier

Une bonne brise nous poussant vent arrière, nous avons dépassé et laissé bien loin derrière nous deux navires qui avaient quitté la rade de Valparaiso la veille de notre départ. Nous sommes aujourd'hui à la hauteur des îles Saint-Félix et Saint-Ambroise par 26° de latitude sud. Le capitaine disait aujourd'hui que si nous étions quelque peu favorisés, nous pourrions arriver à San Francisco en trente-cinq ou quarante jours, vers le 10 ou 15 février au plus tard.

Dimanche 23 février

Nous n'avons plus ni moutons, ni cochons, ni poulets, et nous mangeons aujourd'hui pour la dernière fois de la viande fraîche. Les conserves aussi commencent à s'épuiser. On a été forcé d'en jeter une grande partie à la mer, car elles étaient gâtées. Les farines diminuent tellement qu'on ne nous donne plus que du pain dur, cuit trois jours à l'avance. On a entamé hier, à ce qu'il paraît, la dernière pièce de vin, et si nous sommes encore plus de huit jours en mer il est probable que nous ne vivrons que de lard et de bœuf salé, avec accompagnement de biscuit et d'eau fraîche.

Lundi 24 février

Les éléments en fureur se sont apaisés et nous voguons aujourd'hui silencieusement sur une mer presque pacifique. Malheureusement les vents ne sont point encore favorables ; nous sommes forcés de louvoyer et d'aller au large jusqu'à ce que nous soyons enfin assez heureux pour rencontrer un bon vent qui nous conduise directement à San Francisco. Il est impossible de prévoir si nous arriverons demain, après-demain, cette semaine, dans quinze jours, trois semaines ou un mois. Il n'y a qu'un coup de vent à tout démâter qui puisse nous faire atteindre rapidement notre but.

Mardi 25 février

C'était hier le 24 février, anniversaire de la république si habilement proclamée en 1848 et si adroitement escamotée. Pour les républicains, c'est une ère nouvelle où ils ont pu assister au triomphe plus ou moins complet de leurs idées, et par conséquent ce devait être pour eux un jour de fête. Nous avons à la chambre quelques républicains sensés, sincères je le crois, mais nous en avons aussi plusieurs qui ne sont républicains qu'en paroles, et qui n'ont reçu et accueilli la république que comme on accueille quelque chose de nouveau qui fait diversion à un ordre établi depuis longtemps. Les jeunes gens des écoles, par exemple, qui se croient forcés de déroger aux principes de la famille, qui s'imaginent qu'ils n'ont d'existence propre qu'à la condition d'avoir des idées nouvelles et des opinions plus ou moins avancées, n'ont point répété le cri de « Vive la République ! » avec plus de sentiment et plus de raison qu'ils n'eussent crié « Vive Henri V ! » si la France lui avait placé sur la tête la couronne de ses pères.

Bien que les conversations politiques soient à peu près interdites à bord, à cause des discussions qu'elles engendrent, il était inévitable qu'on se reportât un peu par la pensée au changement si prompt, si inattendu, apporté il y a trois ans par quelques factieux dans le gouvernement de la France. Aussi toute la journée n'ai-je entendu parler que de république, de socialisme et de communisme. Je ne savais où fuir et où me cacher pour échapper à la narration de tous les événements de février et de juin, pour ne point entendre les éloges pompeux qu'on faisait de leurs principaux acteurs, et l'exposé des différents systèmes proposés pour l'amélioration des peuples et le bonheur de tous. Je l'avoue, j'ai horreur de la république et je déteste cordialement tous ces héros de la Montagne qui voudraient régénérer la société après l'avoir sapée jusque dans sa base. En désespoir de cause, je me réfugiai dans mon lit, espérant trouver dans le sommeil l'oubli de tout ce que j'avais entendu dire. Vain espoir. J'avais compté sans les passagers de seconde et de troisième, qui, jusqu'à minuit, ont chanté en chœur toutes les chansons patriotiques connues, depuis *La Marseillaise* jusqu'au *Ça ira, ça ira...* et n'ont terminé qu'après avoir porté les toasts les plus effrayants. Ils buvaient à la guillotine avec un cynisme révoltant, et ne désiraient rien de moins que de voir Paris à feu et à sang, et la France entière sacrifiée, immolée, pour assurer le triomphe du socialisme. Marat, Robespierre, Danton et autres *ejusdem farinae* n'étaient que des moutons à côté des passagers qui vont, comme moi, en Californie courir après la fortune. Si tous ceux qui sont déjà allés en Californie ont les mêmes idées que ces gens-là, s'ils ont autant d'aménité dans le caractère et les mœurs, je doute fort que les Américains conçoivent de nous une bonne opinion.

Mercredi 26, jeudi 27 février

Que ne donnerais-je pas, mon Dieu, pour être arrivé à ma destination ? J'ai quitté ma patrie, ma famille, tout ce que j'aimais enfin, pour courir après le bonheur à 6 000 lieues de mon pays, et je ne suis pas plus content, plus satisfait que je ne l'étais. J'ai toujours près de moi des importuns qui m'ennuient, des contradicteurs qui me font hausser les épaules de pitié. J'ai constamment sous les yeux les mêmes vices, les mêmes turpitudes. J'aimerais cent fois mieux vivre au milieu des savanes désertes de l'Amérique, m'ensevelir dans les forêts immenses qui couvrent ce continent, ou me faire admettre dans une tribu d'Indiens. Là, du moins je l'espère, je vivrais à ma guise et n'aurais point à souffrir de tous les vices dont notre pauvre espèce humaine est gangrenée.

Samedi 1er mars

Pour la première fois depuis un mois nous sommes en pleine route et nous filons rapidement. Notre navire est couvert de toile et a revêtu, comme dans ses plus beaux jours, ses habits de fête. Si les vents continuent à souffler ainsi pendant quelques jours, nous aurons probablement jeté l'ancre dans la baie de San Francisco mercredi prochain au plus tard.

Dimanche 2 mars

Depuis hier nous avons fait un bon pas et tout nous fait espérer qu'à moins de contrariétés nouvelles nous apercevrons la terre demain dans l'après-midi, et que mardi nous ferons notre entrée dans la baie de San Francisco. À bientôt le commencement de la vie active et laborieuse, à bientôt le travail, à bientôt aussi, j'espère, mon acheminement vers la fortune ! ! ! ! !

Mardi 4 mars

Mes prévisions d'hier ne m'avaient point trompé. L'orage qui grondait au loin ne s'est point dissipé, le vent au contraire a soufflé avec une violence extrême pendant toute la nuit et la mer a été monstrueuse. Comme nous étions très près de la terre on a manœuvré toute la nuit. À chaque heure on virait de bord. Malgré le temps affreux qu'il faisait, deux hommes sont restés en vigie sur les vergues du navire, pour avertir s'ils apercevaient quelque chose qui pût mettre obstacle à notre marche. J'ai été sur pied une grande partie de la nuit, préférant de beaucoup être sur mes jambes plutôt qu'être roulé dans mon lit comme une pierre que la mer renvoie sur la grève.

Jusqu'à 10 heures nous avons été ballottés par les flots. Nous étions tous brisés, harassés de fatigue, lorsqu'un cri jeté par l'un des matelots en vigie vint, comme par enchantement, donner de la souplesse à nos membres et nous faire oublier nos ennuis et notre insomnie de la nuit. Le capitaine, armé de sa longue-vue, monta dans la hune et fit mettre immédiatement le cap sur la terre. Le temps était encore brumeux et la terre ne nous apparaissait guère dans le lointain que comme un nuage. Le soleil se montra vers midi et ne tarda point à dissiper la brume qui eût été un obstacle à notre arrivée. Une journée magnifique devait nous voir entrer dans la baie de San Francisco. Déjà nous distinguions des montagnes énormes, des rochers escarpés, et sur le haut de ces montagnes, des arbres en quantité considérable qui pourraient bien être une de ces forêts vierges qu'on nous a tant vantées. Nous approchons toujours, toutes voiles dehors, le vent est bon, nous apercevons des rochers de tous côtés, nous traversons parmi eux rapidement et n'avons guère le temps que de remarquer la couche épaisse de guano dont ils sont recouverts. Deux ou trois navires sont en vue et cherchent comme nous l'entrée du détroit qui doit nous conduire devant San Francisco. De petites goélettes viennent à notre rencontre ; ce sont les pilotes qui courent au-devant des navires afin de les diriger dans ce détroit, dangereux parce qu'il est resserré entre deux montagnes et que les courants y sont variables et très rapides. Nous arrivons enfin à San Francisco après six mois moins quatre jours de traversée. Quel voyage, grands dieux ! pour mon début dans la navigation.

Madame de Saint-Amant

Lettres du voyage en Californie en 1850

On l'aime, dès les premières phrases, cette Mme de Saint-Amant. Tant de courage et tant d'esprit, quand les plus rudes, autour d'elle, renoncent ou tombent comme des mouches ! Et l'on s'irrite de son grincheux et pataud de mari resté à Paris quémander quelques faveurs auprès des puissants, qui n'a pas hésité à envoyer sa femme seule en éclaireur, par la route la plus dangereuse de toutes : celle de Panama !

Pierre-Charles de Saint-Amant, de petite noblesse girondine, avait été capitaine de la garde nationale en 1848, nommé par le gouvernement provisoire commandant suprême du palais des Tuileries au soir du 24 février. Puis il avait milité avec ardeur pour Louis-Napoléon Bonaparte, qu'il était allé voir en Angleterre, et s'était vu promettre en juillet 1850, pour récompense de sa fidélité, un poste de consul en Californie — mais non sans avoir été prié d'attendre que son poste soit inscrit au budget. Et c'est ainsi qu'il ne partit que le 2 mai 1851, après des mois d'attente dans les couloirs des ministères. Sa femme, elle, avait déjà quitté la France depuis longtemps, pour un périple, on va le voir, qui n'était pas précisément de tout repos, sans qu'elle perdît jamais son humour et son ardeur à vivre. Bénard de Russailh, dans son Journal, *la donnera comme l'une des plus brillantes étoiles de la vie san-franciscaine, à l'époque où elle attendait qu'arrive son mari...*

Nous débarquâmes sur cette triste plage par un temps assez passable, et notre premier soin fut de nous procurer une embarcation pour remonter la rivière des Caïmans le lendemain au lever de l'aurore.

Nous montâmes au nombre de onze passagers, avec tous leurs bagages, dans une espèce de chaloupe, exposés à toutes les intempéries de ce climat changeant. Nous avions pris quelques provisions d'un prix excessif, vu leur médiocre qualité. Mes petites caisses de claret étaient la meilleure de nos ressources. La même barque nous servit quarante-huit heures seulement. Nous arrêtâmes la première nuit à une espèce d'auberge construite en planches fort mal jointes, où nous étions tout juste un peu plus à l'abri que sur la rivière. Le lendemain soir il fallut débarquer avec toutes les marchandises pour changer de barque. Nous étions un peu au-dessus de l'affluent du Cano-Quibrado, et la rivière de Chagres n'avait plus assez d'eau pour le tirant de notre première embarcation. C'est en pirogues indiennes que s'acheva notre navigation. Cinq de ces légères embarcations, creusées dans le tronc des arbres gigantesques de ces contrées, se distribuèrent la petite caravane, et vingt-quatre heures après nous touchions à Gorgona et de là à Crucès, où les pluies nous forçaient de passer. Ce n'est que dans la saison sèche que l'on peut aller en droiture de Gorgona à Panama par un chemin un peu plus long, il est vrai, mais beaucoup moins accidenté. Cette navigation de trois à quatre jours doit être bien moins désagréable l'été, quoiqu'on ait l'inconvénient de manquer d'eau. Nous en avions, nous, suffisamment sous les pieds, mais beaucoup trop sur les épaules. On ne peut se figurer ce que sont les averses de ce pays ; ce sont de vrais déluges. Il n'y a pas de parapluies ni de manteaux imperméables qui puissent préserver de leur atteinte. La végétation dont le sol est couvert ne permettant pas au soleil de sécher la terre, il s'en élève continuellement d'épaisses vapeurs qui retombent en pluies abondantes, après lesquelles le soleil reparaît plus ardent ; un instant après surviennent de nouveau de subites ondées, sans que tous ces changements si rapides en amènent aucun dans l'intensité de la chaleur. Ces déluges, qui semblent capables de tout submerger, sont accompagnés de tonnerre et d'éclairs d'un fracas si terrible qu'il est difficile de ne pas s'en effrayer. Tant que dure l'orage, le reste de la nature est complètement muet : la parole ne revient qu'à la fin du cataclysme ; mais on est alors assourdi des cris perçants des singes, des hurlements des animaux féroces et du chant de tous les différents oiseaux. C'est un appel général entre les diverses familles, comme pour s'assurer qu'elles n'ont pas eu de pertes à déplorer pendant la tourmente.

N'étaient les incommodités personnelles qu'on éprouve, les inquiétudes pour préserver les bagages des dégâts ou des voleurs, et celles qui vous assiègent pour savoir comment on passera la nuit, on serait sous un éblouissement perpétuel devant toutes les magnificences de la nature. La végétation y déploie des richesses inimaginables en fleurs, en fruits, en couleurs et en parfums. Ainsi on glisse en pagayant sur une eau limpide et transparente remplie de poissons de toutes les espèces. On pourrait les hisser facilement à bord, car on les touche avec la main ; mais on a bien d'autres choses à faire et à admirer. L'ornithologie y est aussi brillante qu'à Cayenne, car j'ai reconnu presque tous les oiseaux que tu as rapportés empaillés de cette colonie. Les singes, qu'on mange ici avec presque autant de plaisir que les paons et les faisans, se tenant jusqu'à sept ou huit par la queue, traversent la rivière en amont et en aval, comme s'ils avaient des ailes. Ils vous accompagnent en faisant les mille gambades de leur palais du Jardin des Plantes.

Les deux rives sont bordées de haies au feuillage toujours vert, souvent impénétrables même à l'œil, et on glisse parfois sous un dôme que forme l'entrelacement des lianes chargées de fleurs rouges, blanches, jaunes, des plus odoriférantes. Au travers de ce printemps perpétuel, comparable à celui de l'île de Calypso, on est parfois privé quelques minutes (et on ne s'en plaint pas) des rayons du soleil, et le ciel bleu de ce climat disparaît sous les rideaux de feuilles et de fleurs. L'air est embaumé et retentit du bruissement continu des insectes et des oiseaux, concert divin et harmonieux auquel on serait plus sensible sans les piqûres de moustiques et sans la crainte d'en éprouver de plus cruelles dans l'herbe ; c'est bien là qu'il est *plus dangereux de glisser sur le gazon que sur la glace*, vu la quantité de reptiles venimeux qui l'habitent, surtout le long des rivières. Les crocodiles, dont la rivière de Chagres est remplie, font plus de peur que de mal. Je ne m'y serais pourtant pas trop fiée. Les luttes continuelles qu'il faut soutenir dans ces régions pour défendre sa personne vous absorbent, et c'est plus en souvenirs qu'en actualité qu'on jouit du *spectacle extraordinaire et incomparable* qu'on a eu sous les yeux. Assailli de peur, accablé et fatigué, on est encore certain de ne pas trouver au terme de la journée *un bon souper et surtout un bon lit* ; car l'un et l'autre y sont parfaitement à l'état de mythe. Arrivés à Crucès, nous achevions le voyage par eau.

Maintenant, aux montagnes et à tout ce qui s'ensuit : ravins et précipices. Quand je t'écrivais de Louèche-en-Valais, l'année dernière, et que je te contais nos émotions à travers les Hautes-Alpes pour gagner l'Oberland par le pic de la Guemi, j'étais loin de penser qu'un an plus tard ce serait sur un chaînon des Cordillères que, moi, chétive créature, sur les traces de La Condamine ou de M. de Humboldt, j'aurais à recommencer ces périlleuses ascensions. C'est bien autre chose, en vérité. Nous sommes également perchés sur des mules, mais quelle différence de pays et de climat !

Notre caravane se composait de seize quadrupèdes et d'autant de guides aux teints variés. Le temps était assez beau ; mais comme il était tombé beaucoup d'eau les jours précédents, la route était un vrai cloaque, et même sur le sommet des montagnes nos bêtes enfonçaient jusqu'au jarret.

Le roc qu'on gravit est recouvert d'une couche épaisse d'argile ; les infiltrations qui descendent du sommet de la montagne y ont creusé des ravins. On marche en frémissant dans ces crevasses remplies de boue, et dont l'obscurité est augmentée par la végétation épaisse qui en couvre l'ouverture. Juge comme on doit aller vite, et avec cela que, marchant à la queue-leu-leu, processionnellement, on est arrêté tout court si sur cette chaîne de pèlerins un seul éprouve un accident, et l'on n'est pas une demi-heure sans que le cas se présente. Ma mule s'est abattue deux fois. J'en ai été quitte pour une écorchure au genou et mes vêtements salis et déchirés. Encore, fort judicieusement, j'avais préféré enfourcher à la façon de Jeanne d'Arc plutôt que d'accepter une vieille selle anglaise dont les sangles me paraissaient pourries, et dont les cornes étaient disloquées. Il n'y avait que moi de femme, et jamais je n'eusse pu arriver saine et sauve sur pareille selle ; bien m'a pris de ne pas faire la bégueule. La route est à présent mieux battue ; mais si, pendant quinze jours, il y avait complète solution de continuité de voyageurs, cette végétation reprendrait tous ses droits et se rétablirait de son chef dans son printemps perpétuel, sur le pied de forêt vierge, impénétrable par ses lianes entrelacées et par la hauteur des herbes, qui semblent frémir dans leur impatience d'effacer les pas audacieux de l'espèce humaine. Une courte journée suffit pour atteindre Panama, et encore s'arrête-t-on deux ou trois fois, dans ce parcours de sept lieues, pour prendre quelques rafraîchissements sous de vraies huttes de chevriers, décorées du titre pompeux d'Hôtel des Princes et des Ambassadeurs, et qui n'en ont que la cherté excessive de la carte. À Panama, il y a confusion. On voit que c'est une triste et vieille ville que les événements viennent de relever et de rajeunir, mais enfin on n'est plus au milieu des bois ; la civilisation repart avec ses vices et ses vertus. J'y ai trouvé un lit passable et une moustiquaire sous laquelle j'ai oublié un peu six jours d'inquiétudes, de souffrances et de grandes fatigues. C'est de Crucès à Panama qu'on disait que devait être livré un chemin de fer l'été prochain. Ils travailleront donc bien vite, car je n'ai aperçu aucune trace de travaux commencés, et l'on craint beaucoup, dans ce pays-ci, que les Anglo-Américains ne donnent la préférence, pour faire la coupure, à Nicaragua et à la rivière de San Juan, cent lieues plus au nord.

Mais, dans toutes mes tribulations, je suis encore bien heureuse : je n'ai pas eu une heure de maladie, et c'est extraordinaire dans un pays malsain où l'on meurt si vite du choléra, de la dysenterie ou de la fièvre. Les autres Français, surtout, disparaissent avec une rapidité effrayante. Je viens de voir mourir un M. L. P... dans deux heures et un quart. À 3 heures il buvait gaiement la goutte avec ses amis, le soir il était enterré. Je n'ai rien vu de plus effrayant. Ce passage de vie à trépas est quelquefois aussi soudain que ce que nous voyions à Paris dans nos déplorables journées de barricades.

Sois bien tranquille pour ta femme : elle a passé depuis six semaines au travers du *vomito* et du choléra ; mais je prends de grandes précautions, et je ne vis que de privations, mangeant tout juste pour vivre. Je t'ai déjà dit que je ne veux pas être malade ; je n'en ai pas le temps, souhaitant mener ma mission à bonne fin. Sans la santé, on ne peut rien faire dans de pareils pays. Je me regarde ici comme dans un faubourg de la Californie. En ce moment, il y a à Panama autant de gens qui en reviennent que de ceux qui y vont. Ce sont les revenants (dont je n'ai pas peur) que je recherche de préférence ; mais leurs dires sont tous contradictoires, et c'est décidément d'après la pesanteur de leur valise qu'ils parlent du pays. Il faut donc voir et toucher soi-même. Avant un mois je verrai, je toucherai, j'apprendrai et tu sauras.

Ce climat chaud, meurtrier pour tant d'autres, me convient parfaitement, et je voudrais que San Francisco eût la même température. On dit qu'il y fait souvent froid, et c'est ce que je redoute. Les moustiques perdent décidément leur temps à me piquer ; je n'y fais plus la moindre attention.

[...]

À Panama, il n'y a ni police ni justice. On vole au nez et à la barbe des gens, sur eux comme chez eux. On vole partout, et on assassine aussi sans se gêner. Il ne se passe pas de semaine que l'on ne trouve des gens tués ou dépouillés dans les rues et sur les places publiques. Si la victime est reconnue par quelqu'un, on va chercher son consul, qui dresse l'acte mortuaire. Sinon, on le porte en terre, et tout est dit. Mais il faut avouer que ce ne sont pas seulement les étrangers qu'on assassine, les natifs se tuent très bien entre eux. En un mot, je suis dans un vrai coupe-gorge. Aussi est-il beau de voir les Américains qui passent ici. Ils sont armés jusqu'aux dents comme les brigands de mélodrames. Ils ont l'air d'aller à la guerre. Fais comme eux quand tu viendras : fusil en bandoulière, pistolet au poing, poignard à la ceinture ; c'est le moins que tu puisses te permettre. Pour moi, j'ai été bien heureuse et couverte par la Providence : personne n'a voulu m'assassiner, et je n'ai rien perdu, pas même un mouchoir de poche, ce qui m'arrivait si fréquemment à Paris. La faiblesse est une force quand elle inspire de l'intérêt. Notre sexe est ici sous une protection particulière.

J'ai logé tout le temps à l'Hôtel de Louisiane, tenu par des Français. C'est peut-être le seul hôtel de Panama où l'on n'ait pas volé, et où l'on jouisse d'un peu de sûreté. Tu y descendras. J'y ai été parfaitement soignée et je te recommande ces braves gens.

[...]

Océan Pacifique, à bord du *The Republic*,
30 octobre 1850.

Je ne sais si cette lettre te trouvera encore à Paris. Je ne le crois pas, et cependant, à tout hasard, je te dois de mes nouvelles. J'espère en trouver de toi à San Francisco. Nous passons le goulet ; notre bateau entre dans la baie ; tout change d'aspect, et nous sommes en face du plus magnifique spectacle : un cirque de montagnes couvertes de la plus éblouissante verdure encadre mille vaisseaux à l'ancre. Nous débarquerons demain matin.

Ainsi que je te l'annonçais ma lettre de Panama du 5 octobre, nous sommes partis le lendemain. Depuis plusieurs jours il ventait trop frais, mais l'on ne croyait pourtant qu'à un soupçon d'ouragan. À peine avions-nous quitté le mouillage de l'île de Taboga que nous tombions en plein au milieu de la bourrasque. Ah ! nous avons tous cru à la fin de la *République* (c'est du navire que je parle). Les mâts et les machines ont été tellement avariés qu'il a fallu relâcher deux fois sur la côte du golfe pour faire des réparations. Nous n'avons rien gagné à nous être trop hâtés de partir. Mais ces marins américains ont le diable au corps ; ils sont habiles navigateurs, sans doute, mais beaucoup trop imprudents. Ils ne regardent pas à deux fois pour jouer avec votre vie, et ils ont failli me noyer. Comme Louis XI à Péronne, j'ai passé *trois de ces jours qu'avec peine on pardonne*. Aussi je ne monte plus sur les nacelles de ces casse-cou sans une forte prime d'assurance. Notre coup de vent a été infiniment trop prolongé. Pas de cuisine, pas de couvert possible pendant une semaine. Le pain est devenu plus dur que le biscuit, et il fallait tout manger froid, comme dans vos banquets patriotiques qui portaient dans leurs flancs de si belles réformes. Mon seul régal a été pendant trois jours un vrai repas de perroquets : du pain dans de l'eau rougie.

À chaque coup de lame, nous croyions toucher au terme de nos souffrances, surtout la nuit, encore plus effrayante dans cet océan qu'on ose appeler Pacifique. « Ramenez-moi bien vite dans l'autre océan », aurais-je dit bien volontiers à ses malencontreux parrains. Nous étions tous couchés, vu l'impossibilité de nous tenir debout. Les matelots, obligés de s'amarrer sur le pont pour ne pas être emportés à la mer, me rappelaient le sage Ulysse en garde contre le chant des sirènes. C'est en vain qu'on chercherait à dissimuler son effroi dans une semblable position. On ne vit plus que sous deux pensées : une pour Dieu, surexcitée chez la créature par l'amour de la conservation, et l'autre à ceux qu'on aime et à qui on dit un adieu éternel. Les matelots américains, dans la ferveur de leurs prières, n'étaient pas du tout rassurants. Tout hérétiques qu'ils soient, je ne jurerai pas qu'ils ne se sont pas joints à toutes mes invocations à nos saints. Pendant cette terrible semaine, nous n'avons fait que prier et jeûner. Quelle semaine sainte ! Je me surprenais à regretter jusqu'au déluge de la rivière des Caïmans et les trébuchades de ma mule sur les Cordillères.

Pourrai-je jamais oublier la nuit du 11 au 12 octobre ? Ballotté depuis cinq jours, le navire était désemparé ; les vagues tombaient sur le pont à le défoncer ; le vent redoublait de fureur pour nous jeter à la côte ; les machines ne fonctionnaient plus : impossible de gouverner, tout à la grâce de Dieu ! Ma pauvre tête a participé à ce chaos : elle s'est perdue ; je ne savais plus où j'étais. Je me soulève en proie à une espèce de délire ; je veux moi-même m'ensevelir dans mon linceul, puisque aucune main amie n'est là pour me rendre ce service. À la lueur des éclairs je saisis la robe témoin de nos derniers embrassements ; je l'agrafe comme je peux. Je mets le bracelet que cette sainte reine Amélie détacha de son bras pour le passer au mien à la suite de cet autre naufrage de la monarchie. J'attache à mon cou le collier de petites perles que mon amie F... m'avait apporté de Panama deux ans avant que je touchasse moi-même à ce maudit rivage, tes lettres et ton portrait sont sur mon cœur, et je retombe sur le lit trempé à la fois de mes larmes et de la vapeur des vagues. Là, je perds connaissance... Quand je reviens à moi, était-ce un songe ? je ne suis pas folle, et je puis remercier la Providence. Il faisait grand jour ; le vent sifflait toujours, mais le soleil brillait, et avec lui l'espérance. Elle n'a pas été trompeuse. Le ciel a repris sa sérénité, et alors, comme les petits oiseaux après l'orage, nous nous sommes secoués, tâtés et séchés, et tout a été à peu près oublié. Pour moi, je ne veux plus penser à ces affreux moments, auprès desquels toutes les autres perplexités de ma vie ne sont rien. Malheureusement, il ne nous a pas été tenu compte du temps de la tempête, et ceci n'est pas juste : nous devions arriver en dix-huit ou vingt jours, et en voici vingt-cinq. C'est une longue traversée pour un bateau à vapeur. Mais aussi, dans ces parages, toujours le vent du nord soufflant debout et nous glaçant. J'ai regretté mes fourrures (je te prie, par parenthèse, de ne pas les laisser manger aux vers) ; le passage subit d'une grande chaleur à cette fraîcheur m'avait un peu indisposée. Je te dirai, mais à l'oreille, que la peur y était aussi pour quelque chose. Sur le petit nombre de passagers que nous étions, on a eu le malheur d'en jeter deux à la mer, tous les deux morts de fièvres ; la peur n'y était pour rien : ils étaient français. À présent je suis sauvée, je tremble pour toi, si tu ne prends pas, comme moi, les plus grandes précautions. Je ne saurais trop te répéter de ne rien négliger, et de ne pas t'oublier un seul instant. Dans ces latitudes, qui, bien certainement, n'ont pas été créées pour nous, il faut toujours faire face à l'ennemi. En commençant le voyage sur les bateaux anglais pour l'achever sur les bateaux américains, suivant une expression vulgaire, *on mange son pain blanc le premier*. De Chagres à San Francisco, je ne crois pas qu'il soit possible de souffrir plus que moi. J'ai maigri, j'ai changé, quoique toujours en bonne santé, comme si je réchappais d'une longue et douloureuse maladie. Aussi suis-je disposée à trouver tout admirable une fois débarquée ; je t'en préviens, afin que tu te tiennes en garde contre un penchant trop facile... [1]

1. Ces lettres furent publiées avec grand succès dans le *Journal des débats*, le 30 janvier 1851.

III

San Francisco

Un volcan en éruption. Et dans son cratère, quelque chose qui naît, de monstrueux et fascinant : un monde...

Vingt-cinq mille personnes dans les six derniers mois de 1849. Dont quatre mille marins déserteurs qui laissent là leurs navires, échoués dans la vase : on verra plus loin le constat que dresse Patrice Dillon, arrivant de Hawaii.

Avant la ruée, San Francisco n'était qu'un village, fréquenté par les *rancheros* de passage et les chasseurs russes de Fort Ross et Fort Brass, qui poussaient jusque-là de loin en loin. Pas de quai, donc, ni de jetée : les nouveaux arrivants doivent patauger sur cent mètres dans la vase, avec leurs bagages sur le dos. Pas de logements. Dans le tout nouveau Parker House, on entasse les arrivants à vingt par chambre. Sans draps ni couvertures. Les autres se bricolent des baraques, couvertes de branchages. Des hangars, on fait des dortoirs. Le *Niantic*, échoué dans la vase, devient un hôtel. On se taille des tentes dans les voiles des navires. Des caisses d'emballage on se fait des niches pour la nuit. Et puis l'on dort n'importe où, à même le plancher, sur des chaises, dans les mangeoires des chevaux. Une place sur une table se loue 10 dollars, pour six heures. Un rocking-chair, 8 dollars. Et les rats qui pullulent agressent les dormeurs, trop épuisés pour réagir. Un coiffeur noir fait fortune, en vendant 100 dollars pièce des chats importés de Los Angeles. Les puces, les poux, les moustiques deviennent des cauchemars permanents. On manque de tout, et d'abord de nourriture. Un œuf se vend jusqu'à 1 dollar. Une pomme de terre, venue de Hawaii, 3 francs ! Les légumes sont si rares qu'on les expose dans les vitrines.

Les rues, au flanc des collines, ne sont pas nivelées. Des monceaux d'ordures s'entassent aux portes des maisons. En été, la poussière et les émanations sont intolérables. L'hiver, les rues deviennent des fleuves de boue, que l'on essaye de traverser, en s'aidant de planches, au risque de se noyer. « On a vu dans certains quartiers se former des fondrières où des hommes et jusqu'à des mulets ont disparu sans qu'il fût possible de leur porter secours », rapporte un chercheur d'or français, Alexandre Achard. Et un autre témoin, Daniel Lévy, ajoute que ce fut aussi le cas de trois ivrognes, engloutis corps et biens. Aussi l'on entasse dans la boue, en guise de trottoirs, tout ce qui passe sous la main, barils, caisses, sacs de café, de farine, de tabac, des poêles de cuisine, et même... un piano. Mais l'on n'en perd pas pour autant le sens de l'humour — aussi n'est-il pas rare de découvrir, au bord des trous, des pancartes indiquant : « Route directe pour la Chine », « Chambre des machines, se renseigner en bas », « École gratuite de natation », « Charrette et charretier perdus ici »...

Attirés par la spéculation, des bateaux arrivent bientôt du monde entier, chargés de marchandises. Et l'on en vient à crouler sous le superflu, alors que l'on manque cruellement du nécessaire : pas de pommes de terre, mais un stock de tabac à chiquer pour au moins cinquante ans ; des machines à extraire de l'or inutilisables ; cinq mille chapeaux de femme, alors que l'on compte à peine cinq femmes dans la ville. Et aucun endroit pour entreposer tout cela. Aussi les entasse-t-on en plein air, dans la rue. Et puis on les vend et les revend sans cesse, aux enchères publiques, devant le bâtiment des Douanes, sur la Plaza. On spécule ainsi, frénétiquement, le jour. Et puis l'on joue, la nuit. À l'Eldorado, au Verandah, à l'Arcade, au Casino, au Polka, les seuls bâtiments en bois bâtis autour de la Plaza, que l'on commence à appeler Portsmouth Square. Dans un climat d'excitation tel que l'on prend l'habitude de tailler et de retailler sans cesse et en tous lieux un morceau de bois avec son *bowie-knife* — Goscinny s'en souviendra pour les personnages de sa bande dessinée, *Lucky Luke*. Des chercheurs d'or arrivés de la Sierra Nevada chargés de pépites se ruinent en une soirée et se retrouvent clochards. Des fortunes se font et se défont en une journée.

Un correspondant du *New York Evening Post*, envoyé là en novembre 1849, n'en croit pas ses yeux : « Les gens de San Francisco sont fous à lier ! Une douzaine de fois au moins j'ai été pris par le bras par un de ces millionnaires, comme ils s'appellent, mais que je dis, moi, les fous de San Francisco. Ils m'ont traîné dans la boue et la saleté presque jusqu'à la ceinture, d'une boîte en pin à une autre boîte en pin, qu'ils appellent maison, hôtel, banque ou magasin, selon ce qui leur passe par l'esprit, et ils m'ont dit, avec une confiance qui aurait fait honneur à un aliéné, qu'ils en tiraient un revenu de 200 à

300 000 dollars par an. » Bayard Taylor, un autre journaliste qui écrira sur la ruée un livre devenu un classique, *El Dorado*, confirme ces chiffres : le Parker Hotel se loue 110 000 dollars par an, l'Eldorado 120 000. Une simple boutique de planche, 3 000 dollars par mois, payables d'avance. L'argent se prête à la semaine, à 5 %. Un homme, qui débarquait avec trois douzaines de vieux journaux, les vend en un instant 10 dollars pièce. Un autre échange un paquet de clous contre son poids d'or avec un charpentier pressé. Et comme chacun n'a guère en tête que le départ vers les mines, la main-d'œuvre est hors de prix : 20 dollars par jour pour un manœuvre. Un gamin à qui l'on aurait offert 50 cents pour porter une valise aurait tiré 1 dollar de sa poche pour l'offrir au voyageur : « Tenez, portez-la vous-même, merci. »

Le voilier la *Meuse*, parti du Havre le 10 avril, arrive à San Francisco le 14 septembre avec à son bord cinquante chercheurs d'or français. Le premier d'une longue série : vingt mille Français en dix-huit mois — dont cinq mille choisiront de rester à San Francisco. Pauvres hères, nobles désargentés ou insurgés de 1848, ils sont en effet des citadins, pour la plupart — à la différence des autres émigrants, essentiellement ruraux. Aussi, passé le premier choc de l'arrivée, nombre d'entre eux trouvent à exceller dans mille petits métiers, où ils s'assurent rapidement une position de monopole : décrotteurs, plongeurs, livreurs de vin, garçons de café, domestiques, musiciens, croupiers, coiffeurs ou blanchisseurs — le petit texte de celui qui se dit le vicomte Jules de France, plus loin, se passe de commentaires. Un fantastique brassage social, auquel le comte de Raousset-Boulbon, qui va devenir un personnage central de cette histoire, ne s'attendait pas. Jules de France, quant à lui, déploie un véritable génie à trouver des recettes pour survivre — la plus originale étant de se faire, un jour, nourrice ! Il se taillera un certain succès en poussant son landau dans les rues de la ville.

L'afflux est tel que San Francisco bientôt est dit le « Paris du Pacifique » : dès les premiers mois de 1850, les banques Rothschild, Lazard, Dellessert ouvrent des succursales, parfois dans des cabanes en planche. Les entreprises d'importation prospèrent, dont la plus importante, Pioche, Bayergue et Cie, jouera un grand rôle dans l'histoire de la ville, puisque Pioche sera l'initiateur de la première ligne de chemin de fer de Californie. Les magasins de mode se multiplient, à l'image de la « City of Paris » de Félix Verdier, fondée en mai 1850. Des restaurants fins ouvrent leurs portes dès la fin 1849, comme « les Frères provençaux » sur Portsmouth Square et le célèbre « Poule d'or », que les Américains appelleront Poodle Dog. Sans oublier les maisons de jeu, où les Français imposent le faro, la roulette, le vingt-et-un, l'écarté, le rouge et noir, le lansquenet — et cette autre institution que deviennent les *madams*, les prostituées françaises, arrivées par centaines, dont le « chic » impressionne.

On leur prête des talents exceptionnels, une grâce particulière, on en fait les arbitres de la mode. Et leur faveur est telle que l'on envoie des émissaires à Paris recruter des « artistes », « grisettes » et autres « fleurs du pavé ». Ainsi le *Herald*, en date du 10 octobre 1850, met la ville sens dessus dessous en annonçant le départ, la semaine précédente, de cent cinquante des « plus brillantes actrices de la vie parisienne » : « Une armée d'anges déchus qui viennent se purifier dans un bain d'or, et qui vont à tous coups révolutionner les rives du Sacramento. » Le *Herald* avait eu l'heureuse idée d'appointer un correspondant parisien « spécialiste des affaires du demi-monde », annonçait la rédaction, et, depuis, chaque numéro s'arrachait à peine arrivé. Le 8 novembre, le même journal annonce l'arrivée de deux cents autres « créatures » — « dont le voyage a été organisé par un spéculateur avisé » : « Ces houris de nos meilleurs harems de Paris, Rouen, Lyon, Le Havre partiront dans une quinzaine... » Pour ne pas être en reste, le *Pacific News* surenchérit, assure qu'elles sont neuf cents, et qu'elles vont travailler sur Stockton et Filbert Streets ! Et le journaliste de poursuivre par des descriptions exaltées de Mlle Frisette, alias Pauline Leroux, des Folies dramatiques, une des plus jolies femmes de Paris, « dont la réputation d'amabilité est universelle, parmi la jeunesse du Café de Paris et de Tortoni » ; Mlle Julie Manton, une ravissante brunette, « avec des yeux pétillants, un pied d'Espagnole, des mains d'enfant, un nez romain et une bouche rose » ; Mme Sarah Mercœur, « écuyère de l'Hippodrome, une grande et belle Vénus » ; Mlle Gabrielle La Brunière, « qu'on pourrait prendre pour une Créole espagnole, en fait une Italienne »...

Le *Public Balance*, puis le *Daily True Standard* ouvrent chacun une page en français dès 1850. Le premier théâtre construit à San Francisco, le National, donne ses représentations alternativement en français et en anglais. Bientôt apparaît une presse exclusivement française, *Le Californien* et la *Gazette californienne* de Jules de France, à l'existence éphémère car écrits à la main, puis la *Gazette républicaine* du journaliste ancien quarante-huitard Anselin, *L'Écho du Pacifique*, fondé en 1852 par Eugène Derbec, ancien typographe du *Journal des débats*, *Le Messager de San Francisco*, d'Alfred de La Chapelle, *Le Phare*, lui aussi républicain. Il y aura même dès 1853 deux théâtres, l'Adelphi et le Théâtre de l'Union, exclusivement français ! Une présence que certains commencent à trouver inquiétante...

Dans cette folie, qui alors se préoccupe d'organiser la ville ? Sait-on seulement sous quelle autorité elle se trouve placée ? Des bagnards arrivés d'Australie dans l'automne 1848, qu'on va appeler les « petits canards de Sydney », prétendent former une « police privée » avec des soldats démobilisés après la guerre du Texas, les *Bowery Boys*, et se donnent pour des « régulateurs », dits encore les « Molosses ». Organisés militairement, ils terrorisent les étrangers dès le printemps 1849, rackettent les commerçants, pillent et rançonnent en toute impunité — jusqu'au 15 juillet 1849, quand ils saccagent le camp chilien, tuent une femme et tentent de violer sa fille. Cette fois, c'en est trop : Sam Brannan, dès le lendemain, harangue la foule sur la Plaza, organise les volontaires en centuries et fait arrêter les chefs des Molosses, qu'il chasse de la ville.

La ville change si vite qu'elle est en permanence au bord de l'explosion. Dès 1850 les tentes font place aux bâtisses en bois. Sans souci d'urbanisme ni de sécurité. Aussi, le 24 décembre 1849, un immense incendie détruit tout le centre-ville autour de Portsmouth Square. Deuxième incendie le 4 mai 1850 : 4 millions de dollars de dégâts. Troisième incendie, le 14 juin, le plus terrible, qui ravage la colline jusqu'à la mer : 5 millions de dollars de dégâts. Miracle de l'énergie : à chaque fois San Francisco se relève en quelques semaines, plus forte encore. Mais en même temps, c'en est trop : l'origine criminelle des sinistres ne fait pas de doute. Sam Brannan prophétise : ou San Francisco réussit à s'imposer un minimum d'ordre, ou bien elle périra comme une moderne Sodome !

En attendant, San Francisco gronde comme un volcan au bord de l'explosion, sans statut défini, sans loi bien établie, en proie à l'anarchie... Les pasteurs et leurs ouailles, arrivés de Pennsylvanie, se dépensent sans compter : hôpital, asile, premières formes d'entraide, prêches dans les saloons, défense des Noirs et des Asiatiques, ils sont partout au premier rang. Le 26 décembre 1849, le baptiste John Pelton ouvre la première école libre et gratuite. Dès 1850, Thomas J. Neving entreprend d'organiser un système éducatif à l'exemple de celui de Boston. Samuel Hopkins crée à Monterey la première bibliothèque publique de Californie. Les jésuites italiens ouvrent à Santa Barbara et à San Francisco un collège, des écoles primaires, un orphelinat. Un état de société émerge peu à peu de ce tourbillon affolé, et la présence, massive, des « citadins » français contribue certainement à « civiliser » cette cohue. Tout cela peut-il être mis en péril du fait de l'incurie municipale ?

Le 9 juin 1851, à l'initiative de Sam Brannan, cent quarante-huit notables de la ville s'organisent en un « comité de Vigilants », armés et mobilisables à tout instant. Le 11, un criminel pris sur le fait, Jenkins, est jugé par un tribunal populaire, réuni à l'initiative des Vigilants, et pendu. Les autorités légales protestent timidement. En vain. En août, deux voleurs, Mackenzie et Wittaker, sont pareillement exécutés. Furieux, les voyous de la ville tentent de s'organiser à leur tour, et le 22 juin 1851 incendient une nouvelle fois la ville. Mais ils sont vite défaits : les Vigilants sont maintenant au nombre de six cents. Dans les mois qui suivent, la criminalité baisse sérieusement.

Pourtant les Vigilants ne désarment pas, et certains d'entre eux s'organisent même dans une société secrète, les *Know Nothing*. C'est qu'à leurs yeux un autre danger menace la ville et leur suprématie : l'afflux des étrangers, notamment des Français...

L'arrivée, le 13 novembre 1850, d'une compagnie de gardes mobiles qui défile dans la ville en uniforme, arme à l'épaule, clairon et drapeau en tête, sème le trouble. Les Américains attendaient des ouvriers, des artisans, des laboureurs, ils voient débarquer une armée, et tout dit que les « Lingots d'or » à venir sont du même acabit : une armée... Décidément, se dit-on ici et là, et particulièrement chez les *Know Nothing*, les Français deviennent trop nombreux — plus d'un quart de la population de la ville, en 1852 ! Ils agacent d'autant plus qu'ils forment un groupe à part, peu désireux d'apprendre l'anglais, que les Américains par dérision finissent par appeler « kezkidiz » — question rituelle du Français dans la rue. Pire : une bonne moitié d'entre eux est constituée d'anciens insurgés de juin 1848 qui n'ont pas renoncé à leurs grandes utopies. On comprend donc que l'annonce du déferlement probable des « Lingots d'or » déclenche la fureur des Vigilants — cinq mille émigrants supplémentaires, « l'écume de Paris, assure le consul américain à Marseille, dans laquelle se trouvent les pires *desperados* d'Europe » !

Les malheureux commencent à arriver à San Francisco en février 1852, en plein hiver, dans un état de complet dénuement, pour s'entasser dans des camps de toile préparés à la hâte par le consul Dillon. Et probablement celui-ci réussit-il à éviter une explosion, en n'hésitant pas à épuiser tous ses fonds pour leur venir en aide et les envoyer au plus tôt dans les mines. Mais n'était-ce pas simplement déplacer le problème ?

Patrice Dillon

San Francisco dans les premiers jours de 1849

Lorsque Patrice Dillon publie ce texte dans la Revue des Deux Mondes [1], *il ne sait pas encore qu'il aura à faire face, personnellement, au déferlement des Lingots d'or — ni qu'il marquera fortement l'histoire de la ruée.*

Fils d'un général irlandais qui se couvrit de gloire aux côtés de Napoléon Ier, Patrice Dillon avait débuté dans la carrière au ministère des Affaires étrangères avant d'obtenir un poste de consul en Angleterre, puis, chargé de la mise en application du traité de mars 1846 sur les îles Hawaii, il arriva à Honolulu le 1er février 1848, en remplacement du consul Dudoit, jugé trop lié au ministre hawaiien des Affaires étrangères, Wyllis. D'un caractère un peu « collet monté », porté à l'intrigue, cherchant des noises sous le moindre prétexte aux autorités, montant le parti catholique contre les protestants, il se trouva au centre d'inextricables querelles, sans trop se rendre compte qu'il était manipulé par Dudoit et Wyllis. Quand les autorités, exaspérées, décidèrent de traiter directement avec Paris, Dillon en appela à l'amiral Tromelin, commandant de la flotte française du Pacifique, qui arriva en hâte et, devant le refus des autorités hawaiiennes de céder, débarqua des troupes qui prirent possession des bâtiments publics. Mais il ne fallut pas longtemps à l'amiral pour comprendre que les plaintes de Dillon étaient largement infondées et, dix jours plus tard, la Poursuivante *quittait Honolulu avec Dillon à son bord.*

C'est sur le chemin du retour que Dillon fit une longue escale à San Francisco, qui lui inspira ce remarquable article, le meilleur texte écrit sur les premiers temps du gold rush *à San Francisco...*

1. Le 15 janvier 1849, p. 193-219.

Rentré en France, en disgrâce, il finit par obtenir un poste à San Francisco, où il n'y avait jusque-là qu'un agent consulaire, Guys, de toute évidence dépassé par les événements. Il prit ses fonctions le 22 juillet 1850, vécut quelque temps à bord d'un navire, dans la baie, puis loua une maison à l'angle des rues Jackson et Mason, qui devint le point de ralliement de la communauté française. Sans lui, il est probable que l'afflux des émigrants français aurait tourné à la catastrophe. Mais il n'avait pas perdu son goût de l'intrigue, et on le retrouvera au cœur de l'affaire du Sonora (ou de la Sonore, comme on disait alors)...

Nous sommes par 35° de latitude nord, cinglant, sous une brise fraîche, vers le goulet qui conduit dans la baie de San Francisco. Rien de plus agréable que les premières impressions d'un froid vif, pour qui vient d'échapper au long martyre d'une résidence de trois années sous le soleil brûlant des tropiques ; aussi tout le monde à bord de la *Poursuivante* est-il aujourd'hui d'une humeur parfaite. La voix du commandant, ordinairement d'un timbre si éclatant, s'est sensiblement adoucie. Les matelots mettent plus d'empressement à faire la manœuvre. Les passagers eux-mêmes, auxquels manque depuis si longtemps un sujet de conversation, se réveillent de leur léthargie, engagent entre eux des discussions animées.

C'est que nous touchons à l'un des points les plus intéressants, les plus mystérieux du globe. Nous sommes à la veille de voir se résoudre pour nous une question qui jette, depuis quinze mois, dans d'étranges perplexités le Nouveau aussi bien que l'Ancien Monde. Il s'agit de savoir si les mines tant vantées de la Californie ne sont qu'une immense duperie, un *yankee puff*, pour attirer les colons et les capitaux dans une contrée malsaine et inhospitalière, ou si elles sont quelque chose de tangible et de réel.

Une chose m'avait frappé pendant la traversée : c'est qu'à mesure que nous approchions du terme de notre voyage, les doutes augmentaient au sujet de la Californie. Ainsi, à Valparaiso, on avait bien constaté et on admettait le fait de l'existence des mines d'or ; mais on se figurait assez généralement que le pays était malsain, qu'il n'y existait ni lois ni gouvernement, et qu'il arrivait presque toujours qu'on payât de sa vie d'assez médiocres résultats. À Tahiti, point séparé de San Francisco par quarante jours de mer seulement, aux îles Sandwich, point encore plus voisin, on rencontrait les mêmes doutes, les mêmes défiances, la même curiosité. Tout le monde était sur le qui-vive dès qu'il arrivait un navire de l'Eldorado. Tout le monde était avide de renseignements nouveaux, et cependant personne ne pouvait se faire une idée nette du véritable état des choses.

Nous ne sommes plus qu'à 30 lieues de la côte, et déjà on reconnaît, au nombre et à la diversité des pavillons qui se croisent autour de nous, le voisinage d'un grand centre d'affaires. À notre gauche se montre à l'horizon un trois-mâts français dont la longue traversée va se terminer en même temps que la nôtre ; voici, à droite, un bâtiment anglais de Chang-hai, avec toute une colonie de Chinois à son bord. Nous pouvons distinguer les fronts pâles à contours réguliers, les tailles ramassées de ces habitants du Céleste Empire, pendant qu'ils se pressent contre les bastingages pour nous voir passer et admirer les bouches béantes de notre belle frégate. Plus près de nous se dessinent plusieurs bâtiments chiliens, qui nous saluent en hissant leurs pavillons. Parmi les passagers dont les ponts sont couverts, nous remarquons plusieurs *señoritas* et nous entendons leur cri : *Muy lindo, muy lindo*, pendant que la *Poursuivante* passe majestueusement le long de leur bord. Hélas ! parmi les cœurs qui palpitent de joie et d'espérance, là, devant nous, combien auront cessé de battre, tristes et désillusionnés, avant la fin de l'aventure dans laquelle ils vont s'engager !

Le vent nous manque tout à coup, ce qui nous force à mouiller, avant la nuit, à peu de distance des Farralones, deux îlots détachés qui, semblables au dragon de la fable, montent la garde devant le jardin de ces nouvelles Hespérides. Pendant que nous sommes ainsi arrêtés contre notre gré, le navire roulant péniblement sous la pression d'une forte houle, nous avons tout le loisir nécessaire pour suivre les manœuvres de plusieurs compagnies de baleines qui s'agitent autour de nous. La nature semble avoir voulu que tout eût un caractère particulier en Californie ; aussi ces cétacés diffèrent-ils des autres membres de la grande famille à laquelle ils appartiennent. Ailleurs, on voit des baleines d'une grosseur trois fois plus considérable se laisser harponner et prendre, sans grande résistance, par deux ou trois marins embarqués dans un frêle canot qu'il leur serait facile de submerger d'un seul coup de queue. La baleine californienne est d'humeur bien moins accommodante : dès qu'elle voit arriver les embarcations, elle se retourne résolument contre elles et leur donne la chasse à son tour. Surpris et épouvantés d'un courage si nouveau pour eux, les baleiniers se sont bien vite dégoûtés de leur tâche ; ils ont définitivement abandonné le champ de bataille, laissant leur terrible ennemi en repos. Aussi, pendant que l'espèce multiplie sur la côte de la Californie, elle tend au contraire à disparaître dans les parages où elle ne songe pas à se défendre. Aujourd'hui, la baleine russe se trouve refoulée dans les mers lointaines du Japon et d'Okotsk et, même dans ces parages d'accès difficile, elle ne réussit pas à se mettre à l'abri de ses audacieux persécuteurs. Cet exemple n'a-t-il pas sa morale, comme bon nombre d'autres fournis par le règne animal ? Porter la guerre dans le camp ennemi, prendre les devants avec qui veut vous attaquer, c'est là le plus sûr moyen de salut pour les nations comme pour les particuliers. Aujourd'hui surtout que les passions se déchaînent avec tant de violence, et que les appétits de l'homme, s'abritant derrière une philosophie spécieuse, s'érigent en divinités, comme au temps du paganisme, malheur aux peuples qui ne savent pas défendre, avec leurs droits héréditaires, les prérogatives conquises par le travail ! Les attaques directes et incessantes des ennemis de la propriété auraient bientôt conduit à leur ruine.

Le goulet de San Francisco ressemble beaucoup à celui de Brest. Il est assez étroit pour que les forts qu'il est question d'élever de chaque côté puissent croiser leurs feux et en commander l'entrée ; il contient en outre assez d'eau pour faire flotter les plus gros navires. Arrivé au front du goulet, le voyageur voit se déployer devant lui, non point un port ou même un lac, mais une Méditerranée en miniature. Le port de San Francisco contiendrait facilement toutes les flottes de la terre — précieux trésor pour « le voisin Jonathan » —, et l'on a lieu de s'étonner qu'une position pareille soit restée si longtemps inoccupée. Un îlot situé dans l'intérieur de la baie, à peu de distance du goulet, est évidemment destiné à servir d'emplacement à une batterie : ce sera un nouvel élément de force et de sécurité pour un port qui en possède déjà de si nombreux.

Herba Buena, autrement dit *San Francisco*, se trouve à droite, en entrant dans la baie, un peu au-delà de l'ancien fort espagnol. C'est aujourd'hui une ville de cinquante mille âmes, qui promet de devenir, en peu d'années, la capitale de la mer Pacifique. Des forêts de mâts, qui se déploient à perte de vue tout alentour, rappellent Le Havre et Marseille. Il y a en ce moment plus de trois cent quarante bâtiments de commerce mouillés près de la ville, sans compter un nombre fort considérable de bricks et de goélettes. Tous, sans exception, ont perdu leurs équipages, et il en est beaucoup dont les capitaines eux-mêmes ont déserté. Une corvette américaine, à bord de laquelle flotte le pavillon du commodore Jones, veille seule à la conservation de cette masse de valeurs.

Nous débarquons sans difficulté sur une jetée improvisée au pied de l'ancien fort. Ici, point de douaniers pour fouiller vos poches ou sonder, le fer à la main, vos malles et vos paquets. Les octrois, ce rouage qui entrave tout et qui tend à disparaître partout où il y a eu peu de sève et de lumières, sont parfaitement inconnus chez les Américains. Le temps pour eux a sa valeur aussi bien que la marchandise, et tout ce qui leur en enlève une part sans nécessité bien démontrée est un empiétement sur leurs droits d'hommes libres. La vraie liberté consiste, aux yeux de tout Américain, non à débiter impunément des extravagances philosophiques à un auditoire affamé de jouissances matérielles, mais à se livrer, sans trouble ni empêchement, aux occupations pour lesquelles il se sent des aptitudes spéciales.

À San Francisco, où on ne rencontrait, il y a quinze mois, qu'une demi-douzaine de cabanes grossières, on trouve aujourd'hui une bourse, un théâtre, des églises pour tous les cultes chrétiens, et un grand nombre de maisons d'assez belle apparence. Quelques-unes d'entre elles sont bâties en pierres, mais le plus grand nombre en bois ou en adobe. Les façades des maisons sont blanchies ou peintes, les rues bien alignées, et l'ensemble d'un assez bel effet. Des deux côtés de la ville, en suivant la plage, se prolongent des rangées de tentes à perte de vue, formant une ville d'un nouveau genre, qui ne manque pas d'une certaine originalité. Là viennent se reposer un instant, avant de prendre leur essor pour les mines, les émigrants des deux mondes, ainsi que des Chinois, des Malais, et toute cette population débraillée qui fourmillait naguère dans les divers archipels de l'Océanie, et à laquelle Botany Bay avait servi de point de départ. Là se trouve l'ancien ministre de la Justice du roi Kamehameha, aujourd'hui le plus redoutable brigand de la Californie, le même qui rédigea ce fameux code de lois que les sociétés bibliques de l'Angleterre et des États-Unis ont proclamé le chef-d'œuvre de la sagesse humaine. Là se trouvent réunis des assassins, des parricides, des voleurs de grand chemin, des boucaniers, sur lesquels la main de la justice divine ne s'est pas encore appesantie. La comédie et le drame, ce dernier principalement, y trouveraient à puiser amplement. Des évasions incroyables et des aventures telles que n'en a jamais rêvées l'imagination de nos plus féconds romanciers y attendent leur futur historien.

Déjà la ville de San Francisco ressemble à une vaste ruche dans laquelle régnerait un bourdonnement perpétuel. Des voitures, des charrettes, des saloons circulent pêle-mêle, se croisent et se heurtent de tous côtés. Je plains le philosophe, le rêveur qui se trouve égaré dans les rues de San Francisco, car il court à chaque pas le danger d'être écrasé pendant qu'il se livre à ses méditations, et sans qu'il lui soit crié gare ! De grands gaillards à charpente forte et osseuse, la tête surmontée de chapeaux en pain de sucre, fouettent et éreintent leurs attelages sans faire la moindre attention aux piétons. De chaque côté de la rue, on voit passer une foule silencieuse et préoccupée, se dirigeant à pas pressés, soit vers la douane, grossière construction située au fond de la ville, soit vers la bourse, édifice placé entre deux maisons de jeu et devant lequel stationnent en permanence des groupes d'avides spéculateurs.

Toutes les nations du globe sont largement représentées dans le commerce de San Francisco ; mais, comme il faut s'y attendre, l'élément américain y domine. La législation américaine permet à chacun de s'établir comme il l'entend. Tout le monde en conséquence est courtier, consignataire, banquier, changeur, commissaire-priseur, plusieurs même exercent simultanément toutes ces professions. J'ignore si l'armateur ou le négociant du Havre qui envoie des marchandises en consignation à San Francisco fait de brillantes affaires ; mais ce qu'il y a de positif, c'est que le consignataire qui les reçoit ne s'y ruine pas. Le relevé de ses prélèvements divers, à titre de courtage, change et emmagasinage, édifierait grandement ses confrères de nos places d'Europe. On peut, sans exagération, en évaluer l'ensemble à 50 % du montant brut de chaque vente. Il est juste aussi de reconnaître que le consignataire de San Francisco a, de son côté, de lourdes charges à supporter. Ainsi, outre la cherté de la vie matérielle, dans un pays où un œuf se paie souvent jusqu'à 5 francs et une pomme de terre jusqu'à 3, les loyers varient de 150 000 à 300 000 francs par an. Il y a des maisons, en assez grand nombre, qui rapportent à leurs propriétaires jusqu'à 800 000 francs par année.

Quelque importants que soient les résultats obtenus des mines de la Californie, et quelque nombreuses que soient les ressources de San Francisco comme centre de commerce, il est impossible qu'un pareil état de choses puisse se soutenir longtemps. Le Yankee est agioteur de sa nature ; personne n'entend mieux le *puff* que lui. Donnez à un citoyen du Massachusetts cent arpents de marais, il les baptisera du nom fallacieux d'*Éden Fields* (champs d'Éden), puis il les fera valoir de tant de manières et avec une si grande persévérance que plus d'un innocent ne tardera pas à tomber dans ses filets. C'est ce qui s'appelle, aux États-Unis, *play a Yankee trick* (jouer un tour à la Yankee), et très certainement le général Jackson n'était pas plus fier de sa fameuse victoire sur les Anglais à la Nouvelle-Orléans que ne le paraît un de ces joueurs, quand il raconte à d'enthousiastes compatriotes quelque prouesse de ce genre. Jetez trois Américains sur une île déserte où n'y aura qu'une source d'eau : deux d'entre eux s'en empareront, et prélèveront par ce moyen un tribut sur le troisième ; puis ils se vanteront hautement de leur *Yankee trick.*

Ce qui paraît donner, pour le moment, une valeur factice et exagérée aux propriétés immobilières de San Francisco, c'est le grand nombre de maisons de jeu qui s'y sont fondées. Tous les exilés Frascati, des numéros 36 et 113 du Palais-Royal et des établissements analogues de Londres, de Berlin et de Vienne, semblent s'être donné rendez-vous dans cette terre promise des joueurs. Dès qu'il y a une maison à louer, les joueurs s'en emparent à tout prix, et la banque s'y installe avec son attirail de roulettes. Il y a actuellement à San Francisco plus de cent établissements de ce genre où se pressent et se coudoient chaque soir une foule de vagabonds sandwichois, mulâtres, chinois, malais et d'aventuriers de tous pays, tous mécréants de première espèce. Toutes les peuplades du globe ont versé une portion de leur écume dans ce cloaque de l'humanité.

Rien de plus étrange que le spectacle offert tous les soirs, après 8 heures, par ces maisons de jeu. Au dehors, une foule immense en obstrue les portes ; à l'intérieur, les joueurs avides se forcent un passage jusqu'à la table de *monte*, et dans leur fougue impatiente, en viennent souvent aux mains. Ailleurs, c'est à coups de poing ou de pied que se vident les querelles de cette nature. En Californie, une injure ou même quelquefois un léger froissement sont, à l'instant, suivis d'un coup de poignard ou de pistolet.

« Silence, là-bas ! crie-t-on de la banque lorsqu'il part un coup de pistolet dans la salle. Vous faites trop de bruit, damnés coquins que vous êtes ! — *I'll make a hole in you* (je ferai un trou dans votre personne) ! crie-t-on d'un autre point. *May the devil take me if I don't* (que le diable m'emporte si je ne le fais pas) » : telles sont les observations courtes, mais énergiques, qu'on échange de tous côtés. Une fois devant la table de jeu, le nouveau venu qui, la plupart du temps, arrive des mines déboucle sa ceinture de cuir jaune et lui imprime une légère secousse, après avoir posé un des bouts sur le tapis vert. Plusieurs pépites d'or roulent aussitôt sur la table. *The head manager* (le président) avance une main large et osseuse, s'en empare, les pèse dans une balance placée à côté de lui, puis il en rend la valeur en onces de 85 francs chacune. On joue, la même main osseuse vient enlever la pièce ; on rejoue, même résultat. Au bout de quinze à vingt minutes, il faut de nouveau détacher la ceinture. Il arrive rarement que le joueur se retire avant que la banque ne l'ait dépouillé, en une seule nuit, du fruit de son travail et de ses privations de plusieurs mois.

Je venais de dîner chez l'un des plus heureux spéculateurs de San Francisco. C'était un Américain, ancien banqueroutier de l'Union, qui, arrivé en Californie six mois auparavant, se voyait déjà possesseur d'une fortune évaluée à un million de francs. Parmi les convives se trouvaient plusieurs officiers de l'armée et de la marine américaine. Le dîner s'était prolongé fort avant dans la soirée, ayant été assaisonné de *toasts* et de *speeches*. Un des officiers me propose, en sortant, de me servir de cicérone par la ville. J'accepte. Nous entrons dans l'une des maisons de jeu les plus fréquentées. Arrivé jusqu'à la table verte, non sans beaucoup d'efforts, je tire de ma poche une pièce de 100 sous et la jette sur la table en désespéré. Un homme encore jeune, à la longue barbe, à l'air grave et posé, aux manières aristocratiques, présidait. Il s'arrête dans son travail au moment d'imprimer une secousse à la roulette, il me regarde un instant, puis, ramassant ma pièce, me la tend avec un sourire prévenant. « Je vois, me dit-il en fort bon français, que monsieur est étranger et qu'il n'est pas encore au fait de nos usages. Ici nous jouons, non des pièces de 5 francs, mais des onces. Monsieur voudra-t-il bien reprendre ses *cent sous* ? » Il appuya légèrement sur les deux derniers mots. Frappé des manières d'un aussi aimable président, j'attendis une occasion favorable pour entrer en conversation avec lui. Il se prêta à mon désir avec un grand empressement. « Vous voulez savoir, me dit-il, si notre banque fait de bonnes affaires, je serai franc avec vous. Elle en fait de passables ; j'excepterai pourtant cette soirée, qui a été détestable. Nous allons fermer tout à l'heure, et je doute que nos bénéfices, depuis 8 heures, s'élèvent à 20 000 piastres (100 000 francs). Heureusement, nous avons mieux réussi les nuits précédentes ; sans cela, nous serions bien à plaindre, car ne gagner que 20 000 piastres dans une soirée, c'est, pour une banque de ce pays, être volé comme dans un bois. » Mon interlocuteur me raconta ensuite qu'il avait joué un rôle important dans un des clubs de Paris jusqu'aux événements de juin. « Nous perdîmes la partie alors, ajouta-t-il, et c'est pourquoi j'ai cru qu'il valait mieux changer de théâtre. »

La passion du jeu n'a pas été importée en Californie par les Américains ; de tout temps, les habitants de cette contrée s'y sont adonnés avec fureur ; au Mexique, il en est encore de même aujourd'hui. Le jeu appelé *monte* est celui qui attire le plus d'amateurs ; mais la roulette a aussi ses partisans, ainsi que le jeu dit « des *bêtes* », dans lequel des animaux placés au bout d'un cabestan armé de baguettes mobiles reçoivent un mouvement de rotation, puis s'arrêtent au-dessus de certaines cases contenant des animaux qui leur correspondent.

La population de San Francisco se grossit chaque jour des émigrants qui arrivent par mer de toutes les parties du monde. Les îles Sandwich, Tahiti, les archipels Viti et Fidji, ainsi que la Nouvelle-Zélande et Sydney, se sont vidés plus ou moins complètement de leur population blanche. Tous ces éléments hétérogènes sont venus se fondre successivement dans la grande masse des travailleurs. Absents pour le moment, les émigrants reviendront tous, aux approches de l'hiver, chercher un abri dans la ville. Il n'y a actuellement, en fait de population, que des négociants, des capitaines de navire et ceux qui, ayant ramassé quelque chose aux *diggings* (mines), rentrent à San Francisco pour le dépenser dans le jeu et dans la débauche. La population y est presque exclusivement mâle, et c'est tout au plus si les quelques femmes honnêtes qui y ont suivi leurs maris osent s'aventurer dans les rues. Cependant on remarque déjà une amélioration notable à cet égard ; depuis que l'élément purement américain a pris le dessus à San Francisco, personne ne peut plus insulter une femme impunément. Nulle part, on le sait, la femme n'est plus respectée qu'aux États-Unis. Au reste, des industries que la moralité publique flétrirait en Europe de sa censure la plus sévère sont ici en pleine activité, et il ne se passe guère de semaine sans que quelque brick chilien ou américain, frété par des spéculateurs, ne verse sur la place une cargaison féminine. Ce genre de trafic est, m'assure-t-on, celui de tous qui produit en ce moment les bénéfices les plus prompts.

Si on essayait de soumettre à l'analyse les éléments de la population commerçante de San Francisco, on en trouverait d'étranges. Tous les négociants en faillite de New York, tous les banqueroutiers poursuivis par la justice, tous les faiseurs de projets et chercheurs d'aventures de l'Union se sont abattus sur cette terre promise. « Regardez celui-ci, me dit mon cicérone, lui-même citoyen des États-Unis, c'est un de nos plus grands génies. Directeur de la première maison de Baltimore, il osa concevoir le hardi projet de monopoliser toute la viande fraîche de l'Union, pour ne la vendre ensuite qu'au prix qu'il lui conviendrait de fixer. Déjà il s'était emparé des troupeaux des trois quarts des États et touchait au moment où il allait les posséder tous, lorsqu'un autre Américain, également homme de génie, se mit à spéculer en sens contraire. La lutte entre ces deux *giants* (géants) fut terrible et prolongée. Le peuple, qui est particulièrement sensible, chez nous, à tout ce qui a un caractère de grandeur, la suivit pendant longtemps avec un intérêt extrême. Malheureusement, elle eut pour dénouement la ruine complète des deux champions. Il est vrai, ajouta mon cicérone, que l'un et l'autre se sont bien relevés depuis. Celui que vous voyez là est arrivé, il y a seulement six mois, sans un sou ; aujourd'hui, il a une fortune de 500 000 francs. Son ancien antagoniste a encore mieux réussi. Déjà ils se préparent à livrer sur ce théâtre nouveau un dernier et terrible combat. Cet autre, le grand qui vient de nous saluer en français, est également une de nos *têtes carrées*. Banquier à New York, il y a quelques années, il entreprit de fonder une banque unique et colossale sur les ruines de toutes les institutions rivales. Ses plans, poussés avec une habileté et une persévérance extrêmes, allaient être couronnés de succès, lorsque le héros de la Nouvelle-Orléans, effrayé de cette tendance antidémocratique, fit adopter une loi qui empêcha l'établissement de la nouvelle banque. Les sympathies du public hésitèrent un instant entre ces deux grands hommes ; mais le général Jackson, sans s'en inquiéter plus, se mit à serrer de près son antagoniste, qui, pour échapper à ses étreintes et à celles de ses créanciers ameutés subitement contre lui, ne trouva d'autre moyen que de battre prudemment en retraite et de venir s'établir parmi nous. »

Pendant que mon guide me racontait ainsi les hauts faits de ses compatriotes, nous fûmes abordés par un personnage à la figure rubiconde et à la carrure athlétique. Il était armé jusqu'aux dents et portait, derrière le dos, serré dans sa ceinture de cuir jaune, un énorme couteau de chasse. « C'est, me dit mon guide après que cette étrange apparition se fut éloignée, le colonel X... du Mississippi. Il vient d'arriver du Texas, par voie de terre, ayant traversé le Mexique dans sa plus grande largeur. Une aventure bizarre, et qui fait beaucoup de sensation, même ici, où nous commençons à être un peu blasés en fait de merveilleux, lui est arrivée. La voici en peu de mots. Le corps que commandait le colonel X..., corps composé de bons fermiers de l'Ouest, étant arrivé à Durango, ville fortifiée du Mexique qui compte plus de trente-cinq mille âmes, trouva la population dans un morne désespoir. Des Indiens de la tribu des Apaches, qui habite les bords du Colorado, s'étant présentés l'avant-veille au nombre de cinq cents, avaient menacé la ville de pillage, à moins qu'on ne leur livrât sur-le-champ cinquante femmes et un nombre égal de jeunes filles. Les descendants dégénérés de Cortés tremblent aujourd'hui rien qu'à la pensée d'un Apache ; aussi les habitants de Durango passèrent-ils, après quelques velléités de résistance, par les conditions imposées, et les Indiens repartirent pour le Colorado, emmenant, avec les femmes, tous les troupeaux qu'ils rencontrèrent sur leur route. Instruit de ces faits, le colonel X... offrit de poursuivre les ravisseurs et de ramener les captives, moyennant paiement d'une somme de 4 000 piastres (20 000 francs) au retour. La ville accepta la proposition avec joie et souscrivit sur-le-champ une déclaration portant témoignage de cet engagement. Le colonel X... partit avec ses amis et, le troisième jour, il atteignit les Indiens, qui s'étaient rabattus sur leur tribu. Les deux parties en vinrent aux mains. On se battit à cheval, à coups de *rifles*. L'adresse des Indiens est telle qu'ils savent, tenant d'une main la crinière de leur cheval lancé au galop, se coucher le long de ses flancs, en ne présentant aux balles de leurs ennemis que la plante d'un de leurs pieds, celui-là même qui, pressé fortement contre le dos du cheval, aide à maintenir cet étrange équilibre ; néanmoins ils furent mis en déroute complète. Les balles du colonel X..., grâce à ce coup d'œil infaillible qui distingue le chasseur américain et qui fait qu'aucun objet, quelque petit qu'il soit, ne peut échapper à l'atteinte de son arme, allaient se loger, à la grande terreur des Indiens, dans le pied resté à découvert. Au bout de sept à huit jours d'absence, le colonel X... rentra à Durango ; il avait perdu trois de ses compagnons, mais il ramenait les captives. Loin de lui témoigner de la reconnaissance pour sa bravoure, les habitants de Durango refusèrent de payer la somme convenue et ordonnèrent aux Américains de quitter la ville. À ce message insolent, le brave colonel répondit qu'il ne se retirerait que lorsqu'on lui aurait remis les 4 000 piastres, et que, faute d'y accéder dans les vingt-quatre heures, lui et les vingt-sept hommes dont il disposait encore s'empareraient de Durango. La réponse produisit son effet. L'alcade de Durango apporta, le lendemain, les 4 000 piastres en espèces, après quoi le colonel X..., pour employer sa propre expression, *secoua la poussière de ses pieds* et reprit tranquillement sa route. »

Ce qui surprend le plus à San Francisco, c'est la rareté des vols, malgré les facilités de tout genre qui s'offrent aux mauvais instincts de la population suspecte agglomérée dans la ville. Ainsi, dans les cours des maisons particulières, devant les portes, dans les rues, sur les places publiques, partout en un mot, on se heurte contre des tas de marchandises venues de tous les points du globe et éparpillées là, en apparence sans protection ni surveillance aucune, et pourtant jamais les filous, les flibustiers de profession qui se promènent par la ville ne s'avisent d'y toucher. La raison en est que, comme beaucoup d'autres pays du globe, la Californie a son code de morale particulier, code accepté et reconnu de tous. Ainsi il est bien permis de s'y passer le caprice d'un coup de couteau ou de pistolet dans une affaire de vengeance ou dans une querelle ; mais toucher au bien d'autrui, c'est la plus grande des énormités : une vingtaine de balles partent à l'instant des tentes et des maisons environnantes et vont chercher le voleur. Marchand, mineur, batelier, tout le monde quittera sur-le-champ ses occupations pour s'élancer à sa poursuite, car tout le monde est intéressé à empêcher le vol, et cependant il n'y a ni gendarmes ni soldats pour veiller spécialement sur les intérêts du public. Un tel état de chose éveillera au premier moment un sentiment d'étonnement et presque d'indignation : on ne conçoit pas qu'un gouvernement puisse manquer à son devoir le plus essentiel, au point de ne pas accorder à un pays qui s'est rangé sous sa bannière une protection officielle et directe ; mais beaucoup de choses que l'Européen a peine à concevoir paraissent à l'Américain naturelles et simples. La société, suivant lui, n'est qu'un ensemble d'éléments intelligents et libres, dont chacun se trouve attiré, par une espèce d'affinité propre, vers sa place naturelle. L'intervention du pouvoir civil, à moins d'un besoin extrême, ne ferait, suivant les Américains, que déranger cette tendance, entraver cette gravitation, et il vaut mieux se charger soi-même de la répression de certains désordres sociaux que d'abandonner ce soin à l'État et de se placer dans une sorte de tutelle permanente. Ne plaignons pas trop les Américains d'être ainsi constitués. Si nous voulons, en Europe, admettre le peuple, dans sa généralité, à participer au pouvoir politique, il faut que nous apprenions à compter, comme les Américains, beaucoup sur nous-mêmes et peu sur notre gouvernement, pour modérer et contenir la fermentation inséparable de toute large intervention populaire. Lorsque la bourgeoisie mit en avant pour la première fois la prétention, alors exorbitante en apparence, de marcher de pair avec la noblesse, cette dernière s'en alarma grandement : c'était, à ses yeux, l'anarchie, le chaos, dont on menaçait la société. Peu à peu, cependant, les nobles en ont pris leur parti : ils se sont mêlés au gouvernement nouveau, ils l'ont dirigé, et, dans quelques pays de l'Europe, ils l'ont même fait tourner à l'avantage de leur propre cause. Il faut que les classes moyennes imitent à leur tour cette sage conduite. Il ne leur reste qu'un moyen d'échapper aux dangers de l'avènement de la démocratie : c'est de travailler à éclairer les masses en même temps qu'à les contenir, c'est de faire de la cause commune leur propre cause, et de ne point craindre de descendre dans l'arène chaque fois qu'on menace la tranquillité publique.

Un fait extrêmement curieux me frappe à San Francisco : c'est la popularité dont y jouissent ceux qui se sont trouvés à même de montrer de la fermeté et du courage civil. Ainsi il y avait aux environs de Sacramento, au moment où je le visitais, un alcade dont le district avait d'abord servi de rendez-vous général à tous les mauvais sujets venus du dehors. Les crimes y étaient de chaque instant, les délits encore plus. Le brave alcade n'avait, pour les uns comme pour les autres, qu'un seul et même moyen de répression. « Pendez ! » fut invariablement sa réponse, courte, mais énergique, lorsqu'on amenait un inculpé devant son tribunal. Le peuple, qui remplissait lui-même les fonctions de licteur, ne se le faisait pas dire deux fois : *il pendait*, puis allait vaquer à ses occupations ordinaires dans une bonne humeur parfaite. S'agissait-il d'un coup de poignard, d'un vol de mouchoir de poche ou de pipe, l'arrêt était toujours le même : « Pendez ! » et s'exécutait toujours à la lettre et sans miséricorde. Si par hasard quelqu'un faisait l'observation : « Mais l'inculpé peut ne pas être coupable ; voyons, écoutons sa défense. — Ah ! bah ! répliquait l'alcade ; vous le savez bien, citoyens, il n'y a pas d'innocents parmi nous. S'il n'a pas commis le délit en question, il en a commis d'autres, ici ou ailleurs. Pendez ! » Les assistants se regardaient en souriant, puis allaient mettre l'arrêt à exécution.

À cette époque, on suivait l'ancien système espagnol, qui, laissant tout pouvoir à l'alcade, n'admet pas l'intervention du jury. Plus tard, ce système fut modifié, les Américains éprouvant une répugnance invincible à se passer d'un accessoire qui seul empêche la justice de dégénérer en despotisme. Il est vrai que l'adoption du jury ne servit, dans les circonstances où l'on était alors, qu'à rendre la procédure un peu plus grotesque. Que de fois n'a-t-on pas vu un jury de douze ivrognes se constituer en juge pour un autre ivrogne ! Le verdict de culpabilité, verdict presque invariable, était à l'instant suivi de la formule favorite de l'alcade : « Pendez ! » Alors on voyait la scène la plus étrange qui se puisse imaginer. Le président du jury, lui-même fortement pris de vin, tirait de sa poche une Bible et en lisait un chapitre au malheureux condamné. Puis, chaque juré l'embrassait en l'assurant qu'un sentiment de devoir avait dicté seul son verdict. « Allons, camarade, ajoutaient-ils, du courage ; il reste encore quinze minutes à passer ici-bas pendant qu'on prépare la corde. Comment désires-tu les employer ? Veux-tu une pipe et du tabac ? On te les donnera. Veux-tu du *brandy* ? En voilà. » Puis, jury, condamné et spectateurs allaient s'enivrer tous ensemble.

Un jeune Parisien de bonne famille avait monté un petit débit d'eau-de-vie et y faisait rapidement fortune. Une difficulté seule s'était présentée pour lui. Parmi ses pratiques se trouvait un Américain, matelot déserteur, qui venait à chaque instant lui demander à boire pistolet à la main et ne payait que rarement ou jamais. Las de cette persécution, notre jeune compatriote eut recours à l'alcade pour le faire cesser. Le brave magistrat écrivait alors un verdict de mort qu'il venait de prononcer. À la plainte que l'on faisait, il ne répondit point ; seulement, lorsque les circonstances eurent été détaillées, il étendit la main, prit sur la table, à sa droite, un pistolet à deux coups et l'offrit au plaignant, le tout sans lever les yeux de dessus son papier. « Qu'est-ce que c'est, monsieur l'alcade ? qu'est-ce que c'est ? Que voulez-vous ? — Prenez, dit le magistrat avec son laconisme habituel. Vous vous laissez insulter, donc vous n'avez pas de pistolet. Prenez, vous me le rendrez après. » Notre jeune marchand rentra sous sa tente, ramassa tout ce qu'il put emporter et quitta le pays pour toujours. « J'ai 60 000 francs, m'a-t-il dit en me racontant ce trait ; la tête me reste encore sur les épaules. Au diable, l'alcade et ses subordonnés ! Je rentre en France par le prochain courrier. »

Peu de semaines avant mon passage à San Francisco, le peuple fut appelé à nommer les délégués à une convention qui siège en ce moment à Monterey. Les élections furent très disputées sur la plupart des points. L'alcade du Sacramento fut seul élu à l'unanimité, tant il est vrai que, dans les États-Unis d'Amérique comme en Turquie, sous une république comme sous une monarchie, rien ne vaut, comme moyen de popularité, un caractère ferme et énergique, une volonté qui s'exprime par des actes hardis et non par des paroles vagues. Ce qui répugne le plus aux masses, c'est l'indécision et la faiblesse de caractère. Elles ne se laissent pas aisément prendre aux apparences, et plus d'un homme qui serait timide dans la vie habituelle grandirait subitement sur un théâtre et devant un auditoire populaire, tandis que le pourfendeur de salon rentrerait dans l'obscurité, jugé par l'instinct des masses et humilié à tout jamais. Au reste, ce qui montre que les Américains savent au besoin unir la hardiesse et la décision à l'amour de l'ordre, c'est un conflit récent dont la Californie a été le théâtre.

Il s'était formé, dans les premiers temps qui ont suivi la découverte des mines, une bande composée d'Américains, de Français et d'Anglais, sous le nom de *hounds* (limiers). Son but avoué était de réunir, au moyen de souscriptions volontaires, de quoi secourir ceux de ses membres qui, n'ayant pas réussi aux mines et se trouvant incapables de travailler, désireraient rentrer dans leurs patries respectives. Chaque membre, pour signe distinctif, portait une raie sur le bras gauche. Pendant quelque temps, on n'eut qu'à se louer des *hounds*, qui seuls maintenaient l'ordre à San Francisco en prêtant main-forte aux autorités chaque fois que l'on cherchait à le troubler. Peu à peu, cependant, des querelles s'élevèrent entre eux et les Chiliens, qui, très versés dans les procédés d'extraction de l'or et travaillant par bandes, obtenaient facilement de beaux résultats. Les *hounds* notifièrent donc aux Chiliens qu'ils avaient à quitter les lieux et à rentrer dans leur pays, et, sur leur refus, ils leur livrèrent bataille. Vaincus dans plusieurs rencontres, les Chiliens se réfugièrent tous à San Francisco. Les *hounds* les y suivirent ; chaque jour, il s'y élevait des rixes sanglantes ; il n'y avait plus ni paix ni sécurité dans la ville, car les malfaiteurs de tous pays, flairant le désordre et voulant y trouver du profit, s'en mêlèrent. On saccagea des maisons, on brûla des magasins. On pilla des dépôts de vins et de spiritueux, le tout impunément. Pourtant les habitants de San Francisco, passant à côté de cette anarchie, couraient à la douane, faisaient leurs achats, s'occupaient, en un mot, de leurs affaires, comme s'ils n'avaient rien eu de commun avec les combattants et aucun intérêt engagé dans leur querelle. Les Anglais seuls, habitués à une puissante protection de la part de l'État, amis par excellence de la discipline, s'étonnaient et s'indignaient, protestant contre l'indifférence coupable du gouvernement de Washington. Les choses en étaient là lorsque le bruit se répandit à San Francisco que, dans un campement de Chiliens, les *hounds* s'étaient livrés la veille à d'épouvantables excès, qu'ils avaient massacré plusieurs femmes après les avoir indignement outragées sous les yeux de leurs maris, puis mis le feu aux tentes et brûlé les cadavres. La nouvelle de ces atrocités arriva à San Francisco le soir. Le lendemain, de grand matin, un nommé Brannan, chef d'une secte appelée mormons qui venait de s'établir dans le pays, se dirige vers la grande place en agitant violemment une sonnette qu'il tenait à la main. Les habitants se réveillent et se rendent vers le même endroit, curieux de savoir ce dont il s'agissait. Brannan monte aussitôt sur une table et harangue la foule, devenue nombreuse et compacte. Homme du peuple, son langage fut grossier, mais franc et énergique. « Nous sommes donc des lâches, des misérables et des infâmes ? Nous restons ici les bras croisés et le nez en l'air pendant qu'une bande de brigands commet sous nos yeux des atrocités qui crient vengeance ! Attendrons-nous qu'ils viennent outrager nos propres femmes et nos filles ? Aujourd'hui, c'est le tour des étrangers ; mais demain notre tour, à nous, viendra. Américains, j'ai honte de vous ! Vous êtes des égoïstes et des lâches ! Quant à moi, je saurai défendre ma famille et mon bien. Je rentre chez moi à l'instant pour m'armer de mes pistolets, et je jure par le ciel que je brûlerai la cervelle au premier *hound* que je rencontrerai. Que tous ceux d'entre vous qui sentent battre leur cœur me suivent et fassent comme moi ! » La foule répondit à l'appel de son chef. Le cri « Aux armes ! » retentit d'un bout de la ville à l'autre. Français, Anglais, Allemands, Américains, tous s'enrôlèrent pour cette croisade. Le soir, on avait enlevé tous les chefs des *hounds*. Le brave alcade du Sacramento en fit justice expéditive avec sa formule concise et favorite : « Pendez. »

À partir de ce moment, l'ordre le plus parfait n'a cessé de régner, non seulement à San Francisco, mais dans tous les environs. Au reste, depuis le mois de septembre, il existe une police régulière à San Francisco : elle ne se compose que de quinze hommes ; mais ce sont des hommes énergiques et déterminés. Ils suffisent parfaitement à leur tâche ; ils consentent même, moyennant une assez belle somme, il est vrai (3 onces d'or par homme), à ramener tous les déserteurs.

On peut évaluer à deux mille par jour le nombre des personnes qui arrivent par mer en Californie. Chaque nation d'Europe est largement représentée dans ce mouvement d'émigration. On reconnaît les navires américains aux trois hourras formidables que poussent leurs passagers et leur équipage au moment de mouiller dans le port de l'Eldorado.

Un simple manœuvre peut gagner en ce moment 150 piastres par mois (750 francs). Les cuisiniers gagnent facilement 300 piastres par mois, et les ouvriers, charpentiers, forgerons, etc., reçoivent des salaires plus élevés encore. Chacun se sert à soi-même de domestique, et des hommes riches de plusieurs millions se voient dans la nécessité de cirer leurs propres bottes et de remplir chez eux les fonctions multiples, mais prosaïques, de la femme de ménage.

La vie matérielle n'est pas d'une cherté excessive pour l'ouvrier. La viande fraîche, qui abonde encore, se vend 1 franc 25 centimes le demi-kilogramme ; le bœuf salé et le biscuit, deux produits dont le marché est encombré, ne coûtent pas plus cher qu'en Europe. J'en dirai autant des spiritueux, qui en ce moment s'écoulent fort difficilement. Il y a peu de semaines, il en était de même pour les vins de Bordeaux, dont on rencontrait des caisses jusque sur les places publiques, et que personne ne voulait plus acheter. Tout à coup les travailleurs aux mines s'abattirent en masse sur ce produit et enlevèrent en un instant tout ce qui s'en trouvait. Ce revirement était dû à une opinion propagée parmi eux par quelque spéculateur intéressé, à savoir que les spiritueux de toute sorte occasionnaient des fièvres auxquelles on pouvait échapper en se bornant à l'usage du bordeaux.

Il est difficile, sinon impossible, de renseigner bien exactement le commerce de France sur le genre de produits qu'il devrait expédier à San Francisco. Les distances sont telles que le marché peut se trouver encombré depuis plusieurs semaines lorsque le chargement demandé arrivera à sa destination. Bien que la consommation soit immense pour certains articles, il s'en importe des masses si formidables, et par tant de voies, qu'il s'écoulera encore longtemps avant qu'on puisse asseoir sur les besoins de cette place un calcul tant soit peu certain. Ce n'est pas seulement des États-Unis et d'Europe que la Californie reçoit ses produits manufacturés. La Chine lui en fournit aussi et en très fortes quantités, ainsi que Manille et Sydney. Par ailleurs, il n'existe pas de marché voisin où l'on puisse verser le trop-plein des marchandises accumulées sur la place de San Francisco. Les îles Sandwich, l'Oregon et les provinces russes de l'Amérique du Nord, seuls centres de consommation qui se présentent dans cette partie de la mer Pacifique, ne peuvent soulager que faiblement dans des crises de ce genre. Tout est loterie encore, et le négociant d'Europe qui envoie des expéditions vers ce point lointain a chance égale de gagner ou de perdre 500 %.

Les choses changeront de face dès qu'on aura achevé les magasins et dépôts qu'on est en train de construire à San Francisco. Alors les marchandises qui arrivent dans un moment d'encombrement pourront s'entreposer, en attendant une occasion plus favorable. Le commerce français devrait s'appliquer maintenant à emballer ses produits de manière qu'ils aient le moins besoin possible, en arrivant sur les lieux, de l'intervention de nouveaux bras. Tel article qui produirait des bénéfices considérables, s'il se présentait sous forme transportable, occasionne des pertes, faute de cette précaution. Je citerai pour exemple les vins et les eaux-de-vie, qui se placent beaucoup plus avantageusement expédiés en caisses que lorsqu'on les offre à l'acheteur en pièces. La main-d'œuvre, en un mot, est nécessairement le grand régulateur de toutes choses dans un pays où elle a encore une valeur si exorbitante.

[...] Au moment où je quitte la Californie, une foule d'émigrants français se presse dans les rues de San Francisco et aux mines ; un grand nombre de nos bâtiments sont mouillés sur rade. De nouveaux arrivages du Havre, de Nantes, de Bordeaux et de tous nos grands ports s'annoncent à chaque instant. Les relations déjà si étroites entre la France et la Californie n'en sont pourtant encore qu'à leur début : les produits français — l'eau-de-vie surtout, ce grand produit qui est pour notre navigation nationale ce que les houilles sont pour la Grande-Bretagne, les cotons pour les États-Unis — y trouveront dorénavant un débouché immense et chaque jour croissant. C'est dans ce mouvement d'expansion imprimé à notre commerce que gît surtout à nos yeux l'importance de la découverte qui a transformé les plaines du Sacramento en un grand centre d'affaires. Nos armateurs vont s'habituer aux expéditions à long terme, ils apprendront à se passer des primes, cette triste ressource qui obère le trésor, qui encourage la fraude, et qui le plus souvent est fatale à ceux mêmes qu'elle doit secourir. Si, grâce à la Californie, notre commerce retrouve un peu de cette activité entreprenante qui l'animait autrefois, la part de la France dans l'Eldorado américain sera encore assez belle, et c'est sans envie que nous pourrons, dès ce jour, voir le drapeau de l'Union flotter sur les bords du Sacramento.

Patrice Dillon
San Francisco, 2 octobre 1849.

Jules de France

Les cris de la ville

*Parmi les personnages hauts en couleur arrivés à San Francisco en 1848, Jules de France occupe une place à part. Républicain convaincu, aimable escroc, fondateur du premier journal français (*Le Californien, *écrit... à la main), auteur d'une pièce de théâtre,* M. Gogo en Californie, *il gagnait sa vie, un temps... comme bonne d'enfants. Ses multiples frasques et ses tours pendables lui valurent d'être chassé de la ville, et il mourut à La Havane.*

L'année dernière, à pareille époque, San Francisco n'était qu'un immense cloaque, où bêtes et gens s'engloutissaient à chaque pas. Cette vaste fondrière sillonnée en tous sens par des baraques et des tentes offrait le plus étrange spectacle qu'il soit possible d'imaginer. Une foule compacte et affairée s'agitait dans la boue avec une insouciance toute philosophique. Ici pataugeait bravement un habitué du boulevard chargé d'une caisse de vin dont la saveur lui était plus connue que le poids, là, un agent de change chargé de charbon souriait à un notaire chargé de farine, plus loin un médecin vendait des cigares, et là-bas un sous-préfet cirait des oranges.

Tout émigré sans profession manuelle devenait portefaix. C'était la condition *sine qua non* du déjeuner et du dîner, voilà le secret de cette transformation fantastique. Excepté le commerce établi sur une grande échelle, toutes les conditions grouillaient ensemble dans la crotte, et si jamais l'égalité a existé quelque part, c'est assurément à San Francisco qu'on l'aurait trouvée dans toute son acception. [...]

San Francisco était une immense loge de fous. L'écume des nations se rencontrait dans trois ou quatre cents tripots. Le jeu, l'ivrognerie, la débauche étaient, il y a quelques mois encore, les seuls dieux encensés à San Francisco. Mille piastres sur une carte étaient une mise ordinaire et quotidienne, l'ivresse un état normal et la débauche une distraction. Aussi est-ce avec joie que nous proclamons un retour sérieux à la grave civilisation américaine...

San Francisco renaît de ses cendres

Trois fois consumé aux deux tiers, trois fois San Francisco est sorti de ses cendres plus riche et plus beau. Comme l'amiante que le feu blanchit, trois fois nous avons vu San Francisco sortir de son linceul de flammes plus radieux et plus paré !

Dans quels lieux du monde trouverez-vous un planchéiage comparable à celui de San Francisco ?

D'où peuvent venir ces immenses madriers qui, placés en travers de la rue, forment un parquet qui semble attendre la brosse du frotteur ? En combien de temps l'administration a-t-elle accompli ce magnifique travail ? En trois mois !

Les travaux particuliers des propriétaires, poussés rapidement à l'aide d'effrayants déboursés, n'ont pas peu contribué à l'embellissement de la ville. De magnifiques maisons, construites en briques, s'élèvent aujourd'hui aux angles des principales rues, et peuvent ainsi opposer une digue à l'incendie, le cas échéant.

La rue Montgomery, la grande artère de San Francisco, était, l'année dernière, une rivière de boue qu'il était impossible de traverser à gué. Voyez-la aujourd'hui ! Continuellement sillonnée en tous sens par une foule commerçante, c'est elle qui alimente l'activité du *Wharf Central.* Or, le Wharf Central est encore une merveilleuse création américaine. Il s'agissait d'une conquête sur la mer. Ce gigantesque travail, terminé rapidement, comme toujours, a donné une seconde ville à San Francisco, et le voyageur étonné peut voir aujourd'hui une nouvelle Venise, s'avançant fièrement dans la mer, et courant, pour ainsi dire, au-devant de ses vaisseaux. Cette interminable jetée, ce vaste promontoire de bois, permet aux plus gros navires d'accoster à tribord et bâbord ; les trois-mâts du plus fort tonnage, les vapeurs les plus grands et du tirant d'eau le plus profond peuvent opérer leurs déchargements, chargements et transbordements sans avoir recours soit à leurs embarcations, soit à des chalands de transport. Goélettes et sloops y arrivent de Stockton, Sacramento City, le Pueblo, etc.

Les petits métiers de San Francisco

L'intelligence et le travail ont placé sur toute la côte de l'admirable baie de San Francisco des laboureurs, des jardiniers, des chasseurs qui approvisionnent la place avec abondance. Les canards et les oies sauvages pullulent. Chevreuils, antilopes, cerfs se vendent de 70 dollars à 80 dollars, un ours de 600 kilos, 200 dollars. Nous n'avions pas même de salade, cette luzerne des gourmands, mais un beau jour San Francisco se mit au vert. Un Français, deux Français, trois Français venaient de découvrir cette espèce de *raiponce* que nous mangeons aujourd'hui avec plaisir et abondance. Dès lors naquit l'industrie du *saladier* ; cet homme de génie, armé seulement d'un couteau et de son mouchoir de poche, se mit à gagner tranquillement de 6 dollars à 8 dollars par jour. Nous avons connu un chirurgien et un vétérinaire qui employaient fort agréablement, l'un son bistouri, l'autre sa flamme, à la grande joie du *saladier*, leur nouvelle profession.

À cette industrie de *verdurier* succédèrent rapidement d'autres industries de table, les chercheurs de moules, de crabes, de homards, d'hermites et autres coquillages, les établissements en plein vent, les échoppes-restaurants, les petits gâteaux et les petits verres, à des prix réduits. Il va sans dire que ces industriels, la plupart bacheliers ès lettres, ès sciences même, préféraient ce genre d'occupation à des travaux plus pénibles. Mais, hélas ! Le nombre de ces savants travailleurs s'accrut de jour en jour et les bénéfices tombèrent alors que la concurrence s'établit. Les inventeurs, ayant réuni le capital nécessaire pour aller aux mines, partirent incontinent, et les autres continuèrent à grand-peine leurs petites industries, travaillant encore aujourd'hui pour arriver au même but — but, hélas ! qui pour presque tous n'est qu'une désillusion de plus...

Mais à quoi, bon Dieu ! faut-il attribuer cette affluence de navires qui, de tous les points du monde, viennent jeter des myriades de malheureux sur la plage californienne ? L'Europe a-t-elle le délire, et la France, particulièrement, est-elle devenue folle ? C'est l'or, dit-on, c'est l'or qui tourne les têtes, c'est l'or qui ôte esprit et raison...

Jules de France,
in Public Balance, 28 janvier 1851.

Samuel de Lapeyrouse

Misères oubliées...

Suite des aventures de Lapeyrouse, où l'on retrouve Pindray et Charles Duane, dans un duel fameux...

Ce fut le 13 juin 1851 qu'après avoir dépassé l'étroit goulet nommé Golden Gate (Porte d'or) qui débouche dans la baie de San Francisco, nous y faisions notre entrée solennelle aux hourras étourdissants de tous, passagers et équipage. Bientôt nous étions en face de la ville et nous jetions l'ancre près de Goat Island (l'île aux Chèvres), à quelques encablures du Long Wharf. Il y avait juste six mois et demi que nous avions quitté la France.

On a dit de la rade de Rio de Janeiro que tous les vaisseaux de l'univers pourraient y manœuvrer à l'aise. Je réclame pour celle de San Francisco et je prétends que non seulement toutes les flottes de l'univers, mais encore celles de *mille autres lieux*, comme chante Fontanarose dans le *Philtre*, y évolueraient facilement ; c'est assez indiquer quelle est son immense étendue. Et si j'ajoute qu'elle a sur sa rivale, qui est fort découverte, le précieux avantage d'être englobée dans une ceinture de montagnes et de recevoir dans son sein les eaux de plusieurs rivières, on n'hésitera pas à la proclamer la merveille de toutes les baies connues.

À part le splendide décor qui l'entourait, San Francisco n'offrait pas, au début, un aspect bien remarquable. Ce n'était qu'une succession de collines presque nues, au sol profondément sablonneux et aux environs desquelles commençaient à peine à surgir quelques maigres constructions en planches. Au bas s'étendait une zone un peu moins montueuse où se développaient rapidement les quartiers principaux ; mais c'était surtout sur le rivage que tout le mouvement s'était concentré. D'immenses quais, bâtis sur pilotis et nommés *wharfs*, s'avançaient dans la baie jusqu'à une distance considérable. C'était là qu'à l'arrivée des navires se concluaient tous les marchés, que se faisaient tous les engagements d'employés, et que la prodigieuse activité de toute cette population exotique trouvait l'aliment qui lui était nécessaire. Ces *wharfs* disparurent plus tard et devinrent des rues superbes et bien alignées, grâce aux miracles opérés par les ingénieurs américains qui déplacèrent les monticules arides qui environnaient la ville pour en combler la rade et y improviser une seconde terre ferme. À partir de ce moment, le riche commerce et les élégants établissements publics se portèrent vers ces nouveaux quartiers et de belles maisons en briques s'y construisirent promptement, avec portes et contrevents en fer et toit en forme de bassin-terrasse pour conserver l'eau des pluies, en prévision des incendies. Le plus bel édifice, à l'époque dont je parle, était le théâtre Jenny Lind, situé sur la Plaza Mayor, et dont la façade assez imposante, toute en pierres de taille venues d'au-delà des mers, la Californie n'en produisant pas, avait coûté un prix excessif. Rue Dupont, on remarquait encore le théâtre Adelphi, où jouait une troupe française assez bonne. Notre arrivée avait été signalée par le sémaphore qui domine la montagne du Télégraphe.

Aussi, à peine mouillés fûmes-nous entourés par une flottille d'embarcations. Ceux qui les montaient entamèrent une véritable lutte pour grimper à bord *bons premiers*, car il s'agissait pour eux d'une affaire capitale, l'embauchage immédiat et à n'importe quel prix des femmes qui se trouvaient sur le navire. La Californie étant toute fraîche éclose, le beau sexe d'Europe y manquait encore et les chefs d'établissements publics ne regardaient pas à payer 2 000 ou 3 000 francs *par mois* pour avoir la primeur de l'exhibition de ces dames derrière leurs bars, à leurs tables de jeu ou... ailleurs. Comme je l'ai dit, nous avions embarqué un échantillon varié de ce délicat article de spéculation, d'un placement partout assez facile et qui, à San Francisco plus qu'en aucun lieu, ne devait pas tarder à entrer promptement dans la circulation publique ; mais je ne crois pas cependant que nos aimables compagnes de voyage eussent jamais rêvé un aussi magique début.

Mon premier pas sur le sol californien devait être un étonnement. Je venais de débarquer avec Sophrone et Émile Amouroux, et nous allions par les rues en quête d'un logement provisoire. J'avisai, sur la Plaza Mayor, étagée sur les marches de California Exchange, toute une file de décrotteurs fort déguenillés et, m'approchant de l'un d'eux qui me parut moins sale que les autres, je lui dis en lui présentant ma botte :

— Allons, l'ami, astique-moi ça proprement... Ça en a besoin !...

L'artiste qui, en me voyant venir à lui, s'était empressé de s'armer de ses outils et avait, sans trop me regarder, saisi mon pied pour le placer sur sa planchette, releva subitement la tête en entendant le son de ma voix ; ses traits exprimaient un doute, une indécision qui me frappèrent et je l'examinai plus attentivement à mon tour. Soudain, comme poussés par le même ressort, nous nous jetâmes dans les bras l'un de l'autre, mais dans ce fraternel élan, la main qui tenait la brosse au cirage me rasa de trop près la figure et déposa sur mon nez une couche d'un si beau noir que le décrotteur voisin, un Nègre du plus pur ébène, eût pu en être humilié.

— Est-il possible ! m'écriai-je... Comment, c'est vous, mon pauvre André ?...

— En chair et en os, comme vous voyez... Et peut-être plus en os qu'en chair, car le métier ne va guère...

Et alors mon ancienne connaissance me mit au courant de toutes les tribulations qu'il avait endurées depuis qu'il était en Californie ; je les résumerai en quelques mots. Jeune sous-préfet sous Louis-Philippe et dégommé par la révolution de février 1848, sans fortune et sans avenir à cause des opinions politiques de sa famille, le comte André de Saint-F... était parti un des premiers pour la Californie. Là, après avoir réalisé aux mines une somme relativement importante, il ne lui avait pas fallu longtemps, le jeu, les femmes et la bonne chère aidant, pour se trouver plus pauvre qu'en débarquant ; et pour retourner aux placers, il amassait maintenant, réal par réal, la cinquantaine de piastres qui lui étaient indispensables. Je rencontrai, pendant quelque temps encore, mon malheureux compatriote et j'eus plus d'une fois l'honneur de confier ma chaussure, moyennant 1,25 franc, à son noble coup de brosse. Puis, il disparut, et oncques plus je n'en entendis parler.

Cette première impression, reçue ainsi au débotté, n'avait rien d'encourageant. Mais je n'étais pas au bout de mon rouleau !

Je m'étais installé, avec Sophrone, dans une vaste habitation en bois située à la Petite Baie, un peu loin du centre de la ville. Je me mis immédiatement en mesure de chercher une position, et à cet effet je me présentai chez un négociant français, nommé Chauviteau, pour lequel j'avais une chaleureuse lettre d'introduction d'un de ses anciens amis de Paris. Très froidement accueilli par ce personnage, qui tenait alors le haut du pavé de la banque à San Francisco, je compris que, dans ce pays, la meilleure recommandation c'était sa poigne et son courage, et je déchirai incontinent les autres lettres de même valeur dont j'étais porteur.

J'ai passionnément aimé la chasse et l'on verra plus loin combien mon adresse me rendit de services. Or, un matin j'avais pris mon fusil et j'étais allé faire ma première exploration dans une plaine très sablonneuse et parsemée de rares arbustes rabougris, qui séparait San Francisco de la Mission Dolorès. Je venais de tirer et d'abattre un petit loup du pays, un coyote, et je rechargeais mon arme dont la crosse était appuyée perpendiculairement sur le sol. En la relevant pour continuer ma course, je vis briller quelque chose dans le creux que l'extrémité de l'épauloir avait empreint sur le sable, je me baissai, et à ma grande stupéfaction, je ramassai... Quoi ? Une vieille once espagnole au millésime de 1719 ! Ainsi donc, dans un endroit désert, assez éloigné de la ville, d'une très vaste étendue et à peine hanté, le hasard faisait précisément tomber ma crosse sur cette pièce de monnaie échappée, il y avait peut-être un siècle, de la bourse d'un *caballero* ou d'un muletier, et qui, selon toutes les probabilités, devait demeurer enfouie pour l'éternité dans cet océan de sable ! N'y avait-il pas vraiment, dans cette rencontre étrange, de quoi singulièrement frapper une vive imagination ? Comment l'or se trouvait, au sein des solitudes californiennes, même à l'état monnayé ! Quel pronostic pour ma fortune ! Je ne pus me défendre, je l'avoue, d'un grain de superstition, et ayant percé cette once fabuleuse d'un petit trou sur le bord, j'y passai une fine lanière de cuir et la suspendis sur ma poitrine. Hélas ! ce talisman resta toujours pour moi sans effet et n'eut une réelle valeur que pour un banquier de Monte qui me le gagna dans un jour de déveine. J'aurais dû garder ce souvenir !

Le soir, après nos journées bien remplies, nous allions visiter, Sophrone et moi, les établissements publics de la ville, et surtout ses extraordinaires maisons de jeu. Il y en avait un grand nombre, et les rues Kearney, Commercial, Pacific, Dupont, Montgomery, ainsi que la Plaza Mayor renfermaient les plus courues, parmi lesquelles je citerai la Polka, dont j'aurai à reparler dans le cours de mes récits, les Arcades, Diana, Bella Union et l'Eldorado. Rien de brillant et malheureusement d'attractif comme ces maisons ; le luxe y était effréné, on y trouvait toutes les séductions, et la moins dangereuse n'était pas celle des charmantes sirènes qui trônaient derrière les bars somptueux. À la table de jeu, le mineur ou le marchand pouvaient encore défendre leur argent, car le hasard n'était pas toujours impitoyable pour eux ; mais quand ils s'aventuraient à tenter une autre partie près de ces dames, dont ils étaient du reste constamment bien accueillis, ils pouvaient être sûrs qu'il ne leur resterait pas dans le gousset de quoi acheter un cigare pour rentrer chez eux. Je pourrais bien facilement rappeler les noms de ces aimables mineuses d'or frappé, dont quelques-unes firent et surent garder une jolie fortune, mais je m'en abstiens parce que plusieurs d'entre elles se marièrent plus tard à d'honorables négociants et se sont conduites depuis avec une décence parfaite, du moins j'aime à le croire !

Dans les bas quartiers de San Francisco, et surtout aux alentours des *wharfs*, on voyait un grand nombre de bouges où le jeu n'était pas moins animé que dans les salles magnifiques que je viens de nommer. Ces antres borgnes offraient à l'observateur des études saisissantes sur les types divers des étrangers qui les fréquentaient, et c'est là seulement qu'on retrouvait encore la manière primitive dont le jeu se pratiquait à l'époque où les espèces monnayées manquaient presque absolument. Rien de plus excentrique et de plus simple à la fois : devant le banquier et devant chaque joueur était placé un assortiment de verres de dimensions décroissantes, en nombre égal, depuis le verre à vin jusqu'au verre à liqueur ; on prenait celui dont la grandeur correspondait à l'importance de la mise qu'on voulait risquer, on le chargeait de poudre d'or au tas que chacun avait devant soi, en faisant le niveau avec une carte, et si l'on perdait, on versait tout bonnement son contenu devant le banquier, lequel, à son tour, si vous aviez gagné, prenait le verre similaire au vôtre, le remplissait, l'égalisait aussi et le vidait devant vous. J'ai toujours regretté de n'avoir pu essayer de ce système si bizarre, et quand plus tard je me trouvai possesseur d'une certaine quantité de poudre d'or, il était complètement délaissé, car bientôt les espèces affluèrent à ce point que chaque gros banquier ou négociant pouvait en frapper à son gré. Je noterai principalement la maison Davidson, qui émit assez longtemps des pièces d'or de 250 francs, dites octogones, à cause de leurs huit côtés, et de minuscules demi-dollars.

J'avais fait la connaissance, à la Polka, d'un jeune Américain nommé Nichols, excellent et digne garçon que j'aimai bientôt comme un frère et qui devint un de mes compagnons les plus assidus. Il fut depuis sénateur de l'État de Californie.

Nous nous trouvions un soir à l'Eldorado, au coin de la Plaza Mayor, maison très fréquentée par les Mexicains, grands amateurs de *monte*. Nous nous tenions debout près d'une table encombrée d'une double haie de spectateurs qui paraissaient extraordinairement excités, car en face du tailleur était assis un individu assez pauvrement vêtu qui jouait un jeu d'enfer. Il avait attaché à ses deux cuisses, pour la tenir ouverte, les courroies de cuir d'une énorme sacoche remplie de doublons, et il y puisait par poignées qu'il jetait sur le tapis et qu'il fallait renouveler sans cesse, car le banquier avait véritablement une chance insolente. Tout y passa bientôt. Alors le décavé renoua tranquillement les cordons de son sac, le glissa dans sa ceinture, et, du même mouvement, en tirant un long poignard et prompt comme l'éclair, il le plongea dans la poitrine de son vainqueur qui empilait orgueilleusement ses onces. Je laisse à penser la bagarre qui s'ensuivit. Deux camps se formèrent aussitôt et le sang coula en abondance. Nichols et moi, nous nous hâtâmes de détaler, et comme nous franchissions la porte, nous aperçûmes tout à côté, sur le trottoir en bois, le cadavre du malheureux que le maître de l'établissement venait d'y faire déposer, sans autre forme de procès, par ses garçons. Je l'y revis encore le lendemain matin ! J'en eus une véritable émotion, car je n'étais pas encore familier avec ces scènes de sauvagerie, et mon âme n'était pas doublée alors, comme elle le devint plus tard, de *l'oes triplex* dont parle le poète latin ; mais j'étais à bonne école, comme on le verra, pour me corser le cœur.

C'était le dixième jour de notre arrivée, le 23 juin 1851. Tout à coup, un incendie immense, alimenté par des milliers de tonnes de spiritueux et de barils de poudre qui éclataient comme des bombes colossales, courut sur la ville entière, poussé par le souffle d'un vent d'ouest furieux. Pendant quatre jours, le feu fit des ravages qu'il était impossible d'arrêter, car l'eau manquait et toutes les habitations n'étaient qu'en planches. La moitié de San Francisco, qu'un autre incendie venait déjà de maltraiter le 4 mai précédent, resta cette fois sous les cendres. C'est ici qu'il faut admirer la puissance de l'activité humaine ! Sur les ruines toujours fumantes, on commença à l'instant même la reconstruction des quartiers détruits, et moins de quinze jours après ce terrible sinistre, chacun rentrait chez soi et reprenait sa vie fiévreuse.

Je n'étonnerai probablement personne en disant qu'à cette époque San Francisco était un véritable coupe-gorge. Il n'y avait aucune police, aucune force armée, et si l'on y voyait quelquefois un uniforme, ce n'était que lorsqu'un des quinze soldats qui gardaient le petit fortin de l'entrée de la rade, appelé Presidio, venait en ville pour y faire des provisions. Tout le monde était donc formidablement armé de revolvers Colt à capsules, car les revolvers à broches ou à percussion centrale étaient loin d'être alors inventés. Non seulement la ville était peu sûre, mais les environs en étaient aussi fort dangereux. Cette menace sans cesse suspendue sur la sécurité publique ne pouvait pas durer, on s'émut de l'absence complète de toute autorité répressive et chacun se résolut à se protéger soi-même. Les plus jeunes et les plus déterminés se réunirent à cet effet et constituèrent promptement ce fameux comité de Vigilants qui rendit tant de services.

Après quelques actes de vigueur déjà fort appréciés, ce comité fit un coup de maître qui débarrassa le pays de deux bandits qui portaient la terreur au milieu des habitants. C'étaient deux *convicts* anglais, échappés de Sydney, nommés Stewart et Mackenzie[1], féroces personnages dont on ne comptait plus les vols et les assassinats. Un soir qu'on les avait vus entrer dans une mauvaise Posada de Clay Street, où ils devaient passer la nuit, on prit le parti d'en finir et on les attaqua vigoureusement. Ils opposèrent une résistance désespérée et ne cédèrent qu'au nombre des assaillants, dont quelques-uns furent blessés et un autre fut tué. Mais on les tenait et c'était le principal. Le juge du district, informé de cette aventure, réclama les prisonniers, et le comité de Vigilants eut le tort de les lui remettre.

Quinze jours après, ces deux brigands, qui regorgeaient d'or déposé chez leurs affiliés, prenaient la clef des champs et ne tardaient pas à recommencer leur vie de pillage et de massacres. La rage du comité de Vigilants fut indescriptible, et on convint qu'il fallait, coûte que coûte, s'emparer de nouveau de ces misérables. On se divisa par escouades de huit à dix hommes bien montés et l'on se mit en campagne pour battre la contrée dans la direction du Pueblo de San José, où l'on avait appris que Stewart et Mackenzie opéraient dans le moment.

Je faisais partie de l'expédition avec mon ami Nichols, mais notre peloton n'eut pas la gloire de la capture des deux sacripants. Elle fut dure à accomplir, car poursuivis, traqués comme des bêtes fauves, ils avaient fini par se réfugier dans une masure abandonnée par des bergers, et il fallut un siège en règle, qui coûta la vie à trois des nôtres, pour en avoir raison. Cette fois, ils ne devaient pas échapper à leur sort.

Nous rencontrâmes les deux *convicts*, bien garrottés, à deux lieues environ de San Francisco et, nous joignant à leur escorte, nous entrâmes ensemble dans la ville. Là, les choses marchèrent vite. À la première maison où nous aperçûmes une de ces fortes poulies qui servent à monter les sacs et les caisses — c'était à l'entrée de Montgomery Street —, nous fîmes halte, et dix minutes après les corps de ces deux gredins se balançaient à 20 pieds au-dessus du sol. Stewart, qui avait été blessé, mourut promptement ; mais Mackenzie, un vigoureux gars, mit plus de temps à rendre sa vilaine âme au diable, nous offrant la vue d'un spectacle extraordinaire que quelques savants ont décrit,

1. Il s'agissait, en fait de Samuel Wittaker et de Robert Mackenzie (voir p. 158).

mais que je suis assez embarrassé pour raconter. Je pourrais placer ici une tirade latine, puisqu'il est convenu, je ne sais trop pourquoi, que

Le latin dans les mots brave l'honnêteté.

Je me contenterai de rappeler que la pendaison produit parfois le gonflement rapide de la langue du patient, qui atteint alors facilement, hors de la bouche, le volume d'une petite betterave. Ce phénomène pathologique a une correspondance intime avec un autre organe, dont Mackenzie nous donna, ce jour-là, la preuve la plus développée.

Pendant cette application sommaire de la loi de Lynch, je n'étais pas resté inactif et je ne fus pas un des moins ardents à tirer sur la corde qui terminait les exploits de ces deux forbans. L'occasion était rare de mettre le proverbe à l'épreuve et j'en coupai un morceau que je conservai longtemps dans ma poche ; mais ce nouveau talisman ne conjura pas mieux mon mauvais sort que mon premier fétiche, la vieille once espagnole, et un jour, étant à la chasse aux mines et manquant de bourres, je le réduisis en étoupe et en chargeai mon fusil.

Après cette cruelle mais nécessaire exécution, San Francisco reprit le calme et la confiance, et l'on put voyager dans les alentours avec une certaine sécurité. D'ailleurs, le gouvernement américain, jaloux de l'initiative hardie du comité de Vigilants et de la popularité qu'il s'était acquise, se décida à prendre quelques mesures indispensables et il envoya un corps de troupes fédérales tenir garnison dans la capitale californienne.

C'est à cette période de ma vie que se place ma connaissance avec le marquis de Pindray et voici comment elle se fit. J'étais allé chasser, avec Nichols et Émile Amouroux, à Tamascal, de l'autre côté de la baie, et après une journée de fatigues bien payées par les pièces abattues, nous étions entrés dans une taverne de Pantaluna. Tout y était sens dessus dessous et, dans une bagarre confuse, nous n'aperçûmes tout d'abord qu'un long gourdin manié par un homme terrible, tournoyant comme un moulinet et venant tomber comme une massue sur les têtes ou les épaules des adversaires de cet athlète. Notre apparition décida de sa victoire, car les mots en langue française dont ce vaillant champion accompagnait ses horions formidables nous avaient fait reconnaître un compatriote, et en une seconde nous étions à ses côtés. La taverne fut lestement évacuée, non sans qu'on nous tirât quelques coups de revolver de loin, mais personne ne fut atteint. Voici ce qui s'était passé. Ce Français, qui n'était autre que le marquis de Pindray, installé dans les environs et d'où il approvisionnait San Francisco de gibier, avait eu la fantaisie de faire, avec son *capataz* mexicain, une partie de billard dans la taverne de Pantaluna ; il l'avait trouvée occupée par une bande de Yankees qui paraissaient passablement avinés.

Après avoir attendu assez longtemps, le marquis s'approcha d'un joueur et lui demanda poliment quand il comptait finir. À une réponse insolente, notre compatriote, d'une nature peu patiente et d'une force musculaire que sa frêle apparence ne permettait pas de soupçonner, envoya son brutal interlocuteur, d'un mirifique coup de boxe appliqué sur la tempe, rouler à trois pas de distance. Il fut aussitôt assailli par le reste de la troupe, mais se dégageant par un suprême effort, il saisit une queue de billard par son bout le plus effilé et se mit à assommer ses agresseurs avec une science approfondie du bâton et une vigueur irrésistible. Je crois vraiment que le marquis aurait eu raison, sans nous, de ses adversaires ; toutefois notre présence hâta son triomphe et nous restâmes maîtres de la taverne. À partir de ce jour, une amitié sincère s'établit entre nous deux et ne se démentit pas un seul instant jusqu'au jour où de Pindray partit pour son expédition de la Sonore, dont je ferai un peu plus loin le complet historique.

Mais avant d'aborder cet intéressant sujet, je veux encore raconter un événement digne du caractère excentrique et téméraire du marquis, qui se produisit, quelques semaines plus tard, en pleine salle de la Polka.

Il y avait à San Francisco un Américain du nom de Charles D..., haut de 6 pieds, bâti en hercule, et qui était littéralement la terreur de tous les établissements publics. On lui avait vanté la force et le courage du marquis de Pindray et il avait juré qu'il donnerait quelque jour une verte leçon à ce *French dog*. Ils se rencontrèrent un soir à la Polka, et le marquis, qui connaissait les desseins du Yankee, alla droit à lui et, le regardant de son œil gris, dur comme le fer et acéré comme une lame :

— Je suis le marquis de Pindray ! lui dit-il avec calme... Or, paraît-il, vous voulez me donner une leçon !... Quoique je ne vous aie jamais rien fait, puisque je ne vous connais pas, je l'accepte ! Commencez donc...

Charles D..., malgré son aplomb ordinaire, resta tout d'abord décontenancé devant un pareil sang-froid. Il se remit bien vite, et d'une voix grossière :

— Je l'ai dit et je le ferai, répondit-il... Là où je règne, il n'y a pas place pour un rival !...

— Je n'étais pas le vôtre, reprit le marquis, mais je le deviens aujourd'hui... Vous êtes un polisson !

À cette injure, Charles D... tendit vivement le bras vers le revolver qu'il portait enfermé dans sa gaine. Mais le marquis, le saisissant au passage et le serrant comme dans un étau, continua tranquillement :

— Je suis sans arme, et vous n'allez pas, je pense, m'assassiner !...

— Soit ! fit le Yankee en grinçant des dents... Nous nous retrouverons demain !...

— Pourquoi demain ?... Ces querelles doivent se vider sur l'heure... Et quant à un revolver, je m'en procurerai facilement un, ajouta de Pindray en regardant autour de lui.

Il m'aperçut et, venant à moi :

— Cher ami, prêtez-moi le vôtre, me dit-il en me pressant la main.

La foule qui encombrait la Polka trouvait à cette scène un ragoût extraordinaire et montrait pour le marquis une sympathie prononcée.

Ce que comprenant, Charles D..., qui tenait à conserver sa réputation de bravache, consentit à une rencontre immédiate et se disposait à gagner la rue, lorsque le marquis l'arrêta :

— Où allez-vous ?... C'est ici même, devant tous, que j'entends recevoir la leçon que vous m'avez promise !... Voyons, messieurs, faites-nous place !...

Quel régal qu'une lutte entre ces deux hommes ! On se massa vivement sur deux côtés de la vaste enceinte de la Polka, de façon à ménager une large allée d'au moins 10 mètres où les champions devaient prendre position, et on attendit.

Charles D..., qui n'avait certes pas prévu un dénouement pareil, sembla un moment interdit ; mais reprenant rapidement ses airs de matamore, il s'écria d'une voix forte :

— *All right, sir !*

Et il s'avança dans le champ clos où déjà l'attendait le marquis de Pindray.

L'anxiété des spectateurs était à son comble. On connaissait l'adresse des deux combattants, et il était évident qu'un malheur était proche.

— Mon cher Carrière, dit le marquis au chef de l'établissement, veuillez frapper trois fois dans vos mains... Nous sommes prêts !

Au signal, quatre coups de feu éclatèrent, tous tirés précipitamment par Charles D... sans que de Pindray eût été touché ; son chapeau seul fut troué par un projectile.

Alors le marquis, levant pour la première fois son arme :

— Je ne veux pas vous tuer, car un meurtre inutile est une vilenie indigne d'un gentilhomme, mais je vais vous mettre dans l'impossibilité, pour longtemps, de faire du mal aux autres...

Et d'une balle unique, il lui cassa le bras droit à la hauteur de l'épaule.

Ce duel est resté légendaire à San Francisco.

Raousset-Boulbon

San Francisco, hiver 1850

Gratter le sol comme un goret, à la recherche de pépites ? Très peu pour lui. Raousset se cabre, dès son arrivée, et on le devine quelque peu désorienté devant ce maelström en furie brassant toutes les races, toutes les classes, mettant le Vieux Monde cul par-dessus tête. Ses lettres le montrent habité d'une sorte d'ironie amère, et l'on se dit que ce sera sa faiblesse, cette distance qu'il garde dans l'action, ce côté esthète quoi qu'il fasse — à la différence d'un Pindray, devenu un des rois de la ville, dont on dirait qu'il fait sienne toute la violence de l'époque.

Un temps, Raousset s'essaie à la chasse, à l'imitation de Pindray, redoutable tireur qui fournit à la ville, à prix d'or, des quantités énormes de gibier, mais il découvre rapidement qu'il lui manque, pour réussir, d'avoir vécu, comme le marquis, la rude existence des trappeurs. La pêche qu'il pratique quelques semaines à bord d'une baleinière ne lui est guère plus favorable. Il se tourne alors vers le métier de débardeur, s'associe au comte de La Madelène, achète trois chalands, travaille dès l'aube « pour se briser les muscles », dit-il, et porte la grosse chemise rouge du mineur avec des airs de dandy...

[...] En savez-vous maintenant assez sur la Californie, pour vous faire une idée de ce que deviennent nos Français, nos *voyous* de Paris, nos anciens troupiers, notre plèbe remuante et passionnée, ignorante, brutale, spirituelle et enthousiaste, après deux ou trois ans de cette vie californienne ? Ici, la liberté individuelle n'est tempérée que par la résistance facultative de chacun. Le même homme est souvent et en même temps gendarme, juge et bourreau...

Dans ce pêle-mêle, un marquis de... est commis de son ancien coiffeur, passé banquier. Un ancien banquier, ex-millionnaire, sollicite une place de croupier dans la maison de jeu d'un ancien hercule, qui manie aujourd'hui plus d'or qu'il n'a fait jadis de boulets de 48... M. H., ancien colonel de hussards, lave et repasse des chemises ; un ex-lieutenant de vaisseau est porteur d'eau ; le vicomte de... est garçon de cabaret et aspire au jour où il passera cabaretier ; je ne sais quel duc est décrotteur...

Vous faites-vous maintenant une idée, je le répète, du dévergondage, de la licence, de la négation de toute loi où l'on arrive après deux ou trois ans de ce carnaval ? Et pourtant ! avec cette justice fantasque, cette force armée nulle, cette police absente, cette organisation problématique, tout marche ! Ô philosophes ! ô politiques ! ô théoriciens ! ô gouvernocrates !...

Bénard de Russailh

San Francisco

Et voici le morceau de bravoure de Bénard de Russailh. Toujours content de lui, certes, mais se lançant hardiment dans la ville en folie, osant dix métiers, oubliant au passage quelques-uns de ses préjugés — quel plaisir gourmand dans ces pages de journal ! Et quel témoignage il aurait pu nous donner, aussi, sur la vie dans les placers, si le choléra ne l'avait emporté au moment où il allait s'installer...

Me voici donc arrivé au but de mon voyage. Me voici enfin dans cet Eldorado dont les merveilles ont retenti dans l'univers entier. Je marche sur un sol qui renferme de l'or en quantité immense et je puis peut-être parvenir à saisir la fortune après laquelle je cours.

Je débarquai le soir même de mon arrivée. Le mardi 4 mars, à 9 heures du soir, je mettais le pied sur le Long Wharf. Je m'occupai de suite de chercher un hôtel où je pourrais passer la nuit. Mon ami Louis et deux autres passagers de chambre étaient débarqués avec moi. Nous suivîmes le Wharf, traversâmes Montgomery Street, remontâmes Commercial Street, et après avoir traversé Portsmouth Square, nous gagnâmes Dupont Street, où se trouvait un hôtel français, l'hôtel de l'Alliance, où l'on nous avait assuré que nous pourrions trouver un lit à peu près confortable. L'impression que je ressentis en traversant la ville fut tout à fait favorable. Il n'en pouvait être autrement d'ailleurs ; après six mois de navigation, après un si long temps passé en contemplation devant les mêmes spectacles, le plus pauvre village indien paraîtrait une ville somptueuse. L'éclat des lumières de Commercial Street, le mouvement qui régnait dans les rues que j'avais parcourues m'avaient tout de suite donné de la ville une tout autre idée que celle que je m'en étais faite. Comme tant d'autres émigrants, j'avais cru ne trouver en arrivant qu'une ville encore dans l'enfance, édifiée seulement de quelques tentes et de misérables huttes où l'on trouverait à peine un abri suffisant contre les intempéries des saisons. Grand fut mon étonnement quand, au lieu de ce que je pensais trouver, je vis de grandes et belles rues, bien coupées, et des maisons en bois et en briques régulièrement alignées. Au lieu d'une terre boueuse et gluante, je me promenais sur un parquet, grossièrement travaillé il est vrai.

Tout en faisant ces réflexions, j'arrivai à Dupont Street avec mes amis. Nous entrâmes à l'hôtel de l'Alliance et nous demandâmes un gîte pour la nuit, ne sachant pas si nous y resterions plus longtemps. On nous donna une chambre dans laquelle on posa quatre matelas par terre avec une couverture : c'étaient les lits qu'on nous avait promis. Le dernier dîner que nous avions fait à bord avait été très léger, on n'avait guère songé qu'à admirer le spectacle de la nature nouvelle qui se déroulait devant nos yeux, aussi, à l'heure de la journée où nous nous trouvions, notre estomac commençait-il à avoir besoin de se réconforter. Notre premier soin, en arrivant, fut de commander un souper qui pût nous dédommager un peu de toutes les privations que nous avions subies pendant notre traversée. Une mayonnaise de homard, un poulet rôti, quelques viandes froides et plusieurs bouteilles d'assez bon vin de Bordeaux ne tardèrent point à nous remettre. À 1 heure du matin nous étions encore à table, oubliant presque que nous venions de débarquer dans un port étranger, à 6 000 lieues de la France, et ne songeant pas le moins du monde que la misère pouvait nous accueillir et que la fortune dans ce pays pouvait très bien n'être qu'une chimère. Notre gaieté naturelle nous était revenue à la fin du souper et elle ne fit que s'accroître encore quand on nous introduisit dans notre chambre à coucher. Le jour vint à paraître que nous riions encore de tous les lazzis plus ou moins spirituels inspirés par le vin et débités par chacun de nous.

Nous devions être plusieurs jours sans pouvoir obtenir nos effets. Il y a, pour la douane, une masse de formalités à remplir, par-dessus lesquelles il n'est pas très facile de passer, de sorte que nous avions loisir de nous promener, d'examiner la ville, d'étudier la place, et de voir de quel côté se tourner pour se tirer d'embarras. Nous sortîmes donc le matin de bonne heure, avec cette curiosité et cet empressement qu'éprouve le voyageur en arrivant dans un pays entièrement neuf pour lui. De Dupont Street où nous étions logés, nous descendîmes par Washington Street à Portsmouth Square, grande place carrée autour de laquelle sont construites depuis longtemps déjà de magnifiques maisons en briques. C'est là que l'El Dorado, la Verandah, la Bella Union, Parker House, l'Empire et California Exchange étalent aux yeux des joueurs des sommes énormes qu'ils ne gagnent jamais et qu'ils viennent au contraire augmenter chaque jour en y laissant le fruit d'un travail laborieux et pénible.

Nous continuâmes à descendre Washington Street et nous nous trouvâmes bientôt dans Montgomery Street, qui est la rue Saint-Honoré de San Francisco. Elle occupe presque toute la longueur de la ville. Les principaux banquiers et le haut commerce sont établis dans cette rue. À chaque pas on entend remuer des sommes d'or énormes, on voit régner partout une activité prodigieuse qui témoigne de l'importance des affaires qui se traitent à San Francisco. De jolis magasins ornent cette rue et les différents drapeaux et pavillons dont presque toutes les maisons sont pavoisées lui donnent un aspect des plus bizarres et des plus curieux.

Nous quittâmes Montgomery Street et prîmes, à gauche, Commercial Street, qui devait nous conduire sur les bords de la mer à l'extrémité du Wharf. Cette rue extrêmement passagère offre un aspect curieux. Des boutiques en pleine rue, des éventaires presque à chaque porte, où sont étalées les provisions de toutes sortes qui arrivent de l'autre côté de la baie, en font un véritable marché. Une immense quantité de voitures parcourt cette rue du matin au soir, allant chercher à bord des navires qui viennent d'Europe leurs chargements et portant à bord des bateaux à vapeur de Sacramento, Stockton, Marysville, Trinidad et Humboldt les provisions nécessaires pour alimenter les mines. De nombreux magasins occupent presque toute la longueur de la rue. Ils sont tous encombrés de marchandises. Les pavillons qui flottent à presque toutes les maisons donnent à la ville l'aspect d'une foire perpétuelle.

Le Long Wharf est un quai en bois jeté sur la mer, bâti sur pilotis et qui tous les jours, lorsque la mer monte, est arrosé de ses eaux. La plus grande partie de San Francisco, celle surtout qui se trouve comprise depuis Montgomery Street jusqu'à la mer, est entièrement bâtie sur pilotis. On a comblé depuis quelques années les endroits extrêmes où la mer apportait ses eaux, on a gagné chaque jour un peu de terrain et la ville s'est ainsi augmentée des conquêtes faites sur la mer.

À l'extrémité du Wharf on jouit d'un coup d'œil magnifique. Des milliers de navires de toutes les nations encombrent la rade immense, que l'œil ne saurait mesurer. Plusieurs flottes y pourraient manœuvrer à l'aise. À chaque instant de nombreux bateaux à vapeur sillonnent la rade, emmenant et ramenant les mineurs qui vont exploiter sur les rivières Yuba et Feather, au nord, Calaveras et Stanislaus au sud, les filons aurifères ensevelis dans la terre. L'île de Yerba Buena, l'île aux Cerfs, l'île des Pélicans, malgré leur aridité, rompent un peu la monotonie du tableau qu'offre la rade. De l'autre côté de la rade, en face de la ville, s'élèvent majestueusement les montagnes de la Sierra Nevada, dont le sommet constamment couvert de neige semble vouloir atteindre les cieux.

Il règne dans toute la ville une activité des plus grandes, le commerce est fort florissant et les opérations commerciales doivent rapporter des bénéfices magnifiques à ceux qui ont assez de capitaux pour s'y livrer, parce que les débouchés sont immenses.

Les principales rues de San Francisco sont Montgomery Street et Commercial Street, où se sont établis beaucoup de Français : à cause de cela on appelle aussi ce quartier French Town. Washington Street, Kearney Street, Sansome Street, Sacramento et California Streets, Pacific et Jackson Streets ont aussi une certaine importance. Les *wharfs* les plus fréquentés sont le Long Wharf, Pacific Wharf et Cunningham Wharf.

Le principal monument de San Francisco, si toutefois on peut appeler monument une grande maison à trois étages construite moitié en bois, moitié en briques, en forme de chalet avec des escaliers en dehors, c'est la douane. Placée à l'encoignure de Montgomery et de California Streets, la douane domine toutes les autres maisons de la ville et le pavillon américain qui flotte en haut de la maison indique suffisamment aux émigrants qu'il y a là un monument public avec lequel ils devront bientôt faire connaissance. Malheureusement pour eux, ils sont forcés pendant le premier mois de leur débarquement d'y faire de fréquentes visites et d'y laisser chaque fois un peu de l'argent qu'ils apportent de France, pour acquitter des droits énormes sur des objets d'une valeur des plus minimes. Car là, les droits sont tout à fait arbitraires. Aucune loi ne régit encore pour la Californie les différents objets d'exportation. Tout est laissé au bon plaisir du *collector*, qui ne se fait pas faute de percevoir le plus qu'il peut. Aussi la place de *collector* à la douane est-elle extrêmement enviée. On cite partout un *collector* qui, après trois mois d'exercice dans ses honorables fonctions, s'est retiré avec 800 000 dollars (4 millions de francs). La douane, à San Francisco, est une véritable forêt de Bondy où on vous met à chaque instant le pistolet sous la gorge pour vous dévaliser.

*
* *

Plus de quinze jours après mon arrivée à San Francisco, je n'avais pu encore obtenir mes bagages et le peu de pacotille que j'avais apportée avec moi. La douane n'en finissait pas avec son inspection et il fallait forcément subir toutes ses lenteurs. Enfin le jour arriva où il fut signalé à tous les passagers du *Joseph* que la visite de la douane était terminée et que chacun pouvait venir retirer du bord ce qui lui appartenait. Fatigué et ennuyé d'être resté quinze jours dans l'inaction la plus complète, je fus un des premiers à bord et ne tardai pas à emporter mes biens. Mon ami Louis, depuis notre arrivée, était tombé dans un état d'apathie et de découragement tel qu'il ne voulait plus déjà s'occuper de rien, et me laissait le soin de le débarrasser des quelques marchandises qu'il avait apportées avec lui. Je pris donc une embarcation sur le Long Wharf et me fis transporter à bord. Là, je chargeai rapidement mes malles et caisses et celles de mon ami et ne tardai point à regagner la terre, non sans avoir eu quelques difficultés avec la douane, qui voulait m'astreindre à acquitter des droits pour quelques paniers de champagne et deux caisses de papeterie. Pour lever ces difficultés, j'imaginai d'ouvrir un des paniers de champagne, objet du litige, et d'en faire boire quelques bouteilles aux inspecteurs de la douane qui étaient à bord. Ils le trouvèrent excellent et revinrent à la charge. Cinq ou six bouteilles, je crois, furent savourées en un clin d'œil, et pendant qu'ils étaient occupés à boire et que leurs têtes s'échauffaient, je faisais, moi, passer par-dessus le bord et mettre dans mon embarcation les objets du litige. Quand j'enlevai de dessous leurs yeux le panier de champagne qu'ils avaient goûté pour lui faire suivre la même route qu'aux autres, mes inspecteurs étaient trop ivres pour s'apercevoir de cette infraction aux règlements de la douane. On avait bu, c'est vrai, cinq ou six bouteilles de champagne, mais j'avais esquivé le paiement de 30 ou 40 dollars de frais de douane pour ma pacotille. Le lendemain de ce jour fut employé à déballer tout ce que les caisses renfermaient et je m'apprêtai à en opérer la vente dès le surlendemain.

Foulant aux pieds toute espèce d'amour-propre et de susceptibilité, je m'affublai de ma chemise de laine rouge et pris ma course de bonne heure vers le Long Wharf. Je choisis là un endroit qui me parut propice. Je m'installai une boutique en plein vent avec cinq ou six mauvaises planches et j'étalai ma pacotille, qui se composait d'objets de bien peu de valeur et de futilités. J'avais, entre autres, de la brosserie, de la ganterie, de la parfumerie, de la coutellerie, des chemises de couleur, etc. C'était tout ce qu'il fallait pour un fonds de magasin. Avec ce peu de choses j'étais devenu marchand. Que dis-je ? marchand ! J'étais transformé en négociant. Ma boutique était une de celles du même genre qui étaient les mieux fournies ; il ne me manquait rien dans mes différentes spécialités. Mon petit commerce allait assez bien, le cours des marchandises était assez ferme, je réalisais d'assez jolis bénéfices. Je vendais en effet 6 réaux (3,75 francs environ) une paire de bretelles qui m'avait coûté 60 centimes, une brosse à dents 50 cents (2,50 francs), qui m'avait coûté 15 centimes. Les pots de pommade, les flacons d'eau de Cologne, les odeurs se vendaient à des prix fabuleux : 1 dollar ou 1 dollar et demi (5 francs ou 7,50 francs) pièce. C'était magnifique. Une centaine de vieilles gravures qui s'étaient trouvées, j'ignore par quel hasard, au fond de ma malle ont payé mes dépenses à l'hôtel pendant plus d'une semaine. J'ai vendu jusqu'à 2 dollars (10 francs) des caricatures de Gavarni que j'avais depuis cinq ou six ans et qui avaient été découpées dans d'anciens *Charivari*. Mais ce sur quoi j'ai réalisé les bénéfices les plus fabuleux est vraiment un objet sans aucune valeur. À Paris, on ne fait aucun cas de ces objets-là. On les jette dans la rue, on en brise vingt-cinq à son déjeuner et autant à son dîner, on les foule aux pieds. Ces objets ne se paient dans aucun restaurant tant leur valeur est inappréciable. En un mot, je veux parler des cure-dents. J'avais acheté pour mon usage personnel, avec la pensée d'en distribuer à tous mes amis et connaissances, deux grosses boîtes de paquets de cure-dents (deux cent quarante-huit paquets environ). Il me prit un jour l'idée d'en mettre quelques paquets dans ma boutique. À peine étaient-ils sortis de mon panier qu'un *gentleman* s'arrête devant ma boutique, l'examine, regarde les gravures et mes différentes marchandises et prend un paquet de cure-dents entre ses mains. « *How much ?* (Combien ?) », me dit-il. J'avoue que j'étais fort embarrassé, car je ne savais vraiment pas à combien je devais coter cet article. J'étais si loin de penser qu'on viendrait m'en marchander que je n'y avais pas même songé. Je les aurais volontiers donnés gratis à celui à qui ils auraient pu faire plaisir, mais dans ce pays-ci rien ne se donne, tout se vend. Alors, tâchant de prendre un air très sérieux, je répondis : « *Half dollar, sir* (2,50 francs, monsieur). » Il me regarda et me dit : « *It is not possible, that is very little* (Cela n'est pas possible, c'est très peu). » Je ne savais pas s'il plaisantait ou s'il parlait sérieusement. J'ignorais s'il allait se fâcher d'un prix aussi exorbitant ou s'il allait m'acheter les quatre paquets que j'avais en étalage. J'allais lui dire : « *That is nothing for you, sir* (Ce n'est rien pour vous, monsieur) », quand je le vis prendre avec empressement les quatre paquets et me payer *two dollars* (10 francs). Ma surprise fut grande, mais ma joie plus grande encore. Je m'étonnais moi-même d'être devenu négociant si promptement. Le lendemain, je ne manquai pas d'en mettre le double en vente. Ils furent enlevés au même prix en quelques instants. En négociant consommé, je me dis alors : « Les cure-dents manquent sur la place, indubitablement. Il n'y a que moi qui ai cet article, il faut en tirer parti et faire une grande spéculation. » Pénétré de l'idée de cette importante affaire, je passai ma soirée entière à diviser tous mes paquets de cure-dents et à faire deux d'un seul. L'idée était sublime. Je réalisai des bénéfices considérables. Tous mes cure-dents furent vendus en moins d'une semaine à raison de *half dollar* (2,50 francs), c'est-à-dire douze cure-dents pour 2,50 francs. Je riais de tout mon cœur quand un badaud venait m'acheter douze cure-dents et me donnait 2,50 francs sans dire un seul mot. Si j'avais eu à ce moment un navire de 1 500 tonneaux entièrement chargé de cure-dents, ma fortune était faite en deux mois. Je reprenais le steamer et j'arrivais de suite en France. Mais, malheureusement pour moi, je n'avais que quatre cent quatre-vingt-seize paquets.

Mon commerce allait toujours. Ma boutique commençait à être très achalandée. Je savais attirer la pratique par mes propos engageants ; un mot plaisant à celui-ci, une niaiserie à celui-là, un à-propos à cet autre, un sourire à celle-là, un coup d'œil significatif à cette autre, un compliment par-ci par-là, enfin tout allait au gré de mes désirs. Mes marchandises s'épuisaient. Il fallait songer à les renouveler si je voulais continuer mes opérations. L'occasion se présenta pour moi d'acheter une partie d'horlogerie : des montres d'argent, chaînes, clefs, etc. Un passager du *Joseph* avait apporté avec lui une assez grande quantité de montres d'argent, les unes avec des verres, les autres avec des cuvettes. Il avait trouvé à se débarrasser d'une partie, mais il lui en restait environ trois douzaines. Nous convînmes d'un prix et j'achetai. Voici à quelles conditions : je payai indistinctement les grosses et les petites montres avec leurs chaînes et clefs à raison de 100 francs la douzaine ; cela les mettait à 9 francs et quelques centimes pièce. Il y en avait qui marchaient pendant dix minutes, d'autres un quart d'heure, d'autres une demi-journée, d'autres une journée entière, mais il y en avait aussi qui, en revanche, ne marchaient pas du tout. Il s'en est trouvé quelques-unes cependant qui étaient excellentes et dont on m'a fait compliment, ce qui flatte beaucoup ma conscience de négociant. J'en porte une moi-même, à double boîte d'argent, que j'ai prise au hasard et qui marche supérieurement. Elle est bien quelquefois comme les jolies femmes, elle a quelques caprices, et des boutades, mais si elle s'arrête un jour entier, le surlendemain elle fait deux fois le tour du cadran, il y a compensation, d'où je conclus que c'est une excellente montre.

Enfin, mon marché conclu, j'étalai mes nouvelles marchandises. La foule s'amassa. Je criais à tue-tête qu'elles sortaient toutes de la fabrique de l'horloger du roi, qu'elles étaient contrôlées et je poussais l'ardeur jusqu'à les garantir pour cinq ans. Le fameux Bréguet ou Lépine n'en feraient pas autant pour leurs montres qui sont cependant des chefs-d'œuvre. Je n'entendais partout que : *How much ? How much ?* (Combien ? Combien ?) L'horlogerie avait été importée en très grande quantité en Californie et n'était pas cotée très haut. Je me contentai donc de gagner un peu plus de 100 % sur chaque montre. Je les vendis presque toutes à raison de 3, 4, 5 ou 6 dollars (15, 20, 25, ou 30 francs), selon la grosseur.

Je rachetai encore quelques petites choses dans les *auctions* (vente à l'encan) et je les revendis, mais difficilement. Mon commerce ne valait plus rien. Je le vis et je songeai immédiatement à me tourner vers un autre genre d'industrie. Avec mon petit commerce et les bénéfices réalisés, j'avais trouvé moyen de gagner un peu d'argent, ce dont j'avais le plus grand besoin puisque j'avais débarqué avec 3,50 francs. J'avais un ami qui voulait bien m'aider, c'est vrai, mais je n'avais à moi, en définitive, que 3,50 francs. Mes dépenses à l'hôtel furent largement payées et j'avais encore une centaine de piastres environ (500 francs) dans ma poche. Avec cela on ne peut pas aller loin dans ce pays. Je le savais et je ne voulais pas me laisser prendre de court.

Sur ces entrefaites, une ordonnance de la ville de San Francisco vint à paraître. Cette ordonnance interdisait les ventes publiques dans les rues et sur les *wharfs* que pratiquaient tous les petits marchands ambulants qui, comme moi, cherchaient à se débarrasser de leur pacotille. Cette ordonnance me fournit l'occasion d'un article de journal que j'envoyai à M. Anselin, qui devint plus tard mon collaborateur, et qui rédigeait alors dans le *Daily True Standard* la partie française du journal. Je dis tout de suite, en passant, que cette partie était loin d'être toujours française. Mais peu importe. On s'en était contenté jusque-là, faute de mieux peut-être. J'envisageais l'ordonnance sous tous ses aspects. Je la discutais et la critiquais sévèrement parce que, disais-je, elle prive une foule d'individus de toutes nations, venus ici avec de faibles ressources, des moyens de réaliser de suite sur leur pacotille quelques bénéfices qui leur permettent de subvenir aux dépenses de toutes sortes dont ils sont accablés au débarquement ; elle leur ôte leurs premiers moyens d'existence et les réduit immédiatement à la misère. On ne pouvait objecter, ajoutais-je, que ces petits marchands, dont la boutique entière ne vaut quelquefois pas 10 dollars (50 francs), faisaient tort aux marchands sérieux et patentés établis dans la ville. L'ordonnance, pour moi, devait être rapportée, etc. etc. Mon article parut dans le journal du lendemain. J'allai dans un café, le café des Artistes, Commercial Street, lire moi-même mon article. J'éprouvai, je l'avoue, un je-ne-sais-quoi indéfinissable à voir ainsi mon nom tout au long signé au bas de cet article. Tantôt j'avais peur, je craignais la critique quand j'entendais quelqu'un demander près de moi : « Quel est ce M. Albert Bénard ? Qui le connaît ? etc. », tantôt au contraire j'étais radieux et fier quand on disait : « Voilà assurément un article qui n'est pas de M. Anselin. Ce n'est pas le même style. Voilà un article bien écrit. » On voyait alors mon nom et on disait : « Ah ! ce n'est pas étonnant, c'est de M. Albert, etc. » J'éprouvai ce jour-là des sensations très diverses, des émotions tantôt bien vives, tantôt bien agréables, premières émotions d'un futur journaliste en Californie. En effet, deux ou trois jours après, je reçus la visite de M. Anselin, qui désirait, me dit-il d'abord, faire ma connaissance et me remercier de l'article que j'avais bien voulu lui adresser, et qui, après une longue conversation, finit par me proposer d'entrer avec lui dans la rédaction du journal, me faisant espérer que j'aurais bientôt seul la rédaction parce qu'il voulait aller aux mines. Je ne me doutais pas le moins du monde de la manière dont on faisait un journal, mais j'acceptai tout de même.

Je ne dois pas omettre de dire que, quand il s'agit pour moi de faire mon entrée en public, de faire en quelque sorte ma profession de foi, je suis fort embarrassé. Que vais-je dire au public ? Que vais-je lui écrire, à ce public toujours disposé à critiquer et à blâmer ce qu'il lit ? Je ne puis cependant entrer à la direction d'un journal, arriver comme une bombe et ne pas m'adresser tout d'abord à lui. Je me décidai donc à lui faire un *speech* dans lequel je parlai de la France, de l'Amérique, du Mexique, de la politique, du commerce, de l'industrie, de l'agriculture, des théâtres, de Napoléon, de Lafayette et de Washington, de la royauté et de la République, enfin cela n'en finissait plus. Je croyais que tout cela n'avait pas le sens commun, et le lendemain je fus vraiment surpris de voir que mes idées avaient une suite convenable, que mes phrases n'étaient pas mal tournées, que... halte là ! c'est vraiment par trop de présomption et d'amour-propre. Il n'y a peut-être qu'à moi que tout cela a paru si joli. Cependant, à partir de ce jour-là, la vente du journal a augmenté. On lisait un peu plus la partie française qu'auparavant. À quoi attribuer ces petits changements si ce n'est... Sot amour-propre qui veut toujours se mettre en jeu ! Si on lisait davantage la partie française du *Daily True Standard*, ce n'était pas du tout parce que M. Albert Bénard la signait, c'était uniquement parce que le public voulait lire, quoi que ce fût. Il eût lu tout aussi volontiers, croyez-le bien, du chinois, de l'indien ou du canaque, s'il avait connu ces langues.

De ce jour j'étais journaliste. Je commençai mon entrée sur la terre américaine un peu comme Jérôme Paturot toujours à la recherche d'une position sociale, à cette différence que la position sociale m'importait peu pourvu qu'elle fût honnête, mais que je m'étais mis à la recherche d'une position financière. Cette position financière, je l'avais trouvée en me faisant journaliste, et certes, si les incendies des mois de mai et de juin n'étaient pas venus détruire la ville de San Francisco, j'aurais fait une petite fortune en quelques années. Un Américain, en effet, avec lequel j'avais fait un traité, s'engageait à me donner une once par jour (80 francs), avec le logement, pour rédiger la moitié d'un journal en français, c'est-à-dire quatre colonnes, l'autre partie devant être en anglais. J'avais en outre pour moi toutes les annonces françaises qu'on m'aurait apportées et une remise sur toutes les impressions que j'aurais procurées à l'imprimerie. Malheureusement, l'incendie du mois de mai détruisit sa maison, quoique construite en briques. Le matériel considérable d'imprimerie qui s'y trouvait fut réduit en cendres, et je vis dans la ruine de la maison s'écrouler une position des plus honorables et des plus agréables, et à travers les nuages d'une fumée sombre et noire les 600 ou 700 dollars (3 000 ou 3 500 francs) que j'aurais touchés en un mois.

Convaincu qu'il fallait avoir plusieurs cordes à son arc pour réussir, et déterminé à tout entreprendre pour parvenir promptement à la fortune, je saisis l'occasion qui se présenta pour moi, alors que j'étais journaliste, d'organiser une troupe de théâtre. Les éléments se trouvaient sous ma main. Des artistes, quelques-uns d'un mérite incontestable, étaient venus par le même navire que moi. En effet, Alexandre Munié avait pendant longtemps tenu les premiers emplois à la Porte-Saint-Martin ; un rôle avait été fait tout exprès pour lui par Lamartine dans le fameux drame de *Toussaint Louverture*. Son frère Jules Munié avait aussi rempli pendant longtemps différents rôles sur les théâtres de Paris. Charlet avait été le comique chéri de la Gaîté, Mme Bruneval avait fait les délices des Folies dramatiques, Lucienne était passée aux Variétés et pouvait remplir convenablement les rôles de grande coquette, Mme Jules Munié était une utilité en tous genres. Enfin, avec quelques utilités qu'on pouvait trouver sous sa main, il était possible d'organiser une troupe passable.

Reçus à *Adelphi Theatre* par la troupe française qui l'exploitait déjà sous la direction de Mmes Racine, Adalbert et autres, tous mes artistes avaient été congédiés après une première représentation. La troupe d'Adelphi craignait avec raison de voir diminuer ses succès et de ne pouvoir soutenir la comparaison avec la nouvelle troupe. C'est donc avec plaisir que mes artistes acceptèrent l'idée d'une concurrence. On monta des pièces, on les répéta avec ardeur, et pendant ce temps, je faisais moi-même, comme directeur, des démarches auprès du propriétaire du *Jenny Lind Theatre* pour obtenir l'autorisation de jouer sur son théâtre. Je finis par m'entendre avec lui et nous tombâmes d'accord sur les conditions.

Le jour de la première représentation fut fixé, mais on voulait un prologue d'ouverture. On y rappellerait au public les causes de la scission avec l'autre troupe, et on expliquerait la détermination prise de monter un nouveau théâtre. Il fallait en même temps faire quelques à-propos, présenter tous les sujets de la troupe sur le théâtre en les faisant parler à tour de rôle, etc. Je fus chargé d'écrire ce prologue. Fort embarrassé, je l'avoue, j'ignorais comment m'y prendre et par où commencer. Il fallait travailler cependant car le jour de la représentation était proche. Enfin, un soir, après un dîner un peu copieux et de nombreuses libations de champagne que m'avaient fait faire les imprimeurs de mon journal, je rentrai chez moi à minuit, je me mis à l'œuvre, et à 4 heures du matin tout était fini. J'avais enfanté *Le Génie de la Californie*, en un acte, avec couplets. La représentation devait avoir lieu trois jours après. Le matin même je portai mon manuscrit au théâtre et en donnai lecture aux artistes. Après quelques suppressions et modifications, la distribution des rôles fut faite et le prologue mis à l'étude.

[...]

Je m'occupai de la confection des affiches. Je fis afficher. Et à chaque pas que je faisais dans la rue, je ne regardais qu'en tremblant les affiches de théâtre sur lesquelles les mots de *Génie de la Californie* étaient inscrits en caractères gigantesques, avec les indications ordinaires : « Prologue d'ouverture par M. Albert Bénard de Russailh. » Il me semblait qu'à chaque pas que je faisais dans la rue, on me regardait en riant et qu'on se disait : « Voilà ce monsieur qui a fait le prologue d'ouverture pour le *Jenny Lind*. Je me promets de le siffler à mon aise si c'est par trop bête et par trop mauvais. » Il me semblait entendre à chaque mot une raillerie. Je fus très malheureux, mais je m'armai de courage et pris mon parti en brave. Le sort en était jeté, il fallait attendre le jour de la représentation. J'attendais avec impatience, mais aussi avec crainte.

Enfin le jour fatal arriva. Je ne savais où me mettre. Il fallait que je sois partout, alors que je voulais me cacher. Ma présence était nécessaire sur la scène, car je joignais à mon emploi de directeur celui de metteur en scène, de régisseur et de contrôleur. J'étais derrière le rideau avant même que la salle ne fût éclairée, et il me semblait déjà entendre des marques de désapprobation. Enfin, une demi-heure avant la représentation, j'allai m'enfermer dans ma boîte de contrôleur et j'attendis qu'on vînt m'acheter à la porte le droit de siffler ou d'applaudir.

Le prix des places était ainsi fixé : loges $ 4 (20 francs), première galerie $ 3 (15 francs), deuxième galerie $ 2 (10 francs), parterre $ 1 (5 francs). C'étaient, du reste, les prix ordinaires. Je tremblais de faire un four complet et je craignais qu'on ne jouât que devant des banquettes. Heureusement je fus agréablement surpris. Grâce à la publicité que j'avais en main, j'avais fait des réclames mirobolantes sur la nouvelle troupe.

Le public arriva en masse, et au lever du rideau la salle était pleine. Les acteurs entrent en scène, on joue mon prologue. Je suis toujours dans ma loge de contrôleur. Une simple cloison me sépare de la salle, j'entends tout ce qui se dit, je tremble à chaque mot de l'acteur, puis je me rassure : le public écoute en silence la première scène, j'ai déjà un grand poids de moins sur le cœur. J'écoute encore. On rit. Est-ce que les paroles ont fait plaisir, ou rit-on de pitié ? je l'ignore. Je tremble plus que jamais, mais bientôt des applaudissements viennent remonter mon courage. Ah ! c'est trop d'émotions. Jamais de la vie je ne m'exposerai plus ainsi en public. L'incertitude qu'on éprouve est pire que la mort. On applaudit encore toutes mes bêtises, mon prologue qui n'a pas le sens commun. J'applaudis moi-même de ce que j'ai trouvé des gens plus bêtes que moi pour applaudir mes bêtises. Enfin le Génie entre en scène. Une salve d'applaudissements l'accueille. Il chante les couplets façonnés sur un air très connu de tous les Français, applaudissements frénétiques. Le couplet de Washington arrive, on trépigne sur tous les bancs. Je crains qu'on ne démolisse les banquettes et que la recette ne suffise pas pour payer les frais. Tous les artistes entrent en scène, le chœur commence, nouveaux applaudissements. On fait recommencer au Génie tous les couplets qu'il a chantés et la toile tombe enfin au milieu des applaudissements de toute la salle. On demande l'auteur avec insistance. On crie, on veut l'auteur à toute force. On vient me chercher dans ma loge. Je refuse de paraître. L'un des acteurs se présente et annonce au public que l'auteur est absent du théâtre. Il ajoute que le prologue est de M. Albert Bénard de Russailh, rédacteur de la partie française du *Daily True Standard*. Mon nom est couvert d'applaudissements.

Le prologue eut quatre représentations consécutives avec le même succès. Je ne tombais pas sous les coups du ridicule, j'étais sauvé. D'un autre côté, la recette avait été assez fructueuse : 600 et quelques piastres (3 000 francs). Là-dessus il fallait, il est vrai, payer les frais tels que la location de la salle, l'éclairage, les musiciens, les contrôleurs aux différentes places, les affiches, etc. Enfin il nous resta environ 5 400 à partager entre huit. Nous avions fait une société et les bénéfices devaient être partagés par parts égales. J'eus $ 50 (250 francs) pour ma part. C'était très joli, mais je ne trouvais pas que c'était payer toutes les émotions que j'avais eues.

Notre théâtre attirait du monde, le public s'y donnait rendez-vous, et je ne doute pas que nous ne soyons parvenus à gagner quelque argent si l'incendie n'était pas venu détruire notre salle. Il était dit que je devais toujours trouver des entraves. Je maudissais souvent mon étoile, mais néanmoins je ne perdais pas courage. Je restai, comme tout le monde, en présence des ruines de la ville, sans occupation et sans emploi. Comme il faut que tout ce qui s'est passé sous mes yeux ait son historique, je vais parler de suite de l'incendie de la nuit du 3 au 4 mai 1851.

*

* *

Je ne sais rien de plus horrible que la fureur des éléments. Contre eux la lutte est presque toujours impossible et si l'on parvient quelquefois à en diminuer la puissance, il arrive un moment où la force humaine ne peut plus rien et où il faut rester spectateur passif du fléau qui, en quelques instants, vous enlève position et fortune et ne vous laisse plus apercevoir l'avenir que sous les couleurs les plus sombres et les plus funestes. Là où les visages étaient riants et presque heureux, là où le commerce et l'industrie déployaient naguère toutes leurs splendeurs, là où s'élevaient d'élégantes habitations, là où flottaient les pavillons des nations de l'univers entier, là où le banquier entassait il y a quelques minutes des bénéfices énormes, produits de ses spéculations hardies, là où l'artisan cherchait, sous un pauvre abri, à gagner son pain et celui de sa famille par un travail assidu, là où les arts avaient établi leur temple, là aussi où les vices les plus ignobles avaient leurs autels, il n'y a plus que ruines, désolation et misère. Il y a aussi, hélas ! la mort et son hideux entourage. *Vanitas vanitatum !* Les richesses acquises ont disparu, toutes ces marchandises apportées à grands frais des ports du monde entier ne sont plus qu'un monceau de cendres. Tout est anéanti, consumé, perdu. Un incendie horrible a nivelé le sol en quelques heures, et on ne voit plus, çà et là, que quelques pans de murailles encore debout, mais qui, calcinés par le feu, vont tomber en poussière avec le premier vent.

San Francisco vient d'être réduit en cendres. Entre 10 et 11 heures du soir, un cri funeste et lugubre se fit entendre dans Portsmouth Square et ne tarda point à retentir dans tous les quartiers de la ville. *Fire ! Fire ! Fire !* (Au feu ! au feu ! au feu !) Tout le monde quitta sa maison et se dirigea vers le lieu de l'incendie. Le feu avait pris dans la maison d'un peintre en décors et en bâtiments demeurant dans Clay Street, à l'angle de la place. Les flammes se communiquèrent rapidement à toutes les essences renfermées dans la maison, propagèrent l'incendie jusqu'aux étages supérieurs et gagnèrent les maisons contiguës. Les pompes accourues en toute hâte firent tous leurs efforts pour arrêter la progression du feu, mais bientôt on fut forcé de reconnaître leur impuissance. Activé par un vent des plus violents, l'incendie avait alors acquis une intensité telle qu'il n'était plus possible de s'en rendre maître ; tout le square dont faisait partie la maison où le feu avait pris naissance était déjà réduit en cendres. Les flammes se communiquèrent bientôt dans Kearney Street, sautant les rues tant leur force était puissante. Clay Street fut aussi en flammes. Le vent changeant un instant, on supposa un moment que la partie principale et commerçante de la ville serait épargnée et que les habitations construites dans la montagne seraient seules touchées. Vain espoir. Le vent qui s'était calmé quelque peu vint à souffler avec une nouvelle violence et communiqua le feu dans Commercial et dans Sacramento Streets en même temps. En quelques instants ces rues furent réduites en cendres, et Montgomery Street et le Long Wharf furent un nouvel aliment pour l'incendie. Bientôt après, la ville était entourée d'un immense réseau de feu d'où il paraissait impossible de sortir. C'était tout à la fois affreux et magnifique à voir. Washington Street, Sansome Street, Jackson Street n'étaient plus que des fournaises ardentes. On voyait s'écrouler comme un château de cartes les principales maisons de la ville. Parker House, Union Hotel, l'Empire, Adelphi Theatre, la douane, l'American Theatre n'offraient plus qu'un vaste monceau de cendres fumantes. La ville présentait un bien triste aspect. Toutes les figures étaient consternées. Les rues étaient encombrées de gens qui couraient en emportant, pour les sauver des flammes, qui ses papiers et registres d'affaires, qui son mobilier, qui ses valeurs et bijoux, qui ses meubles les plus précieux ou nécessaires à son industrie. C'était un désordre affreux. On courait au milieu des voitures dont les chevaux, effrayés par les détonations des poudres qui se trouvaient dans les maisons, prenaient le mors aux dents. Quelques personnes, voulant encore arracher quelque chose aux flammes, se précipitaient dans leurs maisons à moitié embrasées et, bientôt entourées par le feu et la fumée, trouvaient là une mort inévitable. Que de malheureux ont péri ainsi !

Que de personnes dont on n'entendra jamais parler ont été calcinées et réduites en poussière dans cette nuit affreuse !

Quel désastre, grand Dieu ! quelles pertes énormes ! que de découragements, de désespoirs, de suicides ! Là, dans le haut de Washington Street, c'est un négociant qui perd en un jour le travail de deux ans, voit sa maison brûlée, ses valeurs détruites, n'aperçoit plus devant lui que la misère avec son hideux cortège, et se brûle la cervelle en pleine rue, après s'être livré aux démonstrations du plus violent désespoir et avoir donné les preuves certaines d'un accès de folie. Là, c'est un père de famille complètement ruiné, sans abri pour sa famille, qui dans un moment d'aliénation mentale s'arme de son revolver, le décharge sur sa femme, sur son enfant, et se tue sur leurs cadavres. Tableaux horribles qui ne s'effaceront jamais de ma mémoire et y laisseront toujours le plus douloureux souvenir. Ici encore c'est un homme dont les vêtements sont en feu et qui, en se roulant dans les ruisseaux les plus fangeux de la ville, ne peut échapper à la mort qui l'enveloppe. Pendant plus de quinze jours la ville n'offrit aux yeux qu'un monceau de ruines fumantes.

J'ai oublié de relater une circonstance qui faillit me coûter la vie. Je portai cependant les marques de l'accident qui m'arriva assez longtemps pour qu'il m'en souvienne. J'avais une chambre vers le milieu de la rue Commerciale. C'était là qu'était mon office de journaliste, c'était là que j'avais fait apporter quelques meubles que j'avais achetés afin de ne point recevoir dans un taudis toutes les personnes qui venaient me voir pour affaires. Un lit, une table pour écrire, quelques chaises et un divan à moitié usé, voilà quel était mon mobilier. Voyant les progrès de l'incendie et jugeant que la rue Commerciale ne serait pas plus épargnée que ses voisines, je m'occupai de sauver à la hâte tout ce que je pus et de l'aller mettre en sécurité loin du foyer de l'incendie. Il restait encore dans ma chambre mon lit tout garni, matelas, couvertures, une ou deux chaises et une malle dans laquelle se trouvait une partie de mon linge et de mes habits. Au moment où je revenais dans ma chambre pour sauver cela, comme j'ouvrais la porte, le plafond se détacha avec un fracas horrible, me tomba sur la tête, coupa mon front et mon nez et fit jaillir le sang avec abondance. Je tombai et me trouvai bientôt entouré de flammes et de fumée. Je restai quelques minutes étourdi sous le coup qui m'avait frappé, puis je repris mes sens et n'eus que le temps de me sauver. Pendant plus de trois semaines je portai les marques des blessures que j'avais reçues et des coups sous lesquels j'avais failli trouver la mort. Je donnai vite une pensée à ma mère, remerciai Dieu de m'avoir sauvé et cherchai un gîte.

J'avais déposé dans une maison de briques ce que j'avais sauvé de mon mobilier, et comme j'étais exténué de fatigue, couvert de sueur, contusionné, je gagnai l'hôtel de l'Alliance, qui m'avait reçu à mon arrivée à San Francisco. Je posai mon matelas par terre et tombai dessus sans mouvement, résolu à ne plus rien tenter pour sauver mes affaires et à me laisser brûler tout vif si le feu venait à gagner l'hôtel, tant j'étais dans l'impossibilité de faire un mouvement. Je dormis ainsi jusqu'au soir, environ douze heures, sans me réveiller.

Le lendemain de l'incendie et plusieurs jours encore après, on vit les habitants courir à l'endroit où se trouvaient leurs maisons et chercher là, au milieu des décombres fumants, des morceaux d'or et d'argenterie fondus par le feu.

Pendant trois ou quatre jours, l'aspect de la ville fut des plus tristes. On ne voyait que des enterrements de personnes mortes par suite des blessures ou contusions qu'elles avaient reçues. Chacun errait dans la ville, cherchant la trace des rues, comme une âme en peine. L'Américain souffrait de l'inaction dans laquelle la force des choses l'obligeait à rester, songeait à reconstruire sa maison, et n'attendait pour cela que le moment où les flammes seraient éteintes.

Enfin, après sept ou huit jours, plus heureuse que Sodome et Ninive, la ville de San Francisco vit bientôt se réédifier des habitations nouvelles. Comme du phénix, on peut dire de San Francisco : *e cinere suo redivivat.* En effet, et c'est chose surprenante, huit jours après l'incendie, les rues étaient de nouveau tracées, des constructions s'élevaient de toutes parts, on bâtissait sur des décombres fumant encore, et bien qu'on ait eu déjà la triste expérience de voir les maisons de bois servir d'aliment au feu, on reconstruisit encore en bois. Bientôt les principaux bâtiments furent réédifiés. Parker House, Union Hotel, Delmonico, l'Empire étalèrent bientôt de nouvelles magnificences devant un public étonné qui, s'étant couché au milieu d'une ville en ruines, voyait le lendemain à son réveil toute une ville nouvelle. Telle est l'activité américaine. Pendant que sa maison est en flammes, l'Américain s'occupe immédiatement des moyens de la reconstruire. Il laisse à des amis le soin de sauver son mobilier et ses marchandises, enfourche son cheval au plus vite et, avant que la nouvelle de l'incendie n'y soit parvenue, il arrive dans une ville voisine où il pourra trouver à bon compte tous les matériaux nécessaires pour construire sa nouvelle maison.

Après l'incendie, il n'y avait rien à faire pour personne. Il fallait donner au feu le temps de s'éteindre, aux constructeurs le temps de rebâtir des maisons et aux négociants le temps d'aviser aux moyens de réparer leurs pertes. Ne voulant pas rester inactif, dès le lendemain de l'incendie, je m'installai avec un jeune homme sous une tente que nous élevâmes dans Portsmouth Square, à l'encoignure de Kearney et de Washington Streets. Là, avec deux barriques vides et quatre planches, j'eus bientôt installé une table. J'apportai sous la tente des verres, plusieurs bouteilles de vin, de cognac, de whisky, de gin et de rhum. J'y ajoutai une boîte de cigares, des biscuits secs, des cakes, et j'eus bientôt une boutique magnifique. J'avais bien envie, pour en faire une boutique tout à fait bien assortie, d'y mettre aussi quelques paquets de cure-dents, mais je n'en avais plus... Ainsi installé, j'attendis la pratique qui, du reste, ne tarda point à venir, car les barres américaines ayant presque toutes été brûlées, les ivrognes — et il n'en manque point par ici (le peuple américain boit beaucoup et les liqueurs les plus fortes) — ne trouvaient plus à boire. Alors ils venaient à mon échoppe se désaltérer et chercher au fond d'une bouteille de whisky l'oubli de leurs chagrins et de leurs pertes. Ce petit commerce tout nouveau pour moi fut assez productif pendant quatre ou cinq jours. Je vendais audacieusement 1,25 franc un verre de cognac qui me coûtait 25 ou 30 centimes, et de même du reste. Mais la concurrence ne tarda pas à venir enlever à ma nouvelle industrie les bénéfices que je réalisais, et j'en faisais d'intéressants puisque, mes dépenses payées, il me restait encore 5 ou 6 piastres par jour. Avec la nombreuse concurrence qui s'était établie, les bénéfices étaient devenus presque nuls. Je fermai boutique, pliai bagage, rentrai chez moi, et je m'employai de suite à faire autre chose.

Dès le lendemain j'avais une autre profession. La presque totalité de la ville ayant été brûlée, je pensai naturellement que pour la rebâtir il faudrait des architectes, des charpentiers, des tapissiers, etc. Je me levai de très bonne heure, je pris un pinceau, de l'encre et du papier et me mis immédiatement à confectionner des affiches ainsi conçues :

Carpenter and Upholsterer.
Makers in minute.
Inquire to M. Albert, Architect, Dupont Street.

Ceci voulait dire : Charpentier et tapissier, ouvriers à la minute. S'adresser à M. Albert, architecte, Dupont Street.

Après avoir fait environ une centaine d'affiches, je préparai de la colle et parcourus la ville en les affichant moi-même. Je collais mes affiches partout où je pouvais, tantôt sur un pan de muraille, tantôt sur un poteau, tantôt sur une voiture. J'en collai même une sur le dos de M. Hermier, le passager qui nous avait fait passer de si bons moments à bord, grâce à sa bêtise, et que je rencontrai dans Washington Street.

Lui frappant un peu sur le dos pour raffermir mon affiche, je tournai les talons et pris une autre direction, riant beaucoup de l'idée que j'avais eue de changer M. Hermier en affiche vivante. Il ne s'en aperçut pas et retourna tranquillement chez lui avec mon affiche au dos. Là, sans doute, sa femme l'aura grondé vertement. Les Américains qui m'avaient vu lui coller mon affiche au dos riaient aux éclats au beau milieu de la rue et poussaient des cris sauvages, signe ordinaire de leur part d'une grande satisfaction. Mon collage d'affiches terminé, je m'occupai immédiatement après mon déjeuner de donner à ma chambre un petit air de cabinet. Je rangeai mes malles d'un côté, je fis mon lit, je mis de l'ordre sur ma table où j'étalai prétentieusement quatre ou cinq plans de maisons que j'avais trouvés je ne sais où, je balayai ma chambre — et je l'avoue, elle en avait grand besoin —, j'arrosai, puis ce travail achevé je m'assis tranquillement et attendis que les propriétaires vinssent me trouver et me donner leurs ordres. J'attendis en effet, mais c'était le premier jour où mes affiches avaient été posées et je ne vis rien d'étonnant à ce qu'on ne vînt pas me voir. J'espérais que la journée du lendemain serait plus heureuse. Le lendemain matin, je parcourus la ville de bonne heure, annonçant à tous ma nouvelle profession et me recommandant en cas de besoin. Puis je retournai à mon cabinet et j'attendis... J'attendis tout le jour et j'eus, je l'avoue, le courage d'attendre encore le lendemain. Mais après je n'attendis plus. Mes affiches avaient fait un four complet. Personne n'avait répondu à mon appel. Pour me consoler de mon insuccès, je me dis à moi-même que les Américains n'étaient que des ânes, construisant des maisons grossières et sans élégance, et ignorant tous les avantages qu'on pouvait tirer de la construction d'une maison dirigée par un homme de l'art. Ces réflexions me satisfirent complètement et j'abandonnai ma profession.

Que faire, que devenir ? je l'ignorais complètement. J'eus confiance en l'avenir. J'avais quelque argent devant moi. J'attendis quelques jours en cherchant ce que je pourrais faire.

Le mois de mai s'était ainsi écoulé et nous étions déjà entrés depuis plusieurs jours dans le mois de juin sans qu'il y eût rien de changé à ma position. Enfin, un beau jour, je me réveillai avec l'idée de me faire courtier de marchandises. Je me levai, m'habillai à la hâte et je courus à travers la ville chercher les moyens de gagner mon courtage. Pour faire le courtage de marchandises, il faut d'abord avoir des marchandises à placer, or je trottais depuis plus d'une heure sans rien trouver lorsque enfin j'aperçois un monsieur — aujourd'hui encore j'ignore son nom —, dont j'avais fait la connaissance je ne sais comment, je ne sais où et par un de ces hasards comme il y en a tant dans la vie. Je vais à lui et lui demande s'il n'a pas de marchandises à placer. Il me répond affirmativement. Il avait justement reçu une consignation quelques jours auparavant — un navire chargé de marchandises de toutes sortes. Il me donna les prix de vente, je m'entendis avec lui sur le chiffre de mes remises et je me mis à faire des affaires. Malgré tous les désagréments de cette profession, malgré toutes les blessures que reçoit à chaque instant l'amour-propre, malgré l'air boudeur avec lequel vous reçoivent les personnes auxquelles vous vous adressez quand vous allez leur parler d'affaires dans un moment inopportun, je restai courtier de marchandises quelque temps, parce que j'y trouvais des avantages. Cela valait mieux que rien, et dès qu'une occasion meilleure se serait présentée je l'aurais saisie aussitôt. J'avais bien des idées en tête, je formais des projets, mais j'étais dans l'impossibilité de les mettre à exécution. J'étais toujours dans la même position lorsque l'incendie du 22 juin vint dévorer toute la partie de la ville que le feu du mois de mai avait épargnée. Alors adieu projets, idées, etc. Déceptions, désillusions nouvelles.

Outre les pertes d'avenir que l'incendie du mois de mai m'avait fait éprouver, j'avais, je l'ai dit, fait aussi quelques pertes matérielles et j'avais failli rôtir tout vif absolument comme ce bon saint Laurent que Mathieu Laensbergh a eu la fantaisie de placer sur son calendrier justement le jour de ma naissance, le 10 août. J'étais payé par conséquent pour être prudent et j'avais pris la ferme résolution de ne plus habiter le centre de la ville, afin d'échapper aux incendies qui pourraient de nouveau se déclarer. J'avais donc parcouru la ville dans tous les sens pour trouver une habitation qui me parût être, autant que possible, à l'abri de toute atteinte du feu. À force de recherches j'étais enfin parvenu à trouver, à l'extrémité de la ville, tout à fait dans le haut de la montagne, une petite maisonnette très propre, très gentille, commode, aérée et réunissant toutes les aises possibles. Je l'avais louée et je m'y étais installé. J'y avais fait transporter un lit, une table, trois ou quatre chaises, et j'avais depuis le mois de mai tout lieu de me féliciter de ma nouvelle demeure, malgré les désagréments qu'elle présentait, car si elle avait des commodités de toutes sortes qu'on ne trouve pas dans toutes les maisons de San Francisco, elle avait aussi ses inconvénients. En effet, elle était située bien haut dans la montagne, dans un quartier presque isolé, et non loin des maisons habitées par tout ce que la ville renfermait en hommes des plus dangereux. Tous les bandits qui encombraient les maisons de jeu demeuraient par là parce que les loyers n'étaient pas chers, et il ne se passait guère de nuits sans que je ne fusse réveillé par plusieurs coups de pistolet. Mais comme je ne rentrais jamais très tard chez moi, que d'ailleurs j'avais toujours à ma ceinture mon couteau et mon revolver (pistolet à cinq coups), j'étais tranquille. Pendant un mois je m'étais complu dans ma nouvelle demeure et je pensais être tout à fait à l'abri du feu. Je dormais tranquille, enfin lorsque les rats dont la ville abonde, comme toutes les villes en bois, me laissaient dormir, lorsque le dimanche 22 juin, à 8 heures du matin, je fus subitement réveillé par les cris *Fire ! Fire ! Fire !* Quand on entend ces cris à San Francisco, il n'y a pas de temps à perdre, car en un instant on peut être envahi par les flammes. Au premier cri je sautai à bas de mon lit, au second j'étais habillé et au troisième j'étais déjà dans la rue pour voir dans quelle direction était le feu. À peine sur le seuil de ma porte, je fus enveloppé de fumée et la flamme allait me gagner. Je n'eus que le temps de rentrer dans ma chambre, de mettre dans ma malle le peu d'effets qui étaient accrochés aux murailles et de m'enfuir par la porte de derrière de ma maison, forcé d'abandonner et de laisser brûler de nouveau mon petit mobilier. En effet, le feu avait été mis — car la malveillance est seule cause de ces incendies successifs — dans un magasin de planches, juste en face de ma maison qui se trouvait dans Virginia Alley, *corner* Broadway Street. En un instant tout le quartier fut embrasé, ma petite maison une des premières. Le feu gagna alors Stockton Street, se communiqua à Jackson Street, descendit dans Dupont Street, qu'il dévora en entier. La Polka, maison de jeu exploitée par Barroilhet, frère de l'artiste de l'Opéra, qui se trouvait située à l'encoignure de Dupont et Pacific Streets, fut réduite en cendres. L'incendie, trouvant des aliments à chaque pas, consuma Pacific Street tout en se propageant d'un autre côté où il dévora le haut de Washington Street et toutes les maisons de Portsmouth Square que l'incendie du mois de mai avaient épargnées. Une partie de Kearney et Sansome Streets fut détruite et toute la section de la ville située entre Pacific et Cunningham Wharfs fut réduite en cendres. On avait les inquiétudes les plus grandes pour la ville entière. Heureusement, le vent poussait les flammes du côté de la montagne. Là, l'incendie, après avoir dévoré quelques magasins et les maisons isolées qui se trouvaient de ce côté, s'arrêta de lui-même faute d'aliments nouveaux. La ville ne présentait plus qu'un monceau de ruines. Quatre ou cinq églises américaines furent brûlées, l'église française ne fut pas épargnée non plus, la maison du consul français fut longtemps menacée dans Jackson Street et n'échappa aux flammes que par miracle. Des pertes énormes furent de nouveau éprouvées par le commerce, dont les magasins furent presque tous détruits, un grand nombre de navires convertis en *storage* furent également la proie des flammes.

Ces deux incendies occasionnaient une perte qu'on évaluait à 4 millions de piastres (20 millions de francs). Ce fut un rude coup pour le commerce et l'industrie. La ville paraissait morte et dans l'incapacité de reprendre avant longtemps sa prospérité. Tous ceux qui n'avaient pas de commerce établi fuyaient la ville comme une ville maudite et allaient chercher dans les villes avoisinantes et dans les mines une position meilleure. « Que faire ? quel parti prendre ? » Si seulement j'avais pu prendre la poste et retourner en Flandre, comme Voltaire, impatienté, le conseilla un jour à un acteur flamand dont la mémoire en défaut ne lui fournissait pas la rime ! Ce n'était pas possible. Il me fallait rester, malgré moi, dans cet affreux pays en ruines.

Cependant, l'impossibilité de travailler m'avait décidé à changer de résidence et à aller chercher fortune ailleurs. Quand j'avais mon journal, j'avais organisé une agence française pour faire parvenir dans les mines les lettres venant de France ou de l'intérieur. Déjà j'avais créé et nommé des agents dans le Sud, et mon collègue était allé dans le Nord régulariser le service. Il se trouvait à Marysville lors de l'incendie et il m'écrivait de venir le rejoindre, que ma présence était indispensable. C'est alors que je me décidai à quitter San Francisco. Je réglai et terminai mes affaires et, vers le milieu du mois de juillet, je prenais passage sur l'un des steamers qui remonte le Sacramento et me disposais à aborder à Marysville.

Afin de procéder par ordre, je ne parlerai point encore de mes voyages à Sacramento, Marysville et autres lieux. Je ne veux pas quitter San Francisco sans relater tout ce que j'y ai vu, et sans parler aussi des environs de la ville, parce que je tiens — bien que ce que j'écrive ne soit que pour moi — à avoir autant que possible une information complète sur ce pays, à en faire en quelque sorte une espèce de *Keepsake* où je puisse plus tard retrouver ce que je chercherai.

*
* *

La vie à San Francisco est facile ; on n'y meurt pas de faim quand on veut travailler et cependant il y a beaucoup de nos compatriotes qui sont loin d'être heureux. Il faut, quand on entreprend un voyage comme celui-là, avoir longtemps réfléchi à toutes les privations, à toutes les souffrances de tout genre dont on peut être accablé, il faut avoir foulé aux pieds toute espèce d'amour-propre et de susceptibilité, en avoir fini avec tous les sots préjugés encore en vigueur dans son pays, il faut être cuirassé contre toutes les petites misères qui viennent vous assiéger, se raidir à chaque instant du jour contre des obstacles sans cesse renaissants, avoir en un mot du courage, de l'énergie et une âme fortement trempée. Qu'on ne croie point que tous les hommes peuvent s'habituer au genre de vie tout nouveau au-devant duquel ils ont couru d'eux-mêmes. J'en ai vu plus d'un atteint d'aliénation mentale, j'en ai vu chercher dans une ivresse perpétuelle un remède à tous leurs maux et hâter ainsi la fin d'une existence avec laquelle ils n'osaient point en finir autrement, j'en ai vu d'autres que le découragement et l'ennui avaient réduits à un état d'imbécillité et d'abrutissement tel qu'il leur était impossible de rien faire ni de rien entreprendre.

À l'époque de mon arrivée à San Francisco, la vie matérielle était encore assez chère, mais il est vrai de dire qu'on pouvait aussi gagner une somme suffisante pour payer ses dépenses. Au mois de mars 1851, on payait un dîner passable $ 2 (10 francs) sans vin, une bouteille de vin coûtait $ 1,50 (7,50 francs), de sorte qu'un simple dîner, plus qu'ordinaire, revenait à 17,50 francs par tête. À ce prix j'aurais eu, chez Véfour ou « Aux Trois Frères provençaux », un dîner des plus fins et les vins les plus exquis. On louait à la même époque une place dans une chambre à coucher $ 1,50 (7,50 francs). Pour ce prix on vous donnait une couverture et vous aviez le droit de vous envelopper et de vous étendre par terre pour reposer vos membres alourdis. Le total des dépenses à faire par jour s'élevait à 25 francs de France. Tout était à peu près en proportion. On prenait $ 9 pour blanchir une douzaine de chemises, une chemise neuve ne coûtait que $ 2. Les décrotteurs établis sur les gradins de l'El Dorado, de Parker House, de Union Hotel et de California Exchange dans Portsmouth Square gagnaient tous de 10 à 15 dollars par jour (50 ou 65 francs). Les Nègres qui stationnaient sur le Wharf et les *workmen* prenaient 3, 4 ou 5 dollars pour porter une ou deux malles. Un musicien gagnait 2 onces (160 francs) pour racler deux heures chaque soir sur un mauvais violon ou pour souffler dans une flûte enrhumée. On donnait autant à une femme pour venir s'asseoir une heure ou deux dans un comptoir et on payait jusqu'à 15 ou 20 onces (1 200 ou 1 600 francs) pour obtenir quelques-unes des faveurs de ces Danaés. Tout service se faisait payer un prix assez élevé ; la moindre démarche, la moindre négociation, rapportait de suite un bénéfice très honnête. On gagnait en proportion de ce que l'on dépensait, et l'on ne tardait point à s'habituer à dépenser 15 ou 20 francs pour son dîner ; on ne reculait plus devant une dépense de 2,50 francs pour prendre un rafraîchissement quelconque dans le milieu de la journée.

Pendant la journée, la vie est des plus actives, on ne rencontre à chaque pas que des gens courant à leurs affaires. Les négociations commerciales se traitent facilement et rondement et différents négociants font, tout en prenant un peu de brandy dans une des barres dont la ville abonde, des transactions de 100 000 ou 150 000 dollars (500 000 ou 750 000 francs). Il est peu d'affaires qui ne se fassent et ne se terminent sans boire, c'est la conclusion du marché. Quand l'acheteur et le vendeur ont une fois bu ensemble, le marché est définitivement conclu. Les rues sont continuellement sillonnées de voitures et chariots qui témoignent de l'importance de la place et les quais sont encombrés de quantités énormes de marchandises de toutes sortes que les navires de toutes les nations viennent échanger ici contre de la poudre d'or.

Le soir, la vie est toute différente. Tous ces négociants et marchands qu'on voit dans la journée se donner tant de mal pour gagner de l'argent n'ont rien de plus pressé, immédiatement après leur repas, que d'aller s'enfermer dans une des maisons de jeu dont la ville est pleine et perdre en un instant tous les bénéfices qu'ils ont réalisés. D'autres, mais en plus petit nombre, vont chercher au théâtre des émotions plus douces. Me voici amené tout naturellement à parler des maisons de jeu et des théâtres de San Francisco, et malgré tout le hideux de ces antres où le vice le plus ignoble apparaît à chaque pas, je ne puis me dispenser, dans cette espèce de revue, d'entrer dans quelques détails. J'ai tout vu, tout examiné de près, je me suis arrêté partout, voulant tout connaître et j'en puis parler.

*
* *

Les maisons de jeu établies à San Francisco ne ressemblent en rien à ce que nous connaissons en ce genre en France, en Belgique ou en Allemagne. En Europe, au moins, ces sortes de maisons ne présentent rien d'ignoble et de dégoûtant. Au contraire, toute la *fashion* se trouve réunie dans les salons dorés et l'on n'y rencontre le plus souvent que des gens comme il faut. Le 113 du Palais-Royal et Frascati, dont la richesse des salons était si grande, n'admettaient guère que des gens bien connus. Si le vice en habit noir s'y faufilait, il n'était point repoussant comme il l'est ici où il n'est couvert que de haillons. On pouvait entrer dans ces salons sans y être conduit par la passion du jeu, c'était pour quelques-uns un lieu de réunion, une sorte de Bourse bien plutôt qu'une maison de jeu, pour d'autres aussi la maison n'était que ce qu'elle était réellement, c'est-à-dire une maison de jeu. Ici, le vice semble incarné chez tous les individus. Les Mexicains, qui sont en assez grand nombre en Californie, joueurs innés, remplissent presque journellement les vastes salles de l'El Dorado, de la Verandah, de Parker House, de Bella Union, de California Exchange, de l'Empire et autres. Pendant le jour, on ne voit guère dans les maisons de jeu que des Mexicains, attablés autour des tables de *monte*, dont les banques énormes excitent toujours leur cupidité. Quelques rares Américains inoccupés sont accroupis à une table de *placo* et quelques Chinois jouent modestement quelques réaux au *craps.* L'Italien, l'Allemand et le Français s'attablent rarement, mais jettent, en passant, sur le tapis vert, quelques piastres qui sont bientôt enlevées par le râteau du banquier. Toutes les banques posées sur chacune de ces tables sont énormes. Il y a au moins une vingtaine de tables dans chaque salle de jeu et il n'y a pas moins de 12 000, 15 000 ou 20 000 dollars (60 000, 80 000 ou 100 000 francs) exposés pour tenter les joueurs. La fortune qu'a faite le propriétaire de l'El Dorado avec ses jeux est colossale : on ne peut la compter que par millions de piastres. Il paraît qu'il y a un an ou deux il n'était pas rare de voir des joueurs exposer 80 000 ou 100 000 francs sur une seule carte. Depuis, les jeux sont bien tombés et c'est tout au plus si aujourd'hui on voit encore, à de rares intervalles, un Mexicain au visage calme et impassible jouer 150 ou 200 onces sur une carte de *monte* (12 000 ou 16 000 francs). Les Mexicains passent pour être les plus beaux joueurs du monde. Avec eux, jamais un mot, jamais une difficulté, jamais une discussion. Ils gagnent et perdent leur argent sans que leur physionomie exprime la moindre émotion. Au jeu, ils sont froids et impassibles comme un marbre. Presque toutes les tables entourées par des Mexicains sont silencieuses ; on entendrait voler une mouche. Un peu plus loin, vous entendez un vacarme affreux, des cris sataniques et les conversations les plus grossières, les jurons les plus dégoûtants : c'est une bande d'Américains assis à une table de *pharo* ou à la roulette. Il ne se passe presque pas de jour qu'il n'y ait, dans toutes ces maisons, des querelles qui finissent par l'effusion du sang. À l'El Dorado, j'ai vu à quatre ou cinq reprises des Américains se donner des coups de couteau et essuyer réciproquement le feu de leurs pistolets pour une querelle, souvent de peu d'importance, survenue au jeu. À la Bella Union, j'ai vu deux joueurs qui, après avoir échangé quelques mots grossiers, se sont placés à cinq pas dans la salle même des jeux et, s'armant de leurs revolvers, ont fait feu de leurs cinq coups, j'en ai vu tomber un baigné dans son sang et blessé grièvement à l'épaule. Le public, témoin de ces sortes d'assassinats, se garderait bien de s'interposer et d'empêcher l'effusion du sang. Avide de ces sortes de spectacles, il est le premier à faire place afin que les combattants ne soient pas gênés et il assiste gaiement à un combat qui devra nécessairement coûter la vie à l'un de ses compatriotes. À voir le peuple américain, on serait tenté de le prendre pour un peuple sauvage. Il ne rêve que mort et carnage. Pour la moindre chose il s'arme de son pistolet, qui ne le quitte jamais, et menace de vous brûler la cervelle. Ce grand peuple tournerait-il donc à la barbarie et la liberté pleine et entière dont il jouit dans ses États aurait-elle donc étouffé chez lui tout germe de civilisation et de bons principes ? C'est un peuple entreprenant, ingénieux, habile, pour qui le mot *impossible* semble ne pas exister, mais qui a bien des travers et avec lequel les rapports ne sont pas toujours agréables. C'est un peuple qui fait fi de l'honnêteté et de la délicatesse dès qu'il y trouve quelque avantage. Les faillites et banqueroutes sont fréquentes dans les États-Unis et un négociant qui veut se retirer des affaires et qui jouit d'un crédit et d'une considération suffisants n'hésite pas à faire le plus de dupes possibles et à fermer maison les poches pleines. Il peut agir ainsi d'autant plus facilement que la justice dans ce pays ne poursuit pas les banqueroutiers et qu'il est à l'abri de toute attaque. Il ferme sa maison pour plusieurs jours, on sait ce que cela veut dire. Quelques jours après, il la rouvre comme une maison neuve et recommence à faire des affaires, ayant ainsi, par la fermeture momentanée de sa maison, acquitté ses dettes antérieures.

En résumé, tout ici respire le vice le plus ignoble, la passion du jeu est dominante chez la majorité de la population et il faut avoir presque de la vertu pour résister à la tentation, car les immenses monceaux d'or étalés sur toutes les tables vous donnent le vertige. Malheur à celui qui, entré dans ces maisons, a jeté quelques piastres sur un tapis vert, il est ruiné à l'avance et perdu sans ressources. Si encore le jeu était loyal, on pourrait tenter quelquefois la fortune. Mais presque tous ceux qui taillent les jeux de *monte, pharo* et roulette sont les joueurs les plus habiles et les escamoteurs les plus exercés qu'on puisse trouver. Indépendamment des avantages immenses offerts aux banquiers par le jeu même, ils font habilement sauter la coupe aux cartes et si on ne fait pas partie du corps de métier on perd inévitablement son argent. Quant aux roulettes, elles sont organisées de telle façon qu'au moyen d'un ressort invisible on fait sortir la noire ou la rouge selon que l'une ou l'autre est plus ou moins chargée de l'argent des joueurs. Le jeu ici est le vol organisé. Malheur, malheur à celui qui se laisse prendre à l'appât qu'on lui tend !

Quelques Français ont aussi, dans Commercial Street, organisé des jeux, mais des jeux tout à fait français. C'est là que trônent le lansquenet, le trente et quarante, le vingt-et-un, le loto, le baccara, etc. Là, la loyauté existe, mais les avantages qu'a le banquier enlèvent au joueur presque toute possibilité de gagner. Ces maisons sont néanmoins chaque soir remplies de monde. La Polka, tenue par le frère du célèbre Barroilhet de l'Opéra, le café des Artistes, Cairo House, Fashion German Saloon, Commercial Coffee House sont chaque soir fréquentés par une foule immense qui, si elle ne joue pas, fait au moins des dépenses à la barre. Heureux celui qui a pu monter une maison semblable, dans un temps donné sa fortune sera faite. Dans tous les pays neufs il n'y a que ceux qui spéculent sur les passions des hommes qui s'enrichissent.

*

* *

Les théâtres sont ici, avec les maisons de jeu, les seuls endroits où l'on puisse aller le soir pour passer son temps. Quand l'air est pur, que le ciel est serein et que la lune éclaire la ville de ses rayons argentés, on peut encore se promener sur le bord de la mer, sur les *wharfs*, et respirer à son aise, mais je dois le dire de suite, c'est assez rare, car il pleut ou il fait froid, et la promenade n'est pas possible. Et outre, s'il vous arrive de rêver trop longtemps sur les bords de la mer, prenez garde qu'en revenant sur le Long Wharf vous ne vous trouviez attaqué par quelques-uns de ces bandits échappés de Sydney qui ont fait leur résidence sur les *wharfs*, dans les hôtels garnis qui les bordent, et qui vous massacreront pour vous enlever quelques piastres, puis vous jetteront à la mer. Généralement, passé 8 heures du soir, il n'est guère prudent de se promener seul sur les *wharfs*, et même si on se promène avec un ami, il faut avoir la précaution de se munir de son pistolet. À part deux ou trois rues fréquentées à toute heure de la nuit et dans lesquelles on ne court aucun danger, il n'est pas prudent de sortir le soir, car les assassinats sont fréquents. Mais la police, me dira-t-on, que fait-elle ? J'en parlerai dans un article séparé. Revenons aux théâtres, seuls amusements, hélas ! qu'offre cette nouvelle cité.

San Francisco possède trois théâtres et un cirque. Deux théâtres américains : le *Jenny Lind* et l'*American Theatre*, et un théâtre français : l'*Adelphi Theatre* ; quant au cirque, il est essentiellement américain.

En ma qualité de journaliste, je jouissais ici d'une certaine considération et de pas mal de privilèges. Indépendamment de ma loge à tous les théâtres, j'avais mon passage gratis à bord des steamers qui vont de San Francisco à Sacramento, à Stockton et à Contra Costa, de l'autre côté de la baie, j'allais gratis aussi dans les omnibus qui conduisent à la Mission Dolorès, à quatre milles de San Francisco. N'ayant rien de mieux à faire chaque soir, je faisais après mon dîner un tour de promenade sans aucun but arrêté et j'entrais vers 7 heures dans le théâtre qui se trouvait le plus près de l'endroit où j'étais. Cependant, j'avais une préférence marquée pour l'*American Theatre.* Ce théâtre, qui contient trois rangs de galerie, un parterre, des stalles d'orchestre et plusieurs loges d'avant-scène, est une véritable petite bonbonnière. Le confortable dont les Américains tout aussi bien que les Anglais savent si bien s'entourer se rencontrait à chaque pas. Partout des tapis moelleux qui, en diminuant le bruit qu'on fait en marchant, permettent de se promener tranquillement dans les couloirs et de jeter un coup d'œil dans les loges sans être exposé à entendre le parterre crier à tue-tête « Silence ! Silence ! » Les galeries sont ornées de gracieuses peintures qui se marient admirablement avec les dorures dont elles sont entourées. Les loges sont ornées de fins rideaux de mousseline et de velours grenat et les divans et fauteuils sont également en velours grenat. Ce petit théâtre ressemble sous plus d'un rapport à la salle de l'Opéra-Comique pour le luxe, le confort et l'élégance. La troupe est sous la direction de deux hommes intelligents et d'un mérite incontestable, MM. Robinson et Evrard. Miss Carpenter est un joli bijou qu'on ne se lasse pas d'admirer et d'applaudir, juste tribut payé à toute sa gracieuse personne et à son talent si souple. Mrs. Woodward, sans être jolie, ne manque pas cependant de certains agréments. Elle a, dans les comédies et principalement dans les tragédies de Shakespeare, une force et une chaleur qu'on serait loin de supposer dans un corps qui paraît tout d'abord chétif. *Le Roi Lear, Macbeth* sont ses triomphes. L'ensemble de la troupe, sans être d'une force remarquable, est plus que suffisant pour les besoins du pays. Le public aime les acteurs de ce théâtre et le lui prouve chaque soir car la salle est constamment pleine. L'orchestre, assez nombreux et bien dirigé, joue pendant les entractes tous les quadrilles, valses et polkas qui faisaient fureur à Paris il y a quelques années.

Le *Jenny Lind* est un grand théâtre construit en pierre de taille et briques, depuis le dernier incendie. Entièrement consumé dans le feu du 4 mai, il avait été reconstruit comme par enchantement lorsque l'incendie du mois de juin vint le renverser encore ; l'ouverture avait eu lieu deux jours avant. Il possède quatre rangées de galeries, un parterre, des stalles d'orchestre et un amphithéâtre. Derrière les stalles de galerie, on a disposé quelques loges. Les murs sont nus, sans papier, sans tentures, sans ornements, on est glacé quand on entre dans cette salle. Cependant la foule y vient aussi chaque soir applaudir la troupe de M. Stark, Miss Albertine, la jolie danseuse, Miss Stark, M. Booth, qui a un talent véritablement remarquable comme tragédien. *Pizarro ou un épisode de la guerre du Mexique* est un de ses plus beaux triomphes. À ce théâtre on représente très souvent des vaudevilles et drames français traduits en anglais. Là j'ai vu jouer *Don César de Bazan, Le Joueur*, etc., puis de jolis vaudevilles du théâtre des Variétés : *Le Chevalier du Guet, Bruno le fileur* entre autres. Je ne saurais passer sous silence la façon toute particulière avec laquelle les Américains témoignent aux acteurs le plaisir qu'ils leur font éprouver. En France nous applaudissons à outrance et quelquefois nous crions « bravo » ; en Italie, en Espagne, en Angleterre, en Russie, partout que je sache, on agit de même pour témoigner le contentement et la satisfaction. En Amérique, c'est tout différent. Ce qui partout est un signe de désapprobation et de blâme, ce qui effraie souvent nos artistes et paralyse chez eux d'excellentes intentions, ce qui fut cause de la mort du plus grand artiste de notre époque, de Nourrit, le sifflet, en un mot, est pour eux l'instrument de prédilection. Plus les Américains sifflent fort au théâtre, plus ils sont contents, et quand au bruit infernal que font les sifflets ils joignent les cris sauvages qu'ils poussent si souvent, c'est qu'alors leur satisfaction est au comble.

Quant au cirque, il stationne ici un mois, va faire une tournée dans les différentes villes de l'intérieur et revient ensuite. Peuple nomade avant tout, l'écuyer ne peut rester longtemps dans le même endroit, il lui faut de l'air nouveau chaque jour, on dirait presque que l'habitude qu'il a de monter à cheval tous les jours pour l'amusement des autres lui impose l'obligation de marcher toujours en avant. Aujourd'hui il pose sa tente à San Francisco, demain soir il amusera le public de Sacramento, dans quelques jours il sera à Marysville, et quelques jours plus tard il aura franchi de hautes montagnes et sera campé à Downieville où il donnera ses représentations. Les écuyers que j'ai vus jusqu'à présent sont loin d'être forts ; ils ressemblent en tous points à ceux qui chaque année parcourent nos provinces au moment des foires et passent aux yeux du paysan ébahi pour les premiers sujets du cirque Franconi. Du reste, l'Américain ne paraît pas tenir essentiellement à voir des exercices à cheval de première force. Pourvu qu'il y ait un clown qui sache adroitement recevoir un coup de pied... occulte, tomber par terre sous un coup de fouet, faire des grimaces horribles et dire quelques grosses bêtises, cela lui suffit. Le clown américain ne paraît jamais en public sans avoir la figure peinturlurée de plusieurs couleurs au milieu desquelles le rouge et le noir jouent le principal rôle. Il a le costume ordinaire, le maillot, le caleçon en paillettes et le bonnet de pierrot. Ce grand peuple pense peut-être, dans sa gravité, que ce serait avilir l'espèce que de servir ainsi de risée à tous si l'on n'avait une sorte de masque sur la figure. Quelques exercices gymnastiques, des chansonnettes, un feu d'artifice et un peu d'exercices à cheval, voilà ce qui compose les soirées d'un cirque américain.

J'arrive enfin à l'*Adelphi Theatre*, où une troupe qui s'intitule « Troupe française » fait, une fois par semaine, le dimanche, tous ses efforts pour arriver à quelque chose de bien ; je dois dire de suite qu'elle ne réussit pas toujours parce que les éléments manquent complètement. La troupe est sous la direction de trois femmes, Mmes Éléonore, Adalbert et Racine. Mlle Alexina Courtois, Mlle Bréa, MM. Richer, Paul Sasportas, Léon Prat, Yamini, Nitzel composent la troupe. Certes, nous n'avons pas le droit ici, à 6 000 lieues de Paris, d'être bien exigeants et de nous montrer trop sévères, aussi sommes-nous toujours disposés à trouver charmantes quand même les soirées que ces dames nous donnent chaque dimanche. Je ne pourrais d'abord, moi personnellement, me montrer trop sévère pour quelques-unes de ces dames qui ont toujours été d'une amabilité, d'une gracieuseté, d'une tendresse très grande pour moi. C'était beaucoup moins ma personne que le journaliste qu'elles chérissaient ; elles craignaient la critique et elles trouvaient moyen de la museler.

Elles avaient complètement réussi. Je leur faisais chaque lundi dans mon journal des tartines que les premiers sujets de nos théâtres de Paris n'ont pas toujours. Ô ! presse mensongère. Je plaignais intérieurement ceux qui, le dimanche suivant, sur la foi de l'article « Théâtre » imprimé dans le *Daily True Standard*, allaient louer une loge, croyant passer une soirée des plus agréables. Pour peu qu'ils aient été habitués à voir de bons acteurs, ils devaient envoyer le journaliste à tous les diables ou se dire entre eux qu'il n'avait pas le sens commun de trouver si joli ce qu'ils étaient disposés à siffler. Ô ! presse, ô ! presse... Enfin, quoi qu'il en soit, ce petit théâtre est généralement fort suivi.

Avant l'incendie du mois de mai, le théâtre se trouvait situé dans Commercial Street au centre de la ville, une seconde entrée avait été pratiquée dans Clay Street. L'incendie du mois de mai ne l'épargna pas plus que ma maison, qui était contiguë. En une minute, tout fut réduit en cendres. Il avait alors un parterre, des stalles d'orchestre, un rang de première galerie et une seconde galerie. La salle, quoique petite et simple dans toutes ses ornementations, était assez agréable cependant. Depuis, elle a été reconstruite dans Dupont Street, derrière Porstmouth Square, *opposite* Post Office. Elle a été refaite à peu près sur le même modèle, elle est seulement un peu plus grande et toute la première galerie est disposée en loges.

De toute la troupe il n'y a réellement que trois artistes qui aient un talent incontestable, Mlle Racine, MM. Paul et Richer. La complaisance de Mlle Racine est sans bornes ; tous les rôles lui conviennent : soubrette, travestis, duègne, etc. Que de fois n'ai-je pas regretté de voir ses jolis traits déguisés sous un affreux grimage ! Bon ton, bonnes manières, d'excellentes traditions, une diction pure et un jeu des plus naturels, voilà les qualités de cette artiste. Elle joint à cela de la grâce, de la beauté et beaucoup d'esprit. Lui en fallait-il tant pour plaire ? Elle plaît généralement, elle me plut aussi. Je n'en veux pas dire davantage. *Elle est folle, Mlle de Liron, L'Image* sont des pièces dans lesquelles Mlle Racine a montré un véritable talent et où elle a reçu de justes et nombreux applaudissements. M. Paul est l'ancien directeur du Théâtre lyrique, rue de la Tour-d'Auvergne. Artiste plein de verve et d'intelligence, excellent comédien, il joue admirablement bien *Le Comédien d'Étampes, Les Vieux Péchés*, etc. M. Richer est un jeune artiste plein de talent aussi, qui possède une voix des plus agréables. Il a le physique et tient l'emploi des amoureux, c'est le bien-aimé du public, consciencieux dans tous ses rôles, toujours en scène, il ne contribue pas peu aux succès de la troupe.

Que dirai-je de Mmes Éléonore et Adalbert ? Ce qu'on peut dire de deux dames qui sont depuis longtemps, j'allais dire trop longtemps, sur la scène et qui n'y ont jamais pu obtenir quelques francs succès. Les yeux vifs et agaçants encore de Mme Éléonore lui font trouver grâce auprès du public et le bon goût des toilettes de Mme Adalbert la fait excuser.

Quant à MM. Yamini, Nitzel et Léon Prat, j'aime mieux n'en rien dire. Ce sont des utilités au théâtre, mais le public se passerait volontiers de ces utilités qui ne lui paraissent pas indispensables et a souvent montré l'utilité de changer ces utilités-là, mais l'impossibilité du changement de ces utilités a montré l'inutilité des manifestations peu bienveillantes dont elles sont l'objet de la part du public.

La Troupe française présente néanmoins tout ce qu'on peut désirer en Californie. L'ensemble est aussi complet que possible et les représentations sont assez variées. Des vaudevilles, des comédies, des comédies-vaudevilles, de petits drames, des intermèdes de chant, voilà quelle est en général la composition des spectacles. Les directrices sont depuis bientôt deux ans en Californie et ont trouvé moyen de réaliser d'assez beaux bénéfices. Elles sont aujourd'hui propriétaires du terrain, du théâtre et des décors. Peut-être n'ont-elles pas tout gagné au théâtre, elles ont, dit-on, trouvé des protecteurs... des arts, qui n'ont pas peu contribué à faire leur fortune au détriment de la leur propre. Mais je m'arrête car on pourrait peut-être me taxer de médisance. Cependant, je ne suis que l'écho de la ville entière.

*
* *

Lorsque je débarquai à San Francisco, la ville comptait à peine une dizaine de femmes françaises. Un certain nombre d'Américaines y étaient installées déjà depuis quelque temps et s'y étaient fait construire de jolies habitations avec un luxe et un confortable tout particulier. Les nouveaux habitants de San Francisco jetaient bien un regard d'envie sur ces femmes quand ils les rencontraient dans la ville, mais leur aspect ne produisait pas sur eux l'effet que la femme française leur faisait éprouver. Pour eux, ces Américaines étaient connues depuis longtemps, elles sortaient des principaux couvents de New York, New Orleans, Washington ou Philadelphie. Elles avaient toutes cette tournure raide et guindée si familière aux femmes de ces pays. Mais la Française était pour eux un objet tout à fait nouveau. Cette démarche, cette désinvolture souple et aisée, ce laisser-aller charmant qu'on ne trouve enfin que chez nous avaient pour eux un attrait irrésistible. Tous les hommes suivaient à la piste la femme française qui s'aventurait dans la rue ; c'était pour eux un objet d'une curiosité rare qu'ils ne pouvaient se rassasier de voir et d'admirer.

Quant aux femmes, je ne doute pas qu'elles ne se soient trouvées flattées de tant d'honneur. Quelques-unes, arrivées les premières, firent, dit-on, un très court séjour en Californie. Il y en a qui, en un mois, ont récolté une somme suffisante pour pouvoir retourner en France et y vivre de leurs rentes. Toutes n'ont point été aussi heureuses et on en rencontre encore quelques-unes qui ont vécu misérablement depuis leur arrivée et qui ne sont pas plus avancées qu'elles ne l'étaient au moment de leur débarquement. Elles comptaient trop sans doute sur leur teint fané, leurs appas flétris et pensaient pouvoir facilement dissimuler à l'œil américain leur certificat de naissance. Néanmoins, la femme aujourd'hui — encore que le nombre s'en soit cependant considérablement accru par suite des arrivages successifs des navires qui ont eu lieu depuis trois ou quatre mois — est toujours recherchée et gagne beaucoup d'argent. Dans presque toutes les maisons on voit une ou deux Françaises. Celle-ci se tient à la barre et est censée attirer les flâneurs par ses regards agaçants, celle-là s'assied le soir à une table de lansquenet et y attire les joueurs, celle-ci tient un comptoir de cigares et enflamme les cœurs aussi facilement qu'elle embrase les cigares, celle-là miaule le soir avec accompagnement de piano dans un café et s'imagine faire d'excellente musique et chanter comme Mme Stolz, celle-ci cache sous la modeste profession de couturière ou de modiste celle moins honnête de prostituée, celle-là, plus éhontée, affiche simplement son nom à sa porte en gros caractères et indique les heures auxquelles elle reçoit, celle-ci — Mme de Cassini — prédit le passé, le présent et l'avenir tout en vendant des faux cols. En un mot, toutes les femmes d'une vertu facile qui sont ici gagnent énormément d'argent. Voici à peu près quel est le tarif : on donne à une femme, pour s'asseoir à une barre ou à une table de lansquenet, une once par soir (80 francs) et cela pour n'avoir qu'à se montrer et à honorer de sa présence la table où elle se trouve. Il est vrai qu'elles sont assujetties à avoir souvent des toilettes nouvelles et les toilettes ici sont fort chères. Celle qui tient un comptoir de cigares a la même rétribution. C'est un prix convenu, et encore ne sont-elles dans leurs maisons que le soir. Leur journée est entièrement libre et elles l'utilisent à recevoir les nombreux clients qui n'ont pu trouver place la nuit. Le prix à payer pour obtenir leurs faveurs est fabuleux. Toutes ces femmes, qui, à Paris, le soir, avaient la propriété des boulevards et avec lesquelles pour une piastre on était en droit de tout exiger, demandent ici des prix exorbitants. Cent piastres suffisent à peine pour un moment de plaisir et une nuit ne coûte pas moins de 200, 300 ou 400 dollars (1 000, 1 500 ou 2 000 francs). C'est à n'y pas croire, et cependant il y a quelques femmes qui sont cotées à un prix plus élevé encore. Qu'on n'aille pas penser, d'après cela, que toutes les femmes exercent la même profession ; il y en a quelques-unes — en petit nombre, c'est vrai — qui se tiennent honorablement et trouvent dans une honnête profession des bénéfices fort honnêtes. En général, toutes les maisons dans lesquelles se trouve une femme réussissent et sont sûres d'un succès durable.

Les reines du moment à San Francisco sont Mme Marquet, Hélène, Marie, Arthémise, Lucy, Mme Mauger, Lucienne, Mme Warton, Éléonore, Mme de Saint-Amant, Mme Mayer, Maria, Angèle et *tuttae quantae* dont les noms m'échappent.

*
* *

Aujourd'hui, absolument rien ne manque en Californie. Ceux qui aiment le plaisir trouvent ici tout ce qu'il leur faut. Théâtre américain, théâtre français, cirque, chevaux et voitures, bons restaurants, des femmes dans toutes les rues... Il ne manquait plus que des bals, et California Exchange venait de combler cette lacune quand je suis arrivé. Dans l'immense salle qui sert aujourd'hui de Bourse, et où se traitent presque toutes les affaires, les propriétaires ont dernièrement inauguré des bals. Ces bals, tous masqués, ont lieu deux fois par semaine, les mercredis et samedis. Ils sont en général très suivis. Toutes les femmes de la ville, Françaises, Américaines, Mexicaines, s'y donnent rendez-vous, aussi les hommes accourent-ils en foule.

C'est un carnaval perpétuel. Les femmes se font faire, ou se font elles-mêmes, des costumes neufs pour chaque soirée, et on y voit parfois des robes vraiment jolies où les dentelles ne sont pas épargnées.

On jouit dans ces bals non seulement de la liberté que donne toujours le masque, mais de tous les droits à la fantaisie, aussi les Français qui les fréquentent se livrent-ils aux danses les plus excentriques et les plus échevelées, au grand amusement des Américains, qui font toujours cercle autour du quadrille français. Dans une autre partie de la salle, le quadrille américain se danse avec le calme et l'impassibilité naturels à ce peuple. Dans un autre coin, c'est la danse mexicaine avec toute la mollesse et la nonchalance qui la caractérisent. Il y a donc trois bals bien distincts dans la salle. Les divers groupes ne se confondent guère que dans les valses, polkas et galops.

La musique est assez bonne. Huit ou dix artistes exécutent tous les quadrilles, valses et polkas les plus en vogue. Le prix d'entrée à ces bals est fixé à $ 3 (15 francs), et la salle est toujours pleine. Malgré sa gravité ordinaire, en effet, le peuple américain aime à danser et à voir danser surtout.

Ces bals ressemblent beaucoup à ceux qui se donnent à Paris rue Saint-Honoré, salle Valentine. Une différence pourtant : il ne se passe guère de soirées ici qu'il ne soit tiré plusieurs coups de pistolet.

Au mois d'avril dernier, les artistes du théâtre français avaient organisé un bal. Charles Duane, l'un des bandits les plus dangereux de San Francisco, s'y rendit. Charles Duane appartient, dit-on, à une honnête famille de la Nouvelle-Orléans qui l'a chassé de son sein, honteuse qu'elle était de ses vices et de ses crimes alors qu'il n'était encore qu'un enfant. Il paraît qu'à 15 ans il avait déjà assassiné lâchement deux ou trois personnes, et que, malgré les corrections les plus dures, les traitements les plus douloureux, on n'avait jamais pu dompter son caractère féroce et sauvage. C'est un tigre constamment altéré de sang. La soirée s'était déjà à moitié écoulée dans l'entrain de la danse et de la plus franche gaieté lorsqu'on entendit s'élever une querelle entre Charles Duane et un artiste, M. Fayolle, qui lui avait, par mégarde, marché sur le pied. Fayolle se confondait en excuses, mais la rage de Charles Duane semblait s'accroître d'autant plus qu'il voyait qu'on voulait apaiser la querelle. On intervint, on sépara les deux hommes, et on calma Charles Duane, qui semblait prêt à fondre sur Fayolle. Il sembla enfin que cette discussion était terminée et n'aurait pas de suite. Mais on avait compté sans la soif de sang qui dévorait Charles Duane. Un quadrille s'organise, il se met à l'écart et se pose derrière M. Fayolle qui dansait. La contredanse terminée, sans aucun autre motif, Duane s'avance, le pistolet à la main, et décharge son arme dans le dos de Fayolle, qui tombe baigné dans son sang.

Les femmes, au bruit de la détonation, s'enfuirent ou se trouvèrent mal. Quant à Duane, il resta froid et impassible près de sa victime, semblant contempler son œuvre. Il prenait tranquillement un cigare dans sa poche et se disposait à l'allumer quand les personnes présentes au bal s'emparèrent de lui. On le livra à la justice, mais la crainte que ce bandit inspirait et la faiblesse de la justice firent qu'il ne resta pas même vingt-quatre heures en prison. Il avait trouvé une caution de 10 000 dollars (50 000 francs) et on le relâcha. Un mois ou deux plus tard, le procès eut lieu, et il fut absous complètement. On appela de ce jugement devant une cour supérieure, et il fut encore absous par le jury.

Longtemps les presses française et américaine s'entretinrent de cette affaire, qui avait fait beaucoup de bruit, et on ne craignit pas même de demander publiquement sa condamnation. J'ignore comment la justice put le déclarer innocent ! Mais la justice avait parlé. Dès lors il fallait se taire. Aujourd'hui ce scélérat se promène impunément dans les rues de San Francisco, dans une calèche attelée de deux chevaux noirs magnifiques qu'il conduit lui-même. Il a près de lui un Nègre en livrée. Le tout est sa propriété. Il a l'air de braver le peuple et de lui jeter un défi. Livré à la justice vingt fois déjà pour des crimes semblables, il a toujours trouvé moyen d'échapper à la corde. Espérons qu'un jour viendra bientôt où il ne sera point aussi heureux et où il subira le châtiment qu'il a si bien mérité.

Il n'y a pas, j'en suis convaincu, dans l'univers entier, une ville qui renferme autant de scélérats, autant d'assassins, autant de bandits en un mot, que la ville de San Francisco. Les rues en sont infestées, toutes les maisons dans lesquelles le public a ses entrées en sont remplies, à chaque pas on est coudoyé par un fripon bien connu, par un assassin redoutable et par un voleur de profession. Il semble que ce que le globe entier possède de brigands ait été importé ici.

Dès la découverte de l'or en Californie, presque tous les brigands de Sydney, la plaie de tous les peuples, ont pris leur course vers San Francisco et sont venus s'y abattre pour y exercer en grand leur industrie. Pour ces individus, le jeu est la seule ressource. Ils ne peuvent s'approcher d'une table de jeu quelconque sans susciter des querelles qui dégénèrent toujours en luttes sanglantes, au milieu desquelles ils trouvent moyen d'escamoter une partie des fonds qui sont posés en banque. Ces scélérats sont en quelque sorte enrégimentés. Ils ont un colonel, qui a sa résidence à Sacramento City, et ils lui obéissent aveuglément. Ils appartiennent à plusieurs sociétés, entre autres celle du

Do or die (Marche ou crève), pour laquelle le mot « impossible » n'existe pas. Il n'y a pas de coups si hardis et si dangereux qu'ils ne tentent. La *Society of Death* (Société de la mort) est une des plus dangereuses. Pour ces gens-là, le poignard et le pistolet sont des armes familières qu'ils manient avec la plus grande habileté et pour le motif le plus frivole. Malheur à vous si vous vous trouvez attardé et que vous soyez forcé, pour regagner votre domicile, de traverser quelques-unes des rues situées dans le haut de la ville. À chaque pas, à chaque encoignure de rue, un coup de pistolet peut vous atteindre et vous étendre sur la terre sans qu'aucun secours vous soit apporté. On est tellement habitué, dans cet affreux pays, à entendre pendant la nuit la décharge d'armes à feu qu'on ne se dérange même pas. On donne une plainte au malheureux qui tombe et tout est fini.

John Jenkins, habitant de Sydney, après avoir commis déjà pas mal de crimes qui étaient restés impunis, entra furtivement, à la nuit, le 10 juin 1851, dans le *store* (magasin) d'un négociant situé sur le Long Wharf et s'empara d'une certaine quantité de marchandises. Pris en flagrant délit lorsqu'il revenait une seconde fois pour commettre un nouveau vol, il fut conduit immédiatement à l'encoignure de Sansome et Bush Streets. Là, on assembla immédiatement un jury. On fit son procès et il fut condamné séance tenante à être pendu. Le bruit qu'une exécution allait avoir lieu se répandit bientôt en ville. Une foule immense se porta à Portsmouth Square, sur la Plaza, où le gibet avait été dressé. Le peuple était nombreux. Il voulait assister à l'exécution d'un bandit dangereux, dont les méfaits n'étaient que trop connus, et être le premier à jouir de ce spectacle. Depuis trop longtemps le peuple, dans sa loyauté, se plaignait hautement de l'insouciance de la justice pour sa propre conservation et réclamait un exemple ; depuis trop longtemps les vols et les assassinats se commettaient impunément, le peuple honnête voulait un châtiment pour les coupables. La ville entière semblait rassemblée. À 2 heures, John Jenkins fut amené sur la place, on lui lut la sentence qui avait été rendue contre lui et qui le condamnait à être pendu. Il l'écouta tout entière avec un cynisme extraordinaire, puis le juge lui demanda s'il n'avait rien à dire pour sa défense. « Je n'ai rien à dire, répondit-il avec un calme et un sang-froid dont on ne peut se faire d'idée, mais je voudrais avoir un cigare, de l'eau-de-vie et de l'eau. » On s'empressa de satisfaire à sa dernière demande, au grand mécontentement du peuple, qui trouvait qu'on avait eu trop d'égards pour ce scélérat. Il alluma son cigare, but l'eau-de-vie et l'eau qui lui avaient été apportées, puis la corde lui fut passée au cou et le peuple, en foule, tira sur la corde, lançant dans l'espace le corps du supplicié comme pour se convaincre par lui-même que cette fois la justice avait suivi son cours et qu'on n'avait point fraudé la loi comme cela était arrivé si souvent. Le corps de John Jenkins resta pendu jusqu'au soir, et le peuple, pendant tout l'après-midi, témoigna par ses cris et ses vociférations la satisfaction qu'il éprouvait de cet acte de justice.

Deux mois plus tard, le peuple entier de San Francisco était appelé à assister à une autre exécution. Mais cette fois la justice reconnue par les lois de l'État n'y était pour rien ; c'est même contre son gré que l'exécution eut lieu. Voici dans quelles circonstances. La justice paraissait depuis longtemps dormir sur son siège, sans se préoccuper du salut public, laissant le voleur, le meurtrier et l'incendiaire courir les rues. Malgré les réclamations réitérées de la presse, malgré les plaintes continuelles du peuple, il était impossible de faire sortir les juges de l'apathie dans laquelle ils étaient plongés. Bien que les bandits les plus connus et les plus dangereux, bien que l'armée entière des bandits fussent à San Francisco à cette époque, les juges paraissaient ne pas s'en préoccuper le moins du monde, et ils laissaient ensanglanter les rues. L'audace de ces bandits et les crimes qu'ils commettaient chaque jour émurent les principaux négociants de la ville. Une réunion eut lieu. Il y fut convenu qu'on rédigerait et qu'on signerait une protestation qui serait publiée et affichée, pour blâmer publiquement la conduite des juges. Cette protestation fut rédigée en effet en termes énergiques. Les crimes se commettaient toujours et la justice ne bougeait pas. Les principaux négociants, constitués en comité de Vigilance *(Vigilance Committee)*, formèrent alors une espèce de garde et exercèrent eux-mêmes la surveillance qui aurait dû être assurée par la police. Ils étaient résolus à se faire justice eux-mêmes si l'occasion s'en présentait. Elle ne devait pas se faire attendre longtemps.

Un assassinat venait d'être commis dans Broadway Street. La rumeur publique l'attribuait à Samuel Wittaker et à Robert Mackenzie, depuis longtemps signalés comme deux brigands dangereux qui ne reculaient ni devant l'assassinat ni devant l'incendie pour assouvir leur rage. Ils furent arrêtés par la police et livrés à la justice du pays. Malgré les témoignages les plus accablants, malgré les preuves les plus évidentes et les plus palpables, la justice légale les absout. Les membres du comité de Vigilance, indignés d'une semblable conduite, coururent en toute hâte à la prison où les criminels se trouvaient encore, forcèrent la consigne, s'emparèrent de Wittaker et Mackenzie, les conduisirent dans la salle de leurs séances et là firent de nouveau leur procès. En moins d'une heure ils furent jugés, condamnés et exécutés.

Le dimanche 24 août 1851, à 2 heures et demie de l'après-midi, on vit une voiture où se trouvaient Wittaker et Mackenzie, liés et garrottés, au milieu des membres du comité de Vigilance le revolver au poing, sortir de Pacific Street où se trouvait la prison, gagner Dupont Street, traverser la ville au grand galop et s'arrêter dans Sansome Street près de Bush Street et du grand Wharf. Là, on fit descendre immédiatement les condamnés, puis on les fit monter au premier étage, on leur lut la sentence rendue contre eux et on leur passa aussitôt la corde au cou. Plus de quinze mille habitants assistaient à cette double exécution. La justice des hommes était faite. La foule s'écoula alors, applaudissant la conduite énergique des hommes qui avaient eu assez de courage pour assumer une aussi grave responsabilité et délivrer le pays de deux scélérats.

La justice légale s'émut beaucoup de cette exécution et menaça de poursuivre ceux qui avaient prononcé la sentence de condamnation. Solidairement responsables, tous les membres du comité de Vigilance se présentèrent en foule devant le juge qui voulait, un peu tard, appliquer la loi. Il y allèrent avec la conscience d'avoir rendu service à l'humanité en punissant deux criminels. Leur attitude, leur nombre, leur autorité, leur position dans la ville, leurs réponses nettes, énergiques et précises aux observations du juge ébranlèrent le juge lui-même. Il ne crut pas pouvoir poursuivre et finit par avouer que la justice légale, induite en erreur dans les débats, n'avait pu condamner les accusés, mais que les preuves de leur culpabilité, rassemblées par les membres du comité de Vigilance, étaient trop nombreuses pour que la justice, mieux éclairée, ne se rendît point à la raison. Le comité de Vigilance existe toujours, non seulement à San Francisco, mais dans toutes les villes de l'intérieur qui ont reconnu l'intérêt qu'elles avaient à se garder elles-mêmes et à se faire justice elles-mêmes. C'est une utile institution qui sauvera la Californie de bien des désastres et réussira peut-être à rendre possible de sortir de chez soi sans être armé jusqu'aux dents, à pouvoir voyager sans crainte d'être assassiné, et qui fera de San Francisco et des autres villes de l'intérieur des villes où les assassinats et les incendies ne seront plus que de rares malheurs. Espérons-le pour l'avenir du pays.

Par ce qui précède il est facile de juger de ce qu'est la justice dans ce pays. Avec de l'argent on corrompt les juges, on fait emprisonner son ennemi et on échappe aux rigueurs de la loi. Quant aux étrangers, malheur à eux s'ils ont des difficultés d'intérêts, ou autres, avec les Américains ! Auraient-ils cent mille fois raison, leur cause serait-elle excellente, elle est perdue d'avance. Esprit de nationalité. Le « grand peuple » est libre, et il use singulièrement, il faut l'avouer, de sa liberté.

*
* *

Quant à la police, je n'ai qu'un mot à en dire. Elle est faite en grande partie par un certain nombre des bandits enrégimentés qui ont intérêt, comme on peut le penser, à sauver leurs complices des rigueurs de la loi. Ici, en général, les *policemen* sont tout autant à craindre que les bandits eux-mêmes. S'ils savent que vous avez de l'argent sur vous, ils seront les premiers à vous assommer. On les paie très cher pour veiller sur San Francisco, et ils y mettent le feu. En un mot, je crois que tous ceux qui tiennent à la justice et à la police s'entendent entre eux. Le pays, sous ce rapport, est loin d'être organisé et il se passera bien longtemps encore peut-être avant que ses administrations ne soient bien réglées. Dans un pays où il y a tant de peuples différents, de races et de mœurs variées, il serait à désirer qu'il y eût une justice sévère et inflexible, et qu'une main de fer gouvernât le pays.

UN PEU DE POLITIQUE

Ce qu'on est convenu d'appeler le « grand peuple » s'occupe beaucoup de politique, et les élections sont pour lui la chose du monde la plus importante. Je ne ferai point ici l'histoire de cette glorieuse république. L'étoile de Washington n'a point encore pâli et le souvenir de la coopération de notre général Lafayette ne s'est point encore effacé de nos mémoires. Le peuple américain est né pour vivre en république. Pour lui, l'égalité, la fraternité et la liberté ne sont point de vains mots. Chez lui, point de distinctions. L'homme riche n'a pas droit à plus d'égards qu'un pauvre diable couvert de haillons. Sortis du peuple, les chefs de la ville, les magistrats de la cité vivent au milieu du peuple, avec lui, et cette familiarité ne les empêche pas pour cela d'exercer impartialement leurs fonctions.

C'est au mois de juillet qu'ont ordinairement lieu les élections générales pour l'Assemblée et le Sénat. Pendant tout ce mois, le peuple est dans une agitation extrême. Les candidats qu'il a choisi d'envoyer soit à l'Assemblée, soit au Sénat sont par lui prônés d'une manière toute spéciale. Pendant toute la durée des élections on rencontre partout dans la ville des bannières bariolées de mille couleurs, au milieu desquelles flotte toujours le pavillon américain, portées par des hommes distribuant les bulletins d'élection. Des voitures, des calèches, des cavalcades parcourent les rues à fond de train et distribuent partout sur leur passage les bulletins des candidats. Des crieurs vous brisent le tympan en poussant des hourras pour tel ou tel. Puis, le soir venu, dans la *beer-room*, au coin d'une rue, au milieu de la place, partout dans les rues, des meetings ont lieu. Là, le candidat, au milieu d'une foule considérable, calme et silencieuse, fait sa profession de foi, expose ses théories et ses principes, et conquiert ainsi les suffrages de ses concitoyens. Il fait voir ce qu'il est, et le peuple ne l'envoie siéger qu'en parfaite connaissance de cause. Le peuple se retire ensuite sans bruit. Quelle différence avec nous autres Français ! Mettez dix Français ensemble, ils ne resteront pas cinq minutes sans se disputer, sans crier et s'injurier. Que le gouvernement français remarque dans les rues un rassemblement quelque peu nombreux, de suite il va lever ses troupes, envoyer la force armée pour le disperser. Il lui semble voir à chaque pas une émeute, une révolution. Sa faiblesse lui fait voir partout une hydre affreuse prête à le dévorer. Son ombre même l'épouvante et ses milliers de soldats sont tout au plus suffisants pour calmer sa frayeur. En Amérique, pas de troupes, pas de soldats, le peuple entier veille lui-même à sa sûreté, qui du reste n'est jamais troublée par des dissensions intestines, et il ne souffre pas pour cela qu'on attente à ses droits et à sa liberté.

L'intrigue n'est pas plus bannie ici qu'en France, dans les élections. Ce ne sont pas toujours les hommes les plus capables qui vont siéger à l'Assemblée ou au Sénat, et les magistrats des villes ne sont pas toujours choisis parmi les personnes les plus recommandables, aussi y a-t-il eu une foule de fonctionnaires concussionnaires et prévaricateurs, qui tantôt gaspillaient les revenus des villes qu'ils administraient, tantôt les faisaient tourner à leur profit personnel. Presque tous les fonctionnaires nommés dès que la Californie a pris une certaine importance ont fait une fortune rapide et colossale. Il suffisait de séjourner quelque temps dans l'administration pour se retirer avec une jolie fortune. Comme en France, ceux qui n'ont aucun mérite personnel, pour se faire élire malgré tout, dépensent énormément d'argent. Les Américains, du reste, font les choses grandement. C'est dans leur caractère. Ils ne reculent devant aucun sacrifice pour écraser leurs concurrents. C'est à qui, au moment des élections, déploiera le plus grand luxe de chevaux, de voitures, de bannières, de distributions de toutes sortes, de repas, etc. Il n'est pas rare de voir des Américains dépenser, dans ces occasions, 50 000, 60 000 ou 80 000 dollars (250 000, 300 000 ou 400 000 francs). Ce sont des dépenses sans nom, et souvent faites en pure perte, car celui qui les fait n'a pas toujours la chance d'être nommé et de voir son ambition satisfaite.

Suivent quelques considérations très personnelles sur les différentes races qui peuplent la Californie.

Ici s'achève le journal manuscrit d'Albert Bénard.

Ernest de Massey[1]

Journal

Et voici la pièce de résistance : le témoignage le plus exceptionnel dont nous disposons sur les Français à San Francisco, resté à ce jour inédit. Sans doute Ernest de Massey n'a-t-il pas la verve de Bénard, s'il n'est pas sans talent — on verra qu'il vécut un temps comme journaliste —, mais il a d'autres vertus. À commencer par une humeur quelque peu acariâtre qui le porte à tout dire, et souvent à médire. Quelles volées de bois vert, parfois ! Personne, dirait-on, ne trouve grâce à ses yeux, et surtout pas les fausses gloires, les importants, ceux qui se voudraient donner un vernis de respectabilité parce qu'ils ont réussi. Petites et grandes combines, ruses, lâchetés — rien n'échappe à la plume vengeresse du malheureux Ernest, qui semble attirer à lui les catastrophes.

Bénard « arrange » l'histoire, gomme les aspérités, ne dit rien de l'horreur et de la bassesse, met en scène, en somme, une comédie aux cent actes divers. Ernest de Massey, lui, verse du vinaigre sur les plaies — et c'est un vrai bonheur. Pour nous.

---

1. Ernest de Massey, d'une vieille famille franc-comtoise, depuis plusieurs générations au château de Passavant (Haute-Saône), partit en Californie le 21 mai 1849 à bord du brick *Cérès* (comme le jeune Breton Rivoallan, dont on lira plus loin le journal) avec son cousin, Véron, et un homme de peine, Pidaucet, dans l'espoir de redresser une situation de fortune bien compromise, après deux sévères échecs dans la manufacture de verre et l'agriculture. Pendant les sept mois de la traversée, et pendant plus de un an après son arrivée à San Francisco, Ernest de Massey tint un journal qu'il envoya à intervalles réguliers à Passavant. Il resta cinq années encore en Californie, ouvrit une librairie franco-espagnole au 117, Commercial Street avant d'émigrer au 126, Montgomery Street, et il rentra à Passavant en 1857.

Ce journal a été acheté en 1908 par la Los Angeles Public Library, où il se trouve encore.

Vendredi 14 décembre 1849.

À 8 heures du matin, après une bien mauvaise nuit, le cri de « Terre ! » se fait entendre de nouveau, mais ce n'est plus, comme hier, une mystification. Le temps est beau, il permet jusqu'à 10 heures de longer la côte californienne, pour reconnaître les îles Farallones et l'entrée de la baie qui se trouve en face de l'île, mais avant d'avoir pu s'assurer du jour exact où nous sommes, des grains, des tempêtes, des brumes viennent nous faire perdre la côte de vue, nous rapprochent malgré les manœuvres des bas-fonds, des îles et des brisants qui abondent autour de nous. Cette situation est encore plus critique que celle d'hier, à cause de la violence du vent. S'il eût duré deux heures de plus nous étions forcés d'atterrir à l'aventure, et la *Cérès* eût péri probablement corps et biens. Heureusement, à 2 heures une éclaircie dans le ciel permet de mettre le cap sur un point que le capitaine Rey (qui dans cette circonstance d'ailleurs a pris le commandement, aux lieu et place de Messmaker, qui n'est qu'un cabinier et capitaine porteur, espèce de subrécargue représentant l'armateur) suppose être l'entrée du goulet ? Mais pendant que nous voguons dans cette direction que tous les marins du bord assurent être la bonne, je surprends une conversation, à voix basse, entre les deux capitaines, de laquelle il ressort clairement que le capitaine Rey n'est pas certain d'être en bon chemin, qu'il n'a que des probabilités, et que dans tous les cas il est préférable d'échouer n'importe où que de passer la nuit au milieu des écueils ; péri pour péri, il vaut mieux choisir son supplice, mais il conserve encore l'espoir d'arriver au port sans avarie. Malgré ses craintes et ses préoccupations, il affecte un grand calme, un grand sang-froid, une grande précision dans ses commandements pour inspirer confiance aux passagers et à l'équipage, personne ne se doute de rien, et je me garde bien de souffler mot de ce que je viens d'entendre ; je n'en suis pas plus rassuré pour cela ; mais j'en prends mon parti, prêt à tout événement. Je dois rendre justice au capitaine Rey, qui, pendant toute la traversée, s'est montré un marin consommé, énergique, franc, loyal, sympathique, fort au-dessus de la position qu'il occupait à bord, où il n'était que le second vis-à-vis de l'armateur, quoique le premier vis-à-vis des autorités et de la douane, comme capitaine au long cours. Dans le cas présent Messmaker aurait perdu la tête et son navire. Le coup d'œil juste et la présence d'esprit de Rey ont tout sauvé. Grâces lui soient rendues.

À 4 heures et demie il est presque nuit, nous pénétrons dans le goulet à l'entrée (Golden Gate) d'un mille et demi de largeur. Des deux côtés s'élèvent des montagnes de formes pittoresques, couvertes de pâturages d'un beau vert où paissent des moutons en liberté sans berger et sans chien. À droite, quelques bois rabougris de chênes verts, et sur la montagne au loin devant nous des forêts d'arbres résineux en hautes futaies. L'île aux Cerfs, la plus grande de la baie, a un misérable aspect, une végétation chétive. Quelques arbres, à la pointe nord de l'île, sont les seuls abris que les cerfs, ses habitants d'autrefois, pouvaient rencontrer. Quant à la petite île aux Oiseaux, au sommet verdoyant, elle porte bien son nom, si j'en juge par la nuée de palmipèdes de toutes espèces qui s'y réfugie à la tombée de la nuit. Nous avançons lentement, courts de toile, laissant à gauche le mouillage de l'aiguade où quelques navires de guerre, dont une corvette française, sont à l'ancre. À droite, vers le sud, à un mille environ nous apercevons les mâts des navires mouillés devant San Francisco. Les grains qui se succèdent et la marée montante suffiraient pour nous faire marcher et atteindre le mouillage.

Peu à peu l'horizon s'élargit, à travers la forêt de mâts nous apercevons une partie de la ville et les camps d'émigrants établis sur les flancs de la montagne qui domine la baie, l'océan, le goulet et la presqu'île où s'élève San Francisco, inconnue, déserte il y a deux ans, aujourd'hui couverte de maisons en planches et tôles de toutes formes et de toutes grandeurs, de tentes de toutes couleurs, s'étageant en amphithéâtre, abritant une population d'aventuriers, de vagabonds, de banqueroutiers, de repris de justice, de marchands, de banquiers, de marins déserteurs, de croupiers, de gens sans nom, sans patrie, clairsemée d'honnêtes chercheurs d'or, ouvriers ou spéculateurs venus de toutes les parties du monde. C'est donc en face et à 2 kilomètres de ce grand champ de foire, cosmopolite, au milieu de trois cents navires, arrivés, arrivants, forcés de stationner pendant de longs mois après le déchargement, faute de frets et de matelots, qu'à 5 heures et demie aujourd'hui la *Cérès* jette l'ancre.

Il est nuit, et le panorama qui est devant nous s'illumine sur plusieurs kilomètres, on dirait que toutes les étoiles du ciel prises elles aussi de la fièvre ont émigré ce soir sur la plage californienne, car on n'en voit pas une au firmament. Toutes ces lumières de la ville et celles de tous les navires du port se reflétant dans les eaux de la baie sont un spectacle d'un effet magique, et font une agréable diversion aux inquiétudes des jours précédents.

Ce soir, après le dîner, les officiers de la *Meuse*, navire du Havre du même armateur que la *Cérès*, viennent faire une visite à bord. Il y a trois mois qu'ils sont là et connaissent bien la place ; ils nous racontent des choses si extraordinaires que j'ai peine à y ajouter une entière confiance. Une maison, que dis-je, une baraque en bois, dans un bon

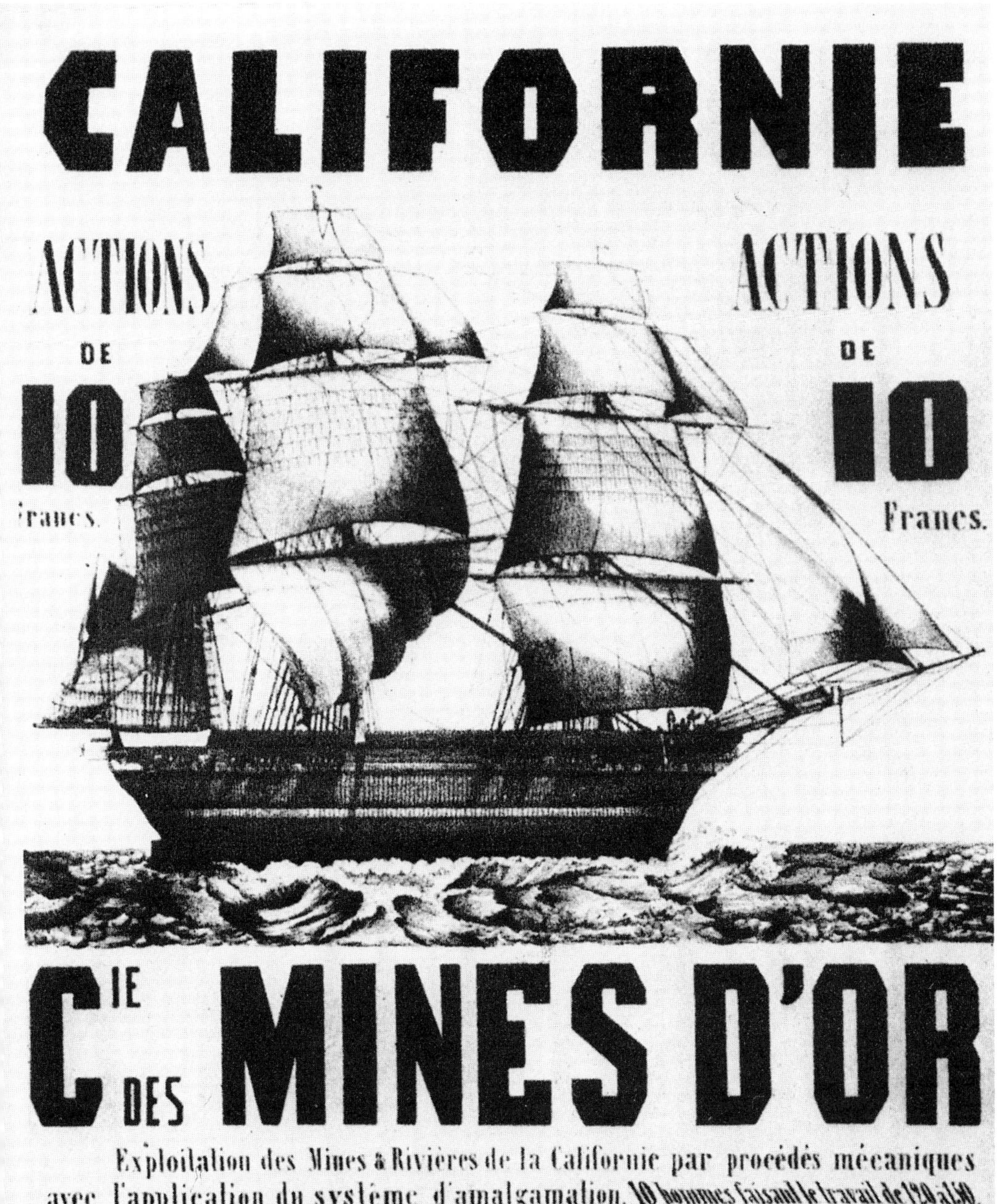

Placard publicitaire de la Compagnie des mines d'or.

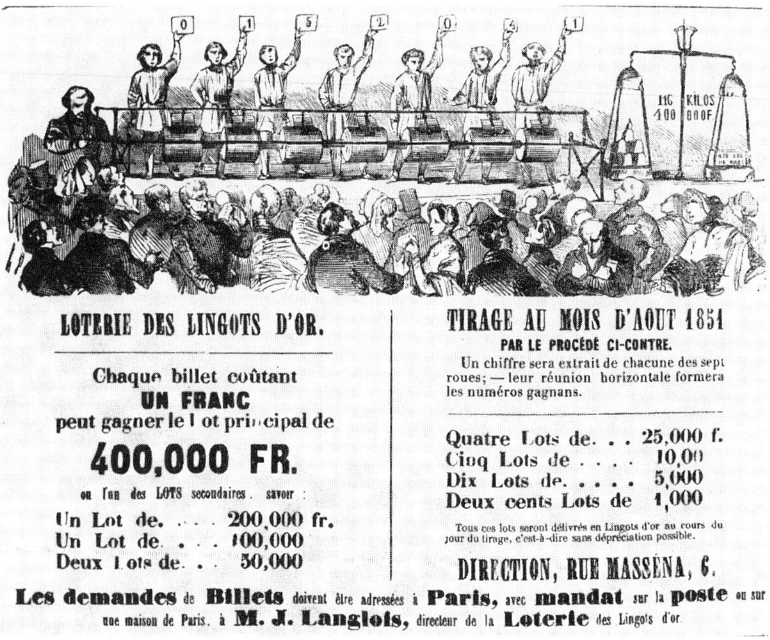

Affiche publicitaire de la Loterie des lingots d'or : les bénéfices de cette loterie permirent d'envoyer 3 000 personnes en Californie, pour la plupart des insurgés de 1848, anciens gardes mobiles ou anciens gardes nationaux.

Certains « enfiévrés » de l'or partaient quérir fortune, cahin-caha, à pied avec une simple brouette…

Les véritables chercheurs d'or français n'étaient pas si loin
de la caricature qu'en faisaient d'eux les Anglo-Saxons.

THE FRENCH MINER.

Petits et grands moyens : les pionniers n'hésitaient pas à traverser la Prairie en tirant des charrettes à bras lorsqu'ils n'avaient pas assez d'argent pour acheter des bœufs ou des chevaux… mais ils réduisirent des montagnes en poussière grâce à d'impressionnants canons à eau.

San Francisco Beauties—the Celestial, the Señora, and Madame.

Les Françaises qui exerçaient le plus vieux métier du monde avaient une telle réputation à San Francisco que leur surnom de « Madame » devait passer dans la langue anglaise. Tandis que, dans un esprit encore plus irrespectueux, Cham brocardait les acteurs de la ruée vers l'or.

L'ILLUSTRATION, JOURNAL UNIVERSEL. 349

Les Chercheurs d'or en Californie. — Caricatures par Cham.

Colonel californien passant en revue les hommes de son régiment. Situation délicate d'un gouverneur général de la Californie. Travail préparatoire pour arriver à la libre exploitation d'une mine.

Le comte de Raousset-Boulbon, qui partit avec 250 « quarante-huitards » chercheurs d'or, à la conquête du Sonora mexicain.

1852 : la première photo connue de San Francisco, avec, à l'arrière-plan, des bateaux par milliers échoués dans la rade du port.

À la même époque, les Français s'étaient assurés un quasi-monopole dans la profession de cireurs de souliers…

PARAISSANT TOUS LES JOURS---PUBLISHED EVERY DAY, SUNDAYS EXCEPTED.

VOLUME 4 — N° 9.

LE PHARE

JOURNAL FRANCO-CALIFORNIEN.

RAPP & Cie, Editeurs-Propriétaires. — SAN FRANCISCO : SAMEDI, 17 AVRIL 1858. — BUREAUX : RUE MONTGOMERY, No 120.

Annonces Nouvelles.

BONNE OCCASION. A VENDRE. Restaurant et Barre ... de ... CONTRA COSTA, Entre BROADWAY et VALLEJO WHARVES.

A VENDRE POUR CAUSE DE DEPART. UN MAGASIN D'EPICERIES placé dans une maison en briques...

CHANGEMENT DE DOMICILE. P. MERLE a transféré son Magasin de Chaussures, RUE DUPONT...

Docteur E. Celle, No 246 ... RUE WASHINGTON.

LE SIXIEME FESTIVAL DE MAI DE LA TURN-VEREIN DE SAN FRANCISCO AURA LIEU A RUSS GARDEN, 2 et 3 Mai ... 1858.

UN FESTIVAL POUR LE FAVORI ... Programme ... DEN AGE.

La Traversée de l'Isthme par CHEMIN DE FER, JUSQU'A ASPINWALL.

EXPRESS DE FREEMAN & Cie. VIA PANAMA. Golden Age, MARDI ... 20 Avril 1858.

FREDERICK A. SAWYER, AVOCAT ET NOTAIRE PUBLIC.

W. THORNTON, Avocat et Notaire français, No 176 ... rue Montgomery.

Amusements.

THEATRE AMERICAIN, Coin des rues HALLECK et SANSOME. Dimanche soir ... 18 Avril 1858. Bénéfice de M. BONNET. PREMIERE REPRESENTATION DE ANGELE! ... ou ... L'ECHELLE DES FEMMES, DRAME EN CINQ ACTES, DE M. ALEXANDRE DUMAS. ANGELE ... Mlle PITRON.

SALLE DU MELODEON, 182, rue Montgomery.

GLACES SI RENOMMEES Faites par Peter Job Sont réduites à VINGT-CINQ CTS ... 211, RUE WASHINGTON.

POUR MONTEREY, SANTA BARBARA, San PEDRO & San DIEGO. SENATOR. Le DIMANCHE ... 18 avril 1858.

A VENDRE POUR CAUSE DE DEPART Un établissement industriel.

BONNE OCCASION A VENDRE. UNE EPICERIE, ... PACIFIC ET LEAVENWORTH.

CHANGEMENT DE DOMICILE. Mme HENRIOT, COUTURIERE DE PARIS, No 212, rue Washington.

Heyneman, Pick & Cie, RUE SACRAMENTO. Marchandises sèches.

L. E. RITTER & Cie, No 65 rue CALIFORNIE.

PRIX D'ABONNEMENT. Par semaine - - 25 cts. Pour six mois - - $5 00.

VENTES PUBLIQUES---Aujourd'hui. SMILEY, FRERES & Cie, coin de Sacramento et Sansome. WASHBURN & Cie, coin sud-est des rues Californie et Front. A. VAN VLECK, 61 et 63, rue Californie. EDWARD S. SPEAR, 131, rue Californie. B. F. ROUNTREE, No 115 rue Clay. JAMES A. McCRAE, 164 rue Montgomery.

SAN FRANCISCO : 17 AVRIL 1858.

NOTICE TO THE PUBLIC.

LE JOUR DE L'ENNUI.

Quelques mots encore à propos de la loi du Dimanche.

Il est permis de s'étonner de la facilité avec laquelle cette loi a été votée et de la manière dont elle passe, pour ainsi dire inaperçue. Au sein de la législature, elle ne rencontre aucune opposition ; dans la presse américaine, pas une voix ne s'élève contre elle. Personne ne la discute. Tout le monde semble l'accepter comme une chose toute naturelle. Jamais, enfin, mesure législative de cette importance n'a aussi peu ému l'opinion.

Comment interpréter un pareil silence ? Est-ce indifférence ? Est-ce esprit religieux ?

De l'indifférence ? Nous ne le comprenons pas en présence d'une règle nouvelle ...

... pays et dans tous les temps. Aussi, cet esprit-là nous inspire-t-il une certaine défiance, plus encore : de la frayeur ; car la longue traînée de sang et d'iniquités qu'il a laissée dans l'histoire ne peut s'effacer de notre souvenir !

Eh ! n'est-ce pas pour le fuir, pour se soustraire à ses persécutions, que vos pères les *Pilgrims* ont quitté leur patrie et sont venus arborer sur une terre vierge, sur le sol où vous êtes, — le drapeau de la tolérance religieuse, le drapeau de toutes les libertés ?

Et voilà qu'à votre tour, vous entrez dans la voie des restrictions, que vous apportez des entraves à la liberté de conscience. Car, enfin, qu'est-ce que votre loi du Dimanche, si ce n'est une loi d'intolérance ?

Quoi ! la constitution fédérale permettra à tous les cultes de s'établir et de s'exercer librement sur toute la surface des Etats-Unis ; vous laisserez les sectes les plus absurdes professer les doctrines les plus monstrueuses, les plus immorales, se livrer à des pratiques inimaginables...

Mais, à moi Français, à moi Espagnol, à moi Italien, à moi CATHOLIQUE à qui ma religion ne fait pas un devoir de "m'ennuyer" parce que c'est Dimanche ; à qui ma religion ne défend pas de me distraire, de m'amuser, de me délasser, à ma guise, une fois par semaine, d'un rude labeur de six jours, — vous viendrez m'interdire le seul plaisir que j'aimerai : la danse, le théâtre, et m'imposer votre "spleen" et me condamner à un repos forcé ?

Mais c'est là une sorte de "religion d'Etat" que vous établissez.

Mais vous immolez une masse d'intérêts privés. Car les théâtres, les bals publics, pour ne pas en citer d'autres, sont des industries qui ne vivent que du dimanche ; tout comme certaines églises — et les obliger à fermer ce jour-là, c'est les tuer, c'est mettre en question une foule d'existences qui ne reposent que sur l'existence de ces établissements.

Nous n'avons pas à revenir ici, sur les ...

... Francisco n'était pas déjà ..., nous nous y croyions du moins à l'abri de certains préjugés. Mais, voilà que, grâce à cette nouvelle loi, bientôt Boston n'aura plus rien à nous envier.

Nous sommes pourtant en l'an de progrès 1858 !

Projet d'une nouvelle ligne de steamers.

M. Merritt, de Mariposa, a présenté hier au Sénat un nouveau bill ayant pour objet l'émission, par le gouverneur, le contrôleur et le trésorier, de bons de l'Etat pour une somme de $500,000, portant intérêt à 70,0 par an, remboursables à l'expiration de la vingtième année à partir de la date de l'émission. Cette somme serait prêtée à une compagnie qui s'organiserait (sur des bases dans des conditions de nature à offrir des garanties suffisantes pour le remboursement) à l'effet d'établir un service mensuel de bateaux à vapeur de première classe, entre San Francisco et New-York. Ces navires devraient pouvoir transporter jusqu'à mille personnes, et les prix du passage ne dépasseraient pas $150 pour la 1ère cabine, et $75 pour la seconde. Les preneurs s'engageraient en outre, à payer régulièrement aux échéances qui seraient fixées, les intérêts des bons à eux prêtés.

Le projet ajoute que le gouverneur, le contrôleur et trésorier pourraient désigner un agent pour le compte de l'Etat, avec mission de surveiller l'exécution du contrat proposé et de veiller également à ce que le transport des passagers par cette ligne fût fait de la manière la plus en conformité non seulement des termes du contrat, mais encore des lois de l'Etat de Californie et de celles des Etats-Unis. Un des articles dispose que la question de création des bons serait au préalable soumise au peuple.

En parlant de ce projet, le "Bulletin" parle de son inconstitutionalité qui semble prouvée par la section 10 de l'art. 9 de la constitution ; il est vrai qu'un autre journal la met sous la protection de la loi qui autorise l'Etat à s'engager pour la création des routes.

Du reste M. Merrit propose la sanction du peuple, ce qui lèverait toutes les difficultés.

Le projet ci-dessus est simple et paraît très réalisable. Nous faisons des vœux pour son adoption ; mais en attendant qu'il soit ... dans le domaine des faits, nous nous ... aux idées que nous avons exprimées ...

... hier sur le même sujet et y persistons à recommander la route par le Texas à ceux qui ne pourraient ajourner leur départ jusqu'à la réalisation du plan proposé par M. Merritt.

Australie.

Le navire "Eli Whitney" qui est arrivé de Sidney hier dans la matinée, nous apporte des nouvelles qui vont jusqu'à la date du 23 janvier pour cette place et jusqu'à 18 du même mois pour Melbourne.

Des feux de broussailles d'une étendue considérable avaient causé de sérieux dommages dans la province Victoria. Une distance de 15 milles, comprise entre les monts Mistake et Pyrenees ne formait qu'un immense lac de feu.

Dans la même province on venait de faire la découverte de mines de houille qui paraissent être d'une qualité supérieure.

Un incendie s'est déclaré le 3 janvier à Reed's Diggings, et y avait causé des pertes importantes ; dix personnes avaient péri dans les flammes.

Il a été trouvé près de Marlborough, [Victoria] un morceau d'or de 537 onces et un autre de 124 onces à Sofala, dans les Nouvelles Galles du Sud.

L'eau amenée à Melbourne par la nouvelle compagnie avait causé de nombreux cas de diarrhée dans la ville ; cette eau, à ce qu'il paraît, est saturée de principes malfaisants provenant de détritus végétaux.

FRAUDES SUR LES FARINES.— Depuis un certain temps déjà on s'est aperçu d'un nouveau genre de spéculation, ou, pour mieux dire, qui est une fraude de nature à jeter une certaine perturbation dans les transactions commerciales. Certains individus achètent tous les sacs à farine vides qu'ils peuvent trouver, surtout toutes ceux qui sont recouverts d'une marque en faveur, puis les faisant emplir de farines inférieures. Ils les offrent à la vente sous et à garantie des marques dont ils sont estampillés. Un meeting tenu hier au Corn Exchange, a nommé un comité chargé de mettre un terme à cet état de choses en recherchant les auteurs de ces contrefaçons, et en dévoilant leurs noms aux commerçants de la ville. Nous désirons vivement voir le comité réussir dans ses investigations et mettre ainsi un terme à ces falsifications dont est trop souvent victime le consommateur honnête et sans défiance.

Puis, se cachant la figure dans les mains, il sortit.

XVI

En se retrouvant seules, Simone et Sophie se regardèrent avec une sorte d'épouvante. Puis les larmes vinrent détendre leur courage.

— Oh ! le monstre ! s'écria Simone en sanglotant sur l'épaule de son amie, pardonne-moi.

— Pourquoi te pardonnerais-je ? répondit Sophie.

— Je vous avais laissées seuls, parce qu'il m'avait suppliée de lui permettre cet entretien, j'espérais que l'amour l'avait purifié... Mais non, Dieu n'accorde pas à ... ce miracle, j'aurais dû te prévenir.

— Me prévenir ? C'était inutile. Je ... bien quel sentiment M. Simon avait ... moi. Quand tu nous as laissés, je m'attendais à ses paroles. Je ne t'en veux pas ; ... te plains d'avoir un tel frère.

— Oh ! il n'est pas mon frère, dit Simone avec énergie, j'en atteste tous les élans de mon cœur qui m'éloignent de lui ! C'est une fatalité qui nous fait vivre sous le même toit.

— Qu'allons-nous devenir, ma pauvre Simone ? Je ne peux plus m'exposer à le rencontrer. Tu viendras me voir. Le regard qu'il nous a jeté en s'en allant m'a donné le frisson.

— Il se vengera.

R. H. VANCE, SACRAMENTO ET MONTGOMERY.

New York and San Francisco CLOTHING EMPORIUM, MAGASIN D'HABILLEMENS No 176, rue CLAY.

LOCKWOOD & HENDRIE. Vêtements pour Hommes et Enfans.

CHANGEMENT DE DOMICILE. Le Magasin de PRODUCE STORE, L. MOUTTET, RUE CLAY ... No 37.

A. MARIUS CHAPELLE, BUREAU : 97, RUE MERCHANT.

NEGOCIATION.

RICHARD TOBIN, AVOCAT.

Vins, Liqueurs ...

C. GRELLET & Cie, IMPORTATEURS, Cognacs, Vins, Liqueurs et Provisions, Nos 126 et 128, rue Jackson.

A. E. SABATIE & Cie, IMPORTEURS, COMMISSIONS ET CONSIGNATIONS.

M. LEBATARD, Commission et Consignation.

Compagnie d'Asphalte. SKINNER & BONNEY, CONTRACTEURS, Bureau ... No 97, rue Merchant. Asphalte à vendre.

Mme Charruau, Comestibles, Conserves Fines, BRANCH MARKET. Charcuterie, Pâtisserie et Comestibles.

J. BOUSSU, CHAUDRONNIER, No 169 ... rue Jackson. Appareils Distillatoires.

Mme Penn-Abadie, SAGE-FEMME.

Mme CHARLES, Fabricante de Corsets et COUTURIERE DE ROBES.

Germain Ruffat, PLATRIER, FUMISTE, No 253 ... RUE DUPONT.

Les Français sont bientôt assez nombreux pour que soient publiés à leur intention plusieurs quotidiens, parmi lesquels *Le Phare*, dont voici l'édition du samedi 17 avril 1858.

Photos © coll. privée M. Le Bris

quartier, se loue jusqu'à 3 500 piastres (17 500 francs) par an, un plat d'œufs vaut 40 francs, une bouteille de vin, tout ce qu'il y a de plus ordinaire, de 5 à 8 francs, le pain, 2,50 francs la livre anglaise, qui est de 14 onces. La viande est ce qu'il y a de meilleur marché (les bestiaux étant très nombreux dans le pays), elle vaut de 0,90 à 1,20 franc la livre.

Le bois d'une baraque de 28 pieds sur 11 vaut jusqu'à 10 000 francs. L'intérêt de l'argent sur gage ou hypothèque est de 6 % par mois ; une pirogue vaut 2 000 francs, une visite de médecin une once (80 francs). Tous ces prix sont ceux du détail et ne sont si élevés que par les frais du magasinage, de main-d'œuvre et le taux de l'argent.

Aux placers, en bonne saison et en bonne santé, la moyenne de la journée est, dit-on, d'une once, mais les marchandises sont plus chères qu'en ville, le prix de transport d'une tonne à 20 lieues d'ici coûte le double d'une tonne transportée du Havre à San Francisco. Ici l'ouvrier en fer ou en bois gagne de 50 à 80 francs par jour. Le moins que l'on puisse dépenser par repas, sans vin, est une piastre. Une pioche qui coûte 2,50 francs en France se vend 15 francs, ce serait trop beau, je n'ose y croire.

On découvre journellement de nouveaux placers. Il y a de l'or dans presque toute la région montagneuse et dans tous les cours d'eau ; on en voit dans toutes les mains, les bourses se vident et se remplissent avec la même facilité, la même insouciance, comme si cet état de choses devait toujours durer, et les maisons de jeu, les cafés, les restaurants absorbent souvent en vingt-quatre heures la petite ou grosse fortune que le mineur avait mis des mois à ramasser ; puis, les poches vides, il s'en retourne gaiement aux mines avec l'espoir de réussir encore, ce qui n'est pas toujours certain. Voilà le tableau que les officiers de la *Meuse* nous font de ce pays fabuleux où nous venons. Je n'ose penser que ces messieurs ont voulu se moquer de nous et abusent de notre crédulité, nous sommes sur les lieux, que ce soit aujourd'hui, que ce soit demain, il faut que la lumière se fasse. En attendant, si quelqu'un est bien étonné de me rencontrer là, c'est à coup sûr moi-même et si quelque sorcière m'avait prédit il y a quinze mois cette singulière aventure, je l'aurais traitée de folle et je l'aurais engagée à consulter un médecin spécialisé.

Il ne doit pas manquer d'astrologues en Algérie pour les Arabes et les Maures, un jour que tu voudras t'amuser, fais tirer mon horoscope et prédire les résultats de mon séjour au pays des pépites d'après les dates des principaux incidents de la traversée que voici : 1° le 1er juin, jour de ma naissance, rencontre du navire anglais la *Caroline* n'ayant ni eau ni biscuit et demandant secours à la *Cérès* ; 2° le 23 juillet, jour de la fête de saint Christophe, relâche à Rio de Janeiro ; 3° le 28 août, Saint-Auguste, jour de la fête du frère Armand, passage du cap Horn ; 4° le 14 décembre, jour de la naissance de mon autre frère, et un vendredi, surtout, arrivée à San Francisco. Un homme superstitieux verrait quelque chose de fatidique dans ces coïncidences ; quant à moi j'y vois une singularité, et c'est pourquoi je les ai remarquées et je te les signale.

En rade de San Francisco, Californie, 15 décembre 1849. Samedi.

Après le déjeuner, la visite de la douane, l'installation d'un douanier à bord, nous profitons de l'embarcation d'un baleinier français pour aller à terre. Les canotiers du pays demandent 1 ou 2 piastres par personne, la distance étant de 2 kilomètres. Au lever du soleil, des rayons éclairent en plein l'amphithéâtre sur lequel s'étage la ville nouvelle, au milieu des broussailles et des pâturages verdoyants, rendant le paysage très agréable et très pittoresque à la vue.

L'emplacement tracé par la présente pourra contenir de trois à cinq cent mille habitants avec toute facilité pour l'agrandir au sud indéfiniment.

Alors, comme il n'est pas douteux qu'avec le temps, la richesse et son commerce, toutes ces constructions provisoires en bois seront remplacées par des maisons en pierres, des hôtels, des palais et des monuments publics, le panorama contemplé du sommet de l'île aux Oiseaux sera l'un des plus beaux du monde. C'est l'affaire de moins d'un demi-siècle. L'eau douce n'est pas abondante, mais on sait où la prendre pour la conduire en ville.

À midi, l'embarcation nous dépose non pas sur la terre ferme, mais dans la boue et l'ordure qui en tient lieu ; il n'y a pas de quais, mais un ou deux embarcadères pour les vapeurs. Les rues coupent la ville en rectangles et sont d'une belle largeur ; on construit près de cent maisons par mois qui sont immédiatement habitées, tant il y a d'émigrants dans les environs qui vivent sous la tente, en attendant un abri plus confortable. Bien peu sont en briques, les plus importantes, en bois, ont deux étages, peints de couleurs vives, quelques-unes ne manquent pas d'élégance à l'extérieur et de confortable à l'intérieur. Il n'y a que des millionnaires pour se permettre un tel luxe. Un grand mouvement règne dans toutes les rues commerçantes, aussi intense qu'à Paris ou à Lyon, mais plus affairé, plus fébrile. Ici, le flâneur est un mythe. Tout le monde pendant la plus grande partie de la journée barbote jusqu'à mi-jambes dans la boue infecte des rues basses, qui sont les plus fréquentées, parce que c'est là que sont les banquiers, les consignataires, le grand commerce, chacun cherchant suivant ses aptitudes, une affaire, une position sociale, un peu de travail, la fortune en un mot, souvent à ses côtés et presque toujours invisible, insaisissable. C'est un babel où vous entendez jargonner toutes les langues, à une question en anglais on vous répond en allemand, à une question en français on répond qui en espagnol, qui en italien, qui en russe, en polonais, en chinois (etc.). Ce serait amusant si c'était plus pratique, mais celui qui parle trois langues, l'anglais, le français, l'espagnol, peut se faire comprendre partout.

Ma première course est pour la poste ; on est si heureux de recevoir des nouvelles de sa famille, de son pays quand on en a été privé pendant plus de sept mois. Je ne perds pas mon temps, car j'en trouve une de toi, mon cher Adelstan, postée de Saint-Hippolyte (Gard) le 10 août, une d'Armand du 14 et une troisième du vieil ami Alphonse de Laboullaye, datée du Havre, le 14 juin, qui m'annonce un envoi de journaux que je n'ai pas trouvés.

La population sédentaire de San Francisco peut être évaluée approximativement à quinze mille âmes, mais ce chiffre est doublé si on tient compte de toute celle qui est flottante, vivant sous la tente, dans des bateaux, ou même dans les maisons de jeu ouvertes toute la nuit.

Ces établissements sont très nombreux, très fréquentés, surtout la nuit. On y entre, on en sort, on y boit, on y joue, on y dort même sur un divan, à volonté. La plupart, pareils à des cafés chantants, ont un orchestre, des chanteuses et chanteurs, les croupiers offrent même gratuitement aux joueurs qu'ils veulent piper des consommations préparées tout exprès pour parvenir à leurs fins, et le truc leur réussit presque toujours. Une grande maison de ce genre se loue à un entrepreneur d'ordinaire de 30 000 à 40 000 dollars (150 000 à 200 000 francs) par an, il sous-loue à des banquiers de son choix toute la place dont il peut disposer, à tant par heure, et ces derniers, chacun suivant ses aptitudes et son capital, établit une roulette, un *monte*, un trente et quarante, une bouillotte, un baccarat, etc., et paye selon l'importance de l'emplacement qu'il occupe de 50 à 100 dollars par soirée ; est banquier qui veut, mais il ne faut guère moins de 20 000 à 30 000 dollars pour tenir une banque tentatrice ; plus il y a de piles d'or en évidence, plus la passion de jouer est surexcitée. Dans ce but, plusieurs capitalistes forment une société pour réunir le capital, et les associés servent d'appeaux pour les niais inexpérimentés, les autres de surveillants pour les croupiers qui le sont trop. C'est une lutte constante de la friponnerie, de la défiance contre la naïveté et la passion ; celles-ci doivent avoir, et ont toujours, le dessous. C'est ainsi que la lie de toutes les sociétés civilisées fait des fortunes colossales et tient le haut du pavé : c'est immoral, c'est écœurant, mais c'est la réalité.

En rade de San Francisco, dimanche 16 décembre 1849.

Hier, mon cher ami, à la nuit tombante, nous avons frété au nombre de quatorze une embarcation pour aller coucher à bord de la *Cérès*, mais le temps était si mauvais, la nuit si noire, les courants si contraires que les matelots nous ont débarqués, ne pouvant aller plus loin, à bord du *Georges*, navire du Havre. Le capitaine nous accueille avec une bienveillante hospitalité, nous offre une collation, mais faute de lits, nous passons la nuit à causer ou à sommeiller sur des bancs ou des chaises. Aujourd'hui, la mer est furieuse, les vents et les courants s'en mêlant font chasser les navires sur leurs ancres et les font dériver de façon à susciter de nombreuses collisions. C'est ainsi que nous voyons la *Cérès*, à quelques centaines de mètres du navire où nous sommes réfugiés, serrée de si près et si fort par deux gros navires qu'une partie de l'arrière se détache et qu'elle perd son beaupré. Nous ne pouvons quitter le *Georges* qu'à la nuit, dans une accalmie, et encore pour faire 600 mètres de route, nous avons mis une heure et demie dans une baleinière manœuvrée par les meilleurs matelots du navire. Ainsi s'est terminée ma première aventure sur la terre de Californie. Cela promet pour l'avenir.

En rade de San Francisco, 17 décembre 1849, lundi.

Le mauvais temps continue, et les avaries de la *Cérès* aussi. Le poste des matelots à l'avant est enfoncé par le navire anglais le *Morisson*, pendant que le *Saint-Georges*, lui, brise son mât de misaine et ses haubans, puis son mât de perroquet. Bref, à 3 heures du soir, le temps radouci permet de s'éloigner de ces dangereux voisins. On lève les ancres, on se laisse aller à la dérive à quelque cent mètres de là. Les avaries de la *Cérès* ne sont pas évaluées à moins de 60 000 francs ; la coque et les marchandises n'ont pas souffert, mais vu la difficulté et le haut prix des réparations ici, l'on pense que le navire sera désarmé et vendu, des experts sont nommés à cet effet.

En rade de San Francisco, mardi 18 décembre.

Cette nuit a été bonne, c'est la première depuis notre arrivée qui m'ait permis de dormir et de me reposer. Dès le matin je vais à terre dans l'intention de louer un emplacement pour y construire une baraque, et j'ai la chance de trouver dans le centre des affaires un terrain près des rues Montgomery et Sacramento ayant, quoique enclavé, entrée sur l'une et l'autre, 28 pieds sur 24 de superficie et appartenant à Mrs. Robert Wells et Cie, capitalistes consignataires et spéculateurs américains parlant couramment français et, ce qui est plus rare, parfaits *gentlemen*. Le prix convenu à forfait pour jusqu'au 1er mars est de 100 dollars, soit un peu moins de 50 dollars par mois avec droit d'appuyer une baraque sur le pignon de la maison, qui me procurera une grande économie de planches. Je ne pouvais espérer trouver mieux, ni meilleur marché, avec les ressources pécuniaires dont je dispose.

Je termine ma journée en visitant les maisons françaises de consignation et autres qui, à tort ou à raison, font leurs embarras et tiennent le haut du pavé. Parmi nos compatriotes, J.-J. Chauviteau, un banquier ruiné qui, je ne sais par quels moyens, a su se procurer quelques capitaux qu'il fait fructifier ici sans scrupules. C'est un homme mielleux, affable, hypocrite avec ceux qu'il veut plumer, avare, dur et hautain avec les autres, offrant toujours des services et n'en rendant jamais, n'étant aimé ni estimé de personne. Dans son comptoir on parle beaucoup dollars, mais on n'en voit guère. À mon avis, et à celui de plusieurs, sa réputation de richesse et de crédit est usurpée. La maison Hugues et Pioche (Hugues voyageait avec nous sur la *Cérès* depuis Lima) est consignataire de notre navire ; on y mène grand train, à grands frais on s'y amuse, on fait des affaires, mais la caisse est-elle bien garnie ? La majeure partie du capital consiste en terrains à bâtir bien situés, sur lesquels on a construit une maison de bois. C'est bien flambant, et puis après ? Vient ensuite la maison Léopold Bossange et Cie, ce nom rappelle l'affaire du Collier de la reine, dont un des protagonistes, riche joaillier du XVIIIe siècle, fut le héros et la victime. Son frère à Paris est très connu comme commissionnaire en librairie ; le fils fait ici la commission et le commerce de toutes espèces de marchandises. Parisien de Paris, sincère et bon vivant, obligeant et poli, d'un abord facile, mais esprit et cœur légers, caisse peut-être plus légère encore, du reste — c'est le seul homme d'affaires, parmi nos compatriotes, qui ait des allures de *gentleman*. La quatrième et dernière en considération et en crédit est la maison Mullot et Callot. D'où sort ce mulot si rustique ? de manières si communes, au nez rouge, au langage trivial, s'agitant, gesticulant à travers les colis qui encombrent son magasin, comme un homme qui croit faire quelque chose en faisant du bruit ? Je n'en sais rien, mais son associé a des antécédents et si le dicton « Qui se ressemble s'assemble » est vrai, l'on pourra juger l'un quand on connaîtra l'autre. Callot débuta dans la vie par être cabotin à Paris en jouant les utilités au Petit Lazare, théâtre infime des quartiers excentriques. Après un long stage, il était parvenu jusqu'aux Variétés, où il remplissait les troisième et quatrième rôles ; mais ses appointements ne suffisaient ni à son goût ni à ses ambitions, il fallait à tout prix sortir d'une situation aussi gênante que gênée, il tenta le grand coup. À cette époque, un vol considérable de diamants avait été commis à Paris au préjudice de Mlle Mars, la grande actrice. Les journaux d'alors ont pendant longtemps entretenu le public de cet acte audacieux, et du procès auquel il donna lieu. Comment Callot se trouva-t-il mêlé à cette affaire ? S'était-il faufilé dans l'intimité de la maison, était-il acteur, complice ou réclameur ? Mais il fut tellement compromis qu'il jugea à propos de partir pour l'Amérique avant son autorisation, et que, ne s'y trouvant pas assez en sûreté, il mit entre ses accusateurs et lui l'océan Atlantique, le continent américain et l'océan Pacifique et se fixa aux îles Sandwich. C'est là qu'il apprit la découverte des mines d'or de la Californie, et c'est de là qu'il partit au commencement de 1849 pour le nouvel Eldorado, avec un chargement de produits des îles qu'il vendit à son arrivée au poids de l'or. Il acheta un terrain à Sacramento, bâtit une maison, prit un associé et posa crânement comme un homme honnête et heureux et intelligent. Mais il n'avait pas compté sur la grande migration française, sur ses anciens copains qui le reconnaissaient et que sa morgue froissait. Aussi les mauvaises langues allèrent bon train et l'histoire de sa vie courut les rues. Voilà le dessus du panier de l'aristocratie financière française, le dessous composé de petits marchands, de restaurateurs et cafetiers, cabaretiers valant peut-être mieux, mais moins en vue, je ne suis pas aussi bien renseigné sur leur compte. Parmi les restaurateurs en vogue, deux sont de Saint-Loup, arrondissement de Lure (Haute-Saône) : Louis Burthey (dit Baltimore parce qu'il était cuisinier dans cette ville avant de venir ici), qui tient l'hôtel de Baltimore, et un sieur Mondelot. Demain je parlerai de l'aristocratie titrée dont j'ai entrevu quelques bons types.

Mercredi 19 décembre (en rade de San Francisco).

En première ligne, et hors des pairs, je placerai le marquis de Franchier, dont la famille habite les environs de Senlis, le comte Gaston de Raousset-Boulbon, des environs d'Avignon, et de Bédoux (fils d'un contre-amiral), passager de la *Cérès*, tous les trois, les deux premiers surtout, gens d'honneur, courageux, intrépides, intelligents, robustes et doués d'initiative, jetés comme tant d'autres par les hasards des révolutions, des revers de fortune ou l'ambition sur la plage californienne. Pour le moment, en attendant la bonne saison pour se rendre aux mines, ils organisent des parties de chasse dont le produit se vend avantageusement et, s'étant procuré un chaland, font sur la baie un service de va-et-vient, de la ville aux navires, et *vice versa*, pour le transport des passagers et des marchandises, travail très fatigant, mais rémunérateur. J'aurai peut-être dans la suite occasion de revenir sur leur sujet, c'est tout ce que je sais aujourd'hui.

Un autre personnage bien plus encombrant, plus tapageur et plus en vue, c'est le marquis de Pindray, haute stature, forte carrure, muscles d'acier, regard fascinateur de l'oiseau de proie, traits réguliers, grand air d'aristocrate dévoyé, hautain, méprisant l'humanité, les lois, sa vie et celle de ses semblables. Dangereux spadassin, habile tireur au pistolet et à la carabine, courageux jusqu'à la témérité, tranchant et dur dans les relations ordinaires, il sait à volonté devenir insinuant, souple, doucereux quand son intérêt, ses plaisirs, sa rapacité l'exigent. Il a le verbe haut, l'élocution facile et s'exprime correctement en anglais, en français et en espagnol : c'est plus qu'il n'en faut pour élargir considérablement le théâtre de ses exploits. Avec ses qualités et ses défauts, il était né pour être un tribun populaire, un général d'armée, un grand seigneur, ou bien un bandit de la pire espèce. C'est ce dernier parti qu'il a pris ici, c'est de sa chasse qu'il est censé vivre. Après une journée passée en quête du gibier, il se réfugie le soir dans le *rancho* de quelques vieux Californiens riches et sans défiance, où, par ses manières, sa conversation, il est bien accueilli ; après le repas et les libations il propose une partie de *monte* qui est acceptée avec empressement (tous les Californiens et Mexicains sont passionnés par le jeu) et, au point du jour, il rentre à San Francisco dans son embarcation, après avoir gagné à son hôte de 100 à 400 dollars. Il fallait alors le voir se promener dans les rues en triomphateur, un chevreuil en bandoulière, des lièvres, des canards, un revolver et un poignard à sa ceinture et sa carabine sur l'épaule, ses grandes bottes aux jambes, son paletot couleur fauve et son chapeau à large bord ; quelquefois il était suivi d'un ours, traîné sur une charrette, victime de ses exploits de la veille. Il était l'objet de l'admiration et du respect universel, on le saluait, on le félicitait de sa valeur, de sa chance et des nombreux dollars qu'il gagnait ainsi : c'était alors une orgie de plusieurs jours et nuits dans les restaurants à la mode, dans les cafés, chez les filles et dans les maisons de jeu où il finissait par perdre avec plus fripons que lui ce qu'il avait gagné aux trop innocents *rancheros* ou à la chasse. Il était ordinairement en ville accompagné ou plutôt suivi de deux satellites, pour ne pas dire parasites, qui vivaient à ses crocs, au moyen de bassesses et d'adulations. Gens tout aussi vicieux, mais sans caractère et sans énergie, que le maître des arts de flibusterie traitait comme ses valets et employait dans des opérations indignes de sa haute capacité. C'étaient les deux frères de La Chapelle, gentilhommes d'Auvergne, descendants de je ne sais qui, mais parfaitement descendus au plus bas de l'échelle sociale. Si le marquis de Pindray était en Californie une individualité retentissante et excentrique, son passé en France avait fait quelques scandales. Voici ce qu'on en racontait sur la fin du règne de Louis-Philippe : une société de viveurs ruinés s'était formée pour la fabrication de faux billets de banque de France ; pendant quelque temps l'affaire marchait bien et les actionnaires menaient la vie à grandes guidées, mais la police, avisée par les plaintes réitérées des victimes de cette spéculation effrontée montée sur une vaste échelle, était sur pied d'un bout de la France à l'autre et même à l'étranger. Enfin, elle finit par découvrir la fabrique et les fabricants et à mettre la main sur tout. De Pindray faisait partie de cette bande de mandrins ; plusieurs parvinrent à s'échapper, le marquis entre autres, grâce à sa force herculéenne et à un meurtre qu'il n'hésita pas à commettre pour se débarrasser d'un seul coup de la police, de la police préventive et de la cour d'assises. Le procès fit du bruit, les coupables furent condamnés aux travaux forcés, de Pindray, par contumace, [fut condamné] à la peine de mort. Pendant ce temps il voyageait sous différents noms, dans divers pays pour dérouter toutes les recherches et éviter une extradition que le gouvernement ne demandait peut-être pas, par égard pour la famille du fugitif. De cette époque à 1849, sa vie nomade est un mystère pour tout le monde. Mais au commencement de cette année on le retrouve à St. Joseph (États-Unis), ville nouvelle en voie de formation, spéculant sur le terrain à bâtir. Tenté par l'or de la Californie, il vient par terre à San Francisco, pensant que ce capharnaüm de tous les déclassés de l'univers serait un théâtre digne de ses futurs méfaits. J'aurai peut-être par la suite l'occasion d'étudier de plus près ce sinistre personnage ; mais ne serait-il pas, mon cher Adelstan, ce même Pindray que tu as connu enfant, alors que tu étais à Senlis de 1817 à 1823 pensionnaire à l'institution des chevaliers de Saint-Louis ? Ce que tu m'as dit du caractère de ce gamin, sombre, fantasque, altier et révolté s'adapterait parfaitement à l'individu que je viens de présenter.

En rade de San Francisco, jeudi 20 décembre 1849.

Comme j'ai réservé prudemment, lors de mon embarquement au Havre, quinze jours de plus, j'ai le droit, ainsi que Véron et Pidaucet, de rester à bord, d'y être logé et hébergé pendant ce laps de temps, sans bourse délier, ce qui me permet de faire mon installation sans trop grands frais. Néanmoins, j'ai déjà passé une nuit sous la tente, couché sur la dure. On y dort tout de même quand on s'est fatigué toute la journée. J'occupe Pidaucet à couper dans les bois voisins les poteaux et pièces nécessaires à la construction de notre baraque, qui servira d'abri pour mes marchandises et qui, au moyen d'un lit de camp établi à deux pieds au-dessus du sol, permettra à Véron, Pidaucet et moi, à Vallet et Blaise son associé, à Adolphe de Finance et au docteur Daing, ces deux derniers gratuitement, de passer la saison des pluies sans trop d'inconvénients.

Il est à peu près convenu qu'au printemps nous partirons ensemble pour les mines, et que nous formerons une petite société mutuelle pour entreprendre tout ce qui se présentera d'avantageux. J'aurais aussi voulu comprendre le docteur Briot dans notre association, mais il exigeait pour lui seul la moitié du local, et l'emplacement restreint que j'ai à ma disposition ne le permettait pas. Voici pour l'édification des générations futures les prix courants des denrées de première nécessité dans la ville de San Francisco, scrupuleusement exacts et recueillis par moi-même aujourd'hui : le vin, une piastre la bouteille bordelaise, qualité la plus ordinaire ; le pain, une demi-piastre la livre ; un petit verre d'eau-de-vie, un quart de piastre ; la viande, prix moyen 1 franc 15 centimes ; les oignons et pommes de terre, une piastre la livre ; la douzaine de petits choux gros comme les deux poings, 80 francs ; la livre de foin, 80 francs ; le sucre, 3,75 francs la livre ; la bougie stéarique, 10 francs la livre ; les œufs frais, 30 francs la douzaine, ceux d'importation, 15 francs ; une bouteille de lait, 5 francs ; une paire de souliers brodequins, de 12 à 15 francs ; une paire de bottes de 20 francs en France, 80 francs ; les bottes de cuir (imperméables) de 300 à 400 francs. Les objets d'ameublement sont recherchés et chers : on m'offrait aujourd'hui dans un quartier excentrique une place à bâtir de 20 pieds de façade sur 40 pieds de profondeur moyennant la somme de 3 000 piastres comptant — ni l'emplacement ni le prix n'étaient à ma convenance. Un négociant achète il y a quelques mois un lot à bâtir dans un bon quartier pour 14 000 dollars, il construit une maison de bois de 7 000 dollars, on lui en offre aujourd'hui 10 000 dollars de bénéfices nets.

En rade de San Francisco, le vendredi 21 décembre 1849.

Véron n'est encore descendu à terre qu'une fois, il est rentré au navire pour la nuit. Je passe toutes mes journées à terre, quelquefois la nuit, mais il n'y fait pas bon quand on n'a qu'une tente pour s'abriter. Pidaucet reste avec un ou deux passagers de son choix sous celle que j'ai dressée, en attendant que la baraque soit construite. J'en suis l'architecte et l'entrepreneur, Valet le conducteur de travaux, Pidaucet et Blanc les ouvriers ; encore quelques jours et nous serons installés. Les planches achetées au Pérou nous procurent une grande économie et seront suffisantes. On paye ici 300 dollars les *lumbers* qui ne valent en France que 50 à 60 francs, mais ma spéculation péruvienne avec M. Vallet n'a pas été aussi heureuse en tout. La pirogue que nous avons achetée de compte à demi, mise à la mer par le capitaine, le lendemain de l'arrivée, pour débarrasser le pont, sans m'avoir consulté, et sans droits puisque le navire n'avait pas fait encore les formalités de douane, cette pirogue sur laquelle je comptais tant pour faire le débarquement de ma pacotille a été mise en pièces dans la tempête qui a causé tant d'avaries à la *Cérès* les 9 et 10 courant ; le capitaine est légalement responsable vis-à-vis de nous. C'est pour lui une affaire de 1 500 à 2 000 francs qu'il ne voudra pas payer sans procès, mais que j'espère pouvoir lui faire supporter quand même. C'est lui qui nous a engagés à faire cette acquisition et j'ai su depuis qu'il s'était vanté de ne l'avoir fait que pour se procurer un fret, et que dans son opinion, cette embarcation ne pouvait nous être d'aucune utilité. Dans la baie de San Francisco, ni lui ni nous n'avons pu en assurer, mais il sera puni par où il aura péché. Sa mauvaise foi et sa cupidité seront récompensées comme elles le méritent.

Il riait avec ses officiers de notre crédulité et de notre expérience des choses maritimes, aujourd'hui qu'il s'aperçoit qu'il s'est dupé lui-même, il n'a plus envie de rire.

En rade de San Francisco, le 23 décembre 1849. Samedi.

La capitale actuelle (définitive ou provisoire) de la Californie, qui n'est pas encore un État de l'Union américaine, mais un territoire dépendant du gouvernement général résidant à Washington, et qui, pour cette raison, ne peut faire une Constitution ni légiférer en dehors des attributions municipales, la capitale, dis-je, est la petite ville de San José ; elle est située à l'extrémité sud, et à 10 kilomètres de la baie, on peut s'y rendre par terre ou bien par bateau, la distance de San Francisco est d'environ 50 kilomètres, elle a douze cents habitants. Sous la domination mexicaine, c'était la dernière bourgade du nord de la Californie, à partir de là il n'y avait plus dans cette direction que la mission de Santa Clara, celle de San José, où se trouvent des sources d'eaux chaudes, et celle de Dolorès, près de San Francisco, qui n'était alors qu'un hameau, station maritime où quelques rares baleiniers venaient échanger contre des cuirs, des suifs, de la viande fraîche, des marchandises de leurs pays — la monnaie la plus courante dans ces transactions étant le cuir d'un bœuf ou d'une vache qui représentait une piastre. De temps à autre, à une distance de 5 ou 6 lieues, on rencontre un *rancho* habité par une famille de Mexicains, ayant pour serviteurs quelques Indiens et possédant plusieurs lieues carrées de terre autour de leur habitation, sur lesquelles vivent en liberté des milliers de bêtes à cornes, à laine et des chevaux. J'aurai peut-être par la suite l'occasion d'entrer dans plus de détails sur cette variété de l'espèce humaine intermédiaire entre le sauvage pur sang et l'homme civilisé. Ce qui précède n'est que l'analyse de conversations avec différentes personnes qui ont déjà parcouru le pays : en attendant que mon temps soit pris par les affaires, je cours, je questionne, j'écoute et je regarde.

En rade de San Francisco, Californie, le 23 décembre 1849. Dimanche.

On voit, dit-on, quelquefois des pépites d'or de 20 à 40 livres. C'est possible, mais jusqu'à présent, la plus grosse que j'aie vue, de mes propres yeux vue, et touchée de mes mains, est grosse comme le poing et pèse 40 onces. C'est un fort joli coup de pioche, elle ressemble à un morceau de métal coulé dans un trou de roche. La poudre d'or, qui est la monnaie la plus courante pour les paiements dans le commerce, ne ressemble ni à du grès ni à du sable fin, mais bien à du gros son pour la forme. Sa couleur, comme celle de l'or natif, est jaune bronze et mat. L'once est généralement comptée pour 16 dollars, un peu moins que sa valeur intrinsèque ; ajoutons à cela que les balances ou le poids des marchands ne sont pas contrôlés, et vous concluez que le mineur est souvent, si ce n'est toujours, volé. Il se venge quelquefois en falsifiant la poudre, en la nettoyant mal, mais le trafiquant armé d'un fer aimanté enlève tout le sable ferrugineux qui s'y trouve ou bien lui offre un prix inférieur. C'est à malin, malin et demi, pour ne pas dire plus.

Hier la douane a confisqué la *Cérès* pour fait de contrebande. Elle prétend que les navires étrangers faisant escale sur les côtes du Pacifique n'ont pas le droit de prendre du fret dans les ports de relâche. La *Cérès*, en ayant pris à Lima, serait en contravention, et par suite saisie ? Quinze autres navires, dont deux français qui sont dans le port, subissent le même sort. Le capitaine, les consignataires et le consul sont en réclamations auprès du collecteur de la douane omnipotent ici, entêté et malveillant. Tous prétendent être dans leurs droits, c'est un procès qui prend la tournure d'un conflit international. On me dit que la saisie ne peut porter que sur la coque du navire, son armement et les marchandises appartenant à l'armateur et à son capitaine, seuls coupables et responsables du délit, s'il y en a. Mais dans un pays comme celui-ci, où la légalité n'existe pas, où les procès coûtent en frais de justice souvent plus que l'objet du litige et s'éternisent pour le plus grand profit des avocats, il faut s'attendre à tout. Si notre pacotille est confisquée, nous aurons recours sur Joseph Lemaître, l'armateur, et sur le capitaine Messmaker. C'est le commencement de tribulations de ce beau monsieur, et s'ils sont seuls flagellés, ils ne trouveront parmi les passagers qu'ils ont exploités pendant sept mois personne pour les plaindre.

En rade de San Francisco, lundi 24 décembre 1849.

Ici personne ne rougit de son emploi, quelque humble qu'il soit. On me montre journellement des dandys de Paris, de Londres, de New York, portant sur leurs maigres épaules de lourds colis pour des gens dont, il n'y a pas un an, ils n'auraient pas voulu pour domestiques, des avocats, des médecins, des capitalistes, des négociants qui, manquant de clientèle, de consultations, de numéraire ou de crédit sont obligés, s'ils veulent dîner, de se faire commissionnaires au coin d'une rue, décrotteurs à la porte d'un restaurant ou d'un café en vogue, cuisiniers, laveurs de vaisselle, et à ce métier se font de 20 à 30 francs par jour, ce qui leur permettra, s'ils sont économes et industrieux, de prendre un état plus à leurs goûts. Une autre industrie consiste à aller couper du bois dans la petite forêt qui entoure la ville, qui appartient on ne sait à qui et n'est soumise à aucun régime forestier. Là, celui qui sait manier la hache et la scie peut dans sa journée faire de trois à cinq fardeaux de bois qu'il porte à domicile, à raison d'un dollar par charge. C'est fatigant, j'en conviens, mais l'indépendance dont on jouit a bien son prix. Que deviennent tous nos bons hommes de la *Cérès* dans cet effondrement de toutes les positions sociales, de toutes les illusions, de l'avortement de tous leurs projets ? Que j'en ai vu, déjà, de ces figures longues, ahuries, désespérées ! Les plus présomptueux s'aperçoivent enfin que, dans ce pays, les bons bras du travailleur, la bonne tête du négociant ou du capitaliste, avec de l'ordre et de l'économie, sont les bases de la fortune. La devise des ateliers nationaux de Paris, *chacun pour tous*, se traduit ici par *chacun pour soi*. Pépin, premier grand prix dans les collèges de Paris, badigeonne une maison ; de France, qui dit descendre de Robert le Brave (main droite ou main gauche), veut jouer la comédie avec un ex-acteur des Variétés comme Jourdain (passager de l'*Édouard*) et en attendant joue sa dernière piastre et fait des dettes dans les hôtels ; le docteur Briot, de complicité avec Blondeau (fils d'un député du Doubs), Boillon, fils d'un industriel, Péquignot, dit Grisely, et Périsot, sans antécédents connus, vont essayer de fabriquer de la limonade gazeuse et surtout de la vendre à un prix rémunérateur. Théologne, le prétendu descendant des paléologues supérieurs d'Orient, mais plus prosaïquement ex-secrétaire de l'ex-ministre Montalivert, frère du colonel de ce nom, colporte des oranges, des cigares, des allumettes et d'autres articles minuscules avec Fichaux, ex-courtier en soieries de Paris, en attendant mieux ou pire. De La Mollère, ex-officier de cavalerie, s'improvise compagnon menuisier. De Bidoux, fils d'amiral, pour ne pas déroger, avec quelques autres ayant acheté une embarcation font des transports dans la baie et chassent de l'autre côté de la baie à Contra Costa, plaine boisée encore peu fréquentée. Charbonnel, l'industriel industrieux et trop souvent malheureux, avec quelques menuisiers du bord dont un, Bourret, est frère d'un des associés de la maison Rosa-Bourret et Cie, grands éditeurs de livres espagnols à Paris, attend une occasion pour tenter de nouveau la fortune, qui ne vient pas vite. La Guillecheuse-Perret se rabattrait volontiers sur une simple place de cuisinier et c'est peut-être bien ambitieux. Quant à la volage Estelle, elle est d'un placement plus facile — les femmes sont rares —, elle accepte avec empressement un emploi de femme de chambre chez le célibataire Léon Bossange au prix payé d'avance de... mystère !

La société d'émigrants de la *Cérès*, dite la Nationale, fondateur et directeur à Paris un certain Blanchot, campe sur la montagne sans provisions, sans capitaux, sans crédit, sans protecteur, pendant que l'administration se moque des dupes qui lui ont confié leurs économies à la suite de pompeuses promesses. Ce Blanchot doit être un infâme aristocrate, un plébéien ne se conduirait pas ainsi. Les dix-sept restant unis de la Société des trente-deux mangent sous la tente le peu qui leur reste, cherchant à s'occuper, mais ne trouvant pas souvent, par les temps de pluie qu'il fait. Quant à la société de Massey, Véron et Cie, elle est encore intacte, malgré la zizanie qu'on a cherché à y semer ; aussitôt son abri construit, peut-être demain, elle s'y installe avec ceux à qui elle a offert l'hospitalité, tous gens sérieux — à l'exception de Blanc, le négrier, le neveu du baron Blanc, richissime aristocrate et industriel savoisien —, débarque ses marchandises quand et comme elle pourra les écouler, si c'est possible, d'ici au 13 mars et, suivant le résultat, prendra un parti quelconque. Mon temps devant être absorbé par les affaires, mon journal quotidien sera nécessairement interrompu. C'est pourquoi je clos cette troisième partie et serre la main au frère, ou tout autre ami lecteur, qui aura eu le courage de me suivre jusqu'ici.

San Francisco, Californie, 1er février 1850.

Ce n'est pas tout, mon cher ami, d'avoir du courage, de l'énergie et de l'ambition, de faire 8 000 livres avec une pacotille et d'arriver sans avaries à destination, il faut encore avoir la chance de son côté pour réussir, et ce n'est pas mon cas, pour le moment du moins. Le 1er janvier, ma baraque élevée sur le grand champ de foire cosmopolite qui porte le nom de San Francisco, je m'y installe avec mon associé

A. Véron, mon employé Pidaucet, deux autres passagers de la *Cérès* copropriétaires de ladite baraque, et nous offrons l'hospitalité à ton parent Adolphe de Finance et au docteur Daing, qui l'acceptent. Nous débarquons ensuite mes malles et quelques petits colis de marchandises, provisions, etc., que les douaniers installés à bord, très bons enfants, ne visitent pas. Quant aux marchandises portées comme fret sur les (commandements), c'est une autre affaire. Il faut pendant plus de huit jours faire démarche sur démarche, par la pluie, par la boue, et quand vous croyez être en règle, on vous refuse le permis de débarquer, parce qu'il y a une formalité quelconque que le courtier de douane a omise. On dirait que le collecteur de la douane, un St. Collier[1], gros personnage tracassier par nature et peut-être par intérêt, s'entend avec les employés et les courtiers pour faire dépenser de l'argent et entraver l'importation étrangère. Des gens qui connaissent les lois américaines et internationales prétendent qu'il outrepasse ses droits, et qu'il pourrait en coûter cher aux États-Unis d'avoir mis à la tête de l'administration un brouillon aussi rapace. Ne pouvant réussir avec les courtiers, yankees pur sang qui voulaient peut-être me faire chanter, je me suis adressé à un courtier métis, français d'origine, mais américain à la Nouvelle-Orléans, homme de bonnes manières parlant correctement français, un *very smart gentleman*, qui saura enfin me tirer d'affaire.

La grosse difficulté pour moi était de trouver un courtier pour le paiement des droits sur les marchandises que je laissais en douane faute de numéraire pour retirer le tout en même temps. J'avais pris le mot courtier et la chose au sérieux et personne ne m'avait renseigné à cet égard, et moi, pauvre ignorant inconnu, je n'avais jamais pu trouver un courtier solvable. Mon nouveau courtier, M. de Péru, à qui je m'en ouvris, sourit de mon ingénuité et me dit que moyennant 2 dollars il me trouverait une superbe caution, taille et toilette à mon choix et sans *un sou* de responsabilité. Ce qui fut fait exactement et me permit de retirer tout ce qui me paraissait pouvoir se vendre, et des échantillons de tout le reste. Il était temps que cette corvée finisse, j'en grisonnais et j'en perdais l'appétit. Mon petit capital monnayé s'est englouti de la sorte dans les caves de la douane, et dans tous les faux frais de cette mise en scène ; il s'agit de la reconstituer, aussi nous vendons tout ce qu'on nous demande, même nos effets personnels, à quoi bon un paletot, un habit, une redingote, quand une chemise de laine est un paletot répondant à toutes les exigences du milieu dans lequel nous vivons, cloaque aussi bourbeux physiquement que moralement, sans famille,

1. Le colonel James Collier.

sans amis, pas même de bonnes connaissances ; sans femmes, sans salon, sinon dans les bordels, les maisons de jeu et les cafés chantants ; quand on rencontre un homme bien mis, ça ne peut être qu'un banquier, un croupier, un souteneur, un escroc, quelquefois un mineur heureux qui s'est décrassé, a jeté sa défroque à la mer et attend pour retourner dans son pays le premier steamer en partance.

Ma journée se passe au magasin à attendre le client, ce qui me laisse du temps disponible pour dédoubler mes *trois-six* et en faire du cognac et kirsch, les mettre en bouteille et en caisse, pour la commodité de l'acheteur. Les bouteilles et les caisses ne coûtent rien, il ne s'agit que d'aller les ramasser sur la voie publique, où chacun les jette quand elles sont vides pour se débarrasser d'un objet inutile et encombrant ; le remplissage, le nettoyage et l'emballage, c'est l'affaire de Pidaucet, ainsi que l'approvisionnement de combustible. Tous les matins il fait sa tournée et rapporte caisses, bouteilles et bois en quantité suffisante pour les besoins du jour. C'est encore moi qui fais les courses dans la ville, puisque personne d'autre n'entend un mot d'anglais. Le peu que j'en sais m'aide à me faire comprendre. Quant à Véron, il se charge de la cuisine, de la mise en ordre et de la propreté de l'établissement. Pour faire notre popote nous avons construit une espèce de fourneau avec de la terre et chacun y fait cuire ses aliments comme il l'entend. Valet avec Blanc, de Finance avec le docteur, moi et mes deux compagnons. Quand le fourneau est libre il me sert pour mon industrie de liquoriste. Notre nourriture est peu coûteuse, nous avons 100 kilos de lard et jambons, autant de riz et de farine et une centaine de boîtes d'endaubage, 300 litres de vin, du thé et du café, du sucre, du vinaigre et de l'huile d'olive. Nous n'avons donc que le pain et quelquefois de la viande fraîche à acheter. Le soir venu, chacun se munit de quelques bibelots, coutellerie, mercerie, allumettes, et on se revêt de son cabas, on parcourt les maisons de jeu, les cafés-concerts qui regorgent de monde et on cherche à les vendre le plus cher possible. Il m'est arrivé de vendre ainsi des boîtes d'allumettes de 10 centimes 2,50 francs.

Tous les nouveaux débarqués se débarrassent de tout ce qu'ils ne veulent pas emporter aux mines, aussi ces établissements comptent-ils quelquefois autant et plus de vendeurs qu'il n'y a d'acheteurs et présentent-ils une physionomie étrange, curieuse, animée, mélange de toutes les nationalités, de toutes les langues, de toutes les couleurs et de tous les costumes. C'est un babel, un bazar, une foire, autant qu'une réunion de joueurs, de viveurs et d'ivrognes, d'escrocs, de faux riches et probablement de gens honnêtes. De temps en temps une rixe, un coup de poignard ou de revolver, l'arrestation d'un *pickpocket* en flagrant délit, le suicide d'un décavé rompent la monotonie du spectacle.

Après un instant de grand tumulte, le calme se rétablit, l'orchestre joue sa plus entraînante polka, les chanteuses accentuent leurs plus grivoises chansonnettes accompagnées d'œillères et de poses provocatrices, et la voix du croupier pousse à intervalle régulier sa ritournelle ordinaire, « faites vos jeux messieurs, le jeu est fait, rien ne va plus ». Celui qui entrerait à ce moment ne se douterait pas qu'un instant auparavant cette foule insouciante avait été témoin d'une scène tragique, et qu'un de ses membres venait d'être transporté, mort ou mourant, du lieu où elle s'amuse au bureau du *coroner* ou de la police.

En dehors de ces études de mœurs excentriques, le résultat positif de mes excursions nocturnes dans ces repaires de tous les vices, de toutes les turpitudes, c'est une vente de 15 à 20 francs de marchandises, laissant au moins les deux tiers de bénéfices nets.

Nous rentrons vers minuit dans notre domicile où mes compagnons d'infortune, gardiens de l'établissement, dorment déjà d'un profond sommeil, et les matins nous retrouvent au nombre de sept sur un appentis à 2 mètres et demi du sol, chacun sur son matelas, devisant sur le passé, le présent et l'avenir sans arriver à une conclusion. Langlet, 26 ans, préférant le bordeaux au travail, sans le sou, après quelques jours d'association pour l'exploitation d'un cabaret avec la veuve Perret de 46 ans, qui a une pacotille de montres et un peu d'argent, se décide à l'épouser, sérieusement ou pour rire, qui sait ? Le préféré à bord est réformé pour faiblesse de complexion, avec ou sans traitement. La tête de cette vieille guillochée de cicatrices sur le cou, de rides sur le visage, édentée, blafarde, doit bien faire sur l'oreiller à côté de celle de son époux, rougeaude, avinée ! Comme les deux cœurs sensibles doivent battre à l'unisson sous l'oreiller ; et pendant combien de temps ?

Je suis à la recherche de quelques adresses prises en France de personnes qui doivent être en Californie. D'abord un M. Langlois, frère du directeur de la poste au Havre, dont Alphonse de Laboullage, mon ami, était le sous-inspecteur. J'apprends que ce monsieur, après avoir été dans une position très belle, était malade très sérieusement au Pueblo de San José avec des affaires très compliquées et une fortune très hypothétique, ce dont son frère au Havre ne se doute pas ; ensuite un docteur Chevalier, fils d'un certain Chevalier, parfumeur bimbelotier sur la place de la Loge à Langres, dont l'adresse est très incertaine, les uns disant qu'il est aux mines, les autres qu'il est à Mazatlan (Mexique) exerçant sa profession ; le dernier est un M. Praileur, de Franche-Comté, dont je n'ai pu découvrir aucune trace. Muni d'une lettre de recommandation expresse de M. Buffet, ministre du Commerce, je me suis présenté chez M. Guy, notre agent consulaire, mais hélas ! chef d'une société d'émigration en déconfiture, plus tracassé de ses affaires personnelles que de celles du consulat. C'est à peine s'il a lu ma lettre de recommandation, très bienveillante et très explicite, du ministre qui l'avait écrite de sa propre main sur les instances de son ami et notre ami Édouard Cournault de Langres, alors sous-préfet de Mirecourt, puis il m'a congédié de la manière la plus polie, mais la moins efficace. Je suis donc assuré ici que je suis désormais complètement isolé et que je ne dois compter que sur moi. C'est toujours quelque chose, dans la vie, que d'avoir cette certitude, cela vous donne une énergie, un aplomb, un orgueil qui vous auraient fait défaut si vous aviez eu une protection quelconque qui vous aurait enlevé toute initiative, et vous aurait mis dans la dépendance d'autrui. Telle est la position dans laquelle je me trouve dès mes débuts sur la terre californienne.

C'est à moi maintenant d'agir en conséquence, et de mes propres inspirations.

Le 24 décembre, un incendie a détruit toute une rue. Toutes ces maisons de bois brûlent comme des allumettes, même en temps de pluie, comme celui que nous avons. Que sera-ce donc cet été ? Huit mois sans une goutte d'eau, et par les grands vents qui soufflent régulièrement tous les jours de 8 heures du matin à 5 heures du soir ? Cela n'est pas rassurant pour les propriétaires et les locataires de ces baraques plus ou moins coquettes, très coûteuses et si combustibles. Mais qu'importe à tous ces Californiens une ruine de plus ou de moins ? Ils n'en sont guère à leurs débuts, rien ne trahit sur leur visage une émotion à la vue de leurs maisons, de leurs marchandises réduites en cendres, et c'est à peine s'ils attendent qu'elles soient refroidies pour les reconstruire. Ils trouvent du crédit je ne sais où, s'ils n'ont pas sauvé la caisse, s'ils l'ont sauvée... Comme ils se trouvent libérés vis-à-vis de leurs créanciers alors que souvent les marchandises ne sont qu'en dépôt ou consignées, ce sont les expéditeurs étrangers qui perdent tout, et les incendies les trouvent plus riches qu'avant. Avec autant de risques il n'y a pas, il ne peut pas y avoir d'assurances possibles, il faut attendre que la ville se construise en pierres ou en briques et cela demandera encore bien des années. Le lendemain du sinistre, un bataillon d'ouvriers déblaie la place, et les maisons, toujours en bois, s'élèvent de nouveau comme par enchantement. Dans dix jours personne ne se doutera que le feu est passé par là.

Le roman peu sentimental commencé à bord de la *Cérès* entre le lieutenant Simon et Estelle va se terminer d'une façon aussi grotesque qu'il avait commencé. Léon Bossange ayant fait de belles propositions à la donzelle qui ne les dédaignaient pas, Simon, poussé par la jalousie, tenta le grand coup pour retenir près de lui sa volage compagne et lui promit le mariage ; elle accepta la proposition et quarante-huit heures après elle devenait Mme Simon devant Dieu et devant les hommes. Quinze jours écoulés, elle entrait comme actrice au théâtre, sans doute pour jouer les ingénues à raison de 600 dollars par mois ; puis divorçait et retournait chez Bossange, où elle trouvait plus de confortable et moins de brutalités. Pitoyable cabotine, maîtresse acariâtre, femme sans cœur, elle a bien choisi sa voie : le théâtre, la rue, l'alcôve ; elle peut la suivre fructueusement pendant quelques années encore ; les magasins ont des chiffons, les perruquiers des chignons, les dentistes des dents, les parfumeurs des couleurs pour remplacer tout ce qui lui manque déjà et qui lui fera défaut plus tard. Les Californiens n'auraient pas de sitôt le droit d'être difficiles.

Pendant que ces choses se passaient, Adolphe de Finance et le docteur Daing font un voyage d'exploration à San José, la capitale provisoire, se mettant en relations avec M. Langlois, qui les reçoit très cordialement en raison des nouvelles que je lui envoie de son frère du Havre, et leur donne tous les renseignements désirables, mais ne peut leur être d'aucune utilité, vu son état de fortune très ébréché dans des spéculations malheureuses et la paralysie dont il est affligé depuis quelque temps déjà et qui met ses jours en danger. Il n'y a rien à faire, dans cette ville, que du commerce et de l'agriculture. Comme elle est peuplée en majeure partie de Californiens, de Mexicains, de Chiliens et d'Indiens à demi sauvages, la langue espagnole est la dominante et c'est avec eux que se font les principales transactions. Et comme leur gaieté, leurs habitudes sont essentiellement différentes de celles des Américains et des Européens du Nord, ce qui se vendrait bien à San Francisco n'y aurait pas de débouché. Il y a aussi un Français bisontin de la connaissance du docteur Briot, qui se nomme Jourdain et tient hôtel et restaurant. Venu au Mexique pour je ne sais quel motif, il y a fait connaissance d'un certain Limantour, qui se dit concessionnaire, par acte du gouvernement mexicain antérieur à l'annexion de la Californie, de la plus grande partie de l'emplacement de San Francisco. Ce Jourdain vient de se fixer à San José et se dit représentant des intérêts et droits (vrais ou fictifs) du sieur Limantour, qui entend bien faire valoir ses affaires en temps opportun. Qu'elles soient d'or est certain — pour les avocats et juges que mobilisera ce monstrueux procès.

À peine sommes-nous arrivés que parmi les passagers de la *Cérès* j'ai déjà pu constater trois décès. Le premier est celui de Théodora Schultz, la jeune Allemande phtisique qui râlait à faire pitié : pendant les derniers mois de la traversée, elle ne pouvait ni vivre ni mourir.

Le deuxième est un nommé Bois de Latour, dont l'individualité ne me sera pas connue et qui ne s'était pas fait remarquer à bord par aucun trait saillant de son caractère ou de sa personnalité. Le troisième, Gosselin, ex-cafetier du Havre, associé de France et Lamolère. S'étant casé comme garçon dans un café, il a été victime de son intempérance et de son étourderie : voulant faire le jeune homme, il a fait une chute en descendant des escaliers, s'est cassé les reins et, après quinze jours de souffrances, il est mort dans un grenier, rongé de vers et de vermine.

De France essaye de fonder un journal ; pour cela il emprunte une presse autographique au docteur Briot, achète du papier à crédit, publie un numéro qui ne se vend pas (quelques dettes de plus ou de moins ne sont rien pour lui). Il suspend la publication pendant quinze jours, puis rencontre un nouveau bailleur de fonds sans plus de succès, ce qui ne l'empêche pas d'être plein de fatuité et d'espérance, d'avoir cent projets en tête, tous plus ou moins irréalisables. De bien vivre aux crocs du premier jobard venu, ne payant nulle part son écot qu'avec des calembours, des belles promesses ou des flatteries à l'emporte-pièce... Il sait que c'est une monnaie qui n'est pas encore dépréciée partout où il en use et en abuse.

Chaque jour, il entre dans le port un ou plusieurs navires venant de tous pays, bondés de marchandises et de passagers, et comme une fois entrés ils ne peuvent plus sortir faute d'équipage qui déserte et de fret impossible à trouver, il s'ensuit que la baie de San Francisco présente à l'œil une magnifique forêt de mâts, sur lesquels on voit flotter tous les pavillons des nations maritimes. Parmi les derniers arrivés se trouve le *Cachalot* du Havre, capitaine Legrand. Les passagers de ce navire, aussi mécontents que les matelots, se vengent de ses mauvais procédés en dénonçant la contrebande qu'il voulait obliger ces derniers de faire gratuitement ; de là procès, condamnation à une forte amende et peut-être la confiscation du navire, et chacun d'en rire. Messmaker et Legrand, punis de la même façon et pour les mêmes méfaits, se consolent mutuellement.

Le *Succès*, navire de Bordeaux, est arrivé. Parmi ses passagers se trouve Oscar de Gaulne avec une pacotille assez importante. Il y a quelques années, j'ai fait sa connaissance chez M. du Houx à la Rochère et à Passavant où il est venu festoyer chez moi. Son père, riche armateur de Bordeaux, était en relations d'amitiés avec la famille de M. du Houx, fille du comte de Grivel de Perrigny. À cette époque il me faisait l'effet d'un jeune étourdi très léger de caractère, très viveur, très présomptueux, et l'on m'avait même dit qu'il n'était pas en très bons termes avec son père, homme avare, égoïste, plus négociant qu'homme du monde, qui, voyant avec peine les folles dépenses de son fils, le mettait à la portion congrue, ne desserrant les cordons de la bourse qu'à bon escient. Je supposais aussi que cette petite fugue de Bordeaux en Franche-Comté, où il n'était ni désiré ni nécessaire, avait pour but de lui épargner les remontrances paternelles et les tracasseries de quelques créanciers impatients. Ici ma première impression sur son compte fut la défiance, mais après plusieurs rencontres il me conta son histoire avec tant d'aplomb, ses projets avec tant de sérieux que je crus à une métamorphose. Il m'assurait que sa pacotille lui avait coûté près de 80 000 francs, qu'il venait pour établir à San Francisco une succursale de la maison de son père et représenter plusieurs grandes maisons de Bordeaux, que chaque navire en partance lui amenait de nouvelles marchandises, et qu'enfin M. Chauviteau, le plus madré, le plus défiant des messieurs d'argent, des tripoteurs d'affaires, lui avait fait de très belles propositions d'association. Sans être tout à fait convaincu, j'étais fortement circonvenu : tout cela était possible et presque vraisemblable. Il avait déjà un bureau dans la maison de son futur associé, qui lui faisait des mamours (prévoyait-il un pigeon à plumer ?), vivait confortablement et passait le soir devant une roulette, jetait dédaigneusement un dollar sur la rouge ou la noire, comme un amateur pour qui le dollar ne représente qu'une valeur infime ; du reste, il affectait le sérieux de l'homme d'affaires en présence de gens qui pouvaient avoir intérêt à l'étudier et à le connaître. Bref, si dans l'intimité le jeune de Gaulne reparaissait encore, l'homme mûr semblait avoir pris le dessus. Si je m'occupe un peu longuement de cette individualité qui partout ailleurs passerait inaperçue, c'est que dans l'isolement où je suis, toute personne dont la famille, la position sociale, l'éducation sortent de la moyenne et me sont connues porte avec elle un aimant qui m'attire, m'inspire de la confiance et presque de l'amitié, quels que soient son peu de fonds ou son excentricité notoire.

Je m'arrête ici pour le moment sur son compte, bien certain d'avoir l'occasion d'en reparler par la suite.

Tous les dimanches sont ici des jours fériés. Les magasins sont fermés, et si l'on rencontre une boutique de détail ouverte, on peut être sûr qu'elle est tenue par un Français. Nous profiterons de ce chômage pour faire quelques excursions dans les environs ; d'autres fois Véron et Blanc vont à la chasse et rapportent quelques oiseaux, canards, étourneaux, qui varient notre ordinaire un peu trop uniforme. Une de mes promenades a pour but le Presidio, à 6 kilomètres d'ici à l'entrée du goulet, autrefois une mission dont les quelques bâtiments qui restent debout servent de caserne à cent artilleurs qui gardent vingt canons en mauvais état et qui représentent la force publique destinée à défendre les droits de l'Union américaine en Californie. La route, ou plutôt le chemin de traverse, qui y conduit est sablonneuse et carrossable, quoique accidentée ; on rencontre des petites vallées bien vertes où serpentent des ruisselets d'eau limpide en hiver, des coteaux boisés d'arbustes, de chênes verts, de lauriers-roses, des petits lacs d'eau douce près de la mer, des maisonnettes en planche au milieu d'enclos qui deviendront des jardins au printemps, des pâturages couverts de bœufs, vaches et chevaux paissant en liberté.

Tel est le paysage ayant San Francisco derrière soi, le goulet à droite avec la mission ou caserne, et à gauche la terre ferme formant une presqu'île de 100 kilomètres de long, bornée par l'océan, le goulet de la baie dont la pointe nord est le Presidio, et la base, la mission de Santa Clara au sud. Une chaîne de montagnes parallèle au rivage de l'océan la partage d'un bout à l'autre ; et comme elle n'est séparée de celle de San Rafael que par la brèche où le goulet s'est formé, un géologue pourrait affirmer que ce dernier n'a pas toujours existé, et qu'à une époque reculée la baie actuelle de San Francisco couvrait toute la plaine de San José au sud, s'étendant à l'est jusqu'au Monte Diabolo, baignant les plaines du Sacramento et du San Joaquin, et formait une mer intérieure de plus de 100 lieues de diamètre, alimentée par les eaux de ces deux rivières. Un cataclysme quelconque a dû produire, à une époque indéterminée, la configuration actuelle de cette partie de la Californie.

Un certain M. de Blangy, que je ne connais pas encore, mais dont je découvrirai l'adresse, va partir incessamment pour la France à l'effet de recueillir l'héritage de son père, quelque chose comme 300 000 francs, qu'il attendait patiemment ici ; je profiterai de cette occasion pour vous envoyer des lettres, journaux et d'importance secondaire, entre autres la lettre que M. Langlois, de San José, m'a écrite en réponse à celle que je lui envoyais renfermant celle de son frère, le directeur de la poste du Havre ; vous y trouverez quelques renseignements sur le pays donnés par un homme qui l'habite depuis quelque temps, vous pourrez la communiquer au directeur, c'est peut-être la dernière lettre qu'il recevra de lui, car il est mourant.

Ces jours derniers s'est terminé devant la justice le procès entre le capitaine du *Georges* et son armateur, M. Lamoisse, d'une part, et tous les passagers de ce navire, d'autre part. L'armateur du Havre a été condamné à 100 dollars de dommages et intérêts envers chacun des passagers. Ce qui ne laisse pas de faire une jolie somme, s'ils sont quatre-vingt ou cent. Pourquoi tous les passagers qui ont à se plaindre de leur capitaine n'ont pas fait de même ? Ceux de la *Cérès* avaient tous les droits et ces leçons souvent répétées auraient été utiles aux passagers de l'avenir.

Mon compatriote, Dechanet, un Langrois, n'est pas plus que les autres ici sur un lit de roses. Il s'occupe comme il peut quand il trouve, il est malade, je ne sais quoi et tout étonné de ne pas recevoir des nouvelles de sa femme qui, seule en France, sait où il est tout en feignant dans le public de l'ignorer, agréablement surpris de la succession qu'il vient de faire et qu'on me charge de lui annoncer, mais très peu flatté d'une paternité dans laquelle il croit n'avoir aucun droit, cet accident, arrivé à Cisey, semblant expliquer son silence. On n'est pas parfait et la femme du pauvre diable en est un exemple vivant qui tend à se perpétuer.

Je ne suis guère secondé par mes acolytes dans mes opérations commerciales. Alexandre est actif, c'est vrai, mais il passe souvent la plus grande partie de son temps à des inutilités, et la moindre observation l'exaspère. Pidaucet, sans nerfs, sans initiative, complètement dépaysé, est comme un enfant et demande à être commandé à chaque instant ; si bien que lorsque les affaires m'appellent en ville, je dois fermer le magasin, n'ayant pas le don d'ubiquité. Il n'y a pas de remède à cette fâcheuse situation, il faut en prendre son parti et en subir les conséquences.

Nous avons des alternances de beau et de mauvais temps, quelquefois huit jours de suite. Quand le temps est beau il fait de petites gelées blanches le matin, et le soleil est chaud pendant la journée ; s'il pleut c'est quelquefois par torrents et il est impossible de vaquer aux affaires du dehors, la vente est nulle et on se morfond dans un mortel ennui dans la boutique, faisant de la revue introspective, maugréant contre le présent et imaginant des projets insensés pour l'avenir.

Dimanche dernier le temps était magnifique, nous avons fait une promenade à la mission Dolorès qui est à 5 kilomètres au sud de San Francisco et qui, dans un avenir peu éloigné, sera un faubourg de la ville, car la forêt et les terrains vagues qui les séparent sont déjà presque tous concédés à des spéculateurs, par lots d'un quart, d'un demi ou d'un hectare, 100 *varas* répondant à 90 ares, et c'est la contenance des plus grands lots à bâtir dans les villes en perspective.

Le bois que nous traversons est composé d'arbres peu élevés, souvent penchés ou tordus par les grands vents d'été, presque tous à feuilles persistantes, ce qui fait que l'hiver ne diffère de la belle saison que par la nuance plus ou moins foncée de la verdure. Il est entrecoupé de monticules et de vallons, dans ces derniers quelques masses d'eau où croassent des grenouilles énormes, quatre fois plus grosses que les plus belles de France ; mais elles sont rares car ces petits cours d'eau, ces marais sont à sec pendant l'été. Çà et là dans les éclaircies poussent des champignons roses comme ceux des prés, puis, après une heure de marche, on arrive à ce hameau qui était il y a cinquante ans une mission riche en culture, en bestiaux, en plantations d'arbres fruitiers, aujourd'hui pauvre, inculte et presque en ruine. Après la guerre de l'Indépendance, les Mexicains se sont emparés des missions, ont chassé les missionnaires franciscains sous prétexte qu'ils étaient attachés à la cour d'Espagne, mais en réalité pour s'emparer de leurs propriétés et de leurs immenses troupeaux. Les nombreux Indiens, qu'ils ont à demi civilisés, réunis autour d'eux, qui cultivaient la terre, n'ayant plus de guides, se sont dispersés, sont retournés à l'état sauvage. Les terres sont restées en friche, les plantations sont détruites faute de soins, les habitations sont des masures faute de réparations, et les spoliateurs, la plupart aventuriers mexicains qui seront bientôt spoliés par leurs conquérants américains, n'auront pas longtemps joui de leur rapine. Les nombreux troupeaux dont ils s'étaient emparés, seul fruit appréciable de leur injustice, sont souvent décimés par les hivers pluvieux et de hardis voleurs de toutes nations ne se gênent pas aujourd'hui pour en abattre à coups de fusil et les vendre sur les marchés de Californie, la police de ce pays étant encore impuissante pour réprimer ou constater ces méfaits.

À la mission de San Francisco Dolorès, il y a une église bâtie en pisé, très délabrée. C'est un hangar qui ne se distingue des autres constructions que par les trois colonnes surmontées d'un fronton, toujours en pisé, qui ornent la façade. Elle est desservie par un curé mexicain et un vicaire français du diocèse de Paris, appartenant à la corporation des missions étrangères. La cure est contiguë à l'église, c'était l'ancienne résidence des franciscains, j'y ai fait une visite et je me suis entretenu quelque temps avec le vicaire. J'ai su par lui qu'il y a un procès pendant entre toutes les missions de Californie et le gouvernement des États-Unis, relativement aux propriétés qui sont encore entre les mains du clergé catholique, procès qu'ils ont peu de chance de gagner, puisque l'union américaine est juge et partie dans la cause. La population de cette localité, que je n'estime pas à plus de cent vingt habitants, est en majeure partie composée de Mexicains, quelques Indiens ou métis ; les Européens et Américains y sont en minorité, le commerce y est nul, en dehors du jardinage qui donne des profits immédiats, mais la culture ne tente encore personne. Un alcade, sorte de maire ou de juge de paix dans les pays espagnols, représente toute l'autorité. Un petit ruisseau garni de cresson coule dans une verte prairie, où croissent naturellement la fraise, le narcisse, la violette tout près des habitations.

Par curiosité, et en notre qualité de futurs chercheurs d'or, nous essayons de laver le sable pris dans le lit du ruisseau, tentative aussi innocente qu'infructueuse : nous ne trouvons que quelques paillettes jaunes et brillantes, c'était du mica. Je causai dans cette excursion avec un Indien qui jargonnait autant le français que l'espagnol ; il s'offrait comme domestique, sachant travailler la terre et jeter le lasso pour prendre les bœufs et chevaux sauvages et les dompter, au prix de 30 dollars par mois. À l'en croire, pour 60 dollars (300 francs) on peut se procurer un bon cheval. Ce n'est pas cher, au prix où sont toutes choses ici. Par contre, un terrain propre au jardinage et susceptible d'être arrosé, de la contenance de 50 ares, venait d'être acheté, pour la somme énorme de 4 500 francs par an, par l'alcade de la mission.

Après cette belle journée passée en plein air, par un beau soleil comme celui dont on jouit en France au mois de mai, nous rentrons avant la nuit dans notre baraque pour reprendre le lendemain notre collier de misère et piétiner dans la boue infecte de San Francisco. Presque tous les passagers qui débarquent ici ont un tribut à payer à la maladie, fièvre ou dysenterie. Le changement de climat, de nourriture, d'occupations, le campement dans la saison humide, les soucis, l'intempérance parfois, les miasmes de tous ces détritus de vingt mille individus jetés quotidiennement dans la baie, les rues où ils se décomposent sont autant de causes qui influent d'une manière fâcheuse sur les santés les plus robustes, et je suis étonné que la mortalité ne soit pas plus grande. Dans notre petite société nous avons tous été plus ou moins atteints, mais grâce à l'hygiène que nous suivons, au sulfate de quinine, aux décoctions de têtes de pavot et à notre alimentation, dont le riz fait partie essentielle, personne n'a été arrêté. Aujourd'hui, 15 février 1850, voilà deux mois que j'ai mis le pied sur cette terre promise de Californie qui n'a tenu aucune de ses promesse jusqu'à ce jour ; deux longs mois de soucis, de fatigue de corps et d'esprit passés à regarder, sans pouvoir les sauver, s'enliser tous mes châteaux en Espagne, toutes mes espérances, ma fortune et peut-être celle d'autrui, sur les grèves de San Francisco. Mes cheveux ont été blanchis et ce serait à rendre fou un homme qui manquerait d'énergie. Pendant toute la traversée, j'avais envisagé tous les cas possibles, je m'étais préparé à la lutte, je lutterai. Je viens d'écrire à mon frère Armand de vendre tout ce que je possède et de liquider ma position en France, car je prévois que mon séjour ici sera bien plus long que je ne l'avais présumé, et qui sait, du train que vont les choses, si jamais j'y reviendrai, ne voulant pas rentrer au pays dans une position inférieure à celle que j'avais.

San Francisco, 15 mars 1850.

La dernière quinzaine de février a été employée à faire vendre à l'encan toutes les marchandises que je ne pouvais écouler en détail avant le 1er mars, époque où le bail du terrain sur lequel repose ma baraque s'épuise. Cette manière de liquider est toujours désastreuse. Chacun de nous se défait aussi de toute sa défroque inutile à des mineurs. C'est encore ce qui se vend le mieux. J'avais d'abord eu l'idée d'en remettre une partie dans des malles et de les déposer dans un magasin pour les retrouver à notre retour des mines, mais le besoin d'argent, la crainte des incendies et les frais de magasinage m'ont fait changer d'avis. Je laisse dans les magasins de la douane tous les outils et 900 litres de kirsch invendables pour le moment : j'ai encore huit mois pour les retirer, d'ici là il se passera bien des événements. Les matériaux de la baraque ont été vendus 65 dollars, que nous avons partagés entre M. Vallet et ma société. Ce dernier vient de partir avec le docteur Daing pour la Yuba sur une goélette non pontée, ils ont un bien mauvais temps. Les nouvelles des placers situés sur cette rivière sont très bonnes, il est vrai qu'ici les mauvaises ne parviennent jamais. J'ai fait connaissance d'un certain abbé Doubet originaire de la Côte près de Lure (Haute-Saône). C'est un tout jeune homme et tout frêle ecclésiastique, quelles raisons ont bien pu le pousser à s'aventurer dans ce pays ? Son intention est de fonder une cure à San Rafael, ville en herbe à 7 lieues d'ici, de l'autre côté du goulet, mais combien aura-t-il de paroissiens ? Le courant de l'émigration ne se dirigera pas de ce côté, tant que durera la vogue des mines. S'il en avait un bon, quelque riche et généreux *ranchero* qui l'entretiendrait de tout, cela suffirait sans doute à son ambition, à son zèle et à sa chétive santé pour le moment. Il a l'air honnête et pauvre, je lui ai vendu quelques marchandises, je lui en ai confié d'autres qu'il vendra pour mon compte, telles que chapelets, médailles, images, et avec le produit il doit nous acheter un lot à bâtir dans la future ville et y dresser une tente pour indiquer notre prise de possession. Je lui fournis de la tente à cet effet. On nous a fait présent d'un lot de terrain dans une ville en projet, à Stanislaus City (mines du Sud), avec clause de nullité de la donation si, dans un délai de six mois, nous n'avons pas fait pour 600 dollars de construction. J'ai accepté, puisque je ne suis engagé à rien. La superficie de cette propriété est de 240 pieds anglais sur 80, donnant sur trois rues. Nous en avons acheté un autre dans les environs du Pueblo de San José, 100 pieds sur 100, coût 36 dollars sans conditions. Tous les jours on vend à l'encan des quantités de lots de villes futures qui pour le présent n'existent que sur le papier, on achète à bas prix, c'est vrai, beaucoup perdront leur enjeu, tandis que d'autres le compléteront, c'est une véritable loterie. C'est ainsi que se sont élevées les villes déjà existantes et en voie de prospérité, comme Sacramento City, Marysville et Eliza City, ces deux dernières portant les noms des filles du capitaine Sutter, sur les terres duquel elles sont bâties. Stockton et Joaquin City et les capitalistes bien avisés qui ont acheté dès le début une quantité de ces lots ont réalisé d'immenses bénéfices. On fait aujourd'hui à San Francisco des spéculations bien autrement hardies. La rue Montgomery longe le bord de la mer, si bien que dans les grandes marées, les vagues atteignent presque le derrière des maisons, du côté est. Eh bien ! Le plan de la ville s'étend à plus de 300 mètres au-delà, et journellement il se vend des lots à bâtir, qui sont de 1 mètre à 3 mètres sous l'eau à chaque marée, au prix de 500 à 100 dollars, suivant leur contenance et leur emplacement, et nul ne doute que les acquéreurs ne fassent une brillante affaire, mais il faut avoir plusieurs bourses garnies pour l'achat, une pour les pilotis, une pour combler avec du sable l'emplacement, et enfin celle qui doit payer la construction. C'est un capital de 10 000 à 20 000 dollars dans lequel le capitaliste sera rentré dans moins de deux ans, pour les loyers, s'il n'est pas brûlé. À l'ouest, à l'opposé de la baie, sur la montagne abrupte que domine la ville sur laquelle s'étagent des monticules de sables mouvants, difficiles à gravir, même pour les piétons, semblable spéculation ; seulement les prix sont moins élevés, là ce n'est plus le quartier des commerces, mais des résidences privées, des cottages, des petites maisons. Cette montagne à niveler, cette mer à combler font que tous ces travaux deviendront moins coûteux, surtout avec les moyens d'exécution employés par les Américains. J'en ai un exemple sous les yeux depuis quelques jours. Ainsi la rue Montgomery, qui sera longtemps la préoccupation de San Francisco, se trouvait il y a peu de temps coupée par une suite de monticules de sable variant de 10 à 20 mètres de hauteur ; la circulation et les constructions se trouvaient entravées à 100 mètres au sud de la rue Sacramento, près de laquelle s'élevait mon rustique magasin. Mais voici un outillage complet marchant à la vapeur, une pioche gigantesque charge sur un tombereau 1 mètre cube de sable par minute et, dans moins d'un mois, la rue de 150 mètres de longueur débouchera sur la rue Market, qui est en plaine, et la baie se trouvera comblée de la valeur des matériaux enlevés. En travaillant ainsi pendant quelques années, on obtiendra double résultat, places à bâtir sur la mer, places à bâtir sur la montagne, chose impossible auparavant, et on décuplera la valeur de tous ces terrains.

Depuis le 1er mars, j'ai loué une chambre à côté du lieu où ma baraque était située, où nous campons pendant que je fais les préparatifs et les approvisionnements pour le départ aux mines, vendant à tout prix ce que nous ne voulons, ou pouvons, conserver. En même temps, Pidaucet construit une petite embarcation pour voguer dans les rivières, si rivière il y a dans la baie où nous aborderons. C'est une manie chez moi, je veux absolument être capitaine de quelque chose, ne fût-ce que d'une coquille de noix. Un médecin aliéniste me traiterait et me guérirait de cette folie maritime en me faisant avaler quelques gorgées d'eau de mer, mais il n'y a pas encore ici de ces spécialistes, et la maladie suit son cours.

J'écris ceci le 19 mars, dans une chambrette à 3 heures et demie du soir, assis sur mon matelas roulé me servant de canapé, une caisse me sert de table, Naudet et Véron, l'un à ma droite, l'autre à ma gauche, faisant chacun une tente avec des draps de lit, pour les planter aux placers que nous choisirons, probablement ceux de la rivière Trinity. Il y a, à 60 lieues au nord, sur la côte, une baie de ce nom. On dit toute la contrée fort riche, presque inexplorée, peuplée de quelques tribus de sauvages, pillards et malveillants. Il est convenu que Véron, Pidaucet et moi, ainsi que Naudet qui nous en fait la demande, nous partirons ensemble et minerons ensemble. Il y a déjà des navires en partance qui mettront à la voile quand ils auront un nombre de passagers et du fret en suffisance, cela demandera du temps, personne n'ayant de renseignements certains sur ce pays tout à fait inconnu.

On rencontre ici, dans les maisons de jeu, certain individu qui se fait appeler le comte de Campora. Il prétend avoir été lieutenant au 4e hussards, il traîne avec lui une jeune fille ou femme, qu'il présente sous le titre de comtesse de Campora, mais qui, par ses allures, sa conversation, ses occupations (elle est croupière dans les tripots), les anecdotes qui circulent sur son compte, n'est acceptée pour tout le monde que sous le nom de « la Campora ». Elle se dit originaire de Chambéry, et a dû faire son éducation dans quelque couvent mal famé. Si elle avait de la tenue elle ferait fortune, car son pseudo-mari est des plus complaisants, ne fait rien et mène joyeuse vie. Voilà encore un gentilhomme californien qui a dû faire plus d'un trou dans la lune et dans l'honneur avant d'en arriver là.

Le capitaine Sutter, à qui l'on doit la découverte de l'or en Californie, est propriétaire d'immenses terrains, sur les rives du Sacramento et de son affluent. Il a fait venir toute sa famille de Suisse et c'est sur ses propriétés que s'élèvent les villes de Marysville et d'Eliza City, du nom de ses filles. S'il avait eu le savoir-faire d'un Américain, il serait aujourd'hui un des plus riches capitalistes du globe, mais malheureusement pour lui il a trop laissé aller, son immense fortune lui a tourné la tête, tout son entourage le pille, le trompe, on abuse de sa faiblesse et de son penchant pour la boisson pour lui faire faire des transactions, des concessions de terres avec des clauses si subtiles que tous ces marchés sont des mines à procès ruineux et interminables. Et le bruit court déjà qu'avant peu d'années il sera complètement ruiné par tous ceux qu'il avait cru obliger. Le gouvernement des États-Unis, qui lui est redevable de la prospérité naissante de la Californie, cette nouvelle étoile qui brillera bientôt sur son drapeau, conteste lui-même ses titres de propriété et cherche à le déposséder d'une importante partie. Dans cette guerre de convoitise, qui a pour théâtre tous les tribunaux du pays et la Cour suprême de Washington, le capitaine est seul contre tous. Il est obligé de mettre en hypothèque les propriétés non contestées pour tâcher de conserver les contestables, et grâce aux usuriers, aux avocats, aux gens d'affaires, aux juges, et à tous les vautours qui l'envient et la guettent, cette grande fortune à court terme risque d'être rapidement dévorée. J'avais eu l'idée de m'aboucher avec lui, pour lui demander une concession, pour le cas d'insuccès dans les mines, mais quand, après information, j'ai su à quoi m'en tenir de sa position embarrassée et sur son entourage, je me suis abstenu.

M. de Lambertye, gentilhomme angoumois, est arrivé ici avec de Gaulne sur le *Succès* avec une pacotille de vêtements. Malheureusement, ceux qui ont fait cette spéculation se sont tous figuré que San Francisco était une ville jouissant du climat de la Provence, de là une avalanche de vêtements d'été qui n'ont de débouchés nulle part. Dans les mines, où la chaleur est grande pendant l'été, le pantalon et la chemise de laine constituent le costume habituel du mineur. Ici la température, sans être jamais froide, est fraîche toute l'année et celui qui s'habille ne porte que du drap.

Ce M. de Lambertye paraît un homme sérieux et bien élevé. Avoir tant de particuliers à particules, dans ce pays, cela me fait l'effet d'une nouvelle aristocratie. La Terre sainte du jour est la Californie, la foi c'est l'amour de la richesse, le Saint-Sépulcre c'est la montagne qui renferme l'or natif en blocs gigantesques, aujourd'hui au pouvoir des Indiens infidèles. Dans ce temps-là, comme dans ce temps-ci, les masses des croisés devaient se composer de bien des épluchures de toutes les classes de la société. L'homme, fût-il dans une position modeste, ne quitte pas d'ordinaire son foyer, sa famille, pour courir les aventures dans ces contrées lointaines, s'il n'est pas venu pour l'ambition, l'amour du lucre ou de la science, une ardente foi, à moins qu'il n'ait un destin à remplir, des désastres à réparer, des fautes à faire oublier, des hontes à cacher, et quelquefois la corde à éviter.

Le 1er avril, je viens de recevoir un paquet de lettres de France. Il y en a d'Adelstan de Lasnes et de la famille Passavant, en tout une dizaine de feuilles de papier dont le port m'a coûté moins de 2 dollars. Comment se fait-il que mes lettres expédiées du Brésil ou du Pérou aient coûté jusqu'à 30 francs malgré mon affranchissement préalable dans le lieu d'expédition ? Le courrier que je reçois porte la date de décembre et de janvier derniers.

Ma décision est prise, nous partirons incessamment pour les placers de la Trinity. Je ne sais pas au juste à quelle distance ils sont de San Francisco, les uns disent 100 lieues, les autres 150 ; ils ne sont pas éloignés des frontières de l'Oregon. Dix bricks sont en charge pour cette destination, c'est l'engouement du jour. Le gouvernement de Californie enrôle cent hommes à 10 dollars par jour pour refouler les Indiens, petite protection contre plusieurs milliers de sauvages, pour garantir des centaines de campements établis sur un espace d'au moins 50 lieues. Hier, nous avons donné congé à M. Ward qui nous louait une chambrette depuis un mois à raison de 1 dollar et demi par jour, et nous sommes sous la tente jusqu'au départ. Il y fait déjà si chaud que pour écrire ceci je me suis réfugié dans le bureau de de France, qui heureusement ne lui coûte rien. Il doit déjà trois termes à M. Chauviteau et il promet de payer quand il aura des fonds, mais comme il n'en aura jamais, le propriétaire fera comme ses autres créanciers, il attendra toujours. C'est toutefois surprenant de la part de ce banquier si malin et fort âpre à la curée. Les curieux sont venus voir aujourd'hui chez MM. Green & Hodden, négociants à San Francisco, ce que l'on appelle un légume de Californie (par plaisanterie) d'une fort belle venue. C'est une pépite d'or qui a été trouvée au camp des Sonoriens, dans les placers du Sud, elle pèse 22 livres et 2 onces, elle a été achetée au prix de 10 000 dollars (30 000 francs). Voilà au moins un mineur qui n'aura pas perdu son temps !

Fitzgerald, un passager de la *Cérès*, a conduit Valet et le docteur Daing aux mines situées à l'embranchement sud de la rivière Yuba. Il est revenu hier et je l'ai rencontré, il m'a dit avoir vu un mulet chargé de deux cents livres d'or qu'un seul individu avait récoltées en quelques mois. Comment veut-on que toutes les têtes ne tournent pas quand on est témoin de semblables aventures ? Il est vrai que celle-ci est une exception, et qu'à côté de ce fortuné mineur Fitzgerald il y en a beaucoup d'autres, ou moins robustes ou plus paresseux, ou moins chanceux, dont la journée de travail varie d'une once à zéro. Dans la plupart des placers connus, l'entretien d'un mineur est estimé de 4 à 5 dollars par jour.

Un événement tragique arrivé dans une des familles américaines les plus considérées de San Francisco a mis en émoi une partie de la population. J'en ai connu les détails par le curé de San Francisco auquel j'étais allé faire une visite avec Oscar de Gaulne. La famille Ward de New York se composait des trois frères Frank, James (dont j'ai été le locataire) et Charley. Il y a quelques années, Frank tomba amoureux d'une New-Yorkaise fort riche qu'il ne pouvait obtenir en mariage à cause de la disproportion de leurs fortunes. Désespéré, mais plein d'amour, de courage, d'ambition, il part pour Mazatlan (Mexique) avec ses deux frères, y établit un comptoir qui était prospère au moment de la découverte de l'or en Californie. Ils frètent alors un navire et débarquent à San Francisco avec un chargement de provisions et des dollars, dans le moment le plus opportun. Ils spéculent sur les terrains, et à la fin de 1849 les trois frères se trouvent à la tête d'une fortune de plusieurs centaines de milliers de dollars. Frank revint alors à New York et s'empressa d'aller offrir à celle qu'il aimait sa fortune et son cœur. Cette fois, ils furent acceptés sans difficultés. Aussitôt après la célébration du mariage, les heureux époux reviennent à San Francisco. Au bout de deux mois la jeune femme meurt, le mari est inconsolable, puis trois mois après, les terrains baissant de prix, Frank subit de grandes pertes et dans un moment de découragement se tire une balle dans la tête. Il n'en mourra peut-être pas, disent les médecins, mais il aura perdu un œil et sera probablement défiguré. L'impression produite par cette petite tragédie sentimentale a été d'autant plus vive qu'elle n'est guère dans les mœurs des Américains de ce pays, car la plupart d'entre eux, pour une peine de cœur ou une ruine complète, ne s'arracheraient pas un cheveu, mais courraient au plus vite après une autre fortune et après une autre femme.

Mes relations avec l'abbé Doubet continuent, autant par sympathie pour lui que par intérêt pour moi. Je lui ai livré des marchandises à crédit pour 90 dollars qu'il me payera peut-être à mon retour des mines. Pour m'en défaire promptement il faut bien risquer quelque chose ! Ce sont des images, des croix, des chapelets, des médailles, des pointes, des clous, quelques draps de lit ; et puis je lui ai procuré des ouvriers, pour bâtir la cure de San Rafael. S'il est aussi intelligent qu'il me paraît honnête, il réussira et je serai payé, sinon ces marchandises de peu de défaite ici auront le sort de beaucoup d'autres. Avant son départ pour la conquête d'une paroisse et d'une cure, je l'ai invité à déjeuner, puis je l'ai quitté avec l'espoir de le revoir dans six mois et d'encaisser le prix de mes bibelots.

Tous les jours je rencontre quelques nouveaux déclassés échoués sur la côte de Californie. Hier c'était un M. de Homfrey, encore un gentilhomme, mais celui-ci breton. Il paraît que les malheurs rendent les gens confiants, car ils vous racontent à première entrevue sans vous connaître leurs aventures, vraies ou fausses, et les causes qui ont motivé leur départ de France. On dirait que ces fils de famille, plus ou moins bien élevés ou instruits, éprouvent le besoin de justifier leur présence dans ce pays, refuge des flibustiers, des rebuts, des gredins de toutes les nations. C'est assez naturel, mais c'est bien inutile, car vous contez le plus souvent vos douleurs à des indifférents ou bien à des incrédules. Il est à remarquer que tous ces émigrants, s'ils laissent des regrets et des affections dans leurs patries, emportent toujours avec eux leur amour-propre.

Voici, à l'appui, la petite histoire de ce marchand. Vers 1838 il s'expatrie, il ne dit pas pour quelle cause, que ce soit la politique, la paresse ou quelque désastre financier, peu importe. Il se rend en Égypte à la tête d'un parti de Druses et de maronites, fait la guerre au Pacha et, pour le courage qu'il avait montré comme les services qu'il avait rendus dans cette insurrection, il reçoit des chefs de ces peuplades le titre d'émir et se met au service du sultan contre le pacha d'Égypte en 1840. Mais les traités qui ont suivi ont brisé sa carrière, qui, si elle n'était pas exempte de dangers, avait son côté poétique, pouvait flatter son ambition et réaliser ses rêves dorés... Il rentre en France et y mène une existence obscure, dont il ne parle pas, jusqu'en 1849. À la fin de cette année il se trouve en Californie, avec un capital de 2 000 dollars. Il essaye un peu de tout, va au placer, mais sans résultat, tombe malade, mange son capital, et revient à San Francisco, épuisé physiquement, découragé moralement. Il va partir pour les îles Sandwich avec l'intention d'y faire de la culture maraîchère sur les terres du roi d'Hawaii, et d'émir va devenir jardinier.

Ce M. de Homfrey, qui a l'air distingué, doit avoir beaucoup souffert dans sa vie, si j'en juge par sa démarche alanguie, sa figure pâle, ses traits ravagés plus par le chagrin et les déceptions que par le temps et la résignation qu'il affecte. On dirait un homme qui va jouer son dernier air et sa dernière goutte de sang, sur la rouge ou sur la noire. Que la roulette providentielle lui soit propice, car à l'entendre et à le voir il inspire un intérêt dont on se déprend difficilement.

Tout autre est le récit de M. de Lamolère (de la *Cérès*). Il faut qu'il n'ait guère de jugement et peu de vergogne pour me l'avoir conté si naïvement ces jours derniers. Il me disait donc que, s'il était venu en Californie, c'était parce que son père était amoureux de sa femme à lui, sa propre belle-fille, que pour cette raison il avait été obligé de quitter la maison paternelle, qu'une brouille entre son père et lui avait été la conséquence et avait eu pour résultat de le frustrer de la plus grande partie de l'héritage paternel, sur lequel il comptait pour réparer la brèche qu'il avait faite à sa fortune personnelle dans une exploitation agricole. Le fait en lui-même n'a rien qui me surprenne, mais ce qui m'étonne le plus c'est qu'on le raconte à un étranger. La *Gazette des tribunaux* signale trop souvent des scandales pires que celui-là, mais quand ils sont restés ignorés du public, il est pénible d'entendre un mari et un fils se faire l'accusateur de son père et de sa femme et les traîner ainsi sur la lie. Ce Lamolère est un être insouciant de ses actes et de ses paroles. Il lui sera bien impossible de se tirer d'affaire dans ce pays, je le lui prédis à coup sûr.

Notre consul, M. Guy, n'a pas assez d'argent, de temps et de caractère pour tenir honorablement le poste qu'il occupe. Sur sa pacotille, qu'il estimait à 300 000 francs, on dit que la douane en a saisi un tiers, qu'un autre tiers a été brisé ou avarié pendant la traversée et que le dernier tiers seulement est vendable. Donc peu de bénéfices aujourd'hui, vu la stagnation des affaires et l'encombrement des marchandises de la place. Il est obligé de tenir son rang et doit dépenser de 30 à 40 dollars par jour, ses appointements n'y peuvent suffire. Il a dû emprunter de l'argent à de gros intérêts, si bien que le bruit court qu'il est ruiné et que le prochain paquebot pour Panama l'emportera, le délivrant des tracas d'une liquidation désastreuse et d'un consulat onéreux.

Nous ne partirons pas pour les mines sans avoir assisté à une bataille électorale. Il s'agissait d'élire des officiers municipaux. Pendant plusieurs jours la ville a été en émoi. Ce n'étaient que meetings, discours sur les places publiques en faveur ou contre les concurrents, hourras formidables ou grognements sourds et prolongés, processions avec bannières portant le nom des candidats favoris des manifestants. Le lendemain, même cérémonie, même enthousiasme pour les candidats opposés. Ces foules étant composées de comparses payés et abreuvés, il y en a un grand nombre qui manifestent pour les candidats des deux partis. On dirait des gens fous ou ivres, on se bouscule, on s'injurie, on boxe, on boit, on mange la nuit et le jour, on croirait que tous ces gens sont des amis inséparables ou des ennemis irréconciliables, pas du tout. On était payé pour se promener, pour crier, pour taper, on se promenait, on criait, on tapait, mais une fois la besogne faite consciencieusement, l'élection définitive, le salaire reçu, le vin cuvé, la ville rentre dans le calme, chacun court à ses affaires, les antagonistes de la veille se tendent la main, se promettant bien de recommencer la même tragi-comédie à la première occasion. Seulement, d'ici là, l'opinion des champions aura sans doute changé et l'idole de demain sera peut-être bien celle qu'hier on voulait renverser à tout prix.

Enfin, mon parti est pris. Le choix du placer est fait et celui du navire qui doit nous transporter aussi. Le placer est la rivière de la Trinity, le navire est l'*Hector* de 150 tonneaux, armateurs Sullivan et Booth. J'ai assuré les passagers. Nous partons cinq de compagnie, sans autre association que de nous porter un secours mutuel et de nous entraider dans nos travaux si nous y trouvons avantage, une clause ne regardant que Naudet qui désire se joindre à Véron, Pidaucet et moi. Quel que soit l'intérêt que j'ai à quitter mes deux compagnons de la *Cérès*, je ne discuterai pas le premier, malgré le caractère fantasque de mon cousin, et l'inerte incapacité de l'autre.

Mes petits approvisionnements faits en vivres, outils, munitions, armes, objets de campement, embarcation d'une valeur d'environ 250 dollars, une somme de 1 000 francs que nous emportons pour les cas imprévus, de tout ce que nous avons vendu de la pacotille, il reste disponible 280 dollars en espèces, plus des valeurs souscrites à encaisser pour 150 dollars et deux terrains (valeur commerciale). Je viens de m'entendre avec de Gaulne et je lui remets le surplus du numéraire et les valeurs, ainsi qu'un pouvoir pour recevoir les pacotilles qui pourraient arriver pendant mon séjour aux mines, avec cette condition que s'il est obligé de m'avancer de l'argent à un moment donné, les intérêts à payer se compenseront dans le cas où l'un ou l'autre en serait redevable. Pour la différence de temps des avances faites, elle serait réglée à 6 % par mois en faveur du créancier. L'intérêt de l'argent est aujourd'hui à 10 % par mois, contre garanties, ou immeubles ou marchandises. Je pense donc avoir fait une opération utile et équitable, en même temps que sûre ; car il est de notoriété publique que de Gaulne et M. Chauviteau sont sur le point de contracter une association. Comme je suis parti pour un temps indéterminé, qu'on ne peut prévoir les événements, que je puis ne jamais revenir de ce pays sauvage et inconnu, y mourir de maladie ou d'accident, je crois devoir donner les adresses des maisons de San Francisco où l'on pourrait se renseigner en cas de besoin sur mon compte et retrouver ma trace au consulat, chez MM. de Gaulne et Chauviteau, MM. Pioche et Bayerque, Mullot et Callot, Léon Bossange et Colliard, Gardet à San Francisco.

Le départ de l'*Hector* est fixé à samedi prochain. M. Adolphe de Finance compte venir nous rejoindre par terre dans quelque temps, il trouve à s'occuper pour le moment, ce sera pour lui un voyage bien difficile, pas de chemins, pas de guides, contrée inconnue. Je lui avais offert de lui assurer le prix de son passage à bord de l'*Hector*, mais par une discrétion que je trouve exagérée, il n'a pas accepté.

J'ai rapidement esquissé, mon cher cousin Charles, mon bon ami, la physionomie de la future reine du Pacifique pendant l'hiver 1850, alors qu'elle faisait ses débuts dans le monde. Je ne sais si mon croquis est d'une vérité absolue, mais si l'original n'est pas flatté, ce n'est pas ma faute, il est tel que je le voyais, du point où j'étais placé. Pour être juste, je termine par un trait qui est tout à l'honneur de la partie saine de cette cité si jeune et si excentrique. Des pères jésuites étant venus s'installer ici en 1849 eurent l'idée de construire une église catholique. La population orthodoxe déjà nombreuse n'ayant pas d'édifice pour le culte, les terrains étant chers, la main-d'œuvre hors de prix et l'argent faisant défaut, ils ouvrirent pour arriver à leurs fins une souscription qui eut un succès inespéré. Au nombre des souscripteurs les maîtres protestants figuraient pour une somme de 1 000 dollars (5 000 francs) ! ! ! Trouverait-on dans les annales du Vieux Monde un pareil exemple de tolérance religieuse à enregistrer ?

C'est donc par ce point d'interrogation et plusieurs points d'admiration que je termine cette partie de mes aventures. J'ai besoin du grand air, pour me réconforter au physique et au moral, pour faire une diversion à tous les ennuis et à toutes les déceptions que j'ai éprouvés depuis le jour de mon débarquement à San Francisco. Je veux aller me retremper au contact de la nature la plus sauvage, étudier les Indiens qui représentent l'homme ante historique et surtout chercher et trouver des pépites...

Alea jacta est.

San Francisco, le 2 avril 1850.

Après un complet échec (le contraire, avouons-le, aurait été étonnant) dans les placers de la Trinity, voici Ernest de Massey de retour, plus morose que jamais.

Retour à San Francisco, le 14 août 1850.

Le *Sierra Nevada*, qui porte aujourd'hui non pas César et sa fortune, mais un mineur échaudé comme moi, est un petit navire de 150 tonneaux élégant de formes, fin voilier, sans luxe, ni même confortable, mais très propre et surtout bien commandé par le capitaine et manœuvré par l'équipage ; tous Américains associés, vivant à la même table, sur un pied d'égalité parfaite en dehors du service. Les ordres, étant donnés d'un ton amical et presque poli, sont exécutés avec empressement et précision à tel point qu'on pourrait croire qu'à bord il n'y a ni maître ni subordonnés, si l'on n'entendait pas quelquefois prononcer le mot de *captain*. Après avoir voyagé sur l'*Hector*, commandé par un butor, un ivrogne, un vicieux incapable comme le capitaine Kempt, j'étais surpris, émerveillé de me trouver dans un milieu si différent, si bienveillant et si courtois. Je faisais aussi cette réflexion : pourquoi tous nos socialistes, fantaisistes ou théoriques, n'ont-ils jamais produit quelque chose de semblable pour augmenter leur clientèle ? Un philosophe sérieux répondrait que nous demandons en France l'égalité à condition qu'elle se fasse au-dessous de nous, la discussion pourvu qu'elle n'attaque pas nos idées préconçues, et la liberté seulement quand elle sera d'accord avec nos passions et nos intérêts, de sorte que dans toute association politique ou autre on rencontre plus d'orateurs que de gens pratiques, plus de chefs que de soldats, plus d'idéologues que de travailleurs. L'équipage se compose du capitaine, cinq matelots, un mousse et un maître d'hôtel-cuisinier ; quatre Américains et moi complètons tout le personnel de la goélette. On ne fait que deux repas par jour, mais ils sont copieux et proprement servis ; ils se composent de saumon frais, de jambon, de lard, de pommes de terre pour la partie solide, de café, de thé et d'eau-de-vie pour boisson à volonté. Pour les estomacs plus exigeants, il y a un buffet toujours à leur disposition, où se trouvent du pain, du beurre et de l'eau-de-vie à discrétion. Je remarque que personne n'abuse de cette confiance. Nous avons un temps superbe, une bonne brise qui tempère les ardeurs du soleil nous fait faire beaucoup de chemin sans perdre de vue la côte californienne à l'est et l'océan Pacifique formant l'horizon au sud, au nord et à l'ouest. Sur cet asile flottant paisible et silencieux, après quatre mois de fatigue et d'ennui, le corps et l'esprit se reposent et acquièrent des forces nouvelles pour affronter l'avenir aussi sombre qu'inconnu, inévitable à mon arrivée à San Francisco. Quoi qu'il arrive, je regrette de ne pas connaître le nom du capitaine de la *Sierra Nevada* pour lui rendre ici l'hommage de ma gratitude et de ma sympathie.

Le 10 août à 3 heures du soir, nous mouillons dans la baie de San Francisco après trente-six heures de navigation. Nous avons mis au moins quinze jours pour faire le même trajet à bord de l'*Hector*. On peut, par comparaison, juger de la valeur des deux navires et des deux capitaines.

Je m'installe provisoirement à l'hôtel de la Marine, réceptacle de tous les mineurs malheureux, des joueurs décavés, des matelots congédiés, et le lendemain je vais courir la ville à la recherche des nouvelles qui m'intéressent particulièrement.

J'apprends que de Gaulne, mon débiteur, devenu fou après les incendies de mai dernier qui l'avaient ruiné, avait été rapatrié et que les sommes dont il pouvait être redevable, si elles n'étaient pas perdues, ne pourraient être remboursées qu'en France. Ce nouveau petit désastre financier, qui me prive de mes dernières ressources financières et d'un crédit sur lequel je devais compter, m'empêchera de pouvoir tirer parti des pacotilles qui sont en douane et à bord des navires prochainement attendus. Combien de temps encore l'impitoyable fatalité me poursuivra-t-elle ? Avant de déposer mes fonds chez de Gaulne, il m'avait assuré qu'il s'était associé avec le banquier J.-J. Chauviteau, il m'avait donné lecture de l'acte d'association. Après l'incendie, la ruine, la folie, le départ de de Gaulne, on ne trouve dans les papiers de ce dernier aucune trace des convictions intervenues entre eux. Cela me paraît d'autant plus louche que ces deux messieurs vivaient sous le même toit lors du désastre, et que c'est J.-J. Chauviteau qui a recueilli les papiers de de Gaulne et liquidé ses affaires à sa convenance. C'est ainsi, parce que Chauviteau s'est trouvé créancier dans la faillite, qu'il a pu se payer de ses mains avant tout autre au détriment des tiers, légalement ou illégalement, ce qui ne l'a pas empêché de faire comme la presque généralité de ses confrères atteints par l'incendie, banquiers, négociants, consignataires de toutes nationalités, et de se mettre en faillite. C'est une manière simple et expéditive de se débarrasser de son passif et de ne conserver que l'actif, dont le plus clair consiste dans un coffre-fort garni d'espèces sonnantes et d'obligations hypothécaires sur des terrains. C'est si facile ici, on se présente devant le juge avec les deux témoins qui déclarent sous la foi du serment que vos livres sont tenus régulièrement et que vous êtes dans l'impossibilité de remplir vos engagements ; le juge, sur cet *affidavit*, vous donne un billet d'insolvabilité et le lendemain vous êtes débarrassé de tous vos créanciers, vous avez doublé votre crédit, vous continuez votre ancien commerce ou bien vous le changez à votre gré et faites de nouvelles dupes, si le cœur vous en dit. Un *smart man* (un homme habile) doit faire une fortune en trois faillites opportunes, et il est déclassé dans le monde des affaires s'il n'a pas atteint son but. À cela rien d'étonnant, car en tous pays les lois sont faites à l'image des législateurs qui représentent les qualités, les défauts, les mœurs, les coutumes des peuples législatés *[sic]*. Il y a sans doute quelques exceptions à la règle générale.

Pendant mon séjour aux mines, le consul M. Guy, qui n'était pas à la hauteur de sa position, a été avantageusement remplacé par M. Patrice Dillon, d'origine anglaise. Nationalisé français, il a débuté vers 1836 par un emploi dans les bureaux du ministre de l'Intérieur. Allié à la famille Guizot, il obtint plus tard un poste consulaire en Angleterre, et vient d'obtenir celui très envié qu'il occupe aujourd'hui, considérable par son importance politique, la responsabilité qui y est attachée et les émoluments qui sont de près de 100 000 francs. Ainsi le choix du titulaire répond-il aux exigences de la haute position qu'il occupe à San Francisco. M. Dillon est un lettré, un collaborateur de M. Guizot sur plusieurs de ses ouvrages historiques et de la *Revue des Deux Mondes* ; il parle correctement et facilement le français, l'espagnol et l'anglais, il est énergique, bienveillant, généreux, hospitalier, homme de bon conseil et, n'eussent été sa manière d'être habituelle, que les Français désignent sous le vocable de *collet monté* et les Anglais sous celui de dignité, et sa grande générosité que ceux qui en abusaient taxaient de prodigalité, il était impossible de faire un meilleur choix.

Ma première démarche à mon arrivée fut pour le consul. M. Dillon me reçut avec affabilité sans me connaître et la chancellerie me donna tous les renseignements que je désirais, ainsi que le dossier de mes relations avec de Gaulne qui y avait été déposé, qui me prouva que le mandataire ne s'était nullement occupé de son mandat. J'apprenais en même temps que mes amis ou bonnes connaissances, les comtes Elior et Ernest de Grivel, de Perrigny et de Lamuyre (Jura), étaient à San Francisco.

Un mot sur ces deux nouveaux acteurs de la comédie que joue la France sur les bords de l'océan Pacifique. Elior a 45 ans. Officier sortant de Saint-Cyr, il donna sa démission en 1830. Tempérament ardent, esprit aventureux et primesautier autant qu'indépendant et caustique, ne pouvant se contenter de la vie de famille, d'un intérieur confortable mais trop uniforme, il manifesta l'intention de voyager. Son père, ancien général commandant les gardes nationales du Jura en 1815, et qui brisa son épée lors de la défection du maréchal Ney dans les Cent Jours, accéda à son désir, lui remit une somme de 10 000 francs, lui donna sa bénédiction, lui souhaita bonne santé, réussite et bon voyage.

Il partit pour Buenos Aires (Amérique du Sud), y mena pendant neuf ans la vie pastorale, toujours à cheval à travers les pampas, au grand air, au grand soleil, chasseur nomade, vivant et spéculant sur ses troupeaux de chevaux, de bœufs à demi sauvages, et en 1839, son père étant mort, sa mère (née du Puységur) alitée, incurable, il revint sans être attendu, la veille du mariage de sa sœur Claudia avec mon cousin Laurent-Marie du Houx, maître de verrerie à la Rochère. J'étais de la noce qui se faisait à Dole, et c'est là que j'ai fait la connaissance du comte Elior. Dans la même circonstance, j'ai fait celle du comte de Grivel et de sa charmante fille Maria, le père et la sœur d'Ernest (alors fort jeune) que je vais retrouver aujourd'hui, âgé de 20 ans, compagnon et associé de son cousin germain et mentor, Elior, à San Francisco. Cette nouvelle me fit grand plaisir, car à partir de ce jour je ne me trouve plus tout à fait isolé dans ce monde étrange et cosmopolite qui s'agite ici. Les deux cousins accompagnaient une pacotille de vins et eaux-de-vie achetée à Bordeaux qu'ils ont vendue avec un petit bénéfice, ils ont placé une partie du produit dans l'exploitation de l'hôtel des Deux Mondes, que dirige un Franc-Comtois. Ernest s'occupe dans l'établissement, tout en surveillant, comme il sait et comme il peut, ses intérêts et ceux d'Elior. Quant à ce dernier, à qui le tracas et le titre de maître d'hôtel ne conviennent pas, il a loué un hectare de terre à la mission Dolorès, y a construit une maisonnette dans l'intention d'y faire du jardinage ; il a, pour l'aider dans cette spéculation, un dévoué serviteur, presque un ami, du nom de Célestin, un ex-cuirassier, un solide gaillard dont il a payé le remplacement pour le libérer du service, et le passage pour se l'attacher pendant son séjour en Californie. Comme il est intelligent, actif, honnête, sobre et reconnaissant, qualités excessivement rares partout et plus ici qu'ailleurs, Elior a fait une bonne action et une bonne affaire.

Mes renseignements pris et réflexion faite, je déserte l'hôtel de la Marine, qui en réalité n'est qu'un *café chantant*, une maison de jeu, une gargote, quelque chose de moins encore, rendez-vous de tout un petit monde interlope étranger aux affaires sérieuses, au milieu duquel je me serais complètement dévoyé, et je vais prendre mon gîte et ma pension à l'hôtel des Deux Mondes. Là je serai connu des propriétaires, j'y rencontrerai des négociants, des pacotilleurs, des courtiers, des capitaines de navire dont la connaissance peut à l'occasion m'être utile. L'établissement est une maison de second ordre, proprement et convenablement tenue, dont les prix ne sont pas exagérés pour le pays, aussi je puis y être logé et nourri pour 15 francs par jour. Si je fais quelques courtages dans mes loisirs en attendant mes marchandises de France, je vois mon existence assurée pour un grand mois, qui équivaut à deux années en Europe, tant les événements, ici, changent et se succèdent brusquement et souvent.

Dans mes courses en ville je n'aperçois plus de traces d'incendie, les maisons sont rebâties, un peu plus confortables et apparentes qu'avant et en plus grand nombre, mais malheureusement la pierre et la brique manquent. La plupart sont en bois, l'exception est en tôle ou bien en zinc, cela vous fait l'effet d'un vaste bûcher tout dressé, qui n'attend qu'une allumette imprudente ou malveillante pour flamber de nouveau, et plus magnifiquement.

Les maisons françaises que j'avais laissées il y a quatre mois si pimpantes, si orgueilleuses, si tapageuses, les Bossange et Colliard, les Hugues et Pioche, les Mullot et Callot, les Chauviteau, etc. sont tous en liquidation. Leurs représentants, la figure allongée, courberaient l'échine jusqu'à terre devant un mineur en haillons qui aurait un millier de dollars dans sa ceinture. Juste retour des choses ici-bas, dont les gens favorisés de la fortune ne tiennent pas toujours assez de compte dans leur prospérité. Ces maisons de commerce françaises se relèveront-elles ? Sans doute. Nous autres, Français, nous avons le travers de voir un ennemi dans notre concurrent. Chez les Anglais, les Américains, les Allemands et les juifs de tous pays, on le considère plutôt comme un auxiliaire : quand il tombe on le relève, tandis que chez nous on l'écrase.

De temps à autre il m'arrive quelques nouvelles des passagers disséminés de la *Cérès*. Adolphe de Finance, qui est dans les mines du Sud, y a été longtemps malade, et vu ses faibles ressources pécuniaires, son peu d'énergie et d'initiative, il a dû beaucoup souffrir. Le présomptueux secrétaire de Montalivet, qui regardait de haut tous les passagers, ses commensaux à bord, a dû descendre un à un tous les échelons de la hiérarchie sociale, réduit pour subsister dans les placers à se faire garçon boulanger ; il a eu la malchance de ne trouver dans son patron qu'un brutal et grossier personnage qui l'injurie toujours et le rosse quelquefois. Ô Théologne ! Mon ami, quelle décadence ; avoir fait le joli cœur dans les salons d'un ministre, sa tête dans le monde, se croire de l'esprit, du savoir, du mérite, descendant d'un paléologue empereur d'Orient et tomber si bas ! Quelle leçon de philosophie, l'intéressant chapitre dans tes mémoires, si jamais tu les rédiges, et si tu ne passes pas sous silence cet écœurant épisode de ta vie californienne ! Par ses amis et ses relations de famille en France, il a obtenu son rapatriement gratuit. C'est ce qu'il avait de mieux à faire, il serait, ici, devenu fou et serait mort de faim et de misère.

Je passe une partie de mes journées à suivre les ventes à la criée (désignées sous le nom d'*auctions*), qui sont nombreuses et journalières. Il s'y vend de tout en lots variant de 5 dollars à 10 000. Cela me met au courant des prix de toutes choses et m'apprend la langue commerciale. Quand je trouve une occasion de me faire adjuger une petite partie de sucre, de café, de thé ou autre denrée d'un écoulement sûr et prompt, je la saisis, dans les limites de mon capital disponible, et vends à ceux qui n'ont pas de personnel ni de temps pour faire eux-mêmes leurs approvisionnements. D'ailleurs, n'ayant ni magasin ni faux frais, je puis vendre au-dessous du cours du détail sur place et réaliser ainsi par semaine une vingtaine de dollars de bénéfice. Mais il n'y a ni régularité ni certitude, l'état de courtier ne me plaît pas et je ne l'accepte que provisoirement.

Le 20 août, je rencontre le docteur Briot, de retour des mines. Il n'est guère plus avancé que moi dans ses affaires, il a passé son été à parcourir tous les placers de la Mariposa à la Yuba (du sud au nord), plus en amateur cherchant à s'instruire qu'en mineur désireux de faire fortune. Ayant retiré quelques petits bénéfices de sa pacotille de vins d'Arbois champagnisé, il a pu, sans souci de l'avenir, se permettre cette fantaisie coûteuse et ne pas être aux prises avec toutes les difficultés que j'ai rencontrées sur mon chemin ; ces placers connus, fréquentés, approvisionnés offrent toujours, à celui qui a le gousset garni, un confortable relatif, mais ce cher docteur, médecin malgré lui, quand il aura dépensé son capital, sera toujours sur ses pieds, avec son diplôme et sa lancette. Je n'ai pas cette ressource à ma disposition. Il n'a pas encore de parti pris, il voudrait ne pas faire de médecine — la seule chose dans laquelle il puisse réussir, à mon opinion —, mais il veut tout tenter avant de s'y résoudre, c'est chez lui une idée fixe. Comme il est absolu, très entêté, c'est en vain que je chercherais à l'en dissuader. Je me contente de quelques avis, persuadé que les événements, l'expérience, tôt ou tard, me donneront raison.

Deux jours après, je rencontre mon cousin Alexandre Véron de retour de la Klamath et de la Trinity. Il m'apprend que Pidaucet l'a accompagné jusqu'à Trinidad Bay, a repris ses effets dans ma tente et est reparti pour Big Bar. Leur voyage d'exploration a donc été en pure perte. C'est bien fait. Pourquoi n'ont-ils pas attendu mon retour de la Salmon ? Il y avait de la place et de l'or pour tout le monde. Véron s'est logé chez de France qui a le secret de se loger gratuitement. Véron le nourrira, en guise de paiement. Dans cette conjonction de deux cerveaux fêlés, il y aura une dupe et un fripon. Véron jouant le premier de ces rôles. Il me parle d'une association qu'il vient de faire avec M. de Lamolère, qui perche aussi avec de France et complète ce trio d'hommes d'affaires unique dans les cinq parties du monde. Lamolère aurait obtenu à un prix dérisoire d'un *ranchero* californien une lieue carrée à la condition de la mettre en culture et en rapport et de partager amiablement, après un certain nombre d'années, par moitié les terres cultivées. Cela paraît magnifique au premier abord, mais il faut des bras qui sont hors de prix et des milliers de dollars pour se procurer le matériel et les bestiaux, et Lamolère n'a pas d'argent. Véron peut posséder 400 dollars. Je le fais observer à Véron, qui, tout enthousiasmé, persiste et m'annonce qu'il part incessamment et qu'il a passé procuration à un inconnu pour le représenter lors de l'arrivée de nos pacotilles. Il est impossible d'empêcher un homme bien déterminé de se noyer et il le veut absolument. C'est le cas dans lequel je me retrouve avec le cousin Véron. Qu'il fasse à sa tête !

Tous les mineurs n'ont pas eu autant de mauvaise chance que mes compagnons et moi. Ainsi, un certain Parisot, de Quiers près de Lure (Haute-Saône), passager de la *Cérès*, qui était le mentor du jeune Boyon de Saint-Hippolyte, après trois ans de misères, a trouvé à Mariposa 4 000 dollars. Son associé, un nommé Gérard de Saint-Hippolyte, ancien brasseur de M. Blondeau, 5 000 — le tout sortant du même trou. Un mineur, leur voisin, en a trouvé bien davantage. C'est une loterie.

Parisot retourne en France. Je lui remets une lettre pour Passavant et une petite pépite, la seule que j'aie trouvée, ainsi que le carnet dans lequel, pendant un an, j'ai inscrit mes notes de voyage. Il a pris un bain forcé dans la Trinity, par la maladresse du cousin Véron, et quelques pages au crayon en ont blanchi de frayeur. Ce sont les seules reliques de ces temps d'épreuves.

Les Francs-Comtois se débrouillent assez bien en pays étranger. Ainsi trois des meilleurs restaurants de San Francisco sont possédés et exploités par eux, l'hôtel de Baltimore est tenu par un certain Louis Burthey, de Saint-Loup, près de Sûre. Il a pour surnom Baltimore parce que étant cuisinier dans cette ville, il en est parti pour venir en Californie. Il a une belle clientèle américaine, mais, incendié en mai, il a fait un emprunt hypothécaire à 10 % par mois et a reconstruit son hôtel.

L'hôtel Mondelet est tenu par un naturel de Luxeuil, de ce nom, qui se trouvait au Chili avec sa femme, où il exploitait un établissement de teinturerie et dégraissage au moment de la découverte des placers californiens. Ils réalisent leur avoir et arrivent parmi les premiers à San Francisco avec une pacotille de farines qui quadruple leur capital, achètent un terrain sur Dupont, bâtissent un hôtel et l'exploitent. Ils brûlent en mai, reconstruisent de nouveau, le remettent en roulement, puis vendent 10 000 dollars le fonds de commerce et conservent la propriété qu'ils louent à l'acquéreur 5 000 dollars par an. Ils partent ces jours-ci pour la France, où ils vont éblouir par leur luxe et leur or les amis et les connaissances, même les anciens créanciers qu'ils y ont laissés quand ils en sont sortis. Combien de temps cette veine de bonheur durera-t-elle ? Une flammèche peut dans un instant réduire à bien peu de choses toutes cette fortune apparente.

Le troisième établissement du même genre est l'hôtel des Deux Mondes où je vivote aujourd'hui, appartenant à MM. de Grivel (du Jura).

Parmi les habitués et commensaux de cet hôtel, j'en ai remarqué deux plus particulièrement. Le premier, jeune blondin de 20 à 22 ans, joli garçon, poli, presque obséquieux, mis correctement, parlant facilement l'anglais et le français, instruction négligée néanmoins, aimant le jeu, la bonne chère et le beau sexe, un peu carotteur et pique-assiette, à l'affût de je ne sais quelle position ou de quelle affaire, ayant toujours quelques dollars en poche provenant de sources inconnues. Je pouvais supposer qu'ils provenaient de sa famille, qui l'aurait expédié en Californie pour le mûrir et lui apprendre à vivre, d'ailleurs son père était consul de France à Boston, et M. Dillon, notre consul ici, semblait lui porter intérêt.

Son grand-père, Isnard (Maximin), avait eu une célébrité comme démagogue, membre de l'assemblée législative et président de la Convention sous la Ire République, puis, passant du camp des montagnards dans le camp des girondins, fut mis hors la loi en 1793 (octobre), rentra à la Convention après le 9 thermidor, fit ensuite partie du Conseil des Cinq-Cents, rentra dans l'obscurité de la vie privée sous le premier Empire et la Restauration et mourut oublié en 1830. Son petit-fils dont j'ai tracé la silhouette était Joseph Isnard. J'en aurai peut-être à reparler plus tard, si j'ai le temps et la patience de raconter tout ce que j'ai vu, entendu et appris dans ce pays de surprises, où vices et vertus, défauts et qualités n'ont leur raison d'être qu'autant que l'intérêt l'exige ; dans cette agglomération de tout ce que renferme l'espèce humaine dans sa partie la moins recommandable, où la famille n'existe pas, où l'honneur, la considération sont des mythes, où la foule comme l'individu s'inclinent devant le veau d'or. Joseph Isnard a un frère dans les mines, qu'il ne visite pas et dont il ne parle jamais. Lequel des deux a des motifs sérieux de bouder ou de mépriser l'autre ? Je l'ignore.

Le second des hôtes de l'hôtel des Deux Mondes avec lequel je me suis mis en rapport est bien plus sympathique. Il s'intitule le docteur Clergeon, affable, obligeant, généreux, toujours élégamment vêtu, comme s'il allait rendre visite à quelque clientèle aristocratique, vivant largement et payant de même, mais mystérieux au plus haut degré pour tout ce qui concerne sa famille, ses débuts dans le monde et les motifs de son émigration. Voici tout ce que j'en ai pu tirer dans les conversations que j'ai eues avec lui, et mes questions étaient autorisées par les siennes sur mon compte ; j'y répondais naturellement, n'ayant rien à dissimuler. Mais j'ai toujours rencontré dans l'historique de sa vie des réticences que je n'ai jamais pu vaincre. Je ne sais s'il est célibataire, marié ou veuf, officier de santé ou pharmacien. De sa parenté il n'a jamais prononcé que le nom de M. Bertrand aîné, avocat 209, rue du Faubourg-Saint-Martin à Paris, marié avec sa sœur. Parisien de naissance ou d'occasion, il était il y a dix ans à Paris, ne pouvant ou ne voulant exercer la médecine, droguiste en gros. Puis trois ans après, pour une cause volontaire ou forcée, ambition ou caprice, amour ou politique, il quitte ses affaires, part pour la Chine et s'établit à Hong Kong comme médecin, spéculant dans ses nombreuses affaires sur l'opium, qui est dans ce pays la denrée par excellence pour agioter à la Bourse, sur une petite ou une grande échelle. Il menait chinoisement cette vie médicale et boursière et se trouvait à la tête d'un capital de 50 000 à 60 000 dollars, quand la nouvelle des merveilleuses découvertes aurifères de Californie parvint en Chine. Toutes les têtes, toutes les imaginations se montaient, et la grande émigration chinoise commença. Clergeon lui aussi partagea l'engouement général, réalisa sa fortune et prit l'intelligente pacotille que voici : trente maisons de bois faciles à monter, tout le mobilier nécessaire pour les meubler, du riz, du thé, du sucre, des médicaments, des articles de fantaisie, jusqu'à des nids d'hirondelles et, muni de sa trousse de docteur, s'embarqua avec ses marchandises, espérant bien dans moins d'un an tripler sa fortune et rentrer en France millionnaire. Pensant comme tous les pacotilleurs d'alors que, dans le pays de l'or, l'or n'était pas nécessaire, il avait mis les quatre cinquièmes de son capital en marchandises, si bien qu'arrivé à San Francisco, quand il s'agit de payer le fret, les frais de douane, de louer un magasin pour écouler ses marchandises, d'acheter des terrains pour caser ses maisons, il s'est trouvé tout aussi embarrassé que moi et une foule d'autres importateurs obligés de passer par les mains rapaces d'un consignataire, un certain Salmon, moitié français, moitié américain, que je crois originaire de Mirecourt (Vosges). Si le docteur était arrivé quelques jours ou quelques semaines après l'incendie de mai, marchandises, maisons, mobilier, tout s'écoulait avec bénéfice, et promptement. Mais, débarqué seulement dans les premiers jours d'août, plus de deux mois après, les nombreux arrivages avaient comblé tous les vides, le San Francisco commercial était rebâti, les magasins s'étaient remplis de nouveau et nul ne songeait encore à se donner un chalet dans la banlieue, la vie de famille n'existant pas. Que de fortunes sont ainsi venues s'échouer depuis un an sur la plage californienne ! Et ce n'est pas fini, le docteur ne perdra pas tout, mais s'il tire la moitié de sa mise de fonds, il sera bien heureux. Il le prévoit déjà, mais il en prend son parti philosophiquement. Le prendrait-il ainsi s'il se trouvait dans ma position ? Ici, l'avenir est si incertain, les transactions les mieux combinées présentent encore tant d'aléas que je serai peut-être un jour à même de répondre à la question.

Le mois d'août s'est écoulé pendant que je cherchais à vendre les marchandises que nous avons en douane sans y arriver, que j'attendais la seconde pacotille qui n'arrive pas, que je faisais du courtage produisant à peine mes dépenses journalières. Impatienté, je propose au docteur Briot, qui n'est pas dans une position plus brillante, de faire un voyage au sud de San Francisco, où l'on trouve des *ranchos* considérables possédés par les anciens Californiens de race espagnole qui ne les cultivent pas, gens indolents qui livrent en pâturage à leurs troupeaux plusieurs lieues carrées de terre d'une fertilité extraordinaire. Si dans cette excursion nous avions la chance de rencontrer un *ranchero* qui voulût bien nous céder à bail un lot important de ces terrains improductifs pour lui, avec une certaine quantité de bestiaux à des conditions avantageuses pour tous, nous y planterions notre tente, les mettrions en rapport, et au bout d'un certain temps deviendrions propriétaires de la moitié des terres concédées. Dans ce pays, où tout le monde valide se dirige vers les placers et personne ne songe à l'agriculture, à la viticulture, aux plantations de fruitiers, à la grande culture maraîchère, ce projet paraît pratique et facilement réalisable ; aussi le docteur Briot accepte ma proposition avec empressement. Il ne s'agit que de rencontrer un *ranchero* bénévole et intelligent pour le mettre à exécution. Les *rancheros* ne manqueront pas sur notre route par San José, Santa Clara, San Juan pour retourner par San José, Santa Clara, San Francisco.

À San José le docteur a un vieil ami, un Bisontin nommé Jourdain, encore un Franc-Comtois, propriétaire du premier hôtel de la ville, moitié californien, moitié mexicain, ex-factotum d'un intrigant de premier ordre, riche, du nom de Limantour, de nationalité mexicaine, qui fera parler de lui tôt ou tard. De mon côté et dans la pénurie d'argent où je suis, je ne serais plus fâché de voir Dechanet, un Langrois, passager de la *Cérès*, qui me doit une vingtaine de dollars et habite San José, et l'abbé Doubet qui m'en doit 30, et qui pour une faute, futile ou grave, a été obligé de quitter San Rafael et est envoyé en pénitence chez le curé de Santa Cruz — son adresse m'a été donnée à l'évêché.

Tels sont les motifs qui m'ont déterminé, après avoir visité la partie la plus sauvage, la plus déserte et la plus inconnue de la Californie au nord, à faire une excursion dans le Sud, à moitié civilisé par les Espagnols et leurs missionnaires et revenu presque à l'état sauvage depuis que les Mexicains se sont rendus indépendants. Le récit de cette promenade champêtre en compagnie du docteur Briot, s'il n'est ni accidenté ni intéressant, aura toujours l'avantage de faire connaître tel qu'il était à cette époque ce pays encore tout mexicain, avant la transformation complète qu'il est destiné à subir par l'invasion prochaine des Américains et des autres nationalités.

[...] La nuit passée sans autre inconvénient, nous sommes debout dès l'aurore et, prenant congé de nos hôtes, nous nous dirigeons sur la mission de San Francisco Dolorès, où nous arrivons une heure après. Ici M. Blanchard nous quitte et se dirige vers San Francisco. Nous avions appris chemin faisant qu'un nouvel incendie considérable avait détruit la partie la plus commerçante de la ville, quatre grands quartiers, mais les détails nous manquaient. Je m'arrête donc à la mission où Elior de Grivel et son cousin sont réunis depuis que l'hôtel des Deux Mondes est réduit en cendres et que les 1 400 dollars qu'ils avaient placés dans cet établissement se sont envolés en fumée. Je retrouve là ces deux amis, occupés à faire du jardinage et prenant assez stoïquement la perte qu'ils viennent d'éprouver, mais que de petites laitues et de petites raves il faudra vendre pour les récupérer ! Après un repas, une conversation et une goutte réconfortante, je rentre à mon point de départ, San Francisco, que je retrouve à moitié rebâti déjà et tout préparé pour un nouvel incendie.

Le docteur Briot avait mis à ma disposition la baraque qu'il a construite de pièces et de morceaux il y a six mois sur un terrain vague, c'est là que j'établis mes pénates, dans les sables avoisinant la ville, ayant pour société des millions de puces et des centaines de rats blancs ; une petite pièce cubique de 3 mètres de côté, aménagée à l'intérieur comme une cabine de navire avec trois couchettes superposées, un escabeau pour siège, un bout de planche pour table, un trou vitré pour fenêtre, une épaisse couche de sable fin pour tapis sur lequel vivent, sautent et pullulent des légions de suceurs affamés qui n'attendent que l'occasion pour un bon repas. Malgré mes précautions, je la leur fournis tous les soirs, non sans de nombreuses hécatombes, par un procédé assez expéditif. Au moment de me mettre au lit, mes jambes nues étaient littéralement couvertes de ces insectes sanguinaires. Aussitôt, je m'élançais dans la couchette la plus élevée et, muni d'un petit flacon d'alcool, les jambes pendantes au-dehors, je les frictionnais rapidement et les débarrassais de ces parasites aussi rapaces qu'incommodes. Le sommeil était à ce prix et le lendemain tout était à recommencer.

La veille de mon arrivée ici, le *Grety*, navire du Havre, entrait dans le port ayant à son bord la troisième et dernière pacotille, dans laquelle je ne suis qu'intéressé. Véron en ayant fourni les fonds, il devrait être ici pour m'aider à en tirer parti, soit en s'en occupant, soit en m'aidant, avec son petit capital, à payer la douane et le fret, mais il préfère dépenser son temps et son argent au profit de M. de Lamolère, dont il ne pourra rien retirer. Je suis donc obligé de m'occuper tout seul de cette dernière affaire que nous avons en commun, afin d'en tirer le moins mauvais parti possible. Je trouve un consignataire qui veut bien se charger de retirer la marchandise, faire la vente pour le compte de la société. Les maisons françaises fortement éprouvées par les incendies n'offrant pas une grande sécurité, leur impuissance ou mauvais vouloir m'étant connus, je me suis adressé à des Américains, Starkweather, McClenchat and Co., nom impossible, qu'importe, ma responsabilité sera tout à fait dégagée.

Les marchandises des deux premières pacotilles se morfondent en douane où elles seront vendues prochainement, si elles ne brûlent pas avant. La perte à peu près totale de toute notre spéculation peut être considérée comme certaine, il faut en prendre son parti et reconstruire toute une fortune avec des matériaux négatifs, des dettes. Le matin je déjeune ou plutôt je grignote quelque chose, pain ou biscuit, avant de sortir de chez moi et d'aller chercher une piste d'affaires, soit en courtage soit en achat. Je réussis quelquefois, mais souvent je reviens bredouille, ma première opération est assez bizarre et vaut peut-être la peine d'être contée, puisque c'est à partir de là que ma constante déveine en Californie a cessé de me poursuivre.

Un jour que je furetais à travers des terrains vagues dans le voisinage de ma baraque, je me trouve en face d'un tas d'œufs nouvellement débarqués, en provenance du Mexique. Peu après je déniche le propriétaire et entre en pourparlers avec lui pour les acheter, il ne demande pas mieux car ces œufs ne payent pas de mine, un grand nombre paraissent plus que douteux. Nous débattons du prix, comme l'affaire serait trop forte pour ma bourse je la propose de compte à demi à un certain Delafond, associé du sieur Covillard, mon restaurateur, qui accepte. Nous faisons une offre basée sur un essai de trois douzaines que nous cassons, le hasard a voulu qu'une seule douzaine fût trouvée bonne. Le prix fixé pour la douzaine des bons à deux réaux (1,25 franc), nous voilà donc propriétaires de mille cinq cents douzaines d'œufs pour 535 francs. Il ne faut pas perdre de temps pour tirer parti d'une marchandise aussi défectueuse, nous nous mettons à l'œuvre aussitôt. Dans de grands baquets pleins d'eau nous plongeons nos œufs et tout ce qui surnage est placé de côté. Nous lavons les autres et ceux qui, agités, font entendre un petit clapotement sont éliminés, puis nous les faisons sécher au soleil : c'est l'affaire d'une journée pour le tout. Me voilà devenu coquetier pendant près d'une semaine, les œufs ne nous reviennent qu'à 50 cents la douzaine, je les vendais 1,80 franc, 2,50 francs, 3,75 francs suivant que je les livrais au hasard, au choix ou à l'essai, au gré de l'acheteur. En moins de huit jours je suis rentré dans mon capital avec 400 francs de bénéfice net.

Cette petite opération m'a un peu consolé de celle de la fabrication du cidre à San Juan qui promettait tant. Le liquide m'arrive à San

Francisco quelques jours après que le choléra s'y était déclaré. Pour l'écoulement on n'aurait pas trouvé des consommateurs en les payant ; 5 francs par bouteille, personne ne voulait le loger qu'à des prix exorbitants, il est resté en plein air sur la voie publique et s'est perdu complètement. J'en ai été pour payer l'achat des tonneaux, le fret à l'arrivée et la moitié du gage du sieur Duport, le docteur pour ses peines et son temps — mais il a vécu pendant l'opération — et le propriétaire des pommes pour ses fruits, soit près de 1 500 francs déboursés. Comme compensation, quelques solives de bois équarris ayant servi de presse rudimentaire. Un fiasco complet pour tout le monde. Il faudra rendre justice à chacun, le cidre était mauvais parce que les pommes étaient trop douces et les Normands trop clairsemés en Californie pour le consommer. J'en avais trouvé un par hasard pour le fabriquer, mais pour le boire c'était bien différent.

26 octobre 1850.

Depuis dix jours Ernest de Grivel est atteint d'une fièvre typhoïde et il n'est pas hors de danger. Elior, son cousin, l'a placé dans une maison de santé de la ville pour y recevoir les soins qu'exige son état. Il est venu me voir et je lui ai remis une lettre à son adresse que le consul m'avait chargé de lui faire tenir. Adolphe de Finance est venu passer deux jours ici, malgré ses maladies il a fait une assez bonne campagne aux mines et a pu réaliser 3 000 francs de bénéfices nets. Il est toujours atteint de nostalgie, il est reparti pour terminer la bonne saison, mais son intention est de rentrer en France aussitôt que faire se pourra. Je crois qu'il aura tort, on n'entreprend pas un si long voyage pour arriver à un aussi mince résultat, et s'il n'a pas d'emploi que deviendra-t-il avec deux filles à élever et une femme qui ne sait, ne peut ou ne veut que rester dame, quoique ruinée ?

Mardi 29 octobre 1850.

Grande fête. On célèbre l'admission de la Californie au nombre des États de l'Union américaine. Depuis quinze jours toutes les gazettes font des annonces, réclames, et les murs sont couverts d'immenses programmes, affiches. On n'a pas perdu son temps et deux mille personnes ont souscrit pour le dîner et le bal qui suivra à 100 francs par tête. Joli dîner qui, s'il ne peut entrer dans tous ces ventres, trouvera des poches pour se caser.

Au lever du soleil, salut de première classe de cent coups de canon, puis les gamins préludent par des pétarades bruyantes dans tous les quartiers de la ville, avec intermèdes de coups de fusil et de pistolet. Pendant ce temps-là les corporations se réunissent pour prendre place, bannière en tête, dans la grande procession qui doit parcourir les principales rues de la ville ; et à 10 heures on se met en marche.

Ce sont les pionniers, les francs-maçons revêtus de leurs insignes et chaque loge ou rite séparément, les Chinois, les marins, les douaniers, les pompiers, les soldats, les ministres des différents cultes et les autorités. Cinq ou six bandes de musiciens espacées sur toute une longueur du défilé donnent la note gaie, pendant de cette imposante démonstration terminée par un char colonial traîné par six chevaux, sur lequel paradent trente enfants vêtus d'un pantalon bleu retenu par une ceinture et d'une chemise de laine blanche portant des figures avec des écussons indiquant à la foule qu'ils représentent les trente États de l'Union. Tous sont coiffés de bonnets de la liberté, qui n'est pas ici l'emblème de l'anarchie et de la terreur. Au milieu d'eux trône une gentille petite fille de 6 ans, c'est la Californie, la plus jeune sœur adoptive, qu'ils entourent de soins, de prévenances et acclament. Des hourras formidables et répétés, sortant de milliers de poitrines, accueillent sur tout le parcours cette ingénieuse allégorie. À coup sûr ce n'est pas de l'enthousiasme de commande, l'Américain de sa nature est très impressionnable et tout ce qui frappe son imagination, tout ce qui fait battre son cœur, se traduit en manifestations bruyantes. Les pompes à incendie, qui sont toutes des machines luxueuses, puissantes et d'un grand prix, ornées de fleurs et de rubans et traînées par quatre chevaux, une presse typographique sur un char fonctionnant sans cesse, imprimant et distribuant à profusion l'ode de circonstance qui sera chantée sur la place principale après le discours de l'orateur désigné et l'inévitable *Marseillaise* ne sont pas les moindres attraits de cette interminable procession, si bizarre, si bariolée, si étrange pour tous les nouveaux venus, dans ce pays des ambitions fantastiques. Après quoi le cortège se remet en marche, puis chaque corporation s'en détache l'une après l'autre et fait sa petite promenade particulière, poussant des hourras devant chaque établissement public ou privé que ses membres estiment ou bien affectionnent. Les Chinois pendant tout ce temps n'ont cessé de manifester par des feux roulants de pétards et de fusées. Ces inventeurs de la poudre ne la ménagent pas dans les fêtes, ce n'est pas gai, mais c'est bruyant et dangereux dans une ville de bois sec qui ne demande qu'à flamber. Au soleil couchant, la lassitude et la faim rendent un peu de calme dans la rue, mais l'intérieur des maisons s'anime dans les petits et grands dîners. Les illuminations précèdent le feu d'artifice, et la nuit se termine par le bal. Les heureux du jour ont pu profiter de tout, en ont-ils eu pour leur argent ?

Quant à moi, je satisfais mon appétit à l'ordinaire, faute d'être invité à l'extraordinaire et, à 9 heures du soir, je rentre paisiblement dans le palais des puces, ma résidence. Mais de même qu'il y a des taches dans le soleil, des ombres dans les tableaux de maître, il n'y a guère de réjouissances publiques qui ne soient assombries par quelque catastrophe. C'est par une des plus navrantes qu'il soit possible d'imaginer que cette joyeuse et brillante journée s'est terminée. Au moment où le bateau à vapeur quittait la jetée pour faire son voyage quotidien de San Francisco à Stockton, bondé de passagers qui étaient venus prendre part à la fête, la chaudière de la machine à vapeur éclate, le bateau coule et tous les passagers et l'équipage sont à la mer. Peu de monde sur le quai pour faire le sauvetage, chacun est occupé fort agréablement ailleurs. Après bien des peines on recueille quarante cadavres et autant de blessés, ces derniers sont dirigés sur l'hôpital pour y recevoir les premiers soins, on les installe tant bien que mal pour la nuit, et chacun retourne à ses plaisirs. Mais à 2 heures du matin, un incendie se déclare à l'hôpital construit tout en bois, en moins d'une demi-heure il est réduit en cendres et la plupart des naufragés qui avaient échappé à la noyade sont carbonisés sous les décombres. Il faut avouer qu'on ne peut pas être plus malheureux. Toute cette tragédie nocturne s'est passée sans bruit, presque seuls les violons se faisaient entendre, les chants érotiques des virtuoses de café et la voix stridente du croupier des maisons de jeu répétant à chaque minute sa formule monotone, « *make your game, gentlemen, game is made, all gone* ».

Le lendemain, léger émoi dans la ville. Les journaux, après un compte rendu très détaillé, très enthousiaste de la fête de la veille, ont fait un petit boniment bien senti sur la catastrophe de la nuit et tout a été dit ; mais ils ont quintuplé leur tirage, heur ou malheur, tout profite à la presse et chaque jour apporte son contingent de l'un ou de l'autre dans un pays comme celui-ci.

J'ai dit que je prenais mes repas chez un certain M. Covillard. Comme c'est un type très particulier, je ne puis me dispenser d'en faire une esquisse. Il était originaire de Lyon ; dans sa jeunesse, il a débuté comme canut, mais il avait de l'intelligence, une éducation primaire supérieure et des goûts artistiques, si bien qu'à l'âge de 30 ans il était fabricant de soieries et prospérait sous le règne de Louis-Philippe. Mais, entaché du péché originel de tous ses confrères les canuts, il était socialiste humanitaire. Il a voulu, fabricant, mettre en pratique les idées de l'ouvrier ; artiste, il a cédé à ses goûts et s'est donné une galerie de tableaux. La révolution de 1848 arrivant, il s'est trouvé dans la nécessité de liquider et, les frères et les amis ne l'aidant pas, il a été ruiné. Ne perdant pas courage, il ramasse ses miettes, laisse en France sa femme et ses deux enfants et s'embarque pour la

Californie sur le vapeur allant à Panama, où il se trouve en compagnie de M. Dillon, notre consul, qui venait prendre possession de son poste. Par ses manières polies, sociables, sa conversation facile, imagée, bien au-dessus du commun, il s'en fait remarquer et même apprécier. Arrivé à San Francisco, il monte son restaurant avec les débris de sa fortune, prend deux associés plus inconnus qu'honnêtes. Cette industrie prospérait quand, une belle nuit, un mineur étranger à la ville, de complicité avec un des associés, vole une certaine quantité de caisses de vin à un négociant français. La police découvre les auteurs, et quand je vais prendre mon repas habituel, l'établissement est tout révolutionné. Covillard, tout innocent qu'il soit, perd la tête et m'apprend la misérable aventure dont il est la victime et qui peut coûter sa ruine. L'affaire s'est arrangée par l'entremise du consul, de forts dommages ont été payés au négociant, l'associé coupable est parti pour le Chili, l'instigateur est retourné dans les mines pour s'y faire pendre peut-être, par suite l'établissement a perdu sa meilleure clientèle et Covillard, obligé de le vendre, a payé, lui aussi, sa part de pots cassés. Du reste, en dehors de ses opinions politiques que seuls les Français partageaient, mais que les Américains et les étrangers dédaignaient, c'était un homme intelligent et estimable.

La baraque du docteur Briot devant disparaître sous l'effet du prolongement de la rue Kearny, je vais établir mes pénates rue Pine, dans un hôtel tenu par deux Français, Vert et Montmert. Ma chambre est au rez-de-chaussée, séparée du corps de logis, petite et propre. J'y établis mon bureau d'agent d'affaires, de courtier en marchandises et immeubles. Sur les instances du docteur Clergeon, je prends comme associé, interprète et commis Joseph Isnard, ce jeune crève-la-faim qui n'a pas un dollar en poche et qui ne dînerait pas tous les jours si le docteur ou quelqu'un d'autre ne lui faisait l'aumône en l'invitant à dîner. Beaucoup dans son intérêt et par pitié pour le fils de famille dévoyé, un peu dans le mien, je cédai non sans défiance aux instances de Clergeon et posai mes conditions. Tout l'argent des courtages devait être centralisé chez moi, je payerais journellement toutes les dépenses de première nécessité, et le surplus des bénéfices serait partagé par moitié à la fin du mois. Ce qui est accepté avec reconnaissance, les larmes aux yeux et dans la voix : j'étais surpris, presque ému de cette conversion subite et qui paraissait sincère. Nous voilà sur le chemin de la fortune. Isnard parle couramment les trois langues nécessaires, j'ai déjà la connaissance de la place, l'habitude des affaires. Un certain docteur Jones, riche Américain qui possède huit cents lots de terrains à bâtir dans San Francisco, m'offre 10 % de commission sur les ventes que je ferai pour son compte, ce qui n'empêche pas le courtage des marchandises. Et comme si toutes les bonnes chances devaient m'arriver à la fois cette année, comme les mauvaises en 1850, je viens de traiter avec un riche propriétaire de journal américain, M. Buckelew, qui édite le *Public Balance*, afin de lui rédiger une colonne française pour l'insérer chaque jour dans sa feuille anglaise. Il s'agit donc d'aligner mille deux cents mots par vingt-quatre heures, le traité ne spécifiant pas la qualité de la matière à fournir : la politique, la littérature, la science et l'esprit ne sont pas obligatoires, et c'est bien mon affaire. Le seul but de M. Buckelew, c'est d'attirer la clientèle française pour la vente et les annonces de son journal. Cette nouvelle occupation est en dehors de l'association et m'est tout à fait personnelle, mais l'association en profitera par les annonces en anglais et en français que j'ai le droit d'insérer gratuitement dans le journal. Me voilà donc rédacteur en chef, courtier d'annonces, marchand de journaux, reporter, traducteur, correcteur. Il m'est octroyé pour cette besogne 6 dollars par jour (30 francs), cent exemplaires du journal et le quart dans les annonces que je puis procurer, les réclames sont entièrement à mon profit et j'estime le tout de 50 à 60 francs par jour. J'ai un typographe à moi qui parle à peu près le français et se sert de caractères anglais faute d'autres (ils n'ont pas d'accents). J'ai deux porteurs de journaux pour vendre mes cent numéros, l'un est un sieur Picot de Moras, un ex-officier démissionnaire, gentilhomme franc-comtois de Jussey, cousin germain du baron Picot d'Aligny, gendre du vicomte de Chifflet, premier président de la cour de Besançon, ex-pair de France de la dernière fournée de Charles X en 1830, que le gouvernement de Louis-Philippe n'a pas jugé convenable de reconnaître comme légale ; ce Picot de Moras me paraît être un abruti et sa famille doit être heureuse d'en être débarrassée ; l'autre porteur, son confrère, est un certain Jean-Baptiste de Finance, de Sainte-Marie-aux-Mines, à ne pas confondre avec la famille de Finance dont un membre, Adolphe de Finance, est en Californie ; celui dont il est question ici, je l'ai rencontré pour la première fois au Havre en 1849 en cherchant son homonyme passager de la *Cérès* — lui était passager sur le *Georges*. C'était un gros bonhomme, autrefois tourneur sur ivoire, sans instruction, sans éducation, très ambitieux et pourtant très souple, très obséquieux quand il a besoin de quelqu'un, mais grossier jusqu'à l'impolitesse dans le cas contraire, sans esprit, sans jugement, sans délicatesse, inconstant, suffisant, dénué de sens moral. Il avait déjà couru le monde, il avait été en Algérie, en Espagne avant de s'embarquer pour la Californie. Quand il vint m'offrir ses services, c'était un mouton, le plus humble, le plus dévoué, le plus désintéressé des serviteurs. Nous retrouverons plus tard ce que recouvrait cette peau de brebis galeuse. C'est toute une histoire, se terminant par une fin misérable, après une fortune inespérée. Me voilà donc, en janvier 1851, modestement mais proprement installé dans mon bureau de directeur, de courtier et d'homme d'affaires et le plus occupé des Californiens. Du matin au soir les Français nouvellement débarqués viennent me demander des renseignements sur les placers, les pacotilles, des conseils au plus grand nombre sans le sou, des secours en argent (il n'y en a pas en caisse). Des idéologues offrent des articles impossibles, des magnétiseurs, des mineurs, des agriculteurs, des inventeurs, des touristes, des mécontents m'apportent des manuscrits qui n'intéressent personne, si volumineux que, disposant de la totalité du journal pour tout un mois, il ne resterait pas de place pour le moindre fait divers et, ce que c'est que l'amour de la publicité, tout ce fatras de prose hétéroclite m'était offert gratuitement. Je conduis tout ce monde joliment, laissant à chacun un brin d'espoir pour l'avenir, s'il m'est un jour accordé plusieurs colonnes de rédaction dans le journal.

Déjà deux essais dans ce genre, à l'effet de donner à la population française un organe de publicité rédigé dans sa langue, avaient été tentés. Jules de France à son arrivée en Californie avait emprunté la presse autographique du docteur Briot et avait rédigé trois ou quatre numéros plus ou moins humoristiques dont la vente n'avait pas payé le papier, ce qui n'avait fait qu'augmenter ses dettes, et le crédit manquant, il avait dû cesser le métier de journaliste et sa suprême ambition qu'il définissait ainsi : *faire rire et faire chanter.*

Une deuxième tentative eut lieu au mois de septembre 1850 avec un personnel et un outillage moins primitifs. Un Canadien du nom d'Octavius Hoogs, courtier ayant quelques dollars ou quelque crédit, du toupet, de l'activité, un peu de savoir-faire américain, sollicité par un M. J. Ancelin, originaire de la Seine-Inférieure (Rouen ou Le Havre), fonde la *Gazette républicaine*, paraissant trois fois par semaine. C'est un journal complet, format moyen, tout en français, pas mal rédigé par M. Ancelin, rédacteur en chef, aidé de Mirandol, jeune homme intelligent, alerte, primesautier, un décavé de l'Ancien Monde fourvoyé dans le Nouveau, associé pour la forme dans une maison de commerce sans fonds, sous la raison Gauthier, Mirandol et Pioda. Il est imprimé très nettement par Crane et Rice, typographes américains, avec des caractères sans accents. Les annonces et les réclames ne manquent pas, mais les abonnés font défaut. La population française est encore trop pauvre, trop disséminée, trop nomade et les voies de communication trop chères et difficiles pour que le succès couronne l'effort dans une pareille entreprise, sans un capital sérieux.

Aussi quinze numéros suffirent-ils pour épuiser les ressources des bailleurs de fonds et le journal cessa de paraître, ne laissant derrière lui que des spéculateurs découragés et des créanciers peu satisfaits.

Tels étaient mes prédécesseurs dans la carrière du journalisme français à San Francisco. Suivre leurs errements eût été une imprudence, un nouvel échec engageant ma responsabilité et celle des autres. L'heure n'est pas encore venue où la presse française pourra s'installer chez elle et vivre honorablement sur son propre fonds, c'est ce que j'ai compris, et c'est pourquoi je ne suis, vis-à-vis du propriétaire du *Public Balance*, B. R. Buckelew, qu'un simple rédacteur. Je ne l'ai jamais vu ni le verrai jamais, c'est un capitaliste, un gros négociant, un faiseur d'affaires qui se sert de la presse comme un moyen d'action, c'est peut-être un illettré, mais à coup sûr c'est un pingre, un mauvais coucheur, hargneux et possessif. Je n'ai affaire qu'à son rédacteur en chef, un monsieur Casserly, avocat distingué, bonne plume, bonne langue, tellement absolu qu'il veut dominer son patron et tout le personnel du journal. De là discussion et brouille entre l'autorité financière et l'autorité littéraire. Casserly se retire et trouve immédiatement des fonds pour créer un journal concurrent, qu'il intitule *Very True Public Balance*, et prend Ancelin pour rédiger une colonne en français afin que le lecteur ne puisse s'y reconnaître à première vue, et guerre à mort dans la rédaction des deux journaux. Mais Buckelew a de l'argent, il intente un procès, il le gagne et Casserly est obligé de changer le titre de son journal, qu'il intitule *Daily True Standard (Le Vrai Drapeau du jour)*, et de plus condamné aux frais. Nous voici donc au 1er février 1851 avec deux journaux s'adressant à la population française et fournissant une colonne plus ou moins remplie chaque jour. Ancelin a pris comme coadjuteur un certain passager du navire du Havre le *Joseph*, du nom aristocratique d'Albert Bénard de Russailh, parti de France en amoureux, allant chercher une dot à une charmante Anglaise sans fortune qu'il voulait épouser, mais qu'il a complètement oubliée en mettant le pied sur le sol californien. Il a fait tous les métiers possibles, puis est mort misérablement à Sacramento. Sur ce même navire, il y avait un personnel masculin et féminin plus mélangé que sur la *Cérès* : comédiens, comédiennes, demi-monde, artistes déclassés et artisans ; parmi les officiers A. Siébert, frère du général de ce nom [...].

Après le procès Casserly-Buckelew, le rédacteur en chef fut M. R. C. Matthewson, homme sérieux et plus sociable que Casserly. J'ai conservé de mes rapports avec lui de bons souvenirs. Arrivé depuis peu en Californie, il avait fait le trajet par la terre depuis New York, avait traversé le pays des mormons, secte religieuse et politique à peine connue en Europe à cette époque, et publiait dans la rédaction anglaise du journal ses impressions de voyage à travers cette population aussi excentrique que polygame. Je les traduisis pour être insérées dans la partie française dans plusieurs numéros et je crois avoir été le premier dans notre langue à donner l'historique et un aperçu des fanatiques qui peuplent l'Utah, les rives du Jourdain et ont fondé la Nouvelle-Jérusalem sous le nom de Salt Lake City.

Mais pendant que ma petite boutique de journaliste et d'agent d'affaires semble marcher sur des roulettes d'or, me rapporter 100 francs par jour et 50 francs à mon associé, reprenons l'histoire du marquis de Pindray, qui est aujourd'hui connue de tout le monde ici et que je ne faisais que soupçonner quand je le rencontrai, lors de mon passage à Union Town. En mai-juin dernier, mis en rapport par les deux frères de La Chapelle avec le colonel Victor Prudon, qu'il savait fort endetté, il lui fait la proposition d'acheter son *rancho* avec tous les animaux qui s'y trouvent, de partir pour les mines avec le bétail, d'opérer la vente de compte à demi. Par ce moyen Prudon pourra payer ses dettes et conserver sa propriété intacte. On fait l'acte de vente à forfait sans restrictions avec mention de paiement comptant. De Pindray devait remettre séance tenante une contre-lettre stipulant les réserves du vendeur, mais feignant une indisposition, un prétexte quelconque, il se retire, emportant l'acte signé, promettant de rédiger à tête reposée la contre-lettre et de la rapporter le lendemain.

Plusieurs jours se passent et de Pindray ne reparaît plus. Prudon le cherche partout et finit par le joindre, il lui réclame la pièce qui doit lui servir de garantie, alors prenant un air indigné et théâtral, ce scapin doublé d'un mandrin le toise du haut de sa grandeur et lui jette avec mépris cette superbe phrase : « Monsieur, est-ce que vous auriez l'audace de douter de la parole du marquis de Pindray ? Mon intention était de vous porter moi-même la contre-lettre, mais puisque vous venez la réclamer, cet affront me dégage envers vous et ma parole doit vous suffire. » L'acte était enregistré, passé au bureau des hypothèques. Prudon, abasourdi, persuadé qu'un voleur de cette trempe ne reculerait pas devant un assassinat, n'ayant pas le tempérament d'un Américain qui, dans une pareille occasion, se serait fait justice sur l'heure, se retire confus, exaspéré, maugréant contre le sort, contre le cynique mystificateur et ses acolytes (dont le frère de ce dernier, laissé à San Francisco pour endormir Prudon et lui donner un espoir factice). Puis, les préparatifs terminés, de Pindray et La Chapelle, son valet, partaient pour Union Town et les placers de la Trinity avec tout le bétail du *rancho* de Prudon et quelques serviteurs à gage. Revenu vers la fin de l'automne à son *rancho*, tout son bétail vendu moins quelques chevaux, il ne reparaît à San Francisco que dans le mois de janvier. Prudon lui réclame un compte de vente : de Pindray lui présente un compte de vente de son bétail avec 10 000 dollars de déficit (50 000 francs) et, faute d'un paiement immédiat de la moitié de cette somme, il se déclare dégagé vis-à-vis de Prudon et propriétaire de tout le *rancho*. Prudon, déjà fort endetté, qui pouvait légitimement espérer toucher 5 000 dollars et qui, contre toute attente, se voit débiteur de 5 000 dollars, qui, faute d'argent, ne peut plaider, cherche à entrer en composition. Aidé de ses amis et connaissances, il parvient à faire nommer des arbitres, de Pindray se charge de soutenir ses intérêts, Prudon nomme le docteur Clergeon et M. Dillon, consul de France, me nomme pour tiers arbitre. À l'époque où j'écris ceci, dans la première quinzaine de février, les choses en sont là, mais pendant tous ces pourparlers La Chapelle, le journaliste, un des courtiers véreux de toute cette sale affaire, avait réclamé à de Pindray le prix de son ignoble intervention. Éconduit d'abord, il insiste un peu vivement et reçoit en acompte une correction conditionnée. Il provoque en duel son agresseur, qui lui répond : « À toute heure du jour et de la nuit que je vous rencontrerai, si vous faites un geste insolite je vous tue, faites-en autant si vous voulez. » À partir de ce jour le prudent journaliste, homme de lettres, mais couard et parasite, s'est bien gardé de se trouver face à face avec son adversaire[1].

1. Vigneaux, qui devait devenir le secrétaire de Raousset-Boulbon et à ce titre participa à la deuxième expédition du comte dans le Sonora mexicain, a, dans ses *Souvenirs d'un prisonnier de guerre au Mexique*, laissé sur Pindray un témoignage intéressant, quelque peu différent de celui d'Ernest de Massey :

« De Pindray arriva en Californie par terre, en 1849. Il fit partie d'une de ces premières caravanes qui, traquées par les Indiens et par la famine au milieu des régions vierges, décimées, souvent exterminées, ont laissé des annales d'un dramatique lugubre. Sans l'adresse et la force de Pindray, celle dont il faisait partie aurait eu le sort des plus malheureuses. Quand les vivres furent épuisés, il nourrit la troupe entière de sa chasse et sauva ainsi aux animaux domestiques une existence d'où dépendait celle de tous. Chaque matin, il prenait le cheval le plus frais et, suivi de trois ou quatre cavaliers pour rapporter le gibier, il allait battre au loin le pays, décrivant d'énormes circuits à travers monts et vaux, forêts et prairies, autour de la caravane. Le soir, il y avait des vivres au camp. Le lendemain il repartait. Ceux qui l'accompagnaient se relevaient de jour en jour, lui résista jusqu'au bout.

« À son arrivée à San Francisco, la viande était à 1 et 2 dollars la livre ; il pensa que la chasse serait une occupation fructueuse dans ce pays giboyeux. Il acheta une baleinière, loua les services d'un homme pour l'aider, tant à manœuvrer la barque qu'à transporter les animaux tués, traversa la baie dans la direction de Sausalito et s'enfonça l'hiver, par la pluie, la boue et la froidure, dans les montagnes sauvages et boisées des comtés de San Rafael et de Sonora. Chaque semaine il venait jeter sur le *wharf* de San Francisco des cadavres monstrueux d'ours et d'élans aussitôt achetés. Chaque semaine il lui fallait trouver un nouvel acolyte : le précédent était sur les

Pour quelqu'un qui est observateur et qui cherche à se rendre compte de toutes les individualités en vue dans le pays étranger qu'il habite, il ne serait pas juste de ne mettre en relief que les notabilités vicieuses de son pays d'origine. C'est pourquoi, après avoir esquissé la silhouette au naturel de Pindray, je veux essayer de faire le portrait d'un Américain unique à San Francisco, c'est celui de Charles Duane. C'est un homme d'un grand physique, grand, blond, l'air intelligent, généreux jusqu'à la prodigalité, autoritaire, ambitieux, insinuant, suivant les milieux où il se trouve fourvoyé, chef de loges maçonniques, pilier de cabaret, adoré dans les maisons de débauche, estimé dans les maisons de jeu, politicien redouté — ayant mille votants à sa suite

---

dents et demandait son congé. Cependant, c'était parmi les matelots et les hommes de peine qu'il recrutait, et tous ceux qui l'avaient suivi avouaient qu'il prenait lui-même pour sa part plus de la moitié de la besogne.

« Cette existence lui acquit bientôt une réputation prestigieuse au milieu de ce tourbillon où s'agitaient en désordre les éléments les plus vivaces, les plus énergiques de l'univers entier. Il y mit le sceau en donnant carrière à ses vices, en allant braver la nuit, au sein de l'orgie, autour du tapis vert et du lit public, dans les repaires les plus mal famés, les *rowdies* les plus redoutables, et en se faisant respecter partout.

« Quand il était las de ces surexcitations fébriles, il allait se retremper dans les fatigues du désert ; son absence marquait à San Francisco.

« À la fin de l'hiver, la chasse ne donnait plus, le prix de la viande avait baissé. Il abandonna le métier, se tourna vers la vie pastorale et devint l'intendant et le maire du palais d'un grand propriétaire de bestiaux. Ce fut ainsi que, vers le mois d'octobre 1850, nous le vîmes arriver à la baie de Humboldt et au port de Trinidad, dans le nord de l'État, poussant devant lui deux cents bœufs sauvages. À travers un pays neuf et désert, montagneux, couvert de forêts inextricables, coupé de ravines et de torrents gonflés par les pluies qui commençaient, avec l'aide de quatre ou cinq hommes, il venait, au prix de mille souffrances, d'augmenter le nombre des travaux d'Hercule. Il avait été attiré par le renommé des placers de la Trinity, découverts depuis quelques mois, mais abandonnés l'hiver à cause de la crue des eaux. Cette spéculation ne fut pas heureuse, mais ce n'était pas lui qui en faisait les frais, il s'en consola assez aisément.

« Je n'oublierai jamais son arrivée à Trinidad. C'était la nuit, et une sombre nuit. Nous étions cinq ou six hommes de races diverses, réunis dans une cabane dont la toiture de toile à voile tamisait en brouillard l'eau du ciel tombant à flots en ce moment ; à travers les planches mal jointes qui formaient les parois, d'indiscrets zéphyrs venaient jouer d'une manière inquiétante avec la flamme de nos bougies. Au-dehors, la mer rugissait dans les rochers à quatre pas de nous et, sur nos têtes, passaient, avec le souffle désordonné de l'ouragan, les gémissements des sapins de la forêt. Au-dedans, des carabines, des pistolets, des outils de terrassier et de charpentier, quelques grossiers ustensiles de ménage figuraient çà et là comme accessoires. C'était une de ces scènes dont tout vieux Californien a le pendant gravé dans sa mémoire. Assis sur des barils, des caisses ou des blocs de bois, autour d'une table drapée d'une couverture de laine empruntée à un grabat, nous cherchions à tuer le temps avec des cartes, du tabac et du grog.

dont il peut disposer et tripler les votes aux jours d'élection en les faisant voter trois fois dans différents quartiers (le contrôle n'existant pas), il est recherché et cajolé par tous les partis. Aussi, n'ayant pas de moyens d'existence, il vit largement et jouit d'un grand crédit. Sans éloquence, c'est un tribun qui deviendrait dictateur si, plus sérieux, il lui en prenait fantaisie, et je sais des femmes et des demoiselles du meilleur monde dont il savait capter la sympathie par une câlinerie calculée, des attentions délicates et des largesses raffinées. En un mot, cet homme indompté, indomptable, capricieux, passionné, vicieux et charmant était un être dangereux partout, aussi bien dans la société civile que dans la société politique et les relations internes. C'est cet inconnu d'hier qui, dès aujourd'hui et plus encore demain, emploiera sa pernicieuse influence et ses facultés à fausser les élections, à introduire dans la magistrature, la municipalité, les finances de la ville des compères à son image, sera la cause première (la patience des honnêtes gens étant à bout) de la formation de comités de Vigilants. Cette dictature, étant impersonnelle, irresponsable, occulte devant le code, se résume dans la loi sommaire du juge Lynch et sa raison d'être dans le salut et la sécurité publics. Il sera trop heureux un jour si, par protection ou pitié, il échappe à la corde réservée pour ses comparses, condamné et résigné à une transportation dans les pays lointains. Depuis plusieurs mois déjà, les vols à main armée de jour et de nuit restés impunis, les tentatives d'assassinat dont les auteurs sont en liberté sous caution, les incendies fréquents, calamité publique attribuée à la malveillance, la vengeance ou l'intérêt, dont la justice était impuissante ou incapable de découvrir la cause réelle, avaient ému l'opinion publique à tel point que la police, la justice et l'autorité étaient devenues suspectes, et, lorsque tous les journaux dénoncèrent le 19 février 1851 le lâche assassinat perpétré sur un de nos compatriotes, froidement et sans provocation, l'indignation fut à son comble.

« On heurta à la porte qui s'ouvrit sur notre invitation ; un homme de haute taille se présenta et nous demeurâmes à sa vue muets de stupéfaction. Ce *sarape* éclatant, ce feutre aux larges bords fièrement retroussés, ces bottes et ce costume de mousquetaire, jusqu'à cette longue carabine américaine, tout nous rappelait de Pindray. Qui donc aurait osé se vêtir de la peau du lion ? Et pourtant cette mine abattue, ces joues hâves et émaciées, cette poitrine creuse, cette voix caverneuse et éteinte ne nous représentaient que son ombre. C'était lui cependant, lui éprouvé par des fatigues indescriptibles, mais non dompté : deux ou trois jours de repos le rendirent à lui-même. Ce fut alors que je fis sa connaissance, et je subis bientôt son ascendant auquel on échappait difficilement. Durant les quelques nuits qu'il passa sous notre toit, il me raconta, car il dormait à peine, sa vie extraordinaire, son éducation première plus rude que celle de Duguesclin, sa jeunesse dont les orages font de Don Juan un bien petit garçon. Ses confidences s'arrêtèrent à cette heure de sa virilité où

Voici l'article que je publiai alors dans le *Public Balance* :

« Nous apprenons avec douleur que M. Amédée Fayolle, acteur et régisseur du théâtre français de cette ville, vient d'être assassiné dans le bureau même du théâtre, sur son refus de laisser entrer dans la salle gratuitement un individu qui n'avait aucun droit, nommé Charles Duane. Celui-ci lui aurait tiré un coup de pistolet à bout portant et frappé de plusieurs coups de poignard.

« Les jours de la victime sont en danger, le meurtrier est arrêté.

« Nous en sommes à nous demander si la sévérité de la loi est suffisante pour nous protéger contre les lâches attentats dont San Francisco est journellement le théâtre. Nous espérons que prompte et éclatante justice sera faite, c'est le vœu de tous les amis de l'ordre général et de nos compatriotes en particulier. »

Le surlendemain, 21 février, la cour du Recorder où Charles Duane comparaissait pour subir un premier interrogatoire regorgeait d'une foule de curieux de toutes nationalités et le juge, après l'audition des témoins, a renvoyé le prévenu devant le jury sous la prévention de tentative de meurtre. Mais quelques heures après, ayant fourni des répondants d'une solvabilité de 50 000 dollars (250 000 francs), il a été mis en liberté sous caution de 15 000 dollars (75 000 francs), et le peuple murmure.

Un nouvel événement tragique arrivé dans la même journée mit toute la population paisible en révolution : deux déportés de Sydney, Stuart et Wilfred, avaient commis un vol de 2 000 dollars au préjudice d'un négociant, M. Jensen, et avaient tenté de l'assassiner.

Un comité des plus recommandables personnes de la ville se forme, sept mille adhérents se rendent à son appel. Après bien des pourparlers, des discours, les voleurs sont remis entre ses mains et dans les vingt-quatre heures [le comité] instruit l'affaire et décide qu'ils seront placés sur un navire de guerre comme prévenus et passeront devant le

---

des événements, dont son honneur n'est pas sorti sauf, malheureusement, l'avaient poussé en Amérique.

« Quand il retourna à Humboldt Bay, je le suivis et fis quelques excursions avec lui. En campagne, ses qualités de chevalier errant se développaient avec éclat. Sans cesse en action, il ne partageait jamais le repos de ses compagnons, pas même quand, à la fin de la journée, ceux-ci s'étendaient avec complaisance autour du feu de campement : à ce moment-là, lui veillait à tout, s'occupait des animaux, des harnais, du souper, fendait du bois, allait en chasse. Plus tard, alors que tout le monde dormait depuis longtemps, assis près du foyer, le front dans ses mains et la pipe aux dents, il se perdait dans ses rêveries. Au point du jour, quand on s'éveillait, il était en chasse. En vérité, c'était un titan.

« Il partit, et je ne le revis plus... »

Souvenirs d'un prisonnier de guerre au Mexique, p. 181-184.

jury ordinaire. Ce jugement bénin n'est pas pour intimider les malfaiteurs, on a fait beaucoup de bruit pour rien, ce sera à recommencer dans peu de temps.

Néanmoins, cette manifestation a fait réfléchir les cautions de Charles Duane, MM. G. W. Thompson, F. D. Kohler et De Vire, et ils ont retiré leur garantie, à la suite de quoi le prévenu a été réintégré dans la prison, où ses amis ne manquèrent pas de venir le consoler, l'égayer et lui fournir les moyens de se tirer d'affaire.

Fayolle, après avoir été en danger pendant huit jours, était en convalescence un mois après. Les amis de Duane vinrent lui faire des propositions tentantes pour un artiste dont la fortune était un mythe. Si le meurtrier est condamné, comme il n'a pas de responsabilité, la victime n'y gagnera rien ; s'il est acquitté, et il ne dépend que de lui qu'il en soit ainsi, on lui offre 200 dollars comptant. Il ne suffit pour cela que d'aller passer deux mois de convalescence à Los Angeles, dans le sud de la Californie, de ne pas se présenter lors du jugement et la victime, le principal témoin, faisant défaut, il n'y a pas en Californie, ni peut-être aux États-Unis, un jury capable de condamner. C'est ce qui fut fait, et Charles Duane sortit blanc comme neige de la prison et de la cour, après son acquittement, triomphant mais pas amendé.

Mais j'ai anticipé sur les événements pour ne pas revenir sur cette lamentable histoire, je reprends mon récit au 20 février...

Chaque jour, la presse de l'intérieur enregistre une foule d'actes de brigandage et de vol et de meurtres commis avec audace la nuit, le jour, sur les grands chemins, dans les centres, en troupe ou isolément. C'est à croire que les bagnes des pays civilisés ont envoyé là-bas l'élite de leur personnel pour le coloniser. De temps en temps, les mineurs se fâchent, se coalisent et, bien armés, les uns à pied, les autres à cheval, tous déterminés, se mettent à la poursuite des malfaiteurs et ceux qui sont pris sont jugés et pendus séance tenante. Dans les villes, c'est à Sacramento que pour la première fois, le 25 février 1851, il a été fait application de la loi de Lynch. Le meurtrier, un *gambler* (croupier) du nom de Frederick J. Roe, Anglais de nation, avait brûlé la cervelle au forgeron Myers qui voulait protéger un jeune mineur que Roe et trois autres de son espèce assommaient parce qu'il refusait de jouer. Il est arrêté sur-le-champ, le peuple se rassemble, réclame le coupable, et malgré les autorités et les magistrats, nomme douze jurés. Roe désigne un défenseur, il est condamné à être pendu. La foule se précipite dans la prison, s'empare du prisonnier, le conduit au lieu de l'exécution, cinq mille personnes, par leur présence, sanctionnent l'arrêt du tribunal, là, un arbre sert de potence, le condamné, assisté de plusieurs ministres de sa religion, avoue avoir cédé à un mouvement de colère, demande un verre d'eau, murmure ces mots : « Mon Dieu, ayez pitié de mon âme », et un instant après la justice du peuple était faite.

Il n'était à mon avis pas le plus dépravé de la confrérie des *outlaws*, gens hors la loi qui fourmillent en Californie, mais il eut la mauvaise chance de commettre un meurtre dans un moment où toutes les têtes étaient montées et d'avoir pour victime un homme estimé, laissant une veuve et des orphelins. Le crime avait été commis à 2 heures de l'après-midi, les débats du procès étaient clos à 6 heures du soir, et le jury entrait en délibération à 8 heures, il rendait son verdict de culpabilité au premier degré et à 9 heures du soir la sentence était exécutée, malgré l'opposition des gens de la loi, de l'autorité locale et des magistrats. Certainement dans les pays civilisés où les tribunaux savent et veulent rendre justice, ce fait serait anormal et serait qualifié de barbarie et de sauvagerie inqualifiable, mais pour quiconque connaît ce pays, ses habitants, ses mœurs hétéroclites, sa magistrature nommée par le suffrage universel où l'élément dépravé domine sans contrôle, cette manière de procéder trouve des adhérents dans toutes les classes de la société qui travaillent, veulent jouir en paix du fruit plus ou moins honnête de leur travail et de leurs capitaux acquis.

Cette sévérité, si rigide qu'elle soit, n'atteint pas tout le monde et je peux citer un exemple — un certain Français dont je connaissais la famille, fort honorable, passager de la *Cérès* et par conséquent de moi très connu, vient me trouver dans mon bureau, hôtel Richelieu, sur Pine, et m'expose sa détresse. Je m'empresse aussitôt de lui fournir un moyen de gagner honorablement sa vie. Il était bon chasseur, adroit tireur, je lui offre mon fusil, mes munitions dont je n'avais que faire et je lui dis : « Le gibier est abondant, vous êtes adroit tireur, prenez mon fusil et mes munitions, chassez et le produit de votre chasse (le gibier se vendait encore très cher) suffira bien au-delà de vos dépenses et vous permettra d'entreprendre autre chose plus tard. »

Il accepta ma proposition avec reconnaissance, partit, et je ne le revis plus. J'appris plus tard qu'il avait vendu fusil et munitions et qu'il était parti pour les mines, qu'il avait été trouver le docteur Daing, un passager de la *Cérès*, qui, travaillant isolé, passait pour avoir rencontré une veine d'or très productive. Le docteur l'accueillit comme une vieille connaissance, il partagea avec lui ses travaux et ses profits, c'est une bonne aubaine ; la fortune en travaillant, au bout d'un certain laps de temps, cela ne suffit pas à un ambitieux sans conscience et sans moralité, et un beau jour la tente devient silencieuse et semble abandonnée. Les mineurs du voisinage ne se rendent d'abord pas compte de ce fait anormal (le docteur passait pour avoir 3 000 ou

4 000 piastres chez lui), puis, enfin intrigués, pénètrent dans la tente et n'y trouvent qu'un cadavre et pas d'or. Les frères Sérans, passagers aussi de la *Cérès*, savoisiens d'origine et par conséquent compatriotes du docteur Daing, apprenant sa fin tragique et les circonstances qui l'ont précédée, offrent 1 000 dollars (5 000 francs) à celui qui livrera à la justice celui qui était venu lui demander l'hospitalité en dernier lieu, le désignant par son nom dans la plupart des journaux californiens, anglais et français. Peine perdue, il s'était réfugié chez les Indiens. Il y a vécu de longues années, sans nom, sans patrie, s'y est marié, eut des enfants et fut peut-être chef de tribu. Il eut le malheur de perdre sa femme dans une petite traversée en mer, et nul n'a jamais su son adresse. Je le connais, mais je veux taire son nom, par égard pour sa famille qui est honnête et jouit de la considération. D'ailleurs, les soupçons, si fortement motivés qu'ils fussent, ne sont pas des preuves.

Si bon nombre de Néo-Californiens ont une vocation prononcée pour le banditisme à main armée, bien davantage ont celle, bien moins dangereuse, du vol artistique et de l'escroquerie raffinée. Voyez, en exemple de cette dernière catégorie, celle dont je fus la victime. Comme les faits ont été reconnus, avoués par l'auteur, et qu'il ne mérite aucun ménagement, puisque plus tard, quand il était en position de réparer sa faute, il l'a aggravée par un procédé inqualifiable, je puis raconter l'histoire.

Depuis trois semaines que j'avais associé Joseph Isnard à mes opérations de courtage, le résultat, donnant à chacun de 5 à 20 dollars de bénéfices par semaine sans grand travail, avec chance de doubler cette somme avec un peu d'activité et d'intelligence, me paraissait devoir satisfaire l'ambition d'un homme non occupé, parasite et sans ressources. Sans espérer sa reconnaissance, je pouvais compter sur son intérêt bien entendu. Je m'étais trompé grossièrement. Isnard, joueur, paresseux, coureur de filles, n'avait pu dépouiller le vieil homme. Je payais par avance des dépenses ordinaires de mes deniers ; il encaissait les commissions qui nous étaient dues, quelquefois même illégitimement chez l'acquéreur et le vendeur, ce qui faisait double emploi, dissipait le tout et rien ne rentrait en caisse, donnant pour excuse que les débiteurs les remettaient de huitaine en huitaine. Voulant m'assurer de la vérité de ses assertions, je me mis en quête et acquis la preuve que j'avais eu affaire à un insigne menteur, à un escroc. Que faire ? Lui administrer une volée de coups de bâton, il ne demanderait pas mieux, il changerait son rôle de débiteur en celui de créancier vis-à-vis de moi. Le traduire en police correctionnelle ? Il faudrait que je le poursuive moi-même, il demandera comme c'est son droit d'être jugé par un jury, c'est l'acquittement certain, tous les frais à ma charge et peut-être bien des dommages à payer.

À cette époque, en ce pays, être juré, c'est métier comme celui de décrotteur ou de portefaix. Ceux-ci se tiennent à la porte des hôtels, les premiers aux abords d'un tribunal, et l'on n'exige pas plus de garanties pour l'un que pour l'autre. Aussi n'est-il pas rare qu'un jury installé de la sorte, au hasard de la fourchette, comprenne souvent parmi ses membres des amis, des compères ou des complices de l'inculpé et, comme il faut l'unanimité pour entraîner une condamnation, le coupable échappe au châtiment huit fois sur dix. Le seul parti qui me reste à prendre à l'égard d'Isnard, c'est de le mettre en présence de tous ceux qui l'ont payé et de ceux qui sont redevables, d'exposer aux uns et aux autres devant plusieurs témoins tous ses méfaits. Ne pouvant nier, il avoue tout, me demande pardon et s'excuse sur l'entraînement de la jeunesse, verse des larmes de crocodile et promet de réparer ses torts, si je lui en laisse le temps. Avait-il peur que je portasse plainte ? je le crois, car la suite prouvera que, dans ce cœur corrompu, il n'y avait déjà plus de place pour un bon sentiment. À 22 ans ! Je règle son compte et il se trouve avoir perçu, en plus de ce qui lui revenait, 140 dollars (700 francs) en moins d'un mois. Il me signe un effet de cette somme, exposant l'origine honteuse de la dette, mais sans doute murmurait-il tout bas, en le signant : « Ah ! le bon billet — illisible — ! » Pour en finir avec cet homme d'une perversité si précoce, je vais citer deux anecdotes sur son compte qui achèveront de le faire connaître et apprécier à sa juste valeur.

Deux ans après le règlement de mon compte en papier, je désespérais de rentrer dans mon argent quand j'apprends que Joseph Isnard, par je ne sais quelle intrigue, vient d'obtenir la place de traducteur et interprète devant le commissaire chargé de vérifier et de valider les concessions mexicaines en Californie. Cette place peut rapporter de 150 à 200 dollars. Je laisse écouler quelques mois, puis, le voyant bien mis, fréquentant les meilleurs restaurants et cafés, prenant le haut du pavé et des airs d'homme à qui sourit la fortune, je remets à mon frère Armand, depuis peu en Californie, le billet de 140 dollars pour le présenter à Isnard dans son bureau et recevoir tout ou partie si minime qu'elle soit qu'il voudrait payer, sauf à attendre pour le surplus. Mon frère trouve Isnard seul dans son bureau, lui dit le but de sa visite en lui présentant la traite. Isnard la prend et, sous prétexte de l'examiner, s'approche de la fenêtre, la déchire en petits morceaux qu'il jette au vent en disant : « Voilà le cas que je fais de ce papier ! et vous, si vous dites un mot, comme vous ne parlez pas anglais et que j'ai dix amis dans la pièce voisine qui ne parlent pas français, je vous fais jeter par la fenêtre, et si vous faites un geste, je vous brûle la cervelle. » Et il sort un revolver de sa poche. Le reptile s'était changé en bête féroce. Mon frère, qui n'était point armé, n'eut qu'un parti à prendre, il se retire. Un Américain, toujours armé quand il réclame son dû à un débiteur de mauvais aloi, aurait tué sur-le-champ le misérable puis aurait été acquitté, mais cette manière de se rendre justice répugne à nos mœurs françaises.

Cette aventure que je n'avais pas de raison de tenir secrète fut ébruitée, Isnard fut surveillé de près par ses chefs, reconnu indigne de faire partie d'aucune administration, et quelques mois plus tard était renvoyé honteusement. Dès qu'il se sut menacé, il chercha des appuis partout, même parmi mes connaissances au courant de ses méfaits, il eut même l'air de se repentir et me fit remettre en deux fois un acompte de 40 dollars (200 francs), et c'est tout ce que je pus obtenir de lui. Et il est tellement retombé dans la bohème des misérables aventuriers qu'en 1857, sur le point de rentrer même en France, je lui fis offrir de se libérer des 500 francs restant, moyennant 100 francs. Il a accepté et n'a jamais pu ou voulu s'exécuter.

J'étais à Paris en 1860. Un homme, qui paraissait avoir au moins 45 ans, dans une tenue qui n'est ni celle d'un bourgeois ni celle d'un ouvrier, chapeau graisseux, redingote et pantalons râpés, souliers éculés, traits fatigués et tirés, portant le tout crânement, comme un chevalier de retour des croisades aurait porté des haillons, s'arrête en face de moi sur le pont des Beaux-Arts et d'un air satisfait me dit : « Bonjour, mon cher monsieur de Massey. » Je lève la tête et je reconnais Jopeh Isnard : « Pas si cher que ça, lui répondis-je, vous savez que je ne vous ai jamais rien coûté. » Il se confond en excuses, me dit qu'il n'oublie pas et ne renie pas sa dette, que sous peu de jours on doit lui procurer une très belle place et qu'il viendra s'acquitter envers moi. Je lui donne mon adresse, mais il n'est jamais venu. En m'éloignant, je me demandais quelle place un homme de cette trempe pouvait occuper en France, sous un gouvernement régulier, si ce n'est dans les bas-fonds de la police secrète. Je crois l'avoir rencontré une dernière fois en 1867 à Paris dans un café du boulevard de Strasbourg à 10 heures du soir, attablé avec de naïves gens de la campagne qu'il devait chercher à exploiter, mais je n'ai pas voulu le reconnaître, il avait toujours l'air aussi besogneux.

Le dernier épisode de la vie de cet escroc qui soit parvenu à ma connaissance est certainement le plus curieux et le plus invraisemblable.

C'est à Langres qu'il s'est passé, je n'y aurais pas cru moi-même s'il ne m'avait pas été conté et affirmé par des parents et des amis qui ne se doutaient guère du passé de celui dont ils me parlaient. C'était dans l'hiver 1870-1871, au plus fort de la guerre. Le gouvernement de la Défense nationale avait fait appel aux officiers et soldats étrangers de bonne volonté. Parmi eux se trouvait un commandant d'artillerie, breveté probablement aux États-Unis pendant la guerre de Sécession, à laquelle il avait sans doute pris part comme volontaire en faveur des États du Nord. Ce commandant avait été dirigé avec ou sans batterie sur la ville de Langres pour prendre part à la défense en cas de siège. Des mérites de cet officier supérieur comme artilleur je ne puis rien dire, n'ayant pas sous la main ses états de service. Par tempérament il était pusillanime, par caractère très suffisant. Son instruction était presque nulle, mais il jargonnait facilement et avec aplomb dans trois langues, le français, l'anglais et l'espagnol. Il était pendant son séjour à Langres logé chez M. Mermet, notaire.

Mes cousines, mesdames Lanet, parentes de ce dernier, se sont trouvées plusieurs fois en compagnie du commandant, qui dans la conversation parlait souvent de la Californie. Madame Mermet lui ayant demandé s'il avait connu leur cousin Ernest de Massey, il répondit aussitôt : « Certainement, c'était mon meilleur ami. » Ce commandant n'était autre que Joseph Isnard. Quel toupet ! et dire que cet homme a pu pendant plusieurs mois serrer la main, vivre en camarade, en ami peut-être d'un grand nombre d'officiers honnêtes et distingués de l'armée française ! Qui sait si le gouvernement d'alors, contrefaçon grotesque de la première Convention, n'a pas voulu réhabiliter Joseph Isnard, quand même et parce qu'il était petit-fils de Maximilien Isnard, membre et président de cette trop célèbre assemblée en 1792 et 1793 ?

Après une aussi longue digression, je reviens à mon point de départ, toujours journaliste, courtier, arbitre même et seul pour mener de front toutes ces affaires qui se présentent heureusement par la publicité. Les nouvellistes, les réclamants, les chercheurs d'affaires affluent dans mon bureau et me laissent à peine le temps voulu pour la rédaction. C'est ainsi que tous les Francs-Comtois viennent me trouver. C'est un Agnus de Luxeuil, un misérable sire, un Roche de Jussey qui m'est inconnu, un Alexis Guapot dont la femme ivrognesse est de Vauvillers, deux frères Thiaud de Vauvillers sous la tutelle de leur neveu Thauillon qui leur sert de mentor et de caissier. Ils ont été expédiés ici par leur frère, qui avait fait fortune dans les Indes et qui ne voulait pas d'ombre à sa nouvelle position sociale. Les pauvres Thiaud ont, pendant tout leur séjour en Californie, soufflé dans des clarinettes au profit des bastringues, mangé très souvent les profits qu'ils faisaient plutôt que de travailler aux mines, et leur directeur et neveu, n'en pouvant rien tirer de bon, les abandonna à leur sort et partit pour le Mexique.

J'ai été aussi en relation avec un capitaine Travaillot, qui, commandant un navire, a jugé convenable de le vendre à son profit au détriment des propriétaires et des armateurs et avec le produit de cette vente a fondé une maison dans l'Oregon. C'est une manière de se faire une position sociale en pays étranger. La famille Travaillot est originaire du Doubs et y jouit de considération. Il était logé à l'hôtel Richelieu, comme moi, il avait des manières avenantes, était généreux, même bienfaisant, pourquoi pas ? Puisque cela ne lui coûtait rien. Il n'est pas le seul dans cette situation hétéroclite à qui soit interdit le retour en France, et un certain Bouchard qui fut mon hôtelier, ayant succédé à Covillard, était dans le même cas.

Ce Bouchard, capitaine au long cours du Havre, était parti sur un tout petit navire et avait passé par le détroit de Magellan. C'était un tour de force ou d'audace, il évitait le cap Horn et, arrivé à San Francisco, il jugea à propos de liquider l'opération à son seul profit. Cette mauvaise action ne lui a pas profité. Sa femme, venue avec lui, une espèce de cantinière, lui fit des traites ; sa fille, qu'il faisait élever au Havre, venue ici réclamée par sa mère, passa pour être la maîtresse de son père, avant d'épouser M. Dubreuil. Les parents bientôt se séparèrent sans cérémonie. Ils étaient gras, déplaisants, des gens très ignorants.

Le docteur Briot, qui n'aime toujours pas la médecine — un jour ou l'autre, il sera bien forcé de pratiquer —, s'est finalement installé à San José, près de son ami Jourdain. Il projette d'y installer une pharmacie. En attendant, il élève des poulets et des lapins.

Pidaucet est resté aux mines. Dechanet a ouvert une petite épicerie en ville. Bernot, de Besançon, a joué longtemps de la flûte, parfois à San José, le reste du temps à San Francisco. Véron a perdu les 2 000 francs gagnés aux mines avec de Lamolère et Breton, un architecte de Paris venu lui aussi à bord de la *Cérès*. Ils pensaient qu'ils pouvaient réussir dans l'agriculture sans expérience ni capital.

Véron travaille à présent pour M. Humbolt, de Langres — le fils d'un vieux résident de la ville —, probablement sans même de salaire. Il m'a écrit en me demandant de lui envoyer, par l'intermédiaire de M. Baladia, un coffre contenant ses affaires personnelles et ce qui pouvait encore lui rester dû sur la vente de nos dernières marchandises. Comme il m'expliquait qu'il était en grand besoin de fonds, j'ai immédiatement obtempéré à la demande de mon cher cousin.

J'ai eu des nouvelles des mines. Mes amis Elior et Ernest de Grivel, qui étaient partis pour la Stanislaus River, ayant entendu des rapports enthousiastes sur les mines de la Salmon River, arrivèrent trop tard dans la saison pour ces riches placers, où les mineurs, disait-on, avaient extrait une centaine de livres d'or en quelques mois. Stoppés par les pluies, ils furent contraints de s'en retourner. Quand il réussirent, plus tard, à passer, toutes les bonnes places avaient été prises et leurs profits ont été très minces. J'avais déjà exploré cette contrée en juillet 1850, et j'y avais deviné de riches promesses à cette époque. J'y serais retourné si mes associés n'avaient pas abandonné le camp avant mon retour de la Trinity River.

Quand l'hôtel Richelieu a fermé ses portes, je dus transporter mon bureau sur Commercial Street. Peu de temps après, l'incendie me chassa. C'était le premier incendie dont j'étais le témoin et la victime. Cette nuit-là, je dus déménager toutes mes affaires par deux fois, et même alors que le feu n'était qu'à 300 mètres de moi. Les deux tiers de la cité, cette fois-là, furent détruits.

Le docteur Clergeon était absent ce jour-là et quand je vis que le feu était sur le point de détruire sa maison, j'appelai à moi quelques amis communs pour m'aider à sauver ses effets. Je sais qu'il était hors de la ville, parti visiter le ranch de Pindray et Prudon, afin de leur faire une offre. Le feu était à quelques pas quand nous finissions de mettre à l'abri ses affaires de valeur.

Cependant, nous négligeâmes de prendre un petit coffre qui paraissait sans valeur — et c'était précisément là que le docteur avait mis toute sa fortune, soit près de 200 000 francs ! Quand il revint à San Francisco et découvrit qu'il était ruiné, il faillit perdre la raison. Pendant les trois semaines où nous vécûmes dans la même chambre, nuit après nuit, il eut d'affreux cauchemars.

L'imprimerie de mon journal avait brûlé, il n'y avait plus de papier, et j'eus à me trouver une autre occupation. Le ranch Pindray-Prudon devenu inaccessible, je m'associai à mon ami J.-B. de Finance, lui aussi presque ruiné, chacun mettant le même capital.

Je fus chargé de diriger l'affaire, de gérer les finances. Mon partenaire n'avait d'autre ambition que de me suivre. J'avais 400 dollars d'économies, mais je ne mis que 200 dans l'affaire — ce qui fait que notre société démarra avec 400 dollars de capital.

Nous louâmes une petite pièce de 2 mètres de long sur 3 de profondeur, dans une maison qui avait échappé au feu, sur Merchant Street, au coin de la Plaza. Ici, j'établis les bases de l'établissement qui plus tard devait se développer en une librairie qui proposait des livres en français, en espagnol et en italien et tous les journaux parisiens qui pouvaient trouver une clientèle à San Francisco.

Ainsi se terminèrent mes années d'aventure. Mais si le temps m'est donné, je continuerai quelque jour mes mémoires sur les sept années qui suivirent, comme je l'ai fait jusqu'ici, et décrirai les événements dont j'ai été le témoin — la fin de de Pindray, de Raousset, les incendies, le comité de Vigilants, les Flibustiers et l'affaire Dillon...

Ici se terminent les mémoires d'Ernest de Massey.

IV

Sur les placers

Les premiers mineurs s'étaient précipités vers l'American River et Mormon Island. Dès la fin de 1848, toute la région autour de Coloma était explorée, jusqu'à la Feather River au nord et la Tuolumne au sud, avec quelques incursions le long de la Trinity River. Les raids indiens, seuls, limitaient l'extension vers le sud. Mais il semblait dit que rien ne pourrait résister à la fureur des chercheurs d'or : quarante mille personnes dès 1849, soixante mille en 1850, cent mille en 1852, mêlant toutes les races et toutes les couleurs dans la même ardeur à éventrer la Sierra Nevada ! Car de l'or, on en trouve partout : dans la Yuba, la Consumnes, la Mokelumne, la Stanislaus ; il n'est pas de jour qui ne porte une nouvelle histoire de fortune fabuleuse — près de 71 tonnes d'or arrachées de la montagne en une année, pour une valeur de 1 milliard et 125 millions de dollars actuels ! Époque de rêve éveillé : l'or, tout simplement, apparaît inépuisable.

Les premiers chercheurs d'or ne tenaient pas en place, toujours à la recherche frénétique du filon mère, du « big gold ». Mais quand les techniques d'extraction se perfectionnèrent, exigeant pour un meilleur rendement une mise en commun du travail, les premiers camps apparurent du même coup — et les premières villes. Des comptoirs de commerçants, d'abord, où les mineurs, à prix d'or — mais aussi quel gain de temps pour eux ! —, trouvaient vivres, munitions, vêtements, outils, tabac et alcool. À prix d'or, au sens strict : la livre de farine valait 45 dollars en 1850, une bougie 30 dollars, une livre de bœuf séché 60 dollars, un litre d'alcool 200 dollars ! Suivirent bien évidemment saloons, salles de jeu, hôtels, faisant aussi, généralement, office de bordel. Du nord au sud : Downieville, Nevada City, Grass Valley, Auburn, Hangtown (actuelle Placerville), Jackson, Angel's Camp, Sonora, Mariposa — les premières villes de l'or.

En sorte que la géographie du « Mother Lode » (région du « filon mère ») se trouve à peu près fixée dès la fin de 1849 :

— les mines du Nord, à forte densité américaine, que les convois d'émigrants atteignaient à travers les Rocheuses par la piste de Californie, ou depuis Sacramento et Marysville, en remontant le fleuve Sacramento ;

— les mines du Sud, où se retrouvent une majorité de Mexicains, de Sud-Américains, de Chinois, d'Européens, dont des Français, que l'on atteignait *via* Stockton en remontant la San Joaquin Valley.

Queues interminables, bateaux pris d'assaut : l'afflux est tel, dès 1849, qu'un service de vapeurs est mis en place entre San Francisco et Fort Sutter. Sam Brannan convainc John Sutter de vendre ses terrains compris entre le fort et le fleuve : ainsi naît la ville de Sacramento en 1849. Quais, théâtre, maisons de jeu, commerces poussent comme des champignons et tout continue de manquer, pourtant, tant l'afflux des arrivants est massif : cinq mille personnes entassées dans des camps de toile en décembre 1849 — sans compter les mineurs de passage. Sam Brannan, lui, fait des affaires en or : n'est-il pas le propriétaire d'un quart de la ville ? Et il se dit que Sacramento, demain, sera plus puissante que San Francisco...

Poker Flat, Humbug Canyon, Big Ass Hole, Git it up and Git, Poverty Hill, Delerium Tremens, Mad Ox Ravine, Chucklehead Diggins, Squabbletown, Rough and Ready — les noms pittoresques des camps gardent encore quelque chose de la rude gaieté des mineurs. Car tous les témoignages concordent : en fait de terres promises, les camps de chercheurs d'or, passé la première année, devinrent des cloaques immondes, toujours au bord de la barbarie. Les collines rasées de leurs arbres ne retenaient plus la boue en hiver, aussi n'était-il pas rare que des glissements de terrain engloutissent quelques dizaines de tentes. Ce qui attirait immédiatement la foule — moins pour porter secours, d'ailleurs, qu'avec l'espoir de voir ainsi mis à nu un nouveau filon. Aucune hygiène : les mineurs, le soir, enlevaient simplement leurs bottes pour s'en faire des oreillers, parfois achetaient un seau de cancrelats qu'ils se versaient sur la tête, ces animaux ayant la qualité particulière, assurait-on, de manger les poux — et ils restaient souvent trois ou quatre mois ainsi, sans laver leur vaisselle ou leur linge. Si l'un d'eux voulait jouer les coquets, il enfilait simplement une chemise propre sur la sale. Les poux grouillaient, à tel point que les mineurs se raclaient la peau au *bowie-knife* pour s'en débarrasser : les rats étaient si nombreux et agressifs que les mineurs, pour s'en protéger, enfermaient dans leurs tentes des serpents ou des chats sauvages pendant le jour. Inutile de préciser que dans ces conditions les hommes tombaient comme des mouches — qu'on laissait à l'air libre, hors des camps, pour les repas des hyènes. Pas question, en effet, de creuser une tombe — et s'il s'était trouvé un filon, au-dessous ?

Mouillés, mal nourris, transis de froid, rongés de fièvres, voyaient-ils seulement, tous ces forcenés, l'enfer où ils pataugeaient — et mouraient ? Le soir les retrouvait autour des tables de jeux dans les camps, ou en ville, dans les bordels de Sonora, d'Angel's Camp, de Nevada City, comme si l'or qu'ils avaient arraché du sol leur brûlait les doigts — comme s'il fallait s'en débarrasser au plus vite pour recommencer la quête, le lendemain. Et la tension nerveuse était telle que plus personne ne parvenait à dormir — aussi se réunissait-on autour des feux de camp, quakers, mormons, anabaptistes, presbytériens, disciples de Cabet, de Saint-Simon, de Fourier, de Lamennais, pour débattre à l'infini du monde idéal qui allait naître demain. Et c'est peut-être le plus fascinant de toute cette épopée, car il n'y eut pas les forbans d'un côté et les mystiques, les socialistes de l'autre : les chercheurs d'or furent l'un et l'autre, indissolublement. Et les camps de mineurs, où s'embrasaient tous les rêves de l'époque, ces bateaux ivres tanguant dans la nuit noire de la Californie furent peut-être les seules communautés utopiques vivantes en ce siècle — vivantes parce que en action et ouvertes sur le monde.

Aussi ne faut-il pas s'étonner si l'on pouvait y rencontrer les personnages les plus extravagants, comme cette Lola Montes qui devint la reine du Mother Lode...

San Francisco, en 1852, lui fit un accueil royal. Elle enchanta quelque temps le public en dansant sa *spider dance*, épousa Patrick Pardy Hull, un jeune journaliste irlandais saint-simonien, devint la maîtresse de Sam Brannan. Mais la fièvre de l'or la tenait, elle aussi : trois mois après son arrivée, laissant tout derrière elle, elle filait vers les placers. À Marysville son mari, découragé, renonça. Et c'est donc seule qu'elle pénétra dans Grass Valley, alors un coupe-gorge où s'entassaient Celtes de toutes provenances, Allemands, Canaques, Italiens, Français, Américains et bagnards de Sydney. Elle aurait pu être immédiatement assassinée, violée, chassée : elle fut leur reine. Les mineurs, pour la protéger, lui firent une garde d'honneur. On donna au mont le plus élevé le nom de « Mount Lola ». Bientôt, il y eut des « Lola Diggins ». Elle, se souvenant qu'elle était irlandaise, née Eliza Gilbert à Limerick, descendait de loin en loin chanter quelques *carols* nostalgiques. Elle tint même salon, où se retrouvaient deux neveux de Victor Hugo, quelques aristocrates de Bohême et un baron allemand, qui devint son amant. Et puis elle disparut en 1854, comme elle était venue. Direction l'Australie et les champs d'or de Calgoorlie, mais ceci est une autre histoire.

Les premiers mois de la ruée furent, semble-t-il, pacifiques. Les mineurs, pour l'essentiel, étaient de paisibles paysans, l'or paraissait abondant, les terres inépuisables. Les tentes restaient ouvertes : on ne se préoccupait pas alors de protéger son magot. Peu de crimes et de vols jusqu'à l'automne 1849, tous les témoignages là-dessus concordent : il y eut ainsi pendant un an une manière d'âge d'or, que le journaliste américain Bayard Taylor décrivit en 1849 : « Dans toutes les régions où l'on prospecte depuis quelque temps, on a établi des règlements, qui sont fidèlement observés. Le résultat est que dans une région de 850 kilomètres carrés et habitée par cent mille personnes, qui n'ont ni gouvernement, ni lois régulières, ni soldats, ni forces de police, qui n'ont même pas de serrures ou de verrous et dont une grande partie possèdent assez de richesses pour tenter les vicieux et les dépravés, la propriété et la vie sont aussi bien protégées que dans n'importe quelle partie de l'Union et la proportion des crimes est aussi réduite. La capacité du peuple à se gouverner lui-même n'a jamais été illustrée de façon aussi triomphante. »

Mais l'afflux des émigrants en 1850 devait tout balayer. Différences de langues, de races, de cultures, de coutumes, rareté des terrains, du fait même du nombre, arrivée des *convicts* de Sydney et autres hors-la-loi : la Sierra Nevada était une terre vierge, sans shérif ni magistrat, et malgré l'individualisme sourcilleux des mineurs il fallut bien se donner, bon gré mal gré, quelques règles pour survivre.

Dès le printemps 1849 on dut s'entendre, d'abord, sur cette règle, simple, qu'un claim n'appartenait à celui qui l'avait découvert que pour autant qu'il était exploité. Puis s'était élaboré, de camp en camp, au fil d'interminables débats, ce qui devait s'imposer comme la règle commune : les fameux « dix commandements du mineur », officialisés en 1853 par une loi fédérale. Mais tout changeait vite. L'or exacerbait les convoitises, donc l'égoïsme — alors qu'il exigeait dans le même temps, pour être extrait, qu'on s'associe ! Comment, pris dans cette contradiction explosive, se protéger les uns des autres ? Comment, dans le déchaînement des passions, maintenir ou réinventer un état de société ?

En se regroupant par nationalités, bien sûr — au risque d'autres conflits. Et ceux-ci se multiplièrent presque aussitôt.

Aux Chinois, les mineurs américains reprochèrent de former un monde à part, avec ses propres lois, ses tribunaux et même son bourreau — et cela d'autant plus qu'ils acceptaient de travailler à n'importe quel prix, cassant du même coup le marché du travail. Et puis ils étaient de redoutables chercheurs d'or, de plus en plus nombreux : sept cent cinquante début 1850, quatre mille en 1851, douze mille en 1852 — aussi tout parut bon pour les décourager. Brimades (le passe-temps favori des mineurs blancs consistait à leur couper leur natte, ou sinon à les pendre à un arbre par les cheveux pour les fouetter), discriminations (il leur était interdit de posséder de la terre, à moins de l'avoir achetée à un Blanc), expéditions punitives dès qu'ils avaient mis à jour un filon : les malheureux Chinois eurent à endurer sur les placers un véritable martyre, tandis qu'à San Francisco ils faisaient de Chinatown une ville dans la ville.

Aux Mexicains, « Californios » ou venus du Sonora, réunis dans le même surnom méprisant de « graisseux », les Américains reprochaient surtout d'avoir été, avec les Indiens, les propriétaires de la Californie. Et comme, pour tous ces rudes puritains, il fallait donner à la conquête une justification sinon divine, du moins morale, les Mexicains se trouvèrent donc accusés des pires tares : voleurs, lâches, paresseux, vicieux, coupables de mener, dans les haciendas, une vie de farniente et de débauche. Circonstance aggravante : ces Mexicains se révélèrent des chercheurs d'or exceptionnels, les seuls à maîtriser la technique de l'extraction à sec, les premiers, avec les Français, capables d'extraire l'or du quartz. Aussi tous les prétextes étaient-ils bons pour les chasser des plus riches concessions...

Une résistance frontale était presque impossible. Les Chinois se contentèrent de courber l'échine. Mais les Mexicains, eux, eurent bientôt leur héros, leur Robin des Bois, qui les vengeait de bien des humiliations : Joaquin Murieta, devenu hors-la-loi en 1850 après le viol de Rosita, sa femme, et la pendaison de son demi-frère. Pendant trois ans, à la tête d'une troupe d'une centaine d'hommes, il devait terroriser les camps de mineurs américains — jusqu'à ce que, en 1853, un chasseur de prime, Harry Love, l'abattît à Mariposa. Sa tête, conservée dans un bocal d'alcool, fut exposée à San Francisco — début d'une légende.

Chiliens, Péruviens, Irlandais, Allemands, Français rencontraient ici et là les mêmes problèmes s'ils n'étaient pas assez nombreux pour se défendre. Les véritables hostilités se déclenchèrent à Bulards' Bar, sur la Middle Fork de la Yuba, en octobre 1949. Trente Américains armés de pistolets, de vieux fusils et de couteaux étaient sortis d'un saloon en brandissant un bout de chiffon bricolé en drapeau, avec l'idée de balayer la Yuba sur trente bons milles pour en chasser les étrangers, mais ils avaient trop bu, ou il faisait trop chaud : ils s'arrêtèrent en chemin. Il n'empêche : l'idée était lancée.

À Rough and Ready, des rescapés du régiment de Stevenson, en réponse, se mirent en tête d'empêcher les étrangers de prospecter : ils n'avaient pas fait la guerre aux Mexicains, disaient-ils, pour les retrouver sur les placers en train de leur voler leurs pépites ! Dans le district de Columbia, interdiction fut faite aux Chinois et aux Canaques de prospecter pour eux ou pour un autre — et qui s'avisait de leur vendre un claim ne pouvait prétendre à une autre concession dans le district avant six mois...

Des témoins décrivent alors des camps chinois dévastés, leurs digues brisées, les cabanes brûlées. Un autre, des hommes, à Hangtown, qui s'amusaient à fouetter un Chinois suspendu à un arbre par sa natte, trop saouls pour se rendre compte que le malheureux était déjà mort, le dos en bouillie. Un autre encore, des femmes mexicaines, violées à San Pedro Bar, dont on avait crevé les yeux pour qu'elles ne reconnaissent pas leurs agresseurs.

Plusieurs camps américains, sur la North et la Middle Fork de l'American River, élurent, comme à Derrek Creek, un alcade pour expulser les étrangers — auxquels il était donné trois heures pour déguerpir. Et les déclarations, en février 1849, du général Smith, nouveau gouverneur militaire de la Californie, sur son désir d'interdire les mines aux étrangers ne firent qu'enflammer les esprits.

Le 13 avril 1850, la nouvelle législature de l'État de Californie décida qu'aucun étranger ne pourrait prospecter sans une licence, dont le montant était fixé à 20 dollars par mois. Cette mesure, contraire aux conventions en vigueur entre les États-Unis et un certain nombre de pays, valait une déclaration d'hostilités. Le Pérou envoya aussitôt un bateau de guerre pour protéger les intérêts de ses ressortissants, et pendant l'été 1850 tous les camps du Sud furent le théâtre d'une intense agitation.

Les Irlandais du camp de Rough and Ready (Nevada County) décidèrent de faire sécession de l'Union et se proclamèrent État indépendant, élurent un président, votèrent une Constitution, sur le modèle du code du mineur (la paix ne fut officiellement signée qu'en 1848, ce qui permit enfin au village d'avoir un bureau de poste).

Dans leur quartier général de Sonora, les Mexicains se préparèrent à l'affrontement. Et les Français se firent remarquer par leur virulence dans les meetings.

On lira plus loin le reportage d'Alexandre Achard, pour la *Revue des deux mondes*, qui revint épouvanté de ses quelques jours passés parmi les chercheurs d'or français. « Le camp de Murphy est presque exclusivement habité par des Français, tous insurgés de juin, matelots déserteurs ou repris de justice, qui ont conservé toute la violence sauvage des passions politiques qui les ont fait courir aux barricades en 1848 », écrivit-il en avril 1850. Le pire, déjà, avait été évité de justesse au printemps 1849 : un groupe d'Américains de l'Oregon, qui prétendaient les déloger, n'avaient reculé que sous la menace des fusils — « mais aux regards farouches qu'échangent les Américains et les Français, aux propos qui circulent, aux mille bruits qui se propagent, il est évident que l'explosion éclatera tôt ou tard ».

Lorsque en octobre 1850 les agents de l'État prétendirent encaisser la fameuse taxe, les deux mille Français installés dans la vallée de la San Joaquin River prirent les armes en déclarant tout net qu'ils n'avaient pas fait plier le gouvernement français en juin 1848 pour trembler devant un shérif. La lettre à ses parents d'un jeune mineur du Wisconsin, Lucien Fairchild, écrite le 24 décembre 1850, donne une idée assez précise de l'atmosphère, alors, du camp de Yellow Spring, près de Calaveras : « Ils sont huit cents Français envoyés ici par leur gouvernement. Ce sont des gardes mobiles de Paris, transportés aux frais de leur gouvernement pour services rendus. Les Américains ne les aiment pas et, à Mokelumne Hill, leur ont dit qu'ils les chasseraient de gré ou de force. À San Andreas, à un mille d'ici, ils sont encore plus nombreux, et je pense qu'il y aura des problèmes avec eux. Ils sont très bien armés, vivent et voyagent comme une armée, avec leurs officiers, leur musique, leurs drapeaux. »

Lucien Fairchild avait vu juste. En mars 1851, une banale contestation sur un claim, à Mokelumne Hill, dégénéra en une bagarre générale. Un Irlandais fut tué d'un coup de pioche par un mineur français — lesquels Français, au nombre de deux mille dans la région, pour une population globale de six mille prospecteurs, s'étaient alors repliés en bon ordre et armés jusqu'aux dents sur les hauteurs de French Hill. Le drapeau tricolore fut hissé sur la colline, les mineurs s'organisèrent militairement en compagnies, tandis que des émissaires partaient vers les placers voisins. Les Américains se rassemblèrent eux aussi, tandis qu'un vieux canon espagnol arrivait de Grass Valley. Les Français accoururent de partout, en groupes de plus en plus compacts, les esprits s'échauffèrent : armés, disciplinés, n'étaient-ils pas plus forts que les troupes américaines ? Pourquoi en conséquence ne pas prendre exemple sur Rough and Ready, appeler à soi toute l'émigration française et créer ici, dans la Sierra, un État indépendant, où inscrire les rêves de 1848 ?

Dillon, affolé, accourut en toute hâte, et il lui fallut user de toute son autorité pour qu'enfin, le 3 mai, les mineurs renoncent à leur projet. Il n'y eut pas de poursuite, les Français obtinrent même de garder drapeaux, armes et munitions. On était passé tout près d'une guerre civile ! La taxe sur les mineurs, d'abord abrogée, fut rétablie en 1852, mais au taux plus raisonnable de 3 dollars par mois.

Pour les irréductibles de la Sierra Nevada, l'affaire de Mokelumne Hill marquait un point de non-retour : il devenait clair que l'histoire de la Californie, désormais, allait se faire sans eux. Restait le rêve d'une république nouvelle — les Américains qui avaient conquis la Californie n'étaient pas si nombreux !

Or, à la même époque, le Mexique déchiré, affaibli, cherchait à protéger ses frontières du nord de la pression américaine, des raids meurtriers des Apaches : pourquoi ne pas proposer aux Français déçus par la Californie de fonder dans le Sonora des colonies de peuplement ?

Pasquier de Dommartin, déjà, avait obtenu de l'État de Chihuahua une concession grande comme la moitié de la France au sud de l'Arizona, mais, trop naïf, n'avait pas réussi à faire confirmer ses titres à Mexico. Quant au marquis de Pindray, il était parti depuis quelques mois pour les mines du Sonora, où il pensait fonder avec quatre-vingt-huit autres Français une communauté agricole et minière à Cocospéra, près du Saric, quand Dillon contacta Raousset-Boulbon...

Commence l'histoire des flibustiers de la Sonore...

Patrice Dillon

La Californie dans les derniers mois de 1849

Il ne se doutait pas, notre futur consul, tandis qu'il écrivait ses lignes, qu'il aurait à faire face à une tout autre situation, quelques mois plus tard...

La tranquillité la plus parfaite règne aujourd'hui aux mines. Des Français, des Américains, des Anglais travaillent côte à côte, sans qu'il s'élève entre eux la moindre difficulté. La présence d'une pioche ou d'une bêche dans le voisinage d'un trou indique que ce trou est devenu la propriété d'autrui. En voyant ce signe, les travailleurs passent leur chemin et vont chercher ailleurs un terrain encore inoccupé. Souvent le bruit se répand que des résultats extraordinaires s'obtiennent sur un point donné : aussitôt on s'y porte en foule ; mais, arrivé sur les lieux, chacun respecte les droits acquis, et se borne à s'établir dans le voisinage de ceux qui ont fait la découverte.

Le chercheur d'or n'est point communiste, bien qu'essentiellement démocrate. S'il vous permet de garder le trou que vous avez creusé, il s'opposera énergiquement à ce que vous vous empariez d'un bassin ou d'un champ tout entier. C'est en partie parce que les Chiliens et les Mexicains s'étaient mis au service de compagnies et ne travaillaient pas directement pour eux-mêmes que les Américains s'étaient soulevés contre eux et les avaient chassés des mines. Il est vrai que la querelle avait fini par changer de caractère et dégénérer en guerre de race. Des bandes d'Américains, principalement venues de l'Oregon, voulurent même expulser tous ceux qui ne parlaient pas l'anglais. Il y eut un moment où les Français, sérieusement menacés de leur côté, eurent à s'occuper de leur propre défense. Il se trouvait alors parmi les émigrants français un jeune Vendéen, arrivé tout récemment de Tahiti, où il avait servi en qualité de lieutenant d'infanterie de marine. À la première nouvelle de la révolution de février, il s'était hâté de prendre un congé, alléguant pour motif que sa conscience ne lui permettait pas de servir un gouvernement dont le principe était contraire à ses traditions de famille et à ses convictions personnelles. Le gouverneur Lavaud, qui respectait sa sincérité et appréciait son mérite, lui avait accordé un congé de quelques mois. Le jeune Vendéen en profita pour se rendre à San Francisco et de là aux mines, où il se mit à travailler à côté de cinq ou six cents Français, la plupart déserteurs de nos navires baleiniers ou de nos bâtiments de guerre. Tous s'émurent grandement de cette mesure des gens de l'Oregon, et, comme on annonçait avoir choisi pour la mettre à exécution l'anniversaire de la déclaration d'indépendance, tous s'armèrent sur-le-champ et allèrent se ranger sous les ordres du jeune lieutenant. On expédia un parlementaire aux Américains pour les prévenir qu'on les attendait de pied ferme et qu'on les recevrait à coups de carabine dans le cas où ils passeraient des menaces aux faits. Ces derniers se réunirent aussitôt pour se consulter sur la conduite qu'il fallait tenir vis-à-vis des Français. Un petit nombre d'esprits ardents voulurent livrer bataille, mais la grande majorité se prononcèrent pour la paix. « Pourquoi, s'écria un orateur, nous battrions-nous avec les Français ? Leurs pères ont été les amis de nos pères. Ils ont combattu ensemble pour la même cause, celle de l'indépendance de notre patrie, et contre les mêmes ennemis : les Anglais. Rochambeau était français, Lafayette aussi ; ils comptent parmi les héros de notre histoire, et leurs noms prennent place, dans la mémoire de tout véritable Américain, au côté de celui de Washington. C'est aujourd'hui l'anniversaire de notre indépendance, nous allons nous réunir dans un banquet pour les fêter. La place des Français y est marquée tout naturellement ; envoyons une députation auprès d'eux pour les y inviter. » La proposition fut accueillie par de longues acclamations, et le soir même les deux races se réunirent autour d'une même table et y fraternisèrent bruyamment. À partir de ce moment, les Français et les Américains vécurent aux mines en parfaite intelligence.

Alexandre Achard

Dangers d'explosion[1]

En quelques mois à peine, la situation a déjà bien changé. C'est un Alexandre Achard passablement inquiet qui revient de son voyage d'information dans les mines — et son compte rendu dans la Revue des deux mondes *aura un grand retentissement en France.*

Bien différent du camp de Sonora, occupé par les Sonoriens du Mexique qui l'ont fondé, et des autres placers que j'ai visités, le camp de Murphys est presque exclusivement habité par des Français, tous insurgés de juin, matelots déserteurs ou repris de justice. La physionomie que présente ce placer a quelque chose d'étrange que la description la plus minutieuse peut difficilement indiquer. Ces hommes exilés de leur patrie ont conservé dans toute leur violence sauvage les passions politiques qui les ont fait courir aux barricades en 1848. Ce ne sont partout que conversations sur les événements qui ont emmené leur émigration, discussions interminables et bruyantes sur les principes ténébreux du socialisme, souhaits et tirades en faveur de la république universelle et démocratique, dont l'avènement prochain ne paraît pas douteux à ces vaincus de la guerre civile. Le dimanche surtout et le lundi sont consacrés à la politique : de petits clubs en plein air s'improvisent dans l'intérieur du camp, et les harangues sur les crimes de l'aristocratie ne sont interrompues que par la *Marseillaise*, le *Chant*

1. Extrait de Alexandre ACHARD, *Voyage de Paris à San Francisco : scène de mœurs en Californie. Les Américains et les Français dans les placers*, écrit au camp de Murphys le 1er juin 1850, paru dans la *Revue des deux mondes*, 1850, vol. III, pp. 693-708.

des Girondins et le *Chant du départ.* Si j'avais pu quelque peu oublier ces hymnes révolutionnaires dont si longtemps les rues de Paris ont retenti, les échos des montagnes californiennes me les auraient bientôt rappelés. Il n'est pas un des héros en guenilles de Murphys qui ne parle des gardes municipaux qu'il a tués à la révolution de février et des gardes nationaux qu'il a *descendus* aux journées de juin. Plusieurs se vantent — oui, se vantent, avec des grands airs superbes — d'avoir pris part à l'assassinat du général de Bréa. Les nouvelles sont apportées à tous ces fugitifs par des numéros épars des journaux américains ; mais, si les détails et les renseignements leur manquent sur les événements dont la patrie commune est le théâtre, l'imagination ne leur fait jamais défaut. Que de suppositions plus ou moins extravagantes ne font-ils pas ! Pendant huit ou dix jours, il n'a été question au Murphys Camp que de la terrible insurrection des faubourgs de Paris. À en croire les orateurs de la démocratie exilée, le président de la République était pendu, ou tout au moins en fuite ; l'armée, sous le commandement du général Changarnier, avait abandonné Paris ; les campagnes s'étaient soulevées, et le socialisme triomphait dans quinze ou vingt départements. Ces belles nouvelles, débitées de tente en tente, répandirent un moment la joie parmi les mineurs, et l'on fêta la victoire des frères et amis de la métropole par de nombreuses libations.

Eh bien ! Cette race d'insurgés qui gardent encore, au fond de solitudes sans limites où le hasard les a conduits, leur rancune insatiable et les désirs violents de la vengeance, cette race indisciplinable et farouche vaut encore mieux que la race américaine qui peuple les placers voisins. Rien ne saurait donner une juste idée du caractère et des mœurs de ces hommes que l'on dirait choisis dans la lie des populations américaines ; l'ivrognerie est leur moindre défaut. Les placers qu'ils occupent sont le théâtre d'assassinats sans nombre qui menacent de devenir quotidiens. L'autre jour encore, à Sonora, un joueur qui avait tout perdu s'est enivré, et, montant à cheval, est entré le pistolet au poing dans un café. On a voulu l'expulser, il a fait feu, et les balles sont allées frapper deux pauvres diables qui buvaient dans un coin. Ces scènes d'ivrognerie se renouvellent presque tous les jours, le dimanche elles sont continuelles. Ces jours-là, les mineurs abandonnent leurs trous et rentrent au camp chargés d'une provision d'or ; en quelques heures, le plus souvent, ils perdent ou dépensent le fruit de leur travail d'une semaine. Alors, exaspérés, furieux, ivres d'eau-de-vie, les armes à la main, ils parcourent les cafés et les rues, menaçant, injuriant, frappant, et finissent par faire feu au hasard. Si quelqu'un tente de les arrêter, ils le tuent comme on tue un chien, et passent. Tous Américains de naissance, ils font cause commune et se soutiennent les uns les autres. Qui résiste à l'un de ces bandits les a tous contre lui. Leur haine, qui s'adresse à tous les étrangers, s'exerce surtout contre les Mexicains, qu'ils traitent de race conquise. Quelle conquête, bon Dieu ! que celle du Nouveau-Mexique, et qu'elle serait curieuse à raconter ! Ce qui fait jusqu'à présent la sécurité des Français résidant à Murphys, c'est leur supériorité numérique. Ils sont armés tout aussi bien que les Américains, et on les sait résolus à se faire tuer jusqu'au dernier avant d'abandonner leurs trous à or ; mais aux regards farouches qu'échangent les Américains et les Français, aux propos qui circulent, aux mille bruits qui se propagent, il est évident que la bataille éclatera tôt ou tard. Déjà la bataille a failli s'engager, les Français, la semaine dernière, ont dormi avec leurs armes chargées auprès d'eux ; des sentinelles veillaient aux extrémités du camp, et au premier signal tous les émigrants devaient se lever en masse et courir au combat. Rien n'est venu troubler le repos du camp ; c'est une affaire ajournée, et voilà tout. La fameuse bataille qui a laissé quatre cents Américains sur le carreau du côté de Trinidad Bay aura sa seconde édition.

Raousset-Boulbon

À Mokelumne Hill

Il en a vécu, des aventures, le comte de Raousset-Boulbon, avant de se retrouver à Mokelumne Hill ! Son affaire de chalands avait périclité dès que les Américains s'étaient mis à construire des wharfs *sur le rivage. Mais une idée lui était venue, qui pouvait le relancer sans passer par les mines : la ville, à cette époque, manquait tragiquement de viande. Une vache vendue 80 dollars à San Francisco ne valait guère plus de 20 dollars dans la région de Los Angeles, où se trouvaient les grands* haciendèros *: pourquoi ne pas tenter d'en ramener un troupeau ? L'entreprise était très périlleuse, il fallait se risquer le long de la côte ou traverser la grande vallée de Californie en s'exposant aux Indiens et aux* outlaws, *et elle supposait tout de même un minimum d'expérience dans la conduite du bétail. Malgré les difficultés et les dangers, Raousset vécut cette aventure avec intensité, comme s'il avait trouvé là le type de vie qui lui convenait :*

« À perte de vue dans la savane les avoines sauvages ondulaient comme la mer, écrivit-il. De loin en loin apparaissaient des bouquets d'arbres séculaires énormes. Sous les pieds des mules partaient des lièvres, des perdrix et des coqs de bruyère. De temps en temps on abattait un veau, et l'air était si pur que les morceaux accrochés à la selle des chevaux se desséchaient sans se corrompre.

« On campait le soir autour de grands feux et chacun à tour de rôle faisait une faction de deux heures pour se garantir des Indiens et des grands ours de la sierra. Parfois les vaches, plus qu'à demi sauvages, étaient prises d'estampie ou bien, effrayées par quelque animal, se débandaient, et il fallait plusieurs heures de course pour rassembler le troupeau. »

Hélas ! ce fut pour découvrir qu'à San Francisco les vaches ne valaient plus rien : un troupeau venait d'arriver du Texas, les cours s'étaient effondrés. C'est à peine s'il rentra dans ses frais en conduisant ses vaches épuisées jusqu'à Stockton.

Il ne lui restait plus guère d'autre choix, songea-t-il alors, amer, que de tenter les mines à son tour...

Mokelumne Hill, 20 avril 1851.

Cher E...

Mokelumne Hill d'où je t'écris est un des placers les plus renommés en Californie. J'y suis depuis deux jours, et je repars demain, me réservant de miner à la dernière extrémité.

Singulier spectacle que celui-ci ! le plus bizarre certainement qui soit en cet étrange pays. Mokelumne, dans un rayon de 2 milles environ, compte à peu près cinq à six mille mineurs, dont un tiers français.

Cette population offre un complet mélange de toutes les races et de toutes les nations, depuis le Nègre jusqu'au Chinois. Nos compatriotes s'y rencontrent depuis les positions sociales les plus élevées jadis jusqu'aux origines les plus humbles. Mais ici les inégalités sociales effacées donnent beaucoup à réfléchir sur ce qu'elles valent en Europe. Comme c'est peu de chose, mon cher, qu'un marquis dans la casaque d'un matelot ! Si je parcours la liste assez longue des gentilshommes californiens, je puis citer des gargotiers, des brelandiers[1], des marchands d'habits, des garçons de café, des laveurs de vaisselle, et tout à l'avenant, mais pas un qui ait encore fait fortune, et bien peu qui, soutenus par le sentiment de leur dignité, ont pu supporter fièrement la misère en se créant une vie indépendante.

Je n'ai pas encore fait fortune ; un gendarme fondrait sur moi au grand galop s'il m'apercevait à cinq cents pas. Imagine-toi ton ami voyageant sur un cheval maigre, avec une carabine en travers de la selle, un revolver américain pendu à la ceinture, et un accoutrement indescriptible. Le soir, je m'étends à terre, et je dors là ; ici, c'est en pleine rue.

Eh bien ! Je ne changerais pas cette existence sauvage, mais libre, pour un luxe qui gênerait mon indépendance, luxe de fonctionnaire-valet, luxe de mari entretenu, luxe de journaliste salarié... Chose étrange ! Au milieu de cette misère profonde, la pensée d'une honnête médiocrité

1. Joueurs de cartes qui fréquentent les tripots.

ne me vient pas à l'esprit ! Jamais plus âprement je n'ai désiré la fortune, mais la fortune large et robuste, la fortune avec laquelle on ne compte pas. Oui, mon cher E..., l'homme dont les haillons laissent voir la peau se trouverait bien gêné avec un million...

[...] J'ai laissé échapper quelques élans de mon cœur, habitude que chaque jour je vais perdant ; respecte-les, cher E..., et regarde autour de toi toutes les nullités qui se pavanent dans ton monde, toutes les puissances obscures qui se débattent au-dessous !

[...] Pour te dépeindre la vie des mines, il faudrait un talent de description que je n'ai jamais eu.

[...] Le succès est une loterie. Tel ici trouve une fortune, et tel à dix pas plus loin ne trouve pas un centime. On m'a montré de nombreux ivrognes qui, dans l'espace de quelques jours, avaient amassé et dévoré de même jusqu'à 200 livres d'or. Les économies sont chose rare, les cabarets et les maisons de jeux y mettent bon ordre. Ici, toute industrie ignoble est à peu près certaine de patauger dans l'or.

[...] Adieu, ami, tâche de n'avoir jamais besoin de venir en Californie.

Gaston

Samuel de Lapeyrouse

Une saison aux placers

Suite, et fin pour nous, des aventures de Lapeyrouse

L'heure avait sonné où je devais, comme les autres, faire mon tour de mines. La somme très modique que j'avais pu sauver des griffes de S. M. Baccara et de ses subtils ministres, à bord de l'*Anna*, ne m'avait pas mené bien loin et je ne m'étais soutenu qu'en me contraignant à plusieurs métiers manuels dont le souvenir me paraît aujourd'hui un vilain cauchemar. Mais j'ai toujours eu pour principe que c'est l'homme, quand il est honorable, qui ennoblit la profession, et non la profession l'homme, et malgré beaucoup de déboires et des humiliations quelquefois poignantes, je ne me suis jamais laissé abattre par l'adversité.

Je partis donc pour les placers du Sud, *via* Stockton, au mois de janvier 1852, en compagnie de mon bon camarade Émile Amouroux.

Nous avions choisi ces mines parce que nous savions qu'elles étaient bien moins fréquentées que celles du Nord, le flot des étrangers se portant presque exclusivement vers les rives du Sacramento, qui était le seul nom qu'ils prononçaient en débarquant, parce que c'était le seul en effet que les compagnies d'émigration avaient fait miroiter dans leurs fallacieux prospectus. Sacramento était une vieille cité qui avait joué un rôle dans l'histoire des temps passés, tandis que Stockton, à la désinence tout américaine, était une ville de fondation récente et peu connue des nouveaux arrivés.

Nous avions pris passage sur un de ces steamers à étages qui font, en Amérique, le service des grands fleuves et des rades, et comme nous démarrions du Wharf en même temps qu'un autre bateau appartenant à une compagnie rivale, nous eûmes à subir, pendant cinq heures de traversée, toutes les péripéties dangereuses d'une lutte à outrance entre les deux concurrents. Il s'en fallut de peu que nous ne fussions lancés en l'air. Nous débarquâmes cependant à Stockton avec tous nos membres, et nous nous mîmes aussitôt à la recherche d'un *arriero*, pour nous transporter, avec nos bagages et nos provisions, au camp de San Andreas, où nous avions résolu de planter notre tente.

Avant de poursuivre, il me paraît indispensable de faire connaître un peu mieux mon ami Émile Amouroux, qui fut, pendant six mois de placers, mon affectueux et fidèle compagnon et dont la mort devait tant attrister mon retour à San Francisco.

Sa famille habitait la Dordogne, où son père dirigeait une importante usine. Venu à Paris pour y faire ses études médicales, il se trouvait élève interne dans un grand hôpital au moment où la fièvre californienne vint tout bouleverser. Quoique médecin, il ne sut pas se prémunir contre elle et il partit. Nous nous rencontrâmes pour la première fois au Havre, où nous devions prendre le bâtiment, et nous ne tardâmes pas à ressentir une sympathie réciproque qui se changea vite en chaude amitié. Ce n'était pas précisément la soif de l'or qui poussait Émile vers la Californie, son but était plus élevé. Il croyait que dans un pays aussi neuf un médecin jeune, actif, instruit devait se faire promptement une belle clientèle. Je dois constater, en passant, que lorsque nous arrivâmes à San Francisco, la bonne place était prise par un docteur américain nommé d'Oliveira et qui, à tort ou à raison, avait accaparé presque tous les malades ou les estropiés, et était en train de faire rapidement une grosse fortune. Émile eut donc beaucoup de peine à vivre de son art, malgré un réel talent et surtout l'extrême dextérité de main dont il avait fait preuve déjà dans plusieurs opérations délicates.

Nous mîmes neuf jours à parcourir le long trajet qui sépare Stockton du placer de San Andreas, à la façon du pays, c'est-à-dire dans une mauvaise charrette traînée par des mules maigres et qui nous servait d'abri pendant la nuit à la halte que nous faisions chaque soir au milieu de ces plaines et de ces monts solitaires. Quand nous eûmes dévidé ce fatigant ruban de 50 lieues, par des chemins presque impraticables, mais d'un pittoresque achevé, nous arrivâmes éreintés et fourbus, et il nous fallut plusieurs jours pour nous remettre.

Nous étions descendus dans une *tienda* tenue par un Français du nom de Chancelier, et lorsque nous eûmes pris ce qu'on appelle l'air du pays et choisi l'emplacement de notre future installation, nous nous rendîmes chez l'alcade pour obtenir l'autorisation d'y dresser notre tente. Huit jours après nous pendions la crémaillère et nous offrions une *tertullia* réussie aux principaux mineurs du camp, ce qui nous mit immédiatement dans les bonnes grâces de tous.

Nous allions donc donner notre premier coup de pioche ! C'était un moment solennel, et quand nous arrivâmes dans la canade, où l'alcade nous avait concédé un claim, nous étions plus émus que nous ne l'eussions pensé.

Pendant quinze jours nous minâmes avec une ardeur méritoire, sans faire beaucoup plus que nos vivres, soit une dizaine de piastres (50 francs) par journée. Ce résultat n'était pas brillant, car nous y allions de tout cœur, et quand nous rentrions, après une longue séance passée les pieds dans l'eau et le corps exposé à un soleil dévorant, nous trouvions que c'était se donner bien de la peine pour peu de chose. Au camp, la moindre denrée était hors de prix et encore n'y avait-il guère de choix.

Nous pensâmes que notre claim n'était pas bon et nous sollicitâmes une autre concession. Nous n'y fûmes pas plus heureux, et le mois s'écoula sans que nous eussions pu faire une économie sérieuse.

Ô rêves de fortune, où étiez-vous alors ?

Émile renonça le premier à ce dur et décevant métier. La vraie mine n'était pas là pour lui, il l'avait deviné et ses prévisions ne le trompèrent pas. L'exercice de son état de médecin chirurgien ne devait pas tarder, en effet, à lui procurer des gains qu'il eût peut-être toujours vainement demandés aux vallées californiennes. Entre les maladies causées par les fièvres intermittentes si cruelles en ces régions, les blessures faites par le couteau ou le revolver, fréquentes parmi une pareille agglomération d'hommes grossiers et sans frein, les bras ou les jambes cassés par suite d'un accident de travail, il n'eut bientôt plus que l'embarras du choix, et l'or, introuvable dans la canade, se mit à pleuvoir dans son escarcelle. Quand Émile quitta plus tard le camp de San Andreas pour aller à Marysville, où il devait hélas ! mourir, il passait pour avoir amassé un joli magot, comme on disait. À l'appui de cette supposition, je me rappelle fort bien qu'il confia plusieurs fois à des Français, qui rentraient à San Francisco, des sommes plus ou moins fortes que ceux-ci devaient déposer en son nom dans une banque quelconque. Ce pauvre Émile était un peu cachottier en affaires d'intérêts, et quoique vivant fraternellement ensemble, j'eus toujours la discrétion de ne jamais l'interroger.

Je continuai donc à miner seul, et malgré la mémorable découverte que je fis un jour d'une petite pépite adorable qui valait environ 150 francs, je cessai bientôt un labeur au-dessus de mes forces et qui m'occasionnait, obligé comme je l'étais d'être presque toujours courbé, des afflux de sang au cerveau qui pouvaient me jouer un mauvais tour.

Cette bienheureuse pépite, du plus bel or jaune natif, je la conservai comme un précieux souvenir et, quand je revins à San Francisco, je la confiai à un habile ouvrier suisse, en y ajoutant quelques morceaux d'or rouge et de platine que j'avais trouvés également, et je me fis confectionner par lui une montre au cadran fort curieux et excellente, que j'ai toujours, et qui est le seul vestige qui me reste de cet étrange et lointain passé.

Avant de quitter la vie de mineur pour me livrer à une autre profession, je dois décrire succinctement la physionomie du camp de San Andreas, le genre de vie de ses habitants et le travail des mines. On pourra, d'après cette esquisse, se faire une idée de tous les autres placers qui, au fond, se ressemblaient beaucoup. *Ab uno disce omnes.*

San Andreas était caché dans une petite vallée dépendant, comme les milliers d'autres vallées qui l'avoisinaient, des penchants des Cordillères dont les cimes immenses, et principalement la Sierra Nevada, formaient au loin un étincelant rideau. La nature y était d'une intensité inouïe et la végétation y offrait l'aspect le plus luxuriant. C'était surtout magique pendant la saison où nous allions entrer. Les vastes prairies au pied des monts, si célèbres dans les romans immortels de Fenimore Cooper, étaient déjà émaillées d'une variété incalculable de fleurs agrestes, toutes plus éclatantes et plus gracieuses les unes que les autres. Des arbres énormes, gros comme vingt des nôtres, peuplaient des forêts que jamais la hache n'avait fait retentir, et où vivaient en paix d'innombrables animaux, poil et plume, ignorant encore le chasseur. Des troupeaux sans fin de bisons et de chevaux sauvages paissaient en liberté dans les vallons où coulait quelque filet, échappé d'un torrent des hautes montagnes.

C'était dans ces petites vallées, pareilles à celle de San Andreas et que l'on nomme canades, que se trouvaient généralement les gisements aurifères. Un courant les parcourait d'ordinaire, que les mineurs utilisaient à leur fantaisie au moyen de canaux, de manches ou de barrages. Dans notre camp, comme du reste dans presque tous les placers du Sud, l'eau était souvent fort rare ; alors les travaux s'interrompaient forcément et le mineur dépensait à s'enivrer et à jouer l'or qu'il avait eu tant de mal à arracher à la terre. C'était alors que pistolets et couteaux avaient toute licence.

Le camp de San Andreas avait, comme tous les autres camps, la population la plus hétérogène. On y rencontrait des spécimens peu flattés de toutes les nations du globe, mais c'étaient surtout les Français et les Américains qui en composaient la majeure partie. Le costume des mineurs était pour tous à peu près le même : de grandes bottes, un pantalon de grosse toile l'été, d'épais molleton l'hiver, une vareuse en flanelle rouge, bleue ou brune, et un large panama ou un béret en laine, selon la saison. Les vivres étaient rares et exorbitamment *[sic]* chers, car il fallait tout tirer de San Francisco. On ne se nourrissait que de pain grossièrement pétri, de riz, de haricots, de morue sèche et de quelques conserves de viandes, vieilles et souvent avariées, et d'échauffantes salaisons. La chair fraîche y faisait défaut très fréquemment, car aucun mineur n'aurait voulu perdre une journée, quand il y avait de l'eau, pour aller chasser un buffle dans les prairies. On en était donc réduit à attendre que quelques Indiens amenassent un ou plusieurs de ces animaux, et il est arrivé plus d'une fois à ces infortunés Peaux-Rouges de n'être payés de leurs peines et de leur marchandise qu'en coups et en vexations de toutes sortes, surtout s'ils avaient eu la malchance de tomber sur un jour de sécheresse où les mineurs, ne travaillant pas, encombraient le camp, ivres et querelleurs.

Cette situation précaire m'avait frappé. Je me souvins qu'à San Francisco aussi la viande avait manqué dans les commencements de l'immigration et que c'était précisément cette pénurie qui avait suggéré au marquis de Pindray l'idée d'une industrie qui lui avait donné de grands bénéfices. Je résolus donc de l'imiter, et, puisque la canade ne me payait pas de mine, d'utiliser, au profit des mineurs et au mien, le coup d'œil et le jarret que je tenais de la nature. Pendant quatre mois, je vécus de la chasse, ou pour mieux dire, j'en fis vivre les autres, et quand je quittai le placer de San Andreas, au mois de juin, j'emportai, en belle poudre d'or ou en pépites, la rondelette somme de 1 200 dollars (6 000 francs), gagnée au bout de mon fusil, et après avoir mené une existence très coûteuse, car, maniant beaucoup d'argent, je ne me refusais rien. Jamais ma pioche ne m'eût rapporté autant !

Aussi, quels massacres et quelles hécatombes en l'honneur du vieux Nemrod ! C'était la terre promise du gibier, plus que celle de l'or, qu'il aurait fallu dénommer la Californie ! Il y en avait pour tous et pour tous les goûts. Dans les riantes vallées, des compagnies de plusieurs milliers de colins, ces charmants perdreaux à huppe, me partaient dans les jambes de plusieurs côtés à la fois et de mes deux coups, tirés au beau milieu sans prendre la peine d'ajuster, j'en abattais ordinairement quinze ou vingt ; il m'est arrivé de tuer dans une seule journée jusqu'à deux cents de ces délicieux gallinacés. Les abords des montagnes m'offraient en abondance des myriades de lapins et des lièvres gros comme de petits agneaux ; les cours d'eau un peu importants, des nuées d'oies et de canards sauvages. Dans les bois peu touffus, je n'avais que l'embarras du choix entre les écureuils gris à la chair exquise et les ramiers, tandis que les grandes forêts me réservaient des coups plus glorieux sur les chevreuils, les chats-tigres et les élans ; parfois quelques ours s'y montraient aussi et je dus à l'un d'eux un des plus terribles quarts d'heure de mon aventureuse existence.

Je m'empresse d'autant plus de placer ici cet émouvant épisode que le lecteur fera en même temps une connaissance nécessaire avec Vacotah, chef de la tribu des Indiens Monos, qui devint un ami précieux pour moi et me sauva plus tard la vie.

Donc, je venais de décharger mes deux canons sur un chevreuil que j'avais simplement blessé ; il fuyait à travers la ramée, je le voyais, et je me mis à sa poursuite dans l'espérance qu'il tomberait mort quelque part, mais sans avoir eu la précaution de recharger mon arme. J'arrivai dans une petite clairière, mais là je perdis l'animal de vue. Comme je me baissais pour examiner le sol, quelle ne fut pas ma surprise, je dirai même ma terreur, en apercevant des emprcintcs et des excréments d'ours, de fraîche date !

Il faisait une chaleur accablante et je ne doutai pas qu'il y en eût un endormi sous quelque buisson ; il ne m'avait sans doute pas entendu, car la nature sablonneuse du terrain avait étouffé le bruit de mes pas. Sans demander mon reste, comme on le pense bien, je pris ma course avec toute la célérité de mes jambes de 25 ans, et après avoir fait plusieurs centaines de mètres, je m'arrêtai pour recharger mon fusil à tout hasard. J'allais reprendre ma route quand je me trouvai face à face avec un splendide Peau-Rouge, armé en chasse et suivi de deux monstrueux chiens qu'un autre Indien tenait en laisse. Il m'aborda poliment en mauvais jargon espagnol.

— *Caballero*, me dit-il, est-ce Votre Seigneurie qui a tiré tout à l'heure ?

— Oui, *amigo*, c'est moi ! lui répondis-je.

— Sur un ours ?

— Non, sur un coquin de chevreuil que j'ai très proprement manqué...

— Mais l'ours ? Vous ne l'avez pas vu ? fit-il avec insistance.

— Non, mais je crois qu'il n'est pas loin...

Et alors je lui expliquai ce qui venait de se passer. À mesure que je parlais, la figure du Peau-Rouge s'épanouissait, et quand j'eus fini, il me dit, tout joyeux :

— Restez là, *caballero*... Ça ne sera pas trop long ! Je pousserai le cri du coyote et vous viendrez me rejoindre...

Et, faisant un signe à son serviteur, il se dirigea vivement vers la clairière que je venais d'abandonner.

J'attendis assez longtemps avant de rien entendre, quand tout à coup un glapissement aigu traversa la forêt. C'était le signal et je m'avançai dans sa direction. Quelques minutes après j'étais près de l'Indien qui fumait tranquillement son calumet, assis sur le corps d'un énorme ours gris dont la poitrine était traversée, de part en part, par une flèche acérée. Qu'on juge de ma stupéfaction ! Il se mit à rire en regardant mon air effaré, et se levant pour retirer sa flèche :

— Vous voyez, *caballero*, il a son compte ! Le traître ne viendra plus dans le camp de Vacotah, pendant la nuit, y égorger ses jeunes poulains !

Et en disant ces mots, ses traits reflétaient un orgueil inexprimable.

À partir de ce jour, je revis très souvent Vacotah, dont la tribu habitait à 10 milles de San Andreas, dans une large vallée fertile, près de Calaveras, adossée aux premiers grands contreforts de la Sierra Nevada. Je choisis désormais de préférence ce côté, d'ailleurs prodigieusement giboyeux, pour y établir mes chasses, et il ne se passait guère de semaine que je n'allasse rendre visite à mon nouvel ami et lui porter tantôt quelques onces de bonne poudre anglaise, tantôt une fine bouteille d'excellent brandy, deux choses qui lui étaient souverainement agréables. C'était alors une véritable fête pour ce brave et loyal Indien que de me recevoir et sa jeune femme, nommée Taméi, mettait le wigwam en révolution pour me préparer quelque savoureuse tranche de venaison et de réconfortants breuvages.

Vacotah vint, à plusieurs reprises, me voir au camp de San Andreas, et chaque fois sa présence fut cause d'un tumultueux rassemblement de mineurs devant ma porte. Il arrivait, en effet, suivi d'un cortège fort original, composé d'une douzaine des plus beaux guerriers de sa tribu, équipés en guerre et montés sur de magnifiques *mustangs* à peine domptés sans brides ni selles, et dont ils dirigeaient les fougueux mouvements par la simple pression de leurs genoux ou en prononçant quelques paroles brèves et gutturales. Vacotah, extrêmement orgueilleux comme tous les chefs indiens, n'était pas fâché de donner aux étrangers une haute idée de sa puissance, et devant eux il conservait une réserve pleine d'une imposante fierté ; il ne se déridait que lorsque les curieux étaient partis et qu'une fois assis dans ma tente, entre Émile et moi, il se mettait à fumer et à boire longuement avec nous, pendant que son escorte l'attendait au-dehors.

J'avais acquis une très grande popularité dans le camp, et l'on épiait tous les soirs mon retour pour m'acheter ou me *retenir* mon gibier. Je dis *retenir*, parce que je ne pouvais en rapporter moi-même qu'une quantité minime. Mais dès que j'étais rentré, j'envoyais mon domestique mexicain chercher le reste de ma chasse que je déposais dans des endroits désignés à l'avance, et d'où, une ou deux heures après, il me le ramenait à dos de mule. J'ai quelquefois réalisé plus de 30 louis par journée, mais c'était évidemment là une exception, mon gain le plus habituel variant quotidiennement entre 100 et 250 francs. Pour en donner une idée, je crois intéressant de faire connaître les prix que les mineurs me payaient, et sans jamais marchander, tant ils étaient heureux d'avoir, au lieu de leur insipide nourriture, de délicats morceaux à se mettre sous la dent.

Voici cette nomenclature :

Un élan	valait 40 piastres	ou	200 francs
Un chevreuil	20		100
Un chat-tigre	5		25
Un lièvre	3		15
Un écureuil	2		10
Une oie	2		10
Un canard	1,50		7,50
Un lapin	1,50		7,50
Un colin à huppe	0,50		2,50
Un ramier	0,50		2,50

Rarement, dans la semaine, mon camarade Émile m'accompagnait dans mes excursions ; il était trop affairé pour cela. Non seulement il avait toute la clientèle du camp, bien qu'il fût survenu de San Francisco une espèce d'empirique Américain qui essaya de lui faire concurrence, mais encore sa réputation d'habileté s'était vite répandue dans les placers environnants et il y était souvent appelé. Il gagnait donc aussi beaucoup d'argent. Nous avions acheté des chevaux de toute beauté et l'on peut croire que nous étions les mieux montés du camp ; en outre, nous avions mis notre installation intérieure sur un pied excessivement confortable, je dirai même luxueux pour le pays, ce qui ne laissait pas que de faire envie à beaucoup de gens et, faut-il l'ajouter ? surtout à nos compatriotes.

C'était ordinairement le dimanche que ce bon Émile venait chasser avec moi, et comme, déplorable marcheur, il lui eût été impossible de me suivre pendant dix heures, j'avais inventé pour lui un genre de sport peu fatigant et qui le ravissait.

J'avais découvert, dans mes longues pérégrinations, une délicieuse petite vallée, très étroite et très ombreuse, que traversait un gentil ruisseau, et qui n'était pas distante de San Andreas de plus d'une heure. Tout le long de l'eau, j'avais remarqué un très grand nombre d'empreintes de pieds d'animaux divers, et j'en avais facilement conclu qu'ils venaient se désaltérer là, au point du jour. L'endroit était donc merveilleux pour les tirer à son aise. Cachée par des troncs d'arbres, je fis construire par mon Mexicain une cabane en branchages à une dizaine de mètres de cet abreuvoir naturel et nous ne tardâmes pas à en faire brillamment l'inauguration. Il fallut partir du camp en pleine nuit, de façon à être postés avant l'aube et rester complètement immobiles, toutes ces bêtes sauvages ayant l'ouïe d'une subtilité extraordinaire. Nous tuâmes, à notre premier affût, un élan et trois chevreuils, de nos quatre coups de fusil envoyés en même temps, car nous savions très bien qu'après les détonations, les animaux effrayés ne reparaîtraient plus jusqu'au lendemain. C'était donc un billet de 500 francs que nous allions monnayer au camp, dès que Matias, mon Mexicain, y aurait transporté nos victimes !

Comme nous atteignions, vers 10 heures du matin, les premières tentes de San Andreas, nous fûmes étonnés de l'agitation qui paraissait y régner. En outre, en approchant de notre habitation, nous vîmes un grand rassemblement formé précisément devant notre porte et l'alcade du camp qui semblait nous attendre avec impatience. Dès qu'il aperçut Émile, il courut à sa rencontre et, sans lui donner le temps de se reconnaître, il l'entraîna rapidement, après lui avoir dit quelques mots à l'oreille. La foule les suivit et je fis comme la foule, très intrigué d'apprendre la cause de tant d'émotion. J'interrogeai mes plus proches voisins et j'appris qu'un assassinat avait été commis, la nuit même, dans la *tienda* Del Perro.

C'était une taverne assez infecte où se réunissait, autour d'une table poisseuse, la lie de la population des joueurs de *monte*. Or un Mexicain de Calaveras, qui était venu passer la journée dans notre camp, avait eu la chance peu compréhensible de gagner quelques onces au banquier ; puis, son domicile étant trop éloigné, il s'était philosophiquement enveloppé dans son *zarape* et n'avait pas tardé à s'endormir profondément dans un coin de la salle. Il ne devait pas se réveiller ! Le matin, on avait trouvé ce malheureux percé de neuf coups de poignard et complètement dévalisé, cela va sans dire. On arrêta deux Espagnols qu'on avait vus rôder autour de la victime et qu'on supposa être les auteurs du crime. L'un d'eux parvint à s'évader, et l'autre, un jeune homme de 18 ans à peine et d'une beauté telle que je n'en ai jamais vu, soutint avec un sang-froid imperturbable l'interrogatoire que lui fit subir l'alcade et nia énergiquement. C'est alors que ce magistrat était venu chercher Émile pour examiner le cadavre et voir si l'arme qui avait été saisie sur les Espagnols s'adaptait à la largeur des blessures. La réponse de mon ami ne laissa aucun doute à cet égard ; de plus, il constata que de légères taches de sang marbraient la manche de la chemise de l'accusé et qu'elle était déchirée comme à la suite d'une lutte. Accablé par l'évidence, le coupable avoua tout. Il fut condamné à être pendu le soir même. Je ne crois pas que jamais, en aucun pays, un homme, presque un enfant, ait montré en face de la mort, et quelle mort ! une impassibilité aussi prodigieuse que celle de cet Adonis espagnol. Pas un muscle de son visage ne tressaillit, pas un battement de son cœur ne s'accéléra, et il avait déjà la corde au cou qu'il fumait encore sa dernière cigarette ! C'était grandiose et horrible à la fois !

On pense bien, quoique je n'en aie pas encore parlé, que pendant mes nombreuses battues à travers plaines et montagnes, j'avais dû souvent rencontrer des serpents ; il y en a beaucoup, en effet, en Californie. Le plus connu est le crotale ou serpent à sonnettes, mais il n'en est pas le plus dangereux. Jamais le serpent à sonnettes n'attaque l'homme qui le laisse tranquille, il fuit toujours à son approche, et j'en ai personnellement fait cent fois l'expérience. S'il est poursuivi, harcelé, c'est autre chose, et malheur alors à celui qu'atteint sa dent terrible. Constamment les Indiens parcourent leurs domaines, à peine chaussés, souvent pieds nus, les cuisses découvertes jusqu'aux aines, et il est excessivement rare qu'ils soient mordus par ces reptiles venimeux. J'aurais pu en tirer beaucoup, mais je m'en suis toujours bien gardé, car si l'animal n'eût été que légèrement blessé, il se serait inévitablement élancé sur moi et il est probable que je n'aurais pas eu le beau rôle. Le serpent à sonnettes n'est vraiment redoutable que, quand endormi et lové sur lui-même sous quelques feuilles mortes dont il a la couleur, on a le malheur de marcher sur ses anneaux enroulés. Alors, avec une rapidité foudroyante, il se redresse et c'en est fait de vous, le plus souvent. À ce propos, j'aurai l'occasion de raconter l'effroyable péril auquel je fus un jour exposé et comment je pus m'y soustraire.

Il est deux autres espèces de serpents bien plus à craindre que le serpent à sonnettes, c'est le serpent sourd et le serpent-liane. Le premier est noir, court, gros, hideux, et n'entend pas. Il serait facile de le piétiner, mais il dégage une odeur bien connue des Indiens et de leurs chiens, qui les avertit du danger. Vacotah m'apprit à la reconnaître aussi et je pus toujours éviter la mauvaise rencontre de cette vilaine bête. C'est encore Vacotah qui me prémunit contre le piège du serpent-liane qui, long, effilé et de nuance d'écorce, se suspendant par la queue à la basse branche d'un arbre, se balance doucement jusqu'à ce qu'un mauvais destin amène un passant à sa portée, s'enroule trois ou quatre fois autour de son cou et l'étrangle, en le mordant en même temps. Si on a le loisir d'apercevoir cet odieux reptile, il suffit du plus petit coup de la plus mince baguette pour lui briser le corps.

Émile et moi nous revenions, un dimanche, de notre affût hebdomadaire, lorsque nous fîmes lever une colossale compagnie de colins à huppe où nos quatre coups de fusil laissèrent bien des vides. Après avoir traversé l'étroite vallée où nous étions, ces volatiles étaient allés se remiser au sommet d'une colline fort aride qui nous faisait face et où nous résolûmes de les poursuivre. Parvenus en haut, nous les vîmes courir devant nous jusqu'au bord d'une espèce de plate-forme d'où ils prirent tous leur vol sans que nous pussions les tirer une seconde fois. Nous arrivâmes nous-mêmes à cet endroit et nous fûmes frappés d'un spectacle inoubliable. À 30 pieds environ au-dessous de nous, sur un large entablement de roches, grouillait un horrible nid d'au moins une centaine de serpents, gros, petits, longs, trapus, de toutes les couleurs, les uns endormis, les autres s'étirant, se dévidant, s'enchevêtrant, aux rayons d'un soleil de feu et qui tombait d'aplomb sur leurs corps luisants et visqueux. À notre vue ces monstres poussèrent des sifflements affreux en cherchant à se dresser contre nous. Mais la muraille au bas de laquelle ils se vautraient était à pic et ne leur offrait aucun point autour duquel ils pussent s'enrouler pour leur ascension. Nous ne risquions donc absolument rien et c'est avec beaucoup de calme que, du haut de notre observatoire, nous les saluâmes d'une quadruple salve de nos armes. Faut-il décrire l'horrible tableau qui s'offrit alors à nos yeux ? On le voit d'ici. Des tronçons sanglants, des têtes, des queues sautant de tous les côtés, un fouillis inénarrable, une bouillie de chairs pantelantes ! Et quand je pense qu'un faux mouvement, un rien, le hasard peut-être, suffisait à précipiter l'un de nous dans cet immonde cloaque de venin, je sens encore mon cœur se glacer d'un indicible effroi !

Depuis longtemps, j'avais formé le projet, avec Émile, de visiter le camp des Fourcades. Nous profitâmes d'un moment où les malades et les blessés lui laissaient un peu de répit pour entreprendre notre excursion. Supérieurement montés tous deux, nous avions déjà franchi les trois quarts des 20 kilomètres qui séparaient les deux placers, lorsque, dans un chemin creux en assez bon état et qui suivait les sinuosités d'une vallée délicieusement pittoresque, nous vîmes, venant à nous d'un galop effréné, deux cavaliers dont l'un semblait poursuivre l'autre. Le plus éloigné, en nous apercevant, se mit à pousser de grands cris et à faire avec les bras des gestes désespérés, tandis que le plus avancé, redoublant la vitesse de son coursier écumant, gagnait visiblement du terrain et allait passer près de nous comme un éclair, lorsque après nous être consultés, nous lui barrâmes la route, revolver au poing ; car connaissant à fond les mœurs des mines, il nous avait été facile de deviner qu'entre ces deux hommes il se jouait en ce moment quelque partie plus ou moins dramatique. C'était un Mexicain à mine de bandit qui, voyant la barrière infranchissable que nous lui présentions dans un passage aussi resserré, s'arrêta court, sauta à bas de son cheval qu'il abandonna et essaya de gravir vivement la colline. Mais l'autre cavalier avait eu le temps de se rapprocher, et, d'un coup de feu bien ajusté, il cassa la jambe du fuyard. Puis, se tournant vers nous, il nous dit en français, avec un accent méridional :

— Merci, messieurs, car je crois que, sans vous, je n'aurais jamais rattrapé cette canaille...

Et descendant de cheval, il prit le licol qui entourait son cou et se mit en devoir de lier les mains du blessé ; puis il le fouilla et retira de la poche de son *calzonero* une grosse bourse en cuir bien gonflée. Nous avions également mis pied à terre et nous avions suivi notre compatriote pour l'aider dans sa besogne. Il avait ôté son large panama, et plus je le regardais, plus il me semblait que ses traits ne m'étaient point inconnus ; j'avais vu cet œil quelque part, ce son de voix ne m'était pas étranger, seulement la longue barbe châtaine du personnage déroutait ma mémoire. De son côté, il me dévisageait beaucoup et paraissait aussi recueillir ses souvenirs. Il reprit la parole :

— Si vous allez aux Fourcades, j'espère bien, messieurs, que vous descendrez chez moi... Ma tente est grande et vous y trouverez encore le fond d'une bonne terrine de foie gras de Toulouse !

Toulouse ! Ce fut un trait de lumière et je n'eus plus le moindre doute que j'avais devant moi un de mes anciens condisciples de la faculté de droit, avec lequel j'avais été dans ce temps-là très intime. Je frappai un grand coup pour en être plus sûr.

— N'êtes-vous pas Cazalens ? lui dis-je à brûle-pourpoint.

— Oui, c'est mon nom, fit-il sans trop d'étonnement... Mais attendez donc, je vous reconnais aussi à ces yeux bruns que je n'ai pas oubliés... Vous êtes Lapeyrouse !

— Allons donc ! Nous ne nous trompions pas !...

En disant ces mots, je l'embrassai cordialement et il me rendit chaleureusement ma fraternelle accolade. Puis je lui présentai Émile et ils se serrèrent la main.

— Mais quelle singulière rencontre ! repris-je. Explique-nous pourquoi tu avais si vive maille à partir avec ce gredin...

— Rien de plus ordinaire et ça ne t'étonnera guère si tu es depuis quelque temps aux mines... Ce chenapan s'était introduit dans ma tente par-derrière après l'avoir fendue avec son couteau et m'avait volé toutes mes économies de huit mois, environ 500 piastres (2 500 francs). J'étais dans la canade pendant qu'il me dévalisait, et quand je revins, le désordre de mon logis me révéla promptement la triste vérité. Je sortis exaspéré, ne rêvant que feu et sang... Un voisin m'informa qu'il avait vu rôder autour de chez moi un Mexicain nommé Paco, très mal famé dans le camp, lequel avait un moment disparu puis avait enfourché un cheval attaché près de là et s'était prestement éloigné par la route de Stockton... Plus de doute, c'était mon voleur... Je courus à la *tienda* de maître Bob, très fréquentée par les mineurs des camps environnants, et sautant sur la première rosse que je trouvai à la porte, je me mis résolument à la poursuite du seigneur Paco... Mais ma bête n'avait pas de jarret, et le sacripant m'eût sûrement échappé sans votre providentielle apparition...

— Providentielle est le mot ! Ça, tu peux le dire, car voilà quatre mois que nous sommes à San Andreas et nous aurions pu faire depuis longtemps l'excursion des Fourcades... Mais non, le Ciel a voulu que nous ne l'entreprissions qu'aujourd'hui, afin de te rendre un signalé service !

— *All is well that ends well !* fit-il en me prenant affectueusement la main... Maintenant je te tiens, et tu vas me consacrer quelques jours, n'est-ce pas, cher ami ?

Nous l'aidâmes à attacher l'intéressant Paco sur le dos de la rossinante, nous nous remîmes en selle et Cazalens, s'appropriant l'excellente monture du Mexicain, s'écria gaiement :

— Illustre Paco, tu as joué au voleur volé. Il me manquait un vigoureux cheval et le tien fait joliment mon affaire... En route, messieurs !

Une heure après nous arrivions aux Fourcades. Notre premier soin fut d'aller remettre le prisonnier entre les mains de l'alcade, puis nous ne nous occupâmes plus de cet incident.

Nous ne voulions que rester quatre jours aux Fourcades. Nous y en passâmes huit. Nous assistâmes, pendant notre séjour chez mon ancien camarade, à une scène atroce dont je ne me souviens qu'avec dégoût, quoique j'aie depuis lors habité la Russie où il n'est pas rare d'en être souvent témoin. Un juif, employé chez un *shipchandler* de l'endroit, avait dérobé à son patron un chèque tout signé de 3 000 piastres (15 000 francs) sur la maison Davidson de San Francisco et avait lestement pris la poudre d'escampette. On lui donna vigoureusement la chasse, car il était à craindre qu'il n'arrivât le premier à San Francisco, ne touchât les fonds et ne disparût à tout jamais puisque, le télégraphe n'existant pas, il était impossible de prévenir le banquier en temps utile. On eut l'heureuse chance d'arrêter le voleur au moment où il allait prendre le bateau qui fait le service entre Stockton et San Francisco. On le ramena aux Fourcades et le juge du district, n'estimant pas que la peau d'un juif valait l'honneur de la potence, lui infligea le supplice du fouet. Je vois encore ce misérable fils d'Abraham, traîné, déjà à moitié inanimé, au milieu de l'enceinte à claire-voie palissadée où se donnaient les combats d'ours et de taureaux sauvages et qu'entourait une foule turbulente, avide du spectacle qui allait lui être offert. Le patient fut mis à nu jusqu'à la ceinture et placé, les mains liées à un poteau, devant un peloton de six solides mineurs, armés de grosses lanières à nœuds, en cuir graissé soigneusement. Il devait recevoir soixante coups, c'est-à-dire que chaque exécuteur devait le frapper dix fois ! Le malheureux, réveillé par la douleur, poussait des hurlements épouvantables et suppliait qu'on l'achevât d'un coup de pistolet. Au quarantième coup, sa tête, son dos, ses reins, ne présentaient plus qu'un amas de chairs écrasées, d'où ruisselait à flots un sang noir et fumant. Aucun cri ne s'exhalait plus de sa poitrine déchirée : son crâne, d'où lui sortaient les yeux, ballottait inerte sous chaque nouveau coup de fouet ; la vie allait l'abandonner ! L'alcade fit alors cesser l'exécution, au grand désappointement des spectateurs qui s'amusaient extraordinairement. Cet infortuné fut reconduit en prison et y mourut quelques heures plus tard.

Nous prîmes enfin congé de Cazalens, qui me promit de venir me rendre visite à San Andreas. Il en fut sans doute empêché, car je ne le revis pas, du moins en Californie. Bien, bien longtemps après je retrouvai cet aimable garçon à Paris, où il est mort, il y a quatre ans à peine, maître des requêtes au Conseil d'État !

Le camp de San Andreas, au moment où nous y rentrâmes, respirait la plus bruyante allégresse. De tous les côtés, nous entendions des hourras, des chants stridents, des coups de feu, des sonneries de trompe et jusqu'aux notes fausses d'un méchant cornet à piston que nous ne connaissions que trop et dont un de nos compatriotes, mélomane incompris, estropiait tous les soirs nos oreilles. Nous fûmes aux informations. C'était encore cet enragé de Jean-Marie qui venait de faire des siennes !

Avant d'aller plus loin, il est nécessaire que je m'arrête un instant pour présenter au lecteur ce nouveau personnage qui réalisa le type le plus excentrique du mineur affolé par le succès et qui passa comme un rutilant météore sans laisser derrière lui la moindre traînée bienfaisante.

À cette époque, presque tous les voiliers qui arrivaient à San Francisco avaient une peine extraordinaire à pouvoir en repartir. La désertion des équipages se pratiquait en grand et sans qu'il fût possible de l'enrayer. Maints navires, huit jours après avoir mouillé, n'avaient plus à bord qu'un seul homme, le capitaine. Jean-Marie, jeune novice breton, âgé de 18 ans, était un de ces transfuges et, à peine échappé du pont de son bateau, il était accouru aux mines de San Andreas. Il y fut bientôt célèbre par la chance insensée qui le suivait partout. Pas un claim qui, pour lui, ne fût bondé de poudre et de pépites ! Pas un coup de pioche qui ne s'abattît sur quelque morceau d'or d'un volume inusité ! En peu de temps, Jean-Marie se vit maître d'une somme énorme pour tout le monde, et surtout pour lui, plus de 300 000 francs ! Mais alors il perdit la tête et se livra à toutes les extravagances. Les femmes, avec lesquelles il ne comptait pas ; le jeu le plus effréné, qui en faisait une proie assurée pour les habiles tailleurs de *monte ;* les orgies sans fin dans les *tiendas* où il s'enivrait, en tenant table ouverte ; tout enfin se réunit pour faire fondre avec rapidité l'or qu'il avait recueilli non moins promptement.

Pour donner une idée des bizarres conceptions de Jean-Marie, je citerai seulement le fait suivant dont j'ai été plusieurs fois témoin au temps de sa splendeur. Il faisait remplir son trou, jusqu'aux trois quarts, de vin de Champagne et y prenait un bain voluptueux. Or, ce pétillant breuvage coûtant à cette époque 10 dollars (50 francs) la bouteille, et chacune de ses immersions en exigeant au moins une centaine, c'était à 5 000 francs environ que lui revenait ce raffinement de jouissance ! Il appelait ça *faire la toilette de son claim* !

Chaque fois que Jean-Marie se livrait à ce sybaritisme inconnu, la note gaie ne manquait pas à la cérémonie et l'on voyait alors les mineurs, quand il était sorti de cette singulière baignoire, en absorber délicieusement le contenu en y puisant jusqu'à la dernière goutte ! Pouah !

Ruiné par son inconduite, Jean-Marie se remit au travail, mais il était déjà fatigué, étiolé, sans ressort. Cependant son insolent bonheur ne l'abandonnait pas encore, il trouvait toujours dix fois plus d'or que les autres et le jour où nous revenions des Fourcades, notamment, il avait opéré un nouveau miracle.

Il rentrait au camp, sans avoir réussi autant que d'habitude, lorsqu'en passant près d'une canade délaissée par les mineurs comme ne donnant plus rien, il eut la fantaisie de lancer quelques coups de pioche dans un vieux claim depuis longtemps quitté par son propriétaire. Tout à coup son outil résonna sur un corps dur, et bientôt, d'entre les racines d'un gros arbre qui croissait au bord du trou, il déblayait un bloc d'or pesant 43 livres, soit plus de 65 000 francs ! C'était pour fêter ce nouvel exploit que le camp de San Andreas était en révolution au moment de notre retour.

Qu'ajouterai-je ? La nouvelle fortune de Jean-Marie fut encore plus vite dévorée que la première. Quand, deux mois après, je quittai les placers pour revenir à San Francisco, sa veine était enfin tarie, il végétait dans la misère la plus noire, hébété par une ivresse continuelle et par le culte trop fervent qu'il avait voué aux malpropres beautés du cru. J'appris plus tard qu'il avait été tué à la suite d'une rixe avec des Mexicains de la pire espèce dans un ignoble bouge, à la fois lupanar et tripot. Ce fou pouvait-il finir autrement ?

J'ai dit que les mineurs se montraient souvent méchants, et quelquefois cruels, pour les Indiens qui se présentaient de temps à autre dans le camp. Vacotah seul, quand il venait me voir, avait pu trouver grâce devant ces vexations ; était-ce parce qu'il était toujours solidement accompagné ou par égard pour moi qu'on s'abstenait de le molester ? Les deux hypothèses sont admissibles. Mais les Peaux-Rouges isolés ou par petites bandes, qui descendaient parfois à San Andreas, étaient certains d'y rencontrer les plus mauvais traitements ; leur sort devenait surtout lamentable s'ils avaient eu l'imprudence d'amener avec eux quelques femmes. On grisait à outrance ces malheureux, on les rouait de coups, on les jetait tout nus à la porte des tentes. Quant aux Indiennes, je laisse à penser ce qu'on en faisait, et lorsqu'on se décidait à les renvoyer, c'est que la moitié du camp avait assouvi sur elles ses brutales passions.

Un dimanche, au lieu d'aller à l'affût de la grosse bête, Émile me proposa de chasser simplement les colins des environs. Nous partîmes vers midi, et comme nous dépassions les dernières tentes du camp, nous nous croisâmes avec une quinzaine d'Indiens, mâles et femelles. Nous échangeâmes quelques mots et ils nous dirent qu'ils se rendaient à San Andreas pour acheter des étoffes destinées à une assez jolie fille, ma foi, qu'ils nous montrèrent parmi eux, et qui allait épouser un jeune guerrier de la tribu, également présent. Nous leur souhaitâmes bien du plaisir, mais sans beaucoup de confiance dans la réalisation de notre vœu.

Le crépuscule commençait à se faire quand nous rentrâmes. Je vois encore le chemin que nous suivions bras dessus, bras dessous, nos fusils en bandoulière et causant joyeusement. C'était un sentier large à peine de 4 mètres, bordé de chaque côté de talus où s'échelonnaient quelques touffes d'arbustes sombres. Tout à coup, quelque chose d'insaisissable, une ombre, passa en bruissant entre nos deux têtes, à la hauteur des tempes.

— Quelque colibri qui regagne son nid, me dit Émile en riant. J'ai senti comme le vent de son aile !

J'avais porté rapidement mon regard en avant, et à quelques mètres de nous j'entrevis, avec effroi, une longue flèche plantée en terre et dont la tige empennée tremblait encore.

— Tiens, voilà ton colibri, dis-je à mon ami en lui montrant sa méprise... Comprends-tu ?

Il saisit son fusil et, se retournant vers les talus boisés, il chercha s'il apercevrait l'auteur de cette lâche agression.

— Ne nous arrêtons pas, fis-je en l'entraînant... Tu connais l'habileté des Indiens et si celui-ci nous a manqués une première fois, il ne faut pas attendre une seconde flèche... Filons, et lestement !

Nous eûmes en arrivant au camp, qui n'était pas éloigné, la clef de cette aventure qui aurait pu être si terrible pour l'un de nous. Les mineurs s'en étaient donné à cœur joie avec les Peaux-Rouges que nous avions rencontrés le matin, et il n'est pas de persécutions odieuses, de bestiales brutalités qu'ils ne leur eussent fait subir. La jolie Indienne, surtout, délicat morceau pour ces misérables, fut indignement souillée et laissa sous plus d'une tente les débris de la fleur virginale qu'elle gardait pour son fiancé.

Tout s'expliquait dès lors facilement. Le Peau-Rouge est excessivement vindicatif et il ne pardonne jamais une offense. Or les malheureux qui s'étaient vus si barbarement traités ne devaient rêver que vengeance, et il était évident que l'un d'eux, et vraisemblablement même le jeune guerrier privé si vilainement de son plus doux cadeau de noces, avait dû s'embusquer dans le sentier que nous avions pris, pour tuer à son aise le premier étranger qui s'y engagerait. Donc, si l'un de nous avait échappé à une mort probable, nous pouvions affirmer à coup sûr que le tireur devait être dans un état complet d'ivresse pour avoir ainsi failli à son adresse redoutable.

Émile venait d'être mandé au placer de Marysville, à 65 milles de Sacramento, dans les mines du Nord, car sa réputation d'habile chirurgien s'était étendue fort loin, portée de camp en camp par les mineurs nomades. Il s'agissait d'une opération difficile et il devait me quitter sous peu de jours. Je lui avais souvent parlé des arbres colossaux que j'avais remarqués dans mes pérégrinations et, naturaliste distingué, il désirait vivement les étudier.

On donnait, en Californie, sept localités plus ou moins célèbres par leurs arbres géants, mais les deux principales sont Mariposa et Calaveras. Cette dernière étant la plus rapprochée de nous, nous lui donnâmes la préférence.

Cette course, un peu longue, valait bien la peine d'être entreprise. Le spectacle qui nous attendait à Calaveras dépasse tout ce que l'imagination peut concevoir. [...]

Pour donner une idée de ces géants, inconnus de nos forêts, je dirai que dans le pied d'un de ces arbres, où le temps a percé, au ras du sol, un arceau immense qui semble un tunnel, les promeneurs passent par groupes, et que dans le tronc creux d'un autre, couché par terre où il pourrit depuis des années, un cavalier et sa monture peuvent caracoler à l'aise.

Le moment était arrivé où mon cher Émile devait s'absenter pour plusieurs semaines. Notre séparation fut pénible et je ne pus me défendre d'un sentiment de profonde tristesse. Qu'on nie les pressentiments !

Je demeurai donc seul et continuai mon genre d'existence de chasseur insouciant. Mais elle ne devait pas tarder à se terminer d'une façon dramatique.

Un jour, vers 5 heures de l'après-midi, j'étais assis devant ma tente, au retour d'une longue traite, les pieds nus et chaussés de larges sandales en corde, afin de me mieux délasser. Mon serviteur mexicain, qui revenait de ramasser du bois mort, m'informa qu'il avait vu, à deux cents pas derrière notre habitation, un joli vol de colins qui venaient de se tapir dans les buissons. Quoique fatigué, je ne pus résister à la tentation d'en démonter quelques-uns et, prenant mon fusil, je me dirigeai, dans le costume léger que je portais, vers l'endroit que Matias m'avait indiqué. Contre leur habitude, les colins, disséminés dans les touffes vertes, ne partirent pas en bloc, mais presque tous séparément, et j'en fus réduit à n'épauler que pour tirer celui qui se présenta à la meilleure portée. Je l'avais vu tomber, mais je ne le trouvai pas. Peut-être que blessé seulement, il s'était coulé dans les herbes. Je me mis donc à le chercher de nouveau, et comme je venais d'entrer dans un petit taillis de ronces et de broussailles, je ressentis tout à coup, à la jambe droite, une douleur aiguë comme la piqûre d'un poignard. Je vis aussitôt s'enfuir un gros serpent à sonnettes, je compris le malheur qui m'arrivait et de mon second coup de fusil je coupai la maudite bête en plusieurs morceaux. C'était le premier que je tuais, et je puis le dire, à mon corps défendant. J'avais mis le pied au beau milieu des anneaux du reptile endormi, et comme on le sait, je n'étais chaussé que d'espadrilles. J'avais été mordu à la cheville interne, à un pouce d'une veine ! Je frissonne encore en songeant que si la dent du monstre avait déposé son venin dans la veine elle-même, il se serait à l'instant infiltré dans tout mon être, et rien n'aurait pu me sauver.

Je regagnai péniblement ma tente où Émile, malheureusement, n'était plus là pour me donner les premiers soins et cautériser ma blessure. Je fis immédiatement monter Matias à cheval avec ordre de courir, bride abattue, jusqu'au camp de Vacotah et de me le ramener du même train.

Je ressentais les commencements d'un malaise extraordinaire, comme un engourdissement de tout mon individu ; ma peau était brûlante et une soif intense me desséchait le gosier. Je sentais le mal empirer de plus en plus, quand Vacotah entra dans ma chambre. Il n'eut besoin que de me regarder pour voir qu'il n'y avait pas de temps à perdre. De son couteau à scalper, il débrida la plaie ; puis, prenant quelques feuilles de *yerba buena* toute fraîche qu'il avait cueillie en route, il les mâcha longuement pour en former une pâte, et l'appliqua sur la morsure en la serrant fortement avec des bandes de linge. Ensuite, il ordonna à Matias de faire bouillir immédiatement la racine, afin de me donner à boire aussi vite que possible plusieurs tasses de cette décoction. Cela fait, Vacotah s'assit auprès de mon lit et attendit le résultat de ce premier pansement. Je dormis trois heures, et quand je me réveillai, je vis la figure de Vacotah exprimer un air de satisfaction véritable. Je me sentais un peu mieux, en effet, et le gonflement qui m'avait déjà envahi demeurait stationnaire. Pendant deux journées encore, le brave Indien resta près de moi et ne consentit à me quitter qu'après s'être convaincu que tout danger avait disparu. Je continuai son traitement miraculeux pendant quelques jours encore, au bout desquels la plaie se referma tout à fait et le boitement que j'avais contracté diminua graduellement. Il m'est resté de cette triste aventure, outre un impérissable souvenir, deux choses : la cicatrice d'abord, puis un fréquent affaiblissement dans toute la jambe quand je me livre à une marche un peu prolongée. Mais quelle reconnaissance éternelle ne dois-je pas au bon Vacotah qui me sauva jadis la vie !

Pour terminer cet incident, il me reste à dire que les femmes indiennes, quand elles vont au ruisseau laver leurs guenilles, emploient, en guise de savon, le bulbe de la *yerba buena*, qui est une plante à oignon excessivement commune en Californie, et dont le frottement dégage très vite autour d'elles une nappe de blanche mousse. Ce phénomène s'explique par la quantité énorme d'alcali naturel que renferme cette plante bienfaisante, ce qui la rend si souveraine dans la cure des morsures de serpents.

Je me rétablissais à peine quand m'arriva la funèbre nouvelle de la mort de mon pauvre ami Émile Amouroux. Il avait succombé aux terribles fièvres paludéennes intermittentes qui désolaient alors le placer de Marysville. Ce fut un coup affreux pour mon cœur qui saigna bien longtemps de cette perte cruelle.

Je n'avais plus rien à faire à San Andreas désormais. Je fis emballer tout ce que je possédais, je vendis ma tente et ma cavalerie, et je repris le chemin de San Francisco.

Dégoûté de la Californie, « où rien ne [lui] avait réussi », il profita d'un coup heureux au monte *qui lui mit 30 piastres en poche pour prendre une place à bord du* Fernand-Cortés, *direction Panama. Il fit ses adieux à Sophrone, « qui était alors lancé dans des opérations industrielles d'une grande importance qui devaient le retenir longtemps encore dans ce remuant pays », fit un détour par New York et, « après une traversée de onze jours, très dure et presque dangereuse, [il] aperçu[t] au loin, dans la brume, la tour blanche du phare du Havre, où [il] débarqu[a] bientôt, après trente mois d'absence, et avec l'indicible joie que le lecteur peut se figurer ».*

Charles-Gustave Rivoallan

Sur les rives de la Mocalamé

Une découverte de première importance. Quelques semaines après la publication des Flibustiers de la Sonore[1], *un M. Quintin, de Saint-Suliac, m'écrivait, très ému, qu'un de ses ancêtre avait fait partie de cette expédition de Raousset-Boulbon dans le Sonora, dont j'avais fait la trame de mon roman, et qu'il avait tenu un journal très précis de toute son aventure, conservé dans la famille depuis, avec quelques lettres. En soi, c'était déjà une nouvelle sensationnelle : un journal venant combler les nombreux blancs de cette histoire, et, qui sait ? corriger la version de Raousset et les récits hagiographiques de ses lieutenants. Mais il y avait plus, qui me troubla : ce chercheur d'or soudain réapparu était, m'apprit M. Quintin, originaire de... Morlaix. D'où j'étais parti il y a quelques années, à la poursuite de mes rêves d'or. J'ai évoqué le rôle, parfois, du hasard en ouverture de ce livre : en voici un de plus.*

Il s'appelait Charles-Gustave Rivoallan, et naquit en 1827 à Morlaix. Son père, maire de la ville, était mort dans une épidémie de choléra en 1836, et lui-même faisait ses études de droit en 1848, quand éclatèrent les événements de février, puis de juin, auxquels il participa assez activement pour choisir d'émigrer peu après en Californie, à bord du brick Cérès, *comme Ernest de Massey... Et il est amusant de croiser les récits que tous deux firent de leur arrivée, en décembre 1849...*

Si Bénard de Russailh met en scène une comédie, si Ernest de Massey prend un malin plaisir à médire des uns et des autres, Rivoallan, lui, est un nostalgique à la bretonne, avec un goût prononcé pour la solitude et une attention aux atmosphères et aux paysages qui nous vaut ici et là des accents à la Chateaubriand.

Les quelques pages qui suivent ne sont qu'un avant-goût : sa vie dans

1. Flammarion, 1998.

les mines avant son départ pour la Sonore. C'est surtout plus loin que nous allons le voir donner sa pleine mesure, mais tel quel, son témoignage est déjà précieux.

Le premier texte ici proposé est extrait d'un récit qu'il avait entamé de retour à Morlaix, où l'on sent une intention littéraire marquée, quelque peu édifiante malgré de beaux moments. Il nous a paru intéressant néanmoins de retenir ces quelques paragraphes sur les rapports entre les Américains et les Français.

[...] Il n'en était pas de même des Français. Fiers, audacieux, portant partout avec eux la conviction de leur supériorité militaire, ils répondaient par la force à la prétention dominatrice des Américains. Forcés d'abord dans leurs claims de se retirer devant la force, ils faisaient appel à leurs compatriotes des camps voisins et cet appel ne restait jamais sans réponse. De toute part on prenait les armes, et le trou le plus riche était délaissé pour courir au secours des frères menacés et au chant de la patrie on marchait au combat et par la force l'on reprenait ce que la force avait enlevé. Ces levées de boucliers qui se renouvelaient sans cesse avaient fini par faire des placers deux camps ennemis, toujours prêts à en venir aux mains, l'on ne travaillait plus qu'armé, chaque Américain était considéré comme un ennemi et bien des hommes venus pour trouver dans cette terre la fortune ne trouvèrent qu'un tombeau par suite de ces funestes dissensions.

Au nord du fleuve rapide de Stanislaus, à 3 lieues de la rive droite en remontant son cours et à 5 lieues du camp de Sonora, sur un vaste plateau couvert de chênes séculaires, de pins et de cèdres aussi vieux que la terre qui les porte, traversé par un large ruisseau qui descend de la cordillère pour se perdre dans les eaux du fleuve.

Au printemps 1850, époque à laquelle s'ouvre notre récit, toute cette splendeur avait disparu. Les grands arbres tombés sous la hache, noircis par le feu, couvraient le sol de leurs cadavres disséqués, la terre avait perdu son tapis de verdure et, bouleversée, fouillée de toute part, elle n'offrait au regard attristé de l'Indien que l'aspect d'un vaste cimetière attendant ses hôtes ; partout des fosses profondes de terre desséchée par le soleil brûlant, les roches mises à nu ; l'eau jadis si limpide du ruisseau aujourd'hui bourbeuse, chargée de limon, avait peine à se frayer un passage au travers des débris accumulés. Les hôtes sauvages de la forêt avaient fui loin de leur retraite violée, et à leur place des hommes à demi vêtus, brûlés par le soleil, déchiraient le sol avec une avide frénésie. Et lorsque la nuit descendait sur cette terre désolée, au lieu des roucoulements des tourterelles dans les grands arbres, du cri d'amour du coq de bruyère appelant ses sultanes, des tentes rougies à la lueur des grands feux s'élèvent des chants sauvages, des vociférations et des blasphèmes ; des coups de feu répercutés par l'écho des bois viennent troubler au loin le silence des forêts, des hurlements sans nom se mêlent à une musique barbare, et au travers des flammes rougeâtres l'on voit circuler des ombres chancelantes, s'agiter des formes humaines, briller des armes et de l'or. L'heure de l'orgie est venue. Sur des tapis étendus sur le sol se répand le métal gagné avec tant de peine pendant le jour. Le jeu avec toute sa fureur a commencé, l'orchestre sauvage couvre les plaintes des perdants et les cris de joie des heureux, et si la balle d'un revolver a mis fin à une querelle de joueurs, les trous des mineurs sont là pour enfouir la victime, qu'on verse le brandy ! L'eau de feu circule dans les veines, l'or se perd sur le tapis, c'est l'heure de l'ivresse du jeu, de l'orgie et de l'assassinat. Ce plateau, c'est Columbia aujourd'hui, le riche placer, le placer des Yankees, de toute part on s'y précipite, la place manque au mineur.

Mais pendant que les Américains, auxquels se mêlent timidement quelques Espagnols de même que le chacal tourne autour de la proie du lion pour en ramasser quelques lambeaux, pendant que les Américains se livrent à leur joie bruyante, regardons au fond de ces gorges profondes, ou sur le sommet de ces collines : là aussi des feux sont allumés, là aussi sont dressées des tentes, mais là, point de cris sauvages, point d'ivresse et de jeu. Auprès du feu, fumant paisiblement la pipe, se reposant du dur labeur du jour, des hommes discourent sur les travaux du lendemain, sur les chances de la journée, puis ils parlent de la patrie absente et de la joie du retour. Parfois, quand du fond de la plaine les cris de l'orgie montent jusqu'à eux, quand l'écho leur apporte le bruit d'un coup de feu, un éclair de mépris traverse leurs yeux. Ceux-là sont français...

Nettement moins exemplaires sont les Français dans son journal, mais sans doute bien plus vrais. Voici donc où, et dans quelles circonstances, Rivoallan allait se laisser séduire par le projet de Raousset...

À une lieue de Forcades, riche placer des mines du Sud, le Mocalamé [1], l'une des plus belles rivières de la Californie, roule ses eaux

1. Les Fourcades, bien sûr, et la Mokelumne River.

pures comme un cristal et froides comme les neiges de la Sierra Nevada où elle prend sa source.

Rien de beau en été comme cette rivière qui, à la fonte des neiges, devient un épouvantable torrent roulant dans ses vagues furieuses des roches énormes pêle-mêle avec des troncs de pins gigantesques. Bien des compagnons ont payé en vain de travailler son lit qui, si l'on en juge par les plaines qui le bordent, doit être d'une immense richesse.

Une avalanche dans les montagnes, et le torrent emporte en une nuit les travaux de plusieurs mois. Large de près d'un mille en plusieurs endroits, ce fleuve se resserre tellement dans quelques gorges qu'un sapin jeté d'une rive à l'autre suffit pour le traverser. C'est quelque chose de superbe et de terrible, alors que l'on franchit ce pont étroit, de voir cette masse d'eau qui mugit sous nos pieds, se brise avec fracas entre les rochers, et s'engouffrant dans l'étroit canal, se pousse blanche d'écume comme pressée d'aller reprendre plus loin sa majestueuse largeur. De grands cèdres et d'énormes pins au feuillage sombre couvrent les montagnes qui la bordent, montagnes dont les pentes sont si rapides que dans beaucoup d'endroits l'écureuil gris peut seul les gravir.

Dans les plaines, de belles prairies couvertes de vieux chênes permettent au chevreuil de venir s'y abreuver. Mais l'endroit le plus pittoresque de la rivière est, sans contredit, celui où les Américains, après avoir essayé de construire un pont qui fut emporté par les eaux, ont établi un bac pour joindre les routes de Forcades et de Jacson Cricq [1].

Le fleuve, resserré avant d'arriver entre deux montagnes à pic, s'élargit tout à coup ; à gauche des collines couvertes de bois abritent un petit village et un moulin destiné à faire monter de l'eau dans les plaines de Forcades. À droite une plaine couverte de chênes et traversée par un canal creusé la première année de la découverte des mines pour tourner le fleuve s'étend à plusieurs milles, laissant çà et là paraître au milieu de hautes herbes quelques tentes blanches de mineurs. Une petite auberge faite de branches d'arbres s'élève auprès d'un vieux chêne baigné par les eaux. À ce chêne est attaché le câble servant à maintenir l'énorme bac du passeur. Une jeune Mexicaine, mariée à un matelot français de Saint-Malo, habitait cette auberge qui n'existe que pendant l'été.

Rien de pittoresque comme ce lieu par une chaude et calme soirée de printemps. Les mineurs fatigués des travaux du jour viennent se reposer à l'ombre de la ramade et s'y rafraîchissent en causant de la patrie absente. De lourds chariots attelés de grands bœufs américains y

1. Jackson Creek.

détellent, attirés par le pâturage et le voisinage de l'eau. Aux causeries babeloniennes des mineurs, aux mugissements des bœufs, aux chants tristes et monotones des Mexicains se mêlent les cris aigus des muletiers poussant leurs attaques de mules effrayées dans le bac, les grelots des mulets de selle galopant après les mules rétives et le tic-tac régulier du moulin à eau. Puis à mesure que la nuit tombe des montagnes, que l'ombre des bois s'étend sur la prairie, les mineurs regagnent lentement leur tente, les bœufs se couchent dans les hautes herbes, le bac attaché au rivage ne fait plus crier les poulies et bientôt l'on n'entend que le chant du grillon sous les feuilles, le coassement monotone des grenouilles et le murmure des vagues caressant le rivage qui fut si longtemps désert.

C'est auprès de ce lieu que vient déboucher la canade encaissée entre deux montagnes qui fut, il y a peu d'années, le plus riche placer de Californie. Aujourd'hui le ruisseau, dont le cours a été dix fois changé, coule avec peine au milieu des cailloux et des déblais que l'herbe commence à recouvrir. C'est dans cette canade que je travaillais au mois de mai 1851. J'avais, avec mon compagnon, un compatriote de Vannes, élevé une modeste tente auprès de plusieurs cabanes habitées par des Bretons. Nous formions une petite colonie d'une dizaine d'individus, la plupart matelots déserteurs, bons vivants et braves cœurs, auxquels on ne pouvait reprocher qu'un penchant trop prononcé pour la dive bouteille.

Lorsqu'on avait rudement travaillé pendant plusieurs semaines et que le sac en cuir que chaque mineur porte à sa ceinture pour y mettre son or était devenu d'une grosseur satisfaisante, l'on faisait le dimanche de grand matin sa toilette. Cette toilette bien simple consistait en un large pantalon de toile blanche mis dans de grandes bottes molles à revers rouge, en une écharpe de soie retenant à la ceinture deux pistolets à six coups (revolvers) et un couteau poignard. Une chemise de couleur dont le large collet rabattait sur une cravate de foulard, un *sombrero* de Panama et le *serape*, couverture aux couleurs vives, jeté sur l'épaule complétaient le costume commun à tous les mineurs. L'on sellait son cheval et, joyeux, l'on partait pour Jackson Creek, le grand camp, je dirais presque la ville. Là en effet se trouvait réuni tout le confortable, je dirais même le luxe, un hôtel, un café, un billard, des combats de taureaux et d'ours, et des bals où venaient chanter et danser une douzaine de brunes Mexicaines dont les yeux noirs remuaient tous les cœurs, tournaient toutes les têtes et amenaient souvent des rixes sanglantes.

Parfois, pour ne pas dire toujours, la fête se prolongeait le lundi, souvent le mardi, rarement plus longtemps, la bourse des mineurs n'ayant pas besoin de tant de temps pour se vider. Alors, fatigués, sans un réal, l'on s'en revenait à la case abandonnée, l'on reprenait d'une main alourdie la pelle ou le pic, en jurant de mettre désormais son or de côté.

V

Les flibustiers de la Sonore

Et maintenant, le frisson de la légende... Qui, le premier, conçut le vaste projet de la Sonore ? Difficile de trancher : probablement fut-il la conséquence d'un entrecroisement d'intérêts, et de ces hasards qui, soudain, précipitent les événements, lorsque, croit-on, s'impose l'« homme de la situation ».

Le Mexique, déchiré, affaibli, épuisé par sa guerre avec les États-Unis, traumatisé par la perte du Texas et de la Californie, cherchait à protéger sa frontière, au nord, tout à la fois des raids meurtriers des Apaches et de la pression de plus en plus perceptible des Américains. Il apparut à certains, dans l'entourage du président Herrera, qu'il serait astucieux de tenter d'y implanter des colonies de peuplement, en faisant appel aux mineurs étrangers qui se sentaient de plus en plus contestés en Californie. Le nord de la province de la Sonore était réputé riche en filons d'or et d'argent, les bruits les plus fantastiques couraient, attisés par le danger qu'il y avait à s'y aventurer — les mines dites de l'Arizona, en particulier, suscitaient bien des convoitises, et pouvaient donc être un bel appât. Une fois en place, ces colonies pourraient faire barrage aux Américains et, venant de pays lointains, ne risquaient pas de faire subir à la Sonore le sort de la Californie...

Les libéraux du Sonora imaginèrent-ils alors un plan leur permettant de se détacher de la tutelle de Mexico ? Nous n'en avons pas de preuve formelle, mais de multiples indices, patiemment rassemblés par Rufus Kay Wyllys[1], nous le donnent à penser. L'idée de Paredes, et peut-être de Gandara, était simple : l'arrivée d'un fort contingent de Français armés en guerre contre les Apaches pouvait être l'élément déclencheur qui leur manquait pour soulever les *pueblos* contre les autorités

1. *The French in Sonora, 1850-1854*, Berkeley, 1932. Thèse restée inédite.

mexicaines. Ensemble, ils pouvaient prendre le pouvoir, et ensuite appeler à eux l'émigration française de Californie. En somme, c'était le scénario de l'indépendance californienne qu'ils voulaient rejouer. Et l'état des forces potentiellement en présence leur donnait de bonnes chances de succès.

Le consul Del Valle entra en contact avec Dillon, à San Francisco, et lui transmit la proposition d'Herrera, que Dillon accueillit avec d'autant plus d'intérêt que Paredes de son côté l'avait probablement approché — et notre consul vit là l'unique moyen de se sortir de la situation explosive où se trouvaient les Français de Californie.

Restait à trouver l'homme de la situation : c'était Raousset-Boulbon, évidemment — et d'autant plus que celui-ci, depuis son voyage à Los Angeles, avouait sa fascination pour la manière de vivre des *hacienderos* mexicains.

L'échec de l'insurrection de Mokelumne Hill, l'agitation des esprits qui s'était ensuivie créaient les conditions idéales pour rassembler une troupe de têtes brûlées — auxquelles, on le verra, grâce au témoignage de Rivoallan, Raousset se garda bien de dévoiler ses véritables objectifs. Il est vrai que la situation exigeait une discrétion absolue...

Et c'est donc pour prendre possession des mines de l'Arizona que partirent, pleins d'entrain, nos rêveurs de royaume...

Las ! comme on va le voir à travers le récit de Raousset, les dés étaient pipés, la situation des plus confuses — et rien, en conséquence, ne se passa comme Raousset l'avait imaginé.

Même si, avec ses hommes, il réussit l'impossible...

Charles-Gustave Rivoallan

Départ pour la Sonore

Voici donc comment le jeune Rivoallan s'engage dans l'aventure, et son témoignage est unique, qui comble enfin les trous des récits laissés par La Madelène et La Chapelle, tous deux proches de Raousset. Où l'on voit que le brave garçon était loin d'imaginer ce qui allait lui arriver...

C'était après une de ces folies, que l'on excusera, si l'on songe combien est dure et précaire la vie des mineurs ; notre petite colonie couchée auprès de ses outils, trop lourds ce jour-là pour nos mains paresseuses, discourait raisonnablement et jamais, je crois, philosophes ne firent d'aussi belles théories sur la sagesse, jamais non plus l'on ne dit tant de mal de la Californie, où nous étions depuis deux ans aussi pauvres que le premier jour.

Vers le soir, un de nos compagnons qui, la veille, était resté au camp vint nous rejoindre et nous annoncer la grande nouvelle. Une expédition se montait pour la Sonore : l'on allait former une compagnie pour chasser les Apaches des mines de l'Arizona ; c'était la fortune de ceux qui en feraient partie. L'argent n'était pas nécessaire, la compagnie équipait les hommes de tout.

Que de motifs, le dernier surtout, pour tenter des gens ennuyés de la Californie, rêvant une fortune prompte ! Sur-le-champ nous décidâmes qu'il fallait partir. Nous ne dormîmes guère ce soir-là, et le soleil dorait à peine la cime des grands pins que nous prenions la route du camp, riches d'espérances et faisant mille châteaux en Espagne, ou plutôt en Sonore. À Jackson nous trouvâmes M. Garnier. C'était un des amis de M. de Raousset, chargé par lui de recruter dans les mines sa petite armée. Il ne demanda pas mieux que d'engager d'anciens mineurs habitués à la vie rude des plaines et dont plusieurs avaient déjà servi dans la marine.

Le soir de ce grand jour, laissant nos outils, nos tentes, notre batterie de cuisine, toutes nos richesses, en un mot à la grâce de Dieu, munis seulement de nos armes, de quelques vêtements et de nos couvertures, nous nous mîmes en route pour Sacramento. Il faisait un clair de lune magnifique, une douce brise rafraîchissait l'atmosphère, nous suivions silencieux les sentiers étroits des montagnes, rêvant au passé, à ce pays que nous quittions peut-être pour toujours, et nous nous tournions souvent pour voir une dernière fois le grand pic du Macolamé [1] qui se détachait, au loin, sur un ciel bleu.

C'était par une brumeuse soirée de décembre que j'étais arrivé en 1849 à San Francisco. Le vent soufflait, ce soir-là, à la tempête, un brouillard épais mêlé de pluie dérobait en partie la vue de la terre, un moment nous crûmes ne pouvoir franchir la passe qui forme l'entrée de la rade. J'avais vu la mer déchaînée devant le Rio de la Plata, j'avais vu les flots furieux au cap Horn, jamais la lame ne m'avait paru aussi menaçante. Le navire bondissait sur la mer, blanche d'écume ; par instants on eût dit qu'il allait s'élancer enfin dans la passe, une contre-lame nous rejetait bien loin. Nous franchîmes enfin la dangereuse passe et la *Cérès* à sec de voiles fila, emportée par le courant, avec une vitesse de plus de 8 nœuds.

(...)

Je débarquai de bonne heure (le lendemain) et peu d'instants suffirent pour dissiper mes illusions. San Francisco, de loin si gracieux, si pittoresquement groupé sur la colline, San Francisco vu de près n'était plus qu'un effroyable bourbier où l'on enfonçait à chaque pas dans des gouffres de vase. Des pluies abondantes avaient défoncé le sol, et de chaque côté des rues, si l'on peut donner le nom de rues à ces larges marécages, on avait des lits bourbeux de rivières ; l'on avait jeté là un ballot de marchandises, ici des caisses vides, plus loin des branches d'arbres, pour aider au passage, sans cela impossible. Ces tentes de laines si blanches vues depuis le bateau étaient souillées de boue et détrempées par la pluie.

Quelques-unes des habitations étaient construites avec de vieilles caisses ou des douvettes de barriques. Une seule méritait à peine le

1. Cf. note p. 341.

nom de maison. C'était une habitation élevée sur la place par un *ranchero* avant la découverte des mines ; la douane s'y était installée depuis. De vastes tentes ornées de drapeaux et semblables à celles que l'on voit dans nos foires entouraient la grande place. À la musique barbare qui en sortait et à leurs larges enseignes, *A la Chispa de Oro*[1], *A l'Eldorado*, il était facile de reconnaître ces maisons de jeu où est allé s'engloutir en un instant l'or de tous ces mineurs, le fruit de leurs longs et pénibles labeurs.

Ce qui, à mon arrivée, m'étonna surtout ce fut le mouvement, l'animation que je remarquai partout. C'était un curieux spectacle que celui de tous ces hommes, venus de toutes les parties du monde, vêtus de costumes variés, parlant des langues si diverses et se coudoyant sur cette plage éloignée, avec la même idée, le même but : celui de ramasser de l'or...

Nos compagnons nous conduisirent dans un restaurant alors célèbre parmi les Français, « À l'Enseigne du mineur ». Nous y trouvâmes une table servie avec un luxe inconnu pour nous depuis longtemps.

J'avais fini de souper et je fumais mon cigare sur la porte de l'hôtel, lorsque j'entendis de l'autre côté de la rue des éclats de rire et de joyeuses chansons françaises mêlées au cliquetis des verres et des bouteilles. Tout ce bruit sortait d'une sorte de cave au-dehors de laquelle était écrit sur un transparent : « À Paul Niquet. » Il n'y avait pas de doute possible, c'était là une taverne française. J'y descendis, et quelle fut ma joie, en voyant au comptoir le brave Félix, un de mes meilleurs amis, un de mes compagnons de voyage lorsque je vins en Californie, fils d'un riche propriétaire de France ! Après avoir reçu une brillante éducation, comment était-il devenu le Paul Niquet de la Californie ? Mon Dieu, comme tant d'autres il avait pris les routes de traverse, il avait fait un peu de tous les métiers, mineur aujourd'hui, demain portefaix. Batelier, il avait perdu son bateau, il était allé alors chercher fortune dans l'Oregon, et il en était revenu avec quelques blessures, des souvenirs et pas un sol. Il avait recommencé les vieux métiers californiens et, ayant quelques avances, il avait fondé le fameux « Paul Niquet » où il vendait beaucoup et recevait peu d'argent.

Après les premiers épanchements je lui racontai ma vie passée, mes projets d'avenir. Il les approuva grandement et, étant intimement lié avec les principaux chefs de la compagnie, il me mit aussitôt en relation avec eux.

1. *A l'Aguila de Oro*, en fait.

Dans un des coins de la taverne étaient attablés deux individus. L'un était d'un âge mur, d'une taille élancée, mais dont les années avaient déjà alourdi les contours ; ses larges épaules, sa poitrine ouverte annonçaient une grande vigueur, sa figure était mâle et sévère et cependant empreinte d'une grande douceur. Ses yeux respiraient la franchise et la bravoure, il était vêtu d'une chemise de laine noire, de grandes bottes recouvraient son pantalon de même couleur, son large chapeau était d'une couleur sombre comme le reste du costume.

C'était M. Le Noir, ancien officier de cavalerie et qui devait commander nos cavaliers sonoriens. (...) Intrépide dans le combat. (...) Il connaissait de plus parfaitement le pays que nous allions parcourir et en parlait la langue.

Son compagnon était un grand diable aux cheveux blonds ébouriffés, le chapeau sur l'oreille et les moustaches en croc. Il portait avec prétention une chemise rouge que le temps n'avait pas mangée, son pantalon, à peine retenu par une ceinture de soie fanée, retombait sur de grandes bottes éculées. C'était le vrai type de soldat d'aventures, nous le surnommâmes dans la suite d'Artagnan.

Adolphe X... avait été hussard. Au moral, c'était un bon garçon, grand viveur, hâbleur plus encore, brave pour un coup de main, mais aimant trop la bonne vie et ses aises pour supporter gaiement la misère d'une campagne aussi pénible que nous allions entreprendre et il le prouva depuis, en nous abandonnant au moment de la retraite de Guaymas.

(...) Il fut décidé dès ce soir-là que j'entrerais dans la cavalerie de M. Le Noir. Le jour nous surprit que nous buvions encore à la gloire et à la fortune.

Le lendemain était un dimanche. Il était convenu qu'à 11 heures du matin tous les hommes qui voudraient s'engager devraient se réunir dans un vaste magasin situé dans Market Street. Là, M. de Raousset devait examiner chaque postulant, l'interroger et incorporer ceux qui rempliraient les conditions voulues.

À l'heure dite, je me trouvais au rendez-vous. Cinq à six cents individus se préparaient dans le vaste local. À l'extrémité, une espèce de bureau était dressé, les chefs choisis et provisoirement nommés par M. de Raousset y étaient assis, et l'appel fut aussitôt commencé. Trois cents hommes environ furent engagés, on prit de préférence les anciens mineurs, gens habitués à la vie sobre des camps, la plupart chasseurs, tous déjà éprouvés aux missions et aux fatigues. On choisit enfin les anciens soldats, les matelots que l'on destinait à l'artillerie, enfin les ouvriers de tous les corps. Notre compagnie étant appelée à se suffire à elle-même, les gens de métier étaient une acquisition précieuse.

Je ne fis qu'entrevoir M. de Raousset ce jour-là, il parut à peine dans la salle, jeta un rapide coup d'œil sur l'ensemble des hommes qu'il allait commander et sortit sans nous dire un mot de ses projets, ni des moyens qu'il avait de les exécuter.

(...)

Où allions-nous ? Nous n'en savions rien. Mais après tout, qu'avions-nous à perdre ? Notre fortune, nous la portions sur nos épaules, et puis notre fortune n'était-elle pas dans nos espérances ? Notre vie ? Nous la jouions chaque jour, à chaque heure, dans les placers de la Californie. Que laissions-nous derrière nous ? Une terre étrangère. Californie, Mexique, qu'importe où dormir le dernier sommeil, si nous devions mourir...

(...)

M. Lefranc, ancien spahi, servait d'aide de camp à M. de Raousset. C'était un bel homme, mais d'une figure froide et railleuse. Cette froideur extrême repoussait l'intimité et le faisait passer pour fier, quoiqu'au fond il ne le fût pas. D'une bravoure aveugle, il se fit tuer à Hermosillo.

Je me liai enfin ce jour-là avec M. Fayolle, qui fut chef d'une section d'infanterie et dont je dirai plus loin la mort héroïque dans sa folie. C'était un homme de petite taille, gros, coloré, portant des lunettes. Son physique peu martial le contrariait énormément et pour le démentir il eût fait l'impossible. Sa vie avait été des plus aventureuses : ancien sous-officier, blessé en Afrique, il avait entrepris beaucoup de choses à Paris et n'était arrivé à rien. Il avait été comédien — je doute qu'il ait eu du succès —, héros en février 1848, insurgé en juin, blessé dans les deux affaires il était venu en Californie, où il avait été de nouveau comédien, puis cuisinier, mineur, puis négociant. Il était alors en train de devenir officier, il se redressait sur ses petites jambes, portait haut la tête, parlait sec et sacrait beaucoup. Il voulait être populaire, il était drôle. Au fond, brave comme la poudre, bon camarade, ami dévoué.

Arrivés à Guaymas, après diverses péripéties qu'on trouvera narrées plus loin dans les lettres de Raousset-Boulbon, les hommes eurent à traverser le désert de Guaymas jusqu'à Hermosillo, dans des conditions très éprouvantes : le témoignage sur cet épisode est particulièrement intéressant — le premier, à ma connaissance, écrit du point de vue de la troupe et non de celui de Raousset. Il est clair, en tous les cas, que, une fois à Hermosillo, ils avaient déjà compris qu'ils étaient engagés dans une entreprise qui allait les conduire bien plus loin qu'ils ne pensaient — et d'abord au bout d'eux-mêmes...

Le chemin que nous parcourions était plus un sentier qu'une route, tracé par les muletiers au milieu des cactus et des aloès. Le sol en était difficile à la marche, parfois nous enfoncions jusqu'à la cheville dans un sable échauffé par le soleil du jour, parfois nous déchirions nos pieds sur des galets semblables à ceux qui couvrent les rivages de la mer. De temps en temps nous traversions de profonds ravins creusés par les eaux dans la saison des orages, et nous fûmes plus d'une fois forcés de nous atteler aux chariots pour aider nos mules découragées à en gravir les bords escarpés. Cependant nous fîmes assez rapidement les 5 ou 6 premières lieues ; la nuit était superbe, la brise de mer était levée avec la lune, nous entonnions de temps en temps quelques chansons pour régler la marche et encourager les traînards.

Nos arrivâmes ainsi à la Noria, grand *rancho* ou ferme bâtie sur le bord de la route.

(...)

La seconde partie de l'étape ne se fit pas aussi facilement. Nos pieds déshabitués de la route, amollis par le sable brûlant, écorchés par les galets et les cactus nous rendaient la marche douloureuse ; le bagage que nous portions sur le dos ainsi que nos armes devenaient de plus en plus lourds, et la sueur ruisselait sur nos fronts que nous n'avions pas encore fait la moitié du chemin. À chaque instant nous laissions quelques traînards derrière nous et nous fûmes souvent obligés de nous arrêter pour les attendre ou de sonner de la trompette pour remettre dans leur route ceux qui, restés en arrière, s'étaient trompés de sentier. Les dernières étoiles avaient disparu, le ciel se colorait dans l'est des premiers feux du jour, lorsque nous aperçûmes enfin sur une petite éminence une maison de pauvre apparence entourée de quelques maigres aloès : c'était Buenas Noche, nous avions fait notre première étape ; nous allions commencer à connaître les souffrances d'un voyage à pied dans l'intérieur de la Sonore.

Haletants, couverts de sueur, nous restâmes quelque temps couchés auprès de nos bagages, avant d'avoir la force de nous installer pour passer la journée. La faim, et surtout la soif nous arrachèrent à un repos dont nous avions grand besoin. Nous venions de faire près de 10 lieues dans notre nuit et sur un terrain des plus ingrats.

Le bois pour allumer notre feu fut facile à trouver : nous avions emporté de la viande et du pain, la difficulté fut de nous procurer de l'eau. Nous fûmes visiter le puits, il était complètement à sec ; deux ou trois squelettes de coyotes gisaient dans le fond, ces animaux poussés par la soif s'y étaient sans doute précipités quand il contenait encore un peu d'eau et, n'ayant pu en sortir, ils y avaient trouvé la mort.

Le ranchero leur céda une barrique d'eau.

La moitié de la barrique fut partagée entre les mules, le reste fut distribué aux hommes qui en eurent à peu près un litre et demi chacun pour passer la journée.

(...)

Il était 2 heures environ de l'après-midi lorsque je me réveillai. Tout était silencieux autour de moi. Mes compagnons disséminés sous les arbustes dormaient encore, les mules groupées à l'ombre de la maison mangeaient nonchalamment leur ration de maïs ; les pauvres bêtes sentaient déjà les atteintes de la soif. La sentinelle, appuyée sur son fusil et abritée du soleil par les chariots, attendait, immobile, que son tour fût venu de goûter le repos. Un soleil de plomb dardait ses rayons sur le sable, pas un souffle d'air, pas un bruit, si ce n'est par instants le crépitement de quelque lézard gris chassant les mouches derrière les cailloux, la crécelle d'un serpent à sonnettes, ou le ronflement monotone d'un de nos compagnons endormis. Je secouai ma torpeur et me mis sur mon séant. J'avais le corps brisé de fatigue. Je visitai mes pieds endoloris. Des cloques, dont plusieurs étaient entrouvertes, couvraient le talon : je les lavai ou plutôt je les humectai un peu, je les couvris de linges blancs et ainsi préparé à la marche je m'occupai de mon dîner. Je n'eus pas le courage d'allumer du feu ; il eût fallu sortir de mon abri, affronter les rayons de soleil, je préférai me contenter d'un morceau de biscuit trempé dans l'eau, et d'une goutte d'eau-de-vie que l'on nous avait distribuée le matin. Quelques *pitayas* (fruits d'un cactus pyramidal) qui se trouvaient à portée de ma main me servirent de dessert. Cela fait, je repris ma position horizontale et je m'endormis de nouveau, en attendant la fraîcheur.

Il était 6 heures du soir quand je me réveillai pour la seconde fois. Le soleil allait disparaître, et la fraîcheur du soir commençait à se faire sentir. Les mulets étaient attelés, mes compagnons pliaient leurs bagages et venaient prendre leur rang pour répondre à l'appel. L'avant-garde se mettait en route, je me joignis à elle. J'avais toujours remarqué que lorsqu'on voyage en corps, ceux qui se trouvent à la tête de la colonne fatiguent beaucoup moins. Un autre motif se joignait à celui-là pour me faire partir au plus vite : je mourais de soif et je savais qu'à un village indien, à 4 lieues de là, on espérait trouver de l'eau.

Je fis la première lieue avec beaucoup de peine, mes pieds étaient tout endoloris, les bretelles de mon porte-manteau et d'une carabine me coupaient les épaules, je souffrais de partout.

Peu à peu cependant je m'échauffai à la marche et j'étais parfaitement disposé quand j'arrivai au village. Il se composait de quelques misérables huttes habitées par de pauvres Indiens, gardiens de quelques chèvres maigres, mais nous y trouvâmes une eau saumâtre qui en ce moment nous parut délicieuse.

Ne voulant pas me refroidir, je me remis en marche aussitôt que ma soif fut un peu calmée ; mais ce court instant de repos avait suffi pour roidir de nouveau mes membres, la sueur coula bientôt de mon front, la respiration vint par instants à me manquer, et j'étais souvent obligé de m'asseoir sur le bord de la route. Vers minuit, je rencontrai un vieux Français qui revenait d'Hermosillo. Il était monté sur une mule vigoureuse et se rendait à Guaymas. Je lui demandai la distance que j'avais à parcourir pour arriver à l'étape.

— Voyez, me dit-il, ce piton de montagne qui s'élève à notre droite, au-dessus de la plaine. Quand vous l'apercevrez tout à fait derrière vous, vous ne serez plus qu'à une petite lieue du *rancho*. Vous avez encore 6 lieues à faire.

J'estimais en avoir déjà parcouru 7 environ et me croyais arrivé : jugez de mon désappointement.

Je me remis cependant de nouveau en marche. Je mourais de soif, l'espoir fol d'avoir bientôt de l'eau me soutenait. Je regardais continuellement le pic, mais j'avais beau marcher, la montagne semblait me suivre comme mon ombre, et je la voyais toujours se dresser à l'horizon. Tout d'un coup, tout parut tourner autour de moi, la terre sembla se dérober sous mes pieds, je tombai sur le sable. De l'eau ! De l'eau ! Telle était la seule idée et je murmurais sans m'en apercevoir ces deux mots qui dans cet instant représentaient pour moi la vie : de l'eau ! de l'eau !

Ce fut dans cet état que me rencontrèrent quelques-uns de mes compagnons. Ils me relevèrent, me mirent sur mon chemin, mais bientôt je restai derrière et retombai une deuxième fois sur la sable. Quand je revins à moi j'étais seul, la lune éclairait la route. Je me remis en marche, mais par une erreur facile à comprendre dans l'état où je me trouvais, au lieu de marcher vers le *rancho*, je revenais sur mes pas quand une autre troupe me rencontra et me remit sur mon chemin.

Rose, le sous-chef, possédait quelques gouttes de vinaigre, il en frotta mes lèvres. Joigny, brave garçon qui était venu des États-Unis en Californie par terre et qui connaissait toutes les ressources du désert, me mit dans la bouche un morceau de moelle de cactus. Ainsi réconforté, je repris mon cœur à deux mains, et, courant plutôt que marchant, je suivis mes compagnons, répétant dans ma fièvre : de l'eau ! de l'eau ! Oh ! Il faut avoir souffert de la soif pour en comprendre toute l'horreur.

Cependant la montagne était restée derrière nous, je ne l'apercevais plus comme un fantôme maudit, courant toujours à mes côtés. Le chant aigu d'un coq perça le silence de la nuit et vint, en nous révélant le voisinage des habitations, relever notre courage : nous aperçûmes un long édifice entouré d'une colonne et nous découvrîmes enfin le puits, nous vîmes l'eau couler d'un seau en cuir vert dans les outres de nos compagnons déjà arrivés ; jamais puits ne nous fut aussi agréable, nous nous précipitâmes vers l'eau bienheureuse et nous bûmes à longs traits.

Il faut avoir voyagé dans ces déserts pour connaître les souffrances, les angoisses de la soif. La brise qui s'élève le soir de la mer et qui vient vous rafraîchir sur la côte ajoute encore à vos tourments. Échauffée par les vapeurs qui s'élèvent du sol, ce n'est plus qu'un souffle brûlant qui dessèche vos lèvres et obscurcit votre vue, et soulève une fine poussière, semblable à la cendre chaude. Alors les yeux vous brûlent, le gosier se dessèche, la langue s'enfle, la fièvre vient ajouter son ardeur aux ardeurs de la soif, le délire évoque dans votre cerveau mille étranges fantômes...

(...)

Nous nous comptâmes : nous étions douze à peine. Nous songeâmes alors à nos pauvres amis qui, moins heureux que nous, se traînaient encore sur la route. Le soleil qui montait à l'horizon allait ajouter à leurs souffrances. Nous réunîmes à la hâte le plus d'outres que nous pûmes trouver, nous prîmes chacun un cheval dans le *rancho* et nous partîmes au galop porter la vie et l'espoir à nos compagnons.

À mesure que nous avancions dans la plaine, nous rencontrions nos camarades, les uns étendus sans force ou sans connaissance sur le sol, d'autres se roulant dans le paroxysme de la douleur. Tous se précipitèrent sur l'eau avec délire et, apprenant que le puits n'était pas loin, ils reprirent courage. Il nous fallut transporter quelques-uns à dos de mule jusqu'à l'habitation.

Je n'oublierai jamais la mort affreuse du pauvre Grandchamp. Ce Grandchamp était un ancien militaire, il avait fait deux campagnes d'Afrique et était déjà usé par les fatigues et par la vie de camp. Je le trouvai assis au pied d'un cactus, pâle comme la mort, une écume blanchâtre coulait lentement de chaque côté de sa bouche, son œil terne était fixé sur la terre. En l'apercevant, je sautai à bas de mon cheval, une outre d'eau à la main, et je courus à lui. Le malheureux leva la tête, aperçut l'outre humide. Son œil éteint jeta un dernier éclair, d'un bond il fut debout, de sa poitrine desséchée sortit un cri rauque, il étendit la main avec avidité, mais il était trop tard, le malheureux tournoya un instant, semblable à un homme ivre, pour retomber comme une masse inerte. Un flot noir sortit de sa bouche et de ses narines, ses yeux démesurément ouverts tournaient dans leurs orbites, ses membres s'agitèrent un instant dans les dernières convulsions. J'arrivais trop tard.

(...)

Vers les 2 heures de l'après-midi, grâce aux secours envoyés par la route, toute la compagnie était réunie au *rancho.* Nous avions fait 23 lieues en deux étapes...

Gaston de Raousset-Boulbon

Lettres de la Sonore

Autres documents exceptionnels, pour tout ce qu'ils révèlent d'un homme hors du commun : les lettres de Raousset. Devant elles, bien fades paraissent les autres témoignages, de ses officiers comme de ses amis. Laissons donc maintenant la parole à Raousset, en route vers son destin : tout est là, dans ces lettres si ardentes, jusqu'à ce matin de légende où deux cent cinquante hommes en guenilles prirent en deux heures la ville d'Hermosillo, mettant en déroute l'armée mexicaine...

Mexico, le 4 avril 1852.

(...) Il y a au nord du Mexique une province grande comme les deux tiers de la France, traversée par de hautes montagnes et peuplée de quelque cent mille habitants. La voix publique et la tradition racontent des merveilles sur les mines d'or et d'argent que renferment ces montagnes. Mais les tribus d'Indiens guerrières et nombreuses gardent ces mystérieuses *sierras*... C'est la Sonore !

Voici bientôt un an qu'une seule pensée m'occupe et que je consacre ma vie à son exécution : conquérir sur les Indiens les mines de la Sonore. Lorsque, misérable et seul, j'errais à travers la Californie, gagnant péniblement mon pain de chaque jour, je portais en moi cette idée de conquête. Je ne suis pas, et je m'en vante, de ceux dont l'esprit s'abaisse avec le niveau de leur fortune. Dès les premiers jours de ma venue en Californie, j'ai senti que je ne pouvais me relever que par un coup d'éclat : j'ai résolu de chercher une de ces grandes aventures qui conduisent au succès ou à la mort. Les circonstances, le hasard et mes propres recherches m'ont mis en rapport avec des hommes prêts à me seconder, et sentant comme je sentais : bonnes natures et vaillants cœurs auxquels il ne manquait qu'une tête, et qui se sont donnés à moi comme je me donne à eux.

Ces mines ne m'occupaient pas seul ; déjà quelques tentatives ont été faites, mais tout a été arrêté dès les premiers pas. Je m'y attendais... Je ne me suis point ému de ces départs précipités : les mines de Sonore sont restées vierges, c'est moi qu'elles attendent.

(...)

Demain je retourne en Californie, et quand tu recevras cette lettre, j'en serai déjà reparti à la tête de deux cents hommes organisés, disciplinés, etc. Vers la fin de mai, nous aborderons dans la terre promise, et vingt-cinq jours de marche nous conduiront au pied des montagnes où dorment les mines d'or. J'ai des armes, des chevaux, du canon, des vivres, etc. Mon expédition est appuyée par de puissants capitalistes, par le gouvernement et par la sympathie de tout le Mexique. Des titres en bonne forme m'assurent à moi et à mes compagnons la propriété de la moitié de tous les terrains, mines, placers sur lesquels je planterai mon drapeau. L'étendue de ces concessions est illimitée ; elle n'a de bornes que les marches de la compagnie.

À cette heure, mon cher E..., le sort en est jeté ; je pars : si je réussis, je puis espérer une grande fortune ; si j'échoue, je finirai au moins par une catastrophe digne de moi.

Adieu...

Gaston

*

Guaymas, s.d.

Nous voilà donc à Guaymas. Mes hommes[1] étaient casernés dans une vaste maison pourvue d'une cour intérieure (elles sont toutes ainsi). Je les réunis et je fis là, certainement, la meilleure harangue que j'aie débitée de ma vie. Or, si j'en dois croire un feuilleton que

1. Il en décrit quelques-uns, dans une autre lettre : « Le Noir est un homme d'élite. Ancien officier de cavalerie, d'un haut mérite, d'une bravoure à toute épreuve, mais un peu ruiné par de grands malheurs et quelques excès de boisson, ce qui paralyse en partie sa bonne volonté. Fayolle, imagination exaltée, de l'esprit jusqu'au bout des ongles. Il a été capitaine de zouaves, viveur à Paris, acteur en province, brocanteur et marchand de fleurs. Garnier, autrefois homme du monde, joli garçon. Il a été avec moi chasseur à San Francisco, puis briquetier, charbonnier, bûcheron. Taillandier, ex-adjudant, toujours coquet, de bonne humeur, un vrai enfant de Paris... »

j'ai reçu à San Francisco, j'en ai quelquefois prononcé de très bonnes. Ils sortirent enthousiasmés et burent si bien à ma santé que deux heures après il eût été difficile de décider quel était le moins ivre. Heureusement le Français a rarement le vin mauvais ; il tourne au gai et au tendre. Cette *sobriété* fut soigneusement entretenue pendant trois jours.

Les autorités s'étaient déchargées sur moi du soin de maintenir l'ordre. Des patrouilles régulières parcouraient la ville nuit et jour et ramassaient les ivrognes tapageurs. Notez que la patrouille était toujours aussi imbibée que le commun des martyrs, mais j'avais si bien exalté chez ces gens-là le sentiment du devoir que même dans l'ivresse ils en demeuraient pénétrés.

Que de charmants épisodes il y aurait à raconter sur ce séjour à Guaymas ! Je vous laisse à penser si mes Gaulois firent des caprices parmi les Mexicaines ! J'en connais un, un beau sacripant, ex-sous-officier de lanciers, qui, avec quelques amis, a bu jusqu'au dernier flacon d'un magasin de liqueurs dont la maîtresse lui avait trop prouvé qu'elle le trouvait à son goût. D'Artagnan s'était contenté de quelques poulardes chez la belle Madeleine ! J'ai retrouvé là, à Guaymas, la race, partout perdue, des taverniers complaisants. Un de ces braves avait une femme qui lui fit partager son enthousiasme pour les Français, au point d'ouvrir un crédit à toute la compagnie. Tous n'en profitèrent pas, mais en vingt-quatre heures notre homme vendit pour 1 500 francs de petits verres. Si l'on ne consomma pas davantage, c'est qu'il eut la malencontreuse idée de présenter sa note — les consommateurs lui donnèrent leur signature !

(...) Il y a de tout dans ces quelques jours. Des fenêtres escaladées, des maris infortunés, des duels, des processions, des bals, des représentations théâtrales, et surtout énormément de pots cassés ; il y eut de mes porte-guenilles qui, dans une journée, gaspillèrent très galamment un billet de 1 000 francs.

N'oubliez pas cependant que l'autorité demeurait vivante et absolue au milieu de ce gâchis. Un de ces hommes, étant ivre sans doute, refusa de payer après avoir bu. Ses camarades eux-mêmes sont venus m'apprendre qu'il avait dit : « Bah ! nous sommes les maîtres dans ce pays, nous ne payons pas ! » C'était une occasion de faire un exemple : je la saisis. Le lendemain matin, devant la compagnie entière sous les armes, je dégradai et chassai honteusement cet homme. C'était un Belge. (...)

G. R.

*

Hermosillo.

C'est un spectacle navrant de voir ces belles plaines rendues au silence de la solitude, ces *ranchos* vides et ruinés, ces *pueblos* dont les murs tombent, ces églises dépouillées même de leurs prêtres, ces populations misérables et abruties, ces *presidios* où quelques soldats déguenillés et tremblants représentent les fiers Castillans d'autrefois, les descendants des compagnons de Cortés. De la prospérité qui régnait il y a quarante ans, le souvenir seul a survécu ; mais avec lui s'est perpétué le respect de ceux à qui elle était due. Les populations de ces malheureuses frontières n'oublient pas qu'elles ont dû leur ancienne sécurité à la vigueur du gouvernement espagnol. Vainement aujourd'hui la demandent-ils aux successeurs imbéciles des vice-rois : toute comparaison entre les deux pouvoirs aboutit à d'amères récriminations contre Mexico...

(...) On peut parcourir, au cœur du pays même, des espaces de 80 à 100 milles sans y rencontrer à peine une ferme à moitié démolie, dont les malheureux habitants n'existent que par l'oubli des Indiens. On y élève par troupeaux sauvages des bestiaux et des chevaux, dont les Apaches volent la plus grande partie. Le sol est inculte, et nulle part la main de l'homme ne laissa une trace dans ces espaces sans horizon. Au nord, sur une étendue de 8 à 10 degrés superficiels, il n'existe pas un habitant. Des bandes de chevaux et de bœufs sauvages, restes des beaux troupeaux qu'élevait la génération passée ; des ruines de maisons, des ruines de forts, des ruines d'églises, des ruines de villages ; et autour de ce désert, des ruines d'hommes qui tremblent et des femmes qui pleurent...

*

Hermosillo.

(...) J'étais à Hermosillo ; inquiet de ne pas voir arriver mes volontaires, sans nouvelles d'eux, je fis partir en courrier un des hommes de mon escorte. Le lendemain, mon homme me revenait tout pâle et tout désolé. Son rapport était déplorable. Il n'y avait plus de chefs, plus de soldats, plus de discipline. On n'entendait que des malédictions ; c'était la révolte. Une heure après, je galopais sur la route de Guaymas.

La compagnie était campée en désordre auprès d'un *rancho* qu'on appelle La Posa. Chefs et soldats, tout était confondu : ce n'était plus qu'un pêle-mêle. Deux chariots brisés avaient été abandonnés, des malades laissés en route, des armes jetées. On parlait, on vociférait, on demandait des élections. On avait rédigé tout un manifeste de quatre grandes pages qu'une députation devait me présenter. C'était la belle et bonne anarchie.

J'avais le malheur, mon ami, d'avoir des avocats et d'anciens notaires parmi mes volontaires. Ne prévoyant pas mes difficultés avec le gouvernement mexicain, j'avais admis un peu de tout. J'aurais dû n'avoir que d'anciens soldats.

Les agitateurs étaient donc un avocat nommé D..., C..., ex-notaire, un commis ex-socialiste et poltron, un tailleur ex-garde mobile et d'autres animaux de la même farine. L'affaire était grave. Il s'agissait de réformer tous les chefs que j'avais nommés et d'accepter le système électif.

Je reçus la réclamation signée par toute la compagnie, je répondis que je ferais connaître plus tard ma détermination, et fis sur-le-champ sonner l'assemblée. La compagnie rangée en bataille, chaque officier, sur mon ordre, reprit son commandement, et tout partit en colonne, au pas militaire, comme si rien ne s'était passé. Nous marchions par une nuit magnifique, ce fut une promenade. Cependant, cette dernière étape, qui terminait un désastreux voyage, eut encore ses accidents. Une de mes petites pièces de campagne, attachée derrière un chariot, heurta contre une souche, chavira et reçut des avaries qui ne lui permettaient pas de continuer. Je la remorquai moi-même avec mon cheval et un *lazo*, jusqu'au *rancho* que nous venions de quitter. C'est en ne se montrant jamais embarrassé et en agissant ainsi soi-même qu'on arrive à prendre un ascendant irrésistible sur des natures violentes qui n'admettent un frein qu'à condition de l'accepter volontairement et qui s'en débarrassent dès qu'elles sentent faiblir la main qui les gouverne.

Après la pièce de canon, ce fut le chariot : un essieu cassa. Le chariot portait des malades. Un quart d'heure après, l'un d'eux rendait le dernier soupir. On fit halte...

Il était nuit ; le pays était une plaine aride, accidentée par une végétation fantasque : des arbustes dont les racines mordent dans le caillou et dont la frondaison se nourrit de soleil. Au premier plan, des ballots de toutes formes, des malades couchés, un homme mourant... Sur la gauche, un chariot brisé et d'autres chariots en mouvement ou recevant un chargement nouveau. Puis, tout à coup, plusieurs voitures arrivant escortées de cavaliers mexicains, si pittoresques dans leurs costumes : c'était le gouverneur et sa famille qui allaient à Guaymas. La scène s'éclairait des lueurs d'un grand feu allumé pour le campement des hommes destinés à rester là, jusqu'à ce qu'on pût venir enlever tous les objets que la colonne était forcée de laisser en arrière. Des chevaux, des mules, des cavaliers, des armes, des uniformes, des haillons, des voitures élégantes, des visages de bandits, des têtes de femmes, des marmites au feu, l'ombre, la flamme, une végétation tordue et grotesque ; tout cela agissant, hardi, coloré, ferait un curieux tableau. Je l'aimerais pour ma part mieux qu'une vue de la Chambre des députés.

À Hermosillo, je fis justice de mes artisans de révolte. Dès le lendemain de notre arrivée, résolu à agir vigoureusement, j'ordonnai, sinon le désarmement, du moins quelque chose qui équivalait à cela. Ordre fut donné d'apporter les armes dans une salle désignée et de les y laisser. On obéit ; la deuxième section parut vouloir résister : j'allai moi-même dans sa chambrée, et je réclamai les armes. L'hésitation ne dura pas, elles furent apportées en silence. Dès ce moment, secondé fidèlement par quelques hommes résolus, je me préparai à châtier, par la force, toute tentative de résistance.

Nos avocats ne se tinrent pas pour battus et recommencèrent leurs intrigues. On me prévient un matin vers 6 heures ; j'arrive dans l'ancien hôtel des Monnaies, où les volontaires étaient casernés, et je fais battre aux champs.

« Il y a parmi vous, m'écriai-je quand tout le monde fut réuni, des gens qui ne vous trahiraient pas mieux, s'ils étaient payés par nos ennemis ! Les réclamations qui m'ont été faites sont l'ouvrage de quelques meneurs et vous les avez signées par faiblesse ! Il y a parmi vous un homme qui m'a calomnié personnellement. Cet homme, c'est vous, monsieur D... Sortez des rangs !

« Vous avez dit qu'Arizona était un mensonge — voici les titres de propriété. Vous avez dit que nous n'irions pas aux mines — voici un traité qui montre que trente mille rations sont rassemblées au Saric, à quelques lieues de la sierra ! Vous m'avez calomnié, monsieur ! Vous avez égaré l'esprit de vos camarades ; vous avez menti sur tous les points ! Comme chef de l'expédition, je vous chasse d'une compagnie dont vous n'êtes pas digne ; comme homme, j'exige de vous des excuses formelles, ou une réparation les armes à la main. Choisissez ! »

Vous devinez la suite, mon ami. D... expulsé avec quelques autres *pratiques* de son genre, la compagnie se retrouva plus forte, plus unie, plus disciplinée qu'avant cette épreuve. (...)

G.R.

*

Hermosillo,
à M. Dillon, consul de France à San Francisco.

Monsieur,

Je saisis l'occasion du retour de M. de M... en Californie pour remplir ma promesse.

Je suis ici, à Hermosillo. Il y a longtemps que la compagnie devrait être au milieu des montagnes de l'Arizona, sans un obstacle auquel j'étais bien loin de m'attendre. Les hommes qui composent le gouvernement, ici, y compris le commandant général, ont voulu s'approprier les mines auxquelles la compagnie qui m'envoie a seule un titre légal. Bien que la force dont je dispose et le misérable état de l'administration et de l'organisation militaire de cette province me permissent d'aller de l'avant, j'ai voulu donner une preuve de mon profond respect pour les lois du pays, pour les autorités et pour les susceptibilités nationales. Enfin, après maints voyages et maintes mesures, j'ai fini par obtenir l'autorisation de marcher sur Arizona. Je suis maintenant en route.

La condition de la compagnie est excellente et j'ai la plus grande confiance dans l'avenir ; je suis venu pour explorer la Sonore. Vous entendrez une foule de sottes histoires à notre sujet ; ne les croyez pas, cette lettre seule est vraie. Les difficultés que j'ai rencontrées m'ont obligé de quitter la compagnie. Pendant mon absence, ordre, gouvernement, autorité, tout était en danger. Quand la colonne a pris sa ligne de marche, énervés par un mois de repos absolu, jetés sur une route difficile, les hommes chargés du commandement en mon absence n'ayant pas bien compris ou exécuté mes instructions, l'ordre, l'obéissance, l'autorité, tout disparut. Mais rassurez-vous, monsieur, je revins à eux, et une demi-heure après mon arrivée l'ordre était rétabli. Maintenant, tout va parfaitement. Ma compagnie compte plus de deux cents hommes organisés, disciplinés et armés dans le style militaire. Ma présence n'est nécessaire nulle part ailleurs. Mes Français et moi, nous sommes tous dans notre élément.

C'est un étrange pays que celui-ci, monsieur ; la loi, la pudeur publique n'y sont pour rien. La compagnie formée pour nous priver de notre propriété compte parmi ses membres le gouverneur, le commandant militaire, les deux juges du tribunal des mines, deux députés de l'opposition, etc. De mon côté, j'ai un ancien gouverneur, mais j'ai l'assurance qu'il est intéressé dans les deux entreprises. Néanmoins, mon titre est bon. Ces messieurs ont compris qu'il était impossible de nous repousser. Ils ont pris leur parti, et toute résistance ayant cessé, je vais prendre possession paisible des mines concédées.

Vous savez tout maintenant, monsieur. Vous saurez à quoi vous en tenir sur l'absurdité des rapports que vous fera la rumeur. On en a tant dit, à Guaymas, lors de l'arrivée de la compagnie à Hermosillo que quelques fous, saisis d'une terreur panique, sont retournés en Californie au lieu de venir me joindre.

Le reste de la Compagnie de M. de Pindray est encore à Cocospéra, sous le commandement de M. de La Chapelle[1].

J'ai l'honneur, etc.

G. de Raousset-Boulbon

---

1. « La gêne des colons privés des choses les plus nécessaires à la vie devint telle que M. de Pindray dut se rendre plusieurs fois auprès du conseil municipal d'Urès pour solliciter des secours. Un jour qu'il assistait à la délibération du conseil, plusieurs de ces messieurs se trouvèrent comme intimidés, pour ne pas dire effrayés, par l'attitude, l'air farouche, silencieux et fascinateur de ce grand chef des Français ; ils demandèrent même à ce qu'il s'éloignât, disant qu'il était impossible de délibérer en sa présence. Quoi qu'il en soit, quelque temps après, M. de Pindray mourait au village de Rayon, situé sur le Rio San Miguel, à 4 ou 5 lieues d'Opodepe : il mourait assassiné, disent les uns : en se faisant sauter la cervelle, disent les autres. La rudesse de ses manières envers ceux qu'il considérait comme des inférieurs ou des gens inutiles, sa façon de *mener* les affaires ont pu lui créer plus d'un ennemi qui, n'osant l'aborder de front, l'auraient frappé à l'improviste ; c'est là une forte considération en faveur de la première hypothèse. De plus, c'était un homme tellement hardi dans son désespoir que, poussé à bout dans ses derniers retranchements, il eût été capable d'affronter une force cent fois supérieure, et de se faire tuer sur place plutôt que d'attenter à lui-même, solitairement, et de reconnaître ainsi, d'une façon indirecte, un tort quelconque de sa part envers un homme ou envers la société ; son orgueil était incapable d'un pareil aveu. Par qui aurait-il été assassiné ? C'est ce qu'on ignore. Les soupçons ont plané longtemps sur un certain D..., de sa troupe, sacripant de la pire espèce ; mais où sont les preuves ? M. de Pindray venait de jouer au billard ; il était étendu sur un lit de camp, lorsqu'on entendit une forte détonation : il était frappé à la tempe et avait rendu le dernier soupir avant qu'on eût pu avoir le premier mot de cette énigme à jamais inexplicable. Les Mexicains s'emparèrent de sa bague chevalière et jetèrent son corps dans une fosse qu'ils recouvrirent de pierres ; chaque dimanche ils allaient entendre le *padre* ou curé de Rayon qui, du haut de sa chaire, défendait à ses paroissiens de prier pour ce chien de Français ! Voilà un spécimen de la charité évangélique au Mexique ; l'honneur de ce drame revient-il au génie des conseillers municipaux d'Urès ou à tout autre ? N'est-il qu'une page de plus au livre des suicidés ? Dans ce dernier cas, ne faut-il pas accorder un certain crédit à la version d'après laquelle il est dit que des notes expédiées du consulat français de San Francisco aux autorités mexicaines auraient eu pour résultat de gêner M. de Pindray dans l'accomplissement de ses projets, et de lui montrer qu'il n'y avait pas de refuge pour lui, même au désert ? Le consulat français d'alors a pu croire opportun de décocher une flèche de ce genre, et, dans ce cas, elle aurait porté juste. C'est un point difficile à éclaircir ; nos données sont insuffisantes. Tout comme M. de Pindray, M. de Raousset avait pu mener une vie tourbillonnante et sardanapalesque, mais sans jamais se tacher. C'est précisément cette conviction intime qui rendait à M. de Pindray le sentiment de sa déchéance intolérable ; ne pouvant anéantir le passé, il ressemblait à l'ange déchu qui, dans son implacabilité, s'efforce d'augmenter le plus possible, mais avec habileté et prudence, la somme de mal qu'il a pu déjà faire. (...) M. de Pindray était un bel homme, d'une taille herculéenne, d'un sang-froid extraordinaire, habile au maniement de toutes les armes, fait à toutes les privations ; son œil d'un bleu clair avait un éclat que peu de personnes pouvaient soutenir ; sa

face d'airain était tellement impassible qu'on l'aurait prise pour un masque, si ce n'avait été l'expression triste et sardonique qui la faisait vivante ; sa démarche était lente ; son rare sourire était gracieux quelquefois, amer toujours. [...] À la nouvelle de sa mort, la compagnie de Cocospéra fut d'abord consternée ; puis elle nomma d'une voix unanime, pour son successeur, M. O. de La Chapelle, mon frère, que sa probité, sa loyauté, son courage et sa bonté recommandaient naturellement à tous les suffrages : c'était un des trop confiants jeunes gens que Pindray avait entraînés à sa suite, après les avoir endormis longtemps en Californie*... »

* La Chapelle (A. de) : *Le Comte de Raousset-Boulbon et l'expédition de la Sonore — Correspondance, Souvenirs et œuvres inédites*, Paris, 1859 (pp. 62-67).

*

À monsieur le ministre.[1]

(...) C'est à cause de vous, monsieur le ministre, à cause de vous seul, que je prends au sérieux une autorité arbitraire, inique, méprisable, prostituée aux intérêts personnels.

Vous comptez sur moi, monsieur le ministre, pour faire respecter, estimer le nom français ; c'est pour cela que je vais à Arispe. Je ne veux pas laisser à ces hommes l'ombre même d'un prétexte pour injurier ce grand nom de la France que nous portons avec nous.

Je suis entouré de pièges, d'intrigues, de trahisons, et, par respect pour vous, monsieur le ministre, je vais au milieu même de ceux qui cherchent à me détruire.

Si je reviens d'Arispe, et que *quelque chose arrive* plus tard, vous aurez compris qu'il est des bornes à la patience et à la résignation. Si je n'en reviens pas, recueillez les noms de mes compagnons, et que la France fasse du moins payer au Mexique leurs intérêts perdus[2].

(...)

1. M. Levasseur, ambassadeur de France à Mexico.

2. Au même moment, Cubillas, le gouverneur du Sonora, craignant de voir les colons de Cocospéra se joindre aux forces de Raousset-Boulbon, adressait cette lettre à M. de La Chapelle, au Saric :

Gouvernement suprême de l'État de Sonora,
à M. de La Chapelle.
au Saric.

Ce gouvernement étant informé que vous et les colons français de Cocospéra, oubliant les avantages dont vous avez été gratifiés et les dépenses qu'a faites l'État pour vous aider, êtes au moment de quitter la vallée de Cocospéra, pour rallier la compagnie du comte de Raousset-Boulbon, et cela sans notre permission, sans en avoir donné avis à la préfecture de San Ignacio, dont vous relevez ; nous croyons devoir vous dire formellement que si, au reçu de cette note, vous et vos camarades ne renoncez pas immédiatement à votre première résolution, et ne rentrez pas au pueblo de Cocospéra, vous perdrez vos droits aux terres et biens dont vous aurez été mis en possession ; cette mesure sera motivée par votre violation des clauses stipulées dans le traité du 3 mars dernier, en faveur de la compagnie de Cocospéra. Plein de confiance en votre intelligence et votre fidélité, je vous prie de croire à ma parfaite considération.

Dieu et liberté — 14 septembre 1852.
Signé : Fernando Cubillas

*

Cocospéra, 20 août 1852,
à M. le général Blanco.

Général,

À 25 lieues seulement d'Arispe, une maladie qui s'appesantit sur les Européens et l'envoi d'un courrier venu de Tubutame m'obligent à rétrograder jusqu'au Saric, où ma présence est absolument nécessaire. Je regrette un contretemps qui me prive du plaisir de vous voir et de m'entretenir personnellement avec vous, non seulement des grands intérêts auxquels je me trouve mêlé, mais aussi des communications importantes que j'eus l'honneur de vous faire par ma première lettre.

Vous êtes déjà parfaitement instruit du but que vient chercher, en Sonore, la compagnie dont je suis le chef. La haute protection de M. le ministre de France nous sert de garantie. La pureté de nos intentions ne peut être soupçonnée. Aussi n'est-ce point à ce sujet que vous avez désiré me voir et m'entendre. Il ne peut être question, dans la pensée du commandant général, que de la situation à faire en Sonore aux étrangers qui m'accompagnent.

Empêché de me rendre moi-même auprès de vous, j'ai l'honneur de vous envoyer un de mes compagnons, M. Garnier, fondé de pouvoir en tout ce qui nous concerne. M. Garnier connaît aussi bien que moi les sentiments et les intérêts de la compagnie française. Il peut répondre à toutes vos questions, résoudre toutes les difficultés, prendre tous les engagements. En un mot, général, que M. Garnier se présente à vous ou que je m'y sois rendu moi-même, le résultat est le même pour le commandant général et pour vous. M. Garnier, je le répète, est revêtu de tous mes pouvoirs ; ses engagements seront les miens.

M. le colonel Gimenez, représentant de la compagnie Restaurada, vous donnera connaissance du traité qui m'engage avec cette compagnie ; vous y trouverez une nouvelle preuve de la simplicité de nos intentions et de la nécessité de notre armement, si les lettres du ministre de France pouvaient permettre le plus léger doute.

Le colonel Gimenez a qualité plus que moi, général, pour prendre en main les affaires de la compagnie Restaurada et accepter les arrangements qui lui conviendront : je suis et j'ai toujours été parfaitement d'accord avec le colonel sur tout ce qui touche aux intérêts qui nous sont confiés.

Je vous supplie, général, de vouloir bien remarquer que nous sommes à quelques lieues d'Arizona, que nous avons un titre légal à la possession de cette mine, et quoique nous y voyions le terme et la récompense de nos fatigues, nous demeurons immobiles au pied de la sierra, attendant votre autorisation pour y pénétrer. Vous ne voudrez pas, général, prolonger plus longtemps une situation aussi pénible que décourageante. Notre but, nos intentions sont clairs, nos intérêts sont définis ; le retour de M. Garnier nous apportera, j'en suis convaincu, la levée des derniers obstacles [1].

Recevez, général, etc.

Comte de Raousset-Boulbon

1. Garnier se rendit à Arispe, d'où il envoya la lettre suivante, le 26 août, à Raousset-Boulbon :

(...) Il nous est enjoint, dit le général :

1° Ou de consentir à la dénationalisation, c'est-à-dire de nous faire soldats mexicains, sans solde, sous les ordres du commandant général, avec vous pour capitaine. À cette condition, nous pouvons entrer à Arizona, chercher les mines, en prendre possession et les faire exploiter.

2° Ou bien prendre pour chacun de nous une carte de sécurité avec laquelle nous pouvons circuler en Sonore, à Arizona, mais sans prendre possession d'aucune mine, placer ou terrain, parce que nous serions considérés comme étrangers, et comme tels *incapables de posséder*, aux termes d'une ancienne loi du pays. Et encore, en prenant ces cartes de sûreté, il nous serait défendu de passer outre, de l'endroit où vous êtes aujourd'hui, avant l'arrivée des lettres de sécurité de Mexico.

3° Ou enfin de *réduire la compagnie à cinquante hommes*, ayant un chef mexicain responsable. Dans ce dernier cas, il serait permis de marcher tout de suite à Arizona pour reconnaître les mines, les dénoncer et en prendre possession au nom de la compagnie Restaurada. (...)

Charles-Gustave Rivoallan

Une chasse aux Indiens

Jusqu'ici nous ne savions pas grand-chose sur ce que furent les semaines passées à la mission du Saric. Voici le récit d'une aventure fort haute en couleur — leur seul affrontement, pendant tout leur séjour, avec les Indiens.

(...)

Pendant que l'on préparait les mules, je pris l'avant avec une dizaine de cavaliers et nous venions d'atteindre l'autre rive lorsque l'orage qui menaçait depuis le matin éclata tout d'un coup, avec une violence inouïe. Les éclairs et la foudre se croisaient de tous les coins du ciel, des déluges d'eau se précipitaient sur la terre, les rives ne furent bientôt plus qu'une rivière où nos chevaux avaient de l'eau jusqu'aux genoux. L'on entendait derrière nous les mugissements du fleuve grossir plus que jamais et dominer de sa grande voix toutes les voix de l'orage déchaîné. Notre place était auprès des mules et des bagages restés sur l'autre rive, l'on ne pouvait songer à faire traverser le torrent furieux à des animaux chargés. Nous-mêmes pourrions-nous retourner de l'autre bord ? Nous résolûmes de tenter l'entreprise, et sous une pluie battante, poursuivis par les éclairs, nous lançâmes nos chevaux, bride abattue, dans la direction du fleuve.

À mesure que nous approchions, le hurlement des eaux devenait plus distinct. Bientôt nous aperçûmes les flots roulant des arbres déracinés, couverts d'une écume jaunâtre, et prenant par instants une couleur livide, lorsque les éclairs venaient sillonner leur surface. Les nuages qui couvraient le ciel, joints à la nuit qui approchait, nous empêchaient de distinguer exactement l'autre rive, inondée du reste. Il nous semblait avoir devant nous une mer sur laquelle les massifs de verdure se détachaient dans la brume comme des îlots.

Nous nous arrêtâmes, indécis. Était-il possible de lutter contre les eaux furieuses, essayer le passage n'était-ce pas courir à une mort certaine ? Nous ne délibérâmes pas longtemps ; nos amis, restés seuls sur l'autre rive, avaient besoin de nous, nous avions pris les devants sans prévenir, on serait inquiet sur notre sort, notre devoir nous ordonnait de tenter l'entreprise. Un seul cavalier, Leblanc, eut peur et s'arrêta au moment d'entrer dans l'eau.

Pour nous, liant nos chevaux ensemble en une seule ligne, leur tournant autant que possible la tête au courant, nous entrâmes dans le fleuve.

Pendant quelques instants nous avançâmes sans encombre ; nos chevaux n'avaient pas encore perdu pied, nous n'étions pas encore dans le lit du fleuve, mais tout d'un coup nos bêtes disparaissent entièrement sous l'eau, à peine pouvons-nous leur soutenir la tête au-dessus des vagues ; pressés les uns contre les autres, nous descendons le courant avec une rapidité effrayante, nos chevaux nagent avec l'énergie de la peur, de la voix, de la bride, nous les excitons, un gros arbre déraciné va nous prendre et nous déraciner...

Lefranc a vu le danger ; avec le fourreau de fer de son sabre, il repousse la pièce de bois et la fait passer derrière nous ; cependant nos chevaux épuisés commencent à n'avoir plus qu'une respiration haletante, des sons rauques sortent de leurs naseaux, malgré nos efforts leurs têtes disparaissent par instants sous les vagues ; nous-mêmes sommes étourdis par les bruits de la foudre, le grondement du torrent et surtout par le tourbillon des eaux autour de nous. Notre vue commence à s'obscurcir, notre main cherche un appui sur l'épaule du voisin, le frisson de la peur nous glace les veines... Il était temps ! nos chevaux ont trouvé pied, ils redoublent d'ardeur et bientôt nous nous arrêtons sur l'autre rive, pour laisser souffler ces braves animaux.

Cependant la nuit a tout à fait enveloppé la terre ; on distingue à peine à deux pas de soi, et la rive que nous venons de quitter a disparu dans les ténèbres. Devant, derrière nous, de tous côtés l'obscurité la plus profonde, la foudre a cessé, mais la pluie tombe toujours à torrent, et le bruit monotone de l'ondée se mêle seul aux mugissements du fleuve dont on aperçoit à peine l'écume rouler et disparaître dans la nuit. Tout à coup, nos chevaux tressaillent, il nous a semblé entendre un cri au milieu du fleuve... nous ne nous sommes pas trompés, un second cri, cri déchirant, cri d'angoisse et d'agonie, arrive jusqu'à nous, nous prêtons l'oreille ; plus rien, rien que le bruit du torrent...

Nous eûmes le lendemain la triste explication de ce cri funèbre : Leblanc, qui était resté seul sur l'autre rive, fut bientôt effrayé de son isolement, peut-être aussi eut-il honte de n'avoir pas osé suivre notre exemple.

Il voulut nous rejoindre, il mit son cheval à l'eau, mais un cavalier seul n'offrait pas la résistance de dix cavaliers. À peine dans le courant, son cheval fut emporté, roulé par les vagues, c'est alors sans doute qu'il poussa les cris que nous avions entendus. On n'a jamais depuis entendu parler de lui...

Nous avions traversé le fleuve, mais il nous fallait rejoindre nos amis, et ce n'était pas chose facile. Les eaux nous avaient débarqués sur un point de rivage qui nous était inconnu, la nuit et la pluie nous dérobaient la vue des sentiers, on n'apercevait dans la campagne aucune lumière, aucun feu qui pût nous guider. Nous pensâmes que la force du courant avait dû nécessairement nous faire aborder beaucoup plus bas que le gué. Nos amis, après avoir été arrêtés par le fleuve, avaient probablement campé dans quelque prairie non loin de ses rives ; nous résolûmes de remonter son cours en nous tenant à une petite distance du bord. Nous nous mîmes donc en route, galopant autant que nous le permettaient nos montures fatiguées, nous arrêtant souvent pour consulter l'horizon et pousser tous ensemble de grands cris, mais l'horizon ne s'éclairait d'aucuns feux et aucune voix amie ne répondait à notre appel.

Vers minuit nous aperçûmes une petite lumière qui disparaissait par instants, pour reparaître quelques instants après, toujours à la même place. Nous dirigeâmes notre course vers elle ; bientôt des hennissements de chevaux nous annoncèrent que nous avions atteint notre but, et nous trouvâmes nos camarades réunis dans une vieille masure lézardée, autour d'un grand feu, dont les poutrelles de la maison faisaient principalement les frais.

On raviva le feu, chacun de nos amis se dépouilla pour nous d'un morceau de ses vêtements, nous n'avions pas un fil de sec sur nous. Nous lâchâmes nos chevaux fatigués, et après avoir dévoré quelques morceaux de *tacos* cuits sur la braise, nous nous endormîmes d'un profond sommeil.

Le lendemain, au point du jour, M. Le Noir, capitaine de notre cavalerie, envoya des hommes pour sonder le gué. Mais les eaux n'avaient pas encore eu le temps de s'écouler et ce ne fut que le soir que nous pûmes quitter notre campement.

(...)

L'étape suivante fut une des plus pénibles de la campagne. La route traversait une forêt épaisse, et l'eau vint encore à nous manquer complètement.

Nous perdîmes deux hommes dans cette marche de 12 lieues ; l'un d'eux, fils d'un riche négociant de Genève, succomba dès le commencement de la route. Il tomba à terre comme frappé de la foudre. Lorsque ses compagnons voulurent le relever, il était mort. Encore une tombe qui marquait notre passage dans la savane ! Le second eut une longue et douloureuse agonie. Je le rencontrai, couché sur le bord du chemin, en proie au délire. Je voulus le placer sur mon cheval, mais sa faiblesse était trop grande. Il lui fut impossible de se soutenir, et nous le portâmes sur un brancard jusqu'à une clairière de la forêt où nous campâmes près d'un ruisseau. Il n'expira que le soir et nous déposâmes ses restes sous un grand chêne : nous gravâmes son nom sur l'écorce de l'arbre et élevâmes une clôture autour de la fosse pour les préserver contre les profanations des tigres et des chacals.

Aussi chaque jour était marqué par une tombe, chaque soir quelque ami manquait au feu du bivouac. Ce fut une triste nuit, que cette nuit passée dans une forêt sombre, auprès des cadavres de nos amis. L'artillerie restée en arrière s'était égarée et manquait à l'appel. Pour la remettre dans sa route l'on monta une petite pièce de montagne qui marchait toujours à l'avant-garde, portée à dos de mulet, et toutes les demi-heures l'on tira un coup de canon.

Ces détonations répercutées par les échos de la forêt, se répétant à des distances égales au milieu du silence, semblables à des glas funèbres, venaient encore ajouter à la tristesse de cette longue nuit.

(...)

Le cadre que nous nous sommes tracé ne nous permet pas d'entrer dans les détails de ce long voyage à travers les savanes de la Sonore. Il a laissé dans mon âme de profonds souvenirs, et bien souvent depuis j'ai rêvé à ces marches au travers des hautes herbes, à ces nuits passées en sentinelle dans les grands bois, alors que le cri aigu des coyotes ou le miaulement des hyènes faisait frissonner mon cheval et m'arrachait au sommeil qui, avec la fatigue, venait alourdir mes paupières.

(...)

Cependant les jours suivent les jours et la savane étend toujours devant nous ses vastes solitudes où passent de nombreux troupeaux de bœufs sauvages, de chevaux qui jamais n'ont connu le frein, d'ânes presque aussi beaux que des chevaux. Les *ranchos* deviennent plus rares et tendent à se transformer en forteresses. C'est que nous approchons du territoire des Indiens Apaches, de ces terribles pirates du désert auxquels nous allons faire la guerre, aussi la consigne est-elle devenue plus sévère : nous ne laissons plus de traînards derrière nous, la nuit la garde du camp est doublée et nos pièces de canon sont toujours chargées à mitraille.

Nous arrivâmes enfin à San Miguel, le dernier village avant le désert. Nous y trouvâmes une députation de Français envoyés par la compagnie de M. de Pindray et commandée alors par M. de La Chapelle : ils venaient nous offrir de s'unir à nous et, comme on le pense, ce fut avec bonheur que nous ouvrîmes nos rangs pour les recevoir.

Deux étapes après San Miguel nous arrivâmes au *rancho* Del Deserto, espèce de fort sur la lisière du domaine indien, habité par un métis et une centaine d'Indiens à moitié civilisés.

Nous y laissâmes quelques malades et nous nous enfonçâmes dans ces vastes solitudes où, depuis l'expulsion des Espagnols, bien peu de Blancs ont pénétré.

Rien de triste, de sauvage et en même temps de grandiose que ces contrées. Ce n'est plus la plaine, couverte de troupeaux, les grands bois aux larges clairières, la prairie diaprée de fleurs aux couleurs variées.

Des montagnes granitiques, couvertes de blocs de quartz aux reflets métalliques, de sombres forêts de sapins, de cèdres, de chênes verts, des gorges profondes et retentissantes comme les voûtes d'un cloître, des cimes nues et désolées d'où l'on aperçoit les crêtes sans nombre des montagnes qui vont jusqu'au ciel en amphithéâtre, des torrents roulant entre ces montagnes leurs eaux profondes, et çà et là un monticule de pierre surmonté d'une croix à demi rongée par le temps et indiquant qu'un crime a été là commis, que là un voyageur a trouvé une mort violente, elle est cette partie du désert qui s'étend jusqu'au désert de la mort et que nous parcourons pendant de longues journées, aspirant après le moment de nous reposer de cette route sans fin.

Une seule fois pendant ce pénible voyage nous aperçûmes les Indiens, ils tentèrent de nous surprendre, mais nous étions sur nos gardes et notre artillerie les eut bientôt mis en fuite.

Enfin, après vingt et quelques jours de route, nous aperçûmes au sommet d'une montagne l'ancien *presidio* Touboutama, avec son antique église de granit rouge et ses masures à demi ruinées.

Jadis, Touboutama était presque une ville, une garnison nombreuse d'Espagnols y protégeait les missionnaires et les traces d'une ancienne enceinte fortifiée se distinguent encore au milieu des broussailles et des cactus. Aujourd'hui, ce village n'est habité que par une centaine de familles qui n'y vivent que par une tolérance des Indiens, aux vexations desquels ils sont continuellement en butte.

Nous y fîmes une halte de deux jours pour reposer nos animaux que les derniers jours écoulés avaient affreusement fatigués et pour prendre quelques renseignements sur le chemin à suivre pour arriver au Saric, où devait être notre quartier général. Cette ancienne mission, située à quelques lieues seulement de l'Arizona, but de notre expédition, devait avec quelques réparations nous offrir un abri sûr et facile à défendre ; une rivière qui baigne ses ruines nous assurait une eau saine et intarissable, ce lieu en outre passait pour un des plus salubres du pays.

(...)

M. Le Noir arriva bientôt à cheval et, après nous avoir recommandé le plus profond silence, il se mit à notre tête et nous dirigea vers les formes noires que nous apercevions indistinctement dans l'ombre. En approchant, nous reconnûmes une partie de notre infanterie, montée sur des mulets, seulement chaque mule portait deux cavaliers. Ortis et son fils, appuyés sur leurs chevaux, nous attendaient.

Nous prîmes la tête de la troupe et, précédés de notre vieux guide qui semblait, ce soir-là surtout, plein d'ardeur, nous nous dirigeâmes vers les gorges de la montagne.

Il faisait une nuit superbe. La lune n'était pas encore levée, mais le ciel était si pur, tant d'étoiles brillantes étincelaient sur son manteau d'un bleu sombre, que l'on distinguait parfaitement la route que nous suivions. Après avoir atteint et longé pendant plusieurs heures la crête de la sierra, nous entrâmes dans un ravin dont nous avions admiré, dans un autre moment, les splendides horreurs, et qui serpentait entre deux murs de rochers presque perpendiculaires. Au point du jour nous fîmes halte. Nous étions arrivés à un endroit où la montagne semblait coupée et laissait un large passage. Au travers de cette porte formée par la nature, on apercevait une vaste plaine parsemée de bois et de collines.

Nous apprîmes alors le but de notre expédition. Les Apaches venaient, il y avait quelques jours à peine, de surprendre un des *rancheros* de la frontière. Après avoir mis tout à feu et à sang, ils avaient repris le chemin des cordillères, amenant avec eux les femmes et les filles des Mexicains. Les deux cavaliers que nous avions vus arriver si pressés au camp en avaient porté la nouvelle à M. de Raousset et en même temps lui avaient demandé du secours.

Aussitôt Ortis avait été appelé et ce vieux chasseur de Peaux-Rouges n'avait pas été long à faire son plan de campagne.

Ces Apaches devaient se diriger vers leur territoire, situé dans les montagnes Rocheuses, pour y déposer leur butin. Mais la plaine est séparée de leurs camps par une longue chaîne de montagnes qui court du nord au sud et qui, escarpée comme un mur, ne pouvait être franchie que sur trois points. Le premier était celui que nous venions de prendre.

Pour venir par ce chemin, les Indiens devaient passer par notre camp : chargés de butin, il était évident qu'ils chercheraient à éviter un combat où ils pouvaient perdre le fruit de leurs rapines. Et, du reste, la garde restée au camp était suffisante pour les arrêter. Il était donc plus que présumable que les Apaches se dirigeraient sur l'un des deux autres passages. C'était là qu'Ortis avait résolu de les attendre. Mais comme il connaissait la prudence indienne et que des éclaireurs apaches pouvaient se cacher dans la montagne pour surveiller tous nos mouvements, il demanda à M. de Raousset d'attendre la nuit pour se mettre en marche et de ne pas nous faire connaître l'expédition jusqu'au dernier moment.

Nous étions arrivés au second passage. On y laissa l'infanterie, en la cachant derrière la broussaille et les chênes nains, avec défense d'allumer du feu. Une sentinelle placée sur un point élevé et dissimulé par un rocher devait prévenir dès l'arrivée des Indiens.

Pour nous, cavaliers, après un court repos, nous nous remîmes en marche pour gagner le troisième point par où l'ennemi pouvait passer. N'ayant plus l'infanterie à notre suite, notre marche devint plus rapide.

Le pays était admirable. Nos chevaux trottaient dans l'herbe jusqu'aux genoux, une belle rivière, bordée d'arbres, traversait la plaine et nous aperçûmes quelques bandes de chevreuils qui venaient avec le jour se désaltérer sur ses bords.

Vers les 7 heures du matin, nous quittâmes la plaine. Nous étions dans le dernier endroit par lequel les Indiens pouvaient venir. Un sentier imperceptible pour nous, mais que notre guide avait bien vite reconnu, annonçait seul le passage. Pour moi, je n'aurais jamais cru qu'un cheval pût passer par là. Nous gravîmes la montagne, et après avoir mis pied à terre nous descendîmes au fond d'un précipice, nous laissant glisser sur les rochers et traînant nos chevaux près de nous.

Lorsque je fus parvenu au fond de l'abîme et que je vis derrière moi cette pente raide et étroite que je venais de parcourir, j'eus comme un vertige ; je ne pouvais comprendre comment je ne m'étais pas brisé le cou cent fois.

La gorge où nous étions était couverte de figuiers de Barbarie et nous en fîmes un copieux déjeuner, tandis que nos chevaux dévoraient l'herbe épaisse qui croissait au bord d'une petite source.

En sortant de l'entonnoir formé par les montagnes, nous entrâmes dans une plaine parsemée d'arbres épais. La terre avait gardé les traces de la culture. Le sol était creusé en sillons, mais les herbes avaient depuis longtemps étouffé les semences. Des arbres fruitiers couverts de branches se mêlaient aux chênes et aux cactus ; des palissades pourries s'élevaient encore çà et là, et sous la mousse et les ronces nous découvrîmes des ruines noircies. C'était la demeure ruinée du vieil Ortis. C'était là qu'il avait passé les premières années de sa jeunesse, tout dans ce lieu rappelait à notre pauvre guide des souvenirs doux et bien terribles, et ce fut pour notre vieux compagnon une bien dure journée que nous passâmes, en embuscade dans ce lieu.

L'oreille au guet, postés derrière les arbres et les rochers, nous guettions depuis le matin les Indiens et, découragés par une longue attente, nous commencions à nous relâcher de notre garde, lorsque à quelques pas de nous, nous vîmes surgir comme par enchantement une dizaine d'Apaches. Ils avaient suivi le fond du ravin bordé d'arbres épais et avaient pu arriver ainsi jusqu'à nous sans être aperçus. Ce n'étaient du reste que des éclaireurs et leur petit nombre explique aussi comment ils n'avaient pas été vus plus tôt. Ils n'étaient pas là depuis une seconde sur le rivage, regardant autour d'eux avec méfiance (sans doute ils avaient remarqué les traces de nos pas), qu'un feu bien nourri partit de tous les points à la fois.

La fumée de nos armes n'était pas dissipée que nous nous précipitions tous, le sabre à la main, vers l'endroit où avait paru l'ennemi. Là, nous restâmes stupéfaits. Un cheval mort gisait seul sur le sol auprès d'une mare de sang, mais d'Indiens, pas un seul. Nous entendîmes seulement le galop de plusieurs chevaux sur les cailloux, galop qui bientôt se perdit dans le lointain.

Il était évident que l'ennemi avait eu vent de notre expédition et avait pris ses précautions en envoyant des éclaireurs en avant. Trouvant le passage fermé, il allait sans doute se rejeter sur celui que gardait notre infanterie. Nous n'avions pas un moment à perdre : en pressant notre marche nous pouvions espérer les surprendre entre deux feux.

Nous nous empressâmes de monter nos chevaux reposés et, pleins d'ardeur et d'espoir, nous suivîmes au galop les traces laissées sur le sable de la rivière par les fuyards.

Après deux heures d'une course rapide, le vieil Ortis qui, monté sur un mustang de première vitesse, était toujours en avant s'arrêta et se mit à examiner le terrain. Nous le rejoignîmes et comprîmes bientôt le motif de cet arrêt. Nous étions arrivés au campement des Indiens.

Le sol était couvert des débris de feux, et à la cendre encore chaude, il était évident que l'ennemi venait de les quitter. L'herbe restait foulée dans un large espace et des restes de chevreuils étaient encore suspendus aux branches d'un aloès. Ortis et son fils, après nous avoir avertis de les attendre, se mirent à galoper en rond tout autour du campement, élargissant le cercle à chaque tour pour retrouver la trace des Apaches, et bientôt ils disparurent derrière les broussailles.

Après un quart d'heure d'attente, nous vîmes revenir notre vieux guide. Sa figure était rayonnante, il suffisait de le voir pour être certain qu'il avait retrouvé la trace. Ce qui surtout augmentait sa joie, c'est qu'il ne s'était point trompé dans ses prévisions et que l'ennemi allait donner tête baissée dans l'embuscade de notre infanterie et ne tarderait pas à se trouver prise entre deux feux.

Nous nous remîmes donc en marche. La nuit était tout à fait venue, nuit sans lune et d'autant plus sombre que le ciel était couvert de gros nuages noirs. Parfois quelques éclairs sillonnaient l'horizon et nous permettaient de voir devant nous la montagne et la gorge où les nôtres attendaient l'ennemi. Nous n'en étions guère plus qu'à un quart de lieue et, n'entendant aucun bruit, nous commencions à craindre que les Indiens ne nous aient joué un tour de leur façon en retournant sur leurs pas. Le vieux guide devenait soucieux et arrêtait souvent son cheval pour prêter l'oreille aux bruits de la nuit. Mais la voix du hibou dans la broussaille, le cri du grillon sous la pierre du chemin ou les hurlements lointains d'une hyène troublaient seuls le silence du désert.

Ortis, découragé, avait rapproché son cheval de celui de M. Le Noir et commençait à lui faire part de son appréhension, lorsque le pied de la montagne devant nous fut tout d'un coup sillonné d'éclairs rapides, et le bruit de nombreuses détonations arriva jusqu'à nous, mêlé aux cris sauvages des Indiens. Nous répondîmes par le cri de France et, malgré les inégalités de terrain, les obstacles qui s'élevaient à chaque pas, nous lançâmes nos chevaux à bride abattue vers le théâtre de l'action.

Les coups de feu se suivaient rapidement, il nous semblait entendre le roulement d'un feu de peloton, puis c'étaient des détonations isolées, mais se succédant vivement. Il était évident que l'ennemi résistait. Bientôt nous aperçûmes les combattants. Nos fantassins, postés sur les rochers derrière les arbres au-dessus du défilé, tenaient en échec les Apaches arrêtés devant la gorge. À la lueur de la fusillade et des éclairs l'on apercevait leur masse sombre, leurs chevaux effrayés se cabraient sous leurs cavaliers, qui faisaient pleuvoir une grêle de flèches sur les endroits d'où partait le feu. Quelques-uns étaient armés de fusils. Mais grâce à la position occupée par les nôtres, leur arme la plus terrible, leur longue lance dont à cheval ils se servent si adroitement, était devenue inutile. Ils étaient tellement occupés par nos fantassins qu'ils ne nous entendirent pas venir.

Lorsque nous fûmes à une petite portée de fusil, le capitaine nous fit mettre pied à terre, et laissant nos chevaux liés ensemble à la garde de deux hommes, nous nous glissâmes derrière l'ennemi à l'abri des broussailles. À cinquante pas nous commençâmes un feu effrayant de tous nos revolvers. Cette attaque sauvage démoralisa les sauvages et quand le cri « à la baïonnette ! » s'éleva de nos rangs, l'ennemi en déroute abandonnant ses chevaux prit la fuite dans toutes les directions.

Selon leur coutume, les Apaches avaient enlevé leurs morts et leurs blessés. Nous prîmes un grand nombre de chevaux et de mules, dont la plupart étaient blessés et hors de service, mais le but principal de notre expédition était rempli : nous avions arraché les femmes mexicaines des mains de leurs ravisseurs. Nous n'eûmes qu'un homme mortellement blessé dans cette affaire. On put le transporter le lendemain jusqu'à Saric où il mourut au bout de quelques jours.

Nous passâmes cette nuit-là sur le théâtre du combat et le lendemain de grand matin nous nous remîmes en marche pour retourner à notre campement. Tel fut notre principal et je dirai presque notre seul combat contre les Apaches. Ils nous redoutaient trop pour venir nous attaquer et dans toutes les expéditions que nous fîmes contre eux, ils n'en vinrent aux mains que lorsqu'ils ne purent faire autrement.

Quelques jours après cette expédition, les anciens compagnons de M. de Pindray arrivèrent au camp, conduits par M. de La Chapelle. Ils étaient généralement assez mal armés, la plupart n'avaient que des fusils de chasse. Mais ils étaient en revanche parfaitement montés. Ils avaient surpris une cavalerie indienne et leurs chevaux étaient superbes et en très bon état.

(...)

Raousset-Boulbon

(suite)

Désormais, les dés sont jetés. Et chacun sent qu'il aura à aller au bout de l'aventure. Pour Raousset, après des tractations mystérieuses avec les chefs des pueblos *du nord, et devant l'ultimatum des autorités mexicaines, c'est la guerre. Autrement dit : gagner Hermosillo à marche forcée, et tenter de prendre la ville...*

Une folie : ils ne sont que deux cent cinquante. Mais personne, pourtant, ne songe à reculer.

El Saric.

(...) Depuis six semaines, nous campons au milieu des ruines d'une ancienne mission nommée El Saric ; les voûtes de l'église, belle autrefois, sont tombées sur le sol ; de vastes bâtiments achèvent de crouler autour des murailles éventrées. De quelque part qu'on se dirige, au nord ou au sud de ces ruines, d'immenses plaines, des vallées remplies de verdure circulent autour des montagnes... le roc dévoile partout aux regards émerveillés l'or, l'argent, le cuivre, le fer, le mercure, mêlés au marbre. Un ruisseau rapide baigne le sol de ses eaux toujours fraîches. Des poissons délicieux y abondent et, de distance en distance, les accidents de terrain produisent des miniatures de lacs bleus et profonds où viennent boire les cerfs. Au bord de ces belles eaux, des frênes, des platanes, de larges peupliers pareils aux peupliers d'Italie mêlent amoureusement leurs feuillages...

Notre camp est curieux à voir. Mes hommes ont mis en œuvre toute leur industrie. En quelques heures, des salles de verdure, des baraques de toutes formes se sont élevées comme par magie. En avant de ma tente, ils m'ont construit un vrai salon avec des branches de peupliers. Vingt personnes au moins pourraient y tenir. Sous ce feuillage que le soleil ne peut pénétrer, les éternelles brises de ce beau pays m'ont fait un paradis de mon palais agreste. Je suis sûr de regretter le Saric...

(...) Notre situation empire : l'hostilité devient plus vive. Elle est menaçante. Nos hommes se préparent à une marche de 80 lieues, la prudence m'oblige à te cacher pour quelle destination. On raccommode avec un goût plus ou moins fantasque de poétiques guenilles. À défaut de souliers, on fabrique des sandales. Nous avons monté nos deux pièces de canon, en forgeant jusqu'au moindre clou ! Ateliers de charron, de forgeron, de sellier, de fondeur, de cordonnier, tout cela s'est improvisé dans les salles effondrées. Les ombres des moines morts ont dû bien s'étonner dans leurs caveaux !

Je ne saurais trop le redire, mes Français se sont montrés magnifiques dans cette lutte de l'industrie contre mille difficultés, contre un imprévu plein d'irritation. L'esprit du corps est excellent ; nous partons, selon toute apparence, dans sept à huit jours. (...)

*

Au gouverneur Cubillas,
El Saric.

Jamais, monsieur le gouverneur, jamais il n'a été dit ni écrit une parole qui tendît à nous imposer les conditions que le général soulève devant nous comme une barrière. Je pourrais ajouter qu'il était facile de nous les poser à Guaymas, à Hermosillo même. Fallait-il attendre trois mois et que nous fussions au terme même de notre voyage pour nous placer entre d'inacceptables propositions et un rembarquement ?

Vous le voyez, monsieur le gouverneur, les preuves abondent. Les conditions tendent à un objet inique : nous expulser de la Sonore.

Et pourquoi ?

Il est impossible que je me fasse plus longtemps illusion. Nous sommes sacrifiés, nous, nos droits acquis, ceux de la compagnie qui nous envoie et les intérêts publics eux-mêmes, à l'avidité de quelques hommes puissants.

Loin de nous donner aide et protection, on a tout fait pour nous engourdir ou nous décourager. On a feint de se méprendre sur nos intentions, on a soulevé des malentendus sur les choses les plus claires, et on est encore à se demander si nous devons ou non rester dans le pays.

Nos intentions !

Les lettres de M. le ministre de France à M. le commandant général, à M. Aguilar, à M. Calvo et à vous-même ne suffisent-elles donc pas ?

Ne parlons pas de mes déclarations personnelles, effaçons le traité fait avec la compagnie Restaurada ; oublions toutes les preuves de soumission, de bon vouloir, de dévouement à ce pays, données par mes compagnons pendant quatre-vingt-seize jours ; mais les déclarations officielles émanées du représentant de la nation française, déclarations si franches, si noblement inspirées, si chaudement écrites, sont-ce là des choses qu'on laisse de côté sans que le bon sens public les relève et dise : « La vérité est là » ? Là sont les informations, les déclarations que vous me demandez.

L'immigration française en Sonore était attendue comme un bienfait par les populations de ce pays ; elle était approuvée par le gouvernement central, par M. Blanco, par vous, par tous.

C'est alors que vint la première expédition, conduite par M. de Pindray ; on la reçut avec enthousiasme, on lui donna des terres, des subsides, et on ne lui demanda pas de *renier sa nationalité* ; on la laissa libre et respectée.

Mais alors il n'était pas question d'Arizona, de ses mines d'argent, d'un vaste monopole à établir dans la sierra. La compagnie Baron, enfin, n'avait pas encore formé la ligue puissante dont chaque nom est bien connu dans toute la Sonore.

Nous sommes venus ! mais par une fatalité imprévue, nous arrivons ici pour y prendre légalement possession, en vertu du droit et des lois, du minéral d'Arizona concédé à la compagnie Restaurada, dont la compagnie Baron s'empare, au mépris de toute justice, sous la protection, sous les armes du commandant général lui-même.

Comme nous n'avons donné aucun sujet de plainte, après quatre-vingt-seize jours d'épreuve, on ne peut nous dire encore : « Sortez de ce pays. » Mais chaque jour apporte un acte nouveau, une entrave imprévue, une tracasserie habile, une exigence intolérable. Chaque jour enfin on nous fait faire un pas de plus vers le découragement et vers une retraite volontaire.

Je ne m'abuse plus, monsieur le gouverneur, je ne veux pas me prêter plus longtemps à une comédie qui ferait croire à ma faiblesse. Je ne demande plus qu'au bon sens public un appui, une protection, une sympathie que les autorités nous refusent.

Nous vivons dans un siècle où la vérité perce tous les voiles, et triomphe du temps comme de l'espace. L'opinion publique n'est plus celle d'un pays, elle embrasse le monde. Je possède assez de documents, de pièces et de correspondances authentiques pour porter la lumière à flots sur notre expédition en Sonore.

C'est à ce tribunal suprême que je compte en appeler.
J'ai l'honneur, etc.

Comte de Raousset-Boulbon

*

Lettre au colonel Gimenez,
El Saric.

Ma lettre, dites-vous, me convertit en insurgé ; le bon sens public en jugera différemment.

Le langage d'un homme libre est-il donc chose si rare aux oreilles de vos commandants généraux qu'ils ne puissent l'entendre sans croire à la révolte ?

Il suffit au commandant général d'avoir reçu la lettre dont vous parlez pour qu'il m'adresse, par votre entremise, la menace de me traiter comme un pirate.

Un *pirate* ! parce que j'aurai refusé d'échanger ma nationalité contre le droit douteux d'aller chercher à Arizona quelques poignées d'argent ! Un pirate ! parce que je refuse de faire de mes compagnons des soldats sans solde, sans vêtements et soumis aux coups de bâton !

Ma conscience porte légèrement cette menace et ma résolution ne s'en étonne guère !

Vous supposez, colonel, au sujet de ma résistance, des idées, des projets que je n'ai point apportés dans ce pays. Vous me supposez des illusions que je n'ai pas. Il se peut que le général Blanco puisse m'anéantir en un clin d'œil ; cependant, colonel, les hommes que j'ai l'honneur de commander ne s'intimident pas facilement : les menacer, c'est les affermir dans la résistance.

Comte de Raousset-Boulbon

*

Au comte Edmé de Marcy.

(...)

Et puis, tant de choses me préoccupent, tant de soins divers m'obligent à une âpre et persistante activité de tous les instants ! Songes-y ! Peu d'hommes en état de me seconder ; pas un capable de me remplacer — deux cent cinquante aventuriers à commander, moitié héros, moitié bandits, qui, semblables aux bêtes fauves de Van Amburg, n'obéissent qu'à la voix connue.

Obligé de courir à travers les espaces sans fin qui séparent ces populations clairsemées ; aujourd'hui, pour aller réchauffer l'enthousiasme de la révolution nationale dans un *pueblo* à 30 ou 40 lieues de mon camp ; demain une course aux Indiens ; puis, un soir, monter à cheval, franchir 15 lieues de désert pour aller... quelque part, dénouer les tresses blondes d'une Mexicaine amoureuse !... Car, en Sonore, ami, et c'est une des excellences de cette terre bénie par le soleil, on rencontre jusqu'à des femmes blondes parmi ces groupes de belles chairs bronzées, de rondes épaules, de pieds nerveux, de regards noirs et de cheveux teints dans les eaux du Styx.

Les femmes de Sonore sont belles, bonnes et spirituelles. La race s'est concentrée en elles. Tout ce qu'il y avait de chevaleresque dans le caractère espagnol, au temps immortel de Cortés, s'est conservé en elles ; seules elles ont conservé la tradition noble que vainement on chercherait chez les hommes.

Peu de jours après que le gouvernement de la Sonore m'eut déclaré rebelle et pirate, au moment même où j'étais mis hors la loi, où tout individu avait le droit de me tuer comme un chien enragé et devait ainsi bien mériter de la patrie, il se trouvait, à ces fêtes de Magdalena qui réunissent l'élite du pays, une grande et belle jeune fille, nommée Maria-Antonia... Elle appartient à une famille considérable ; son père, qui est une des principales autorités du pays, figure nécessairement parmi mes ennemis. On parlait de moi. On m'attaqua, elle prit ma défense. Sa tante, une vieille dame de beaucoup d'esprit, lui dit assez sérieusement : « Est-ce que tu serais amoureuse du chef des pirates ? »

Mon cher Edmé, Antonia se leva sans hésitation, se drapa dans son *rebozo*, et du plus grand sang-froid : « Oui, je suis amoureuse de celui que vous appelez un pirate ! À cette heure de malédiction pour la Sonore, il n'y a qu'un seul homme qui pense réellement à la sauver de sa ruine ! c'est le comte ! Si les hommes de ce pays n'étaient pas tous des lâches, ils prendraient les armes comme lui pour secouer le joug de Mexico ! Oui, j'aime le comte ! (*Si, quiero el conde, y loquiero con amore.*) » Antonia, mon cher Edmé, est grande, belle et blonde. Elle était là, au milieu de ses brunes compagnes, comme une rose dans un bouquet de tulipes noires.

Hier, à la vue de cinq à six mille personnes, Antonia est venue dans mon camp, sous ma tente.

Je ne te raconte pas cela pour satisfaire la fatuité commune aux animaux de notre espèce, mais afin de te donner à juger ce que valent les femmes en Sonore, et si j'ai tellement tort de croire qu'il existe un parti pour moi dans ce pays.

*

Hermosillo,
à M. Dillon, consul de France à San Francisco.

Monsieur,

En quelques mots vous savez quelle était ici ma mission. Le général Blanco et les principales autorités de l'État, tentés par la richesse des mines qui nous ont été concédées, se sont coalisés pour nous les enlever. Il n'y a pas de turpitudes qu'ils n'aient commises contre nous sous le manteau de la loi. Enfin le général Blanco nous a imposé la condition de renoncer à notre nationalité française ou de nous rembarquer. J'ai répondu comme je le devais. Le 14 octobre, après une marche de 52 lieues en sept jours, je suis arrivé devant Hermosillo. La ville était défendue par le général Blanco, ses troupes régulières, des Indiens, des gardes nationaux, de l'artillerie, en tout douze cents hommes. Après une heure de lutte sanglante, la place a été emportée d'assaut ; l'ennemi en plein désastre a fui dans toutes les directions, laissant entre nos mains beaucoup de prisonniers, dont six officiers. La fatigue de mes hommes ne m'a pas permis de compléter leur désastre.

Aujourd'hui je suis maître d'Hermosillo ; les sympathies du peuple mexicain sont pour nous, mes seuls ennemis sont les hommes que nous avons abattus.

La Sonore est un pays très beau, très riche, désormais il est ouvert à l'émigration française. Les obstacles que l'on rencontrait ont disparu, mais il ne faut pas laisser notre victoire infertile. Le sang de nos amis morts ne peut avoir coulé sans fruit. Le gouvernement français est entre des mains trop vigoureuses pour tenir à notre égard une conduite pusillanime.

Incessamment, je ferai dresser pour vous une copie de ma correspondance. Vous n'avez besoin d'aucune preuve pour croire à la justice de ma cause parce que vous me connaissez et parce que vous savez que sans l'honneur la vie n'est rien pour moi.

Ce qui importe maintenant, c'est de recevoir des renforts. Les hommes ne manquent pas, je compte sur vous pour leur faciliter les moyens de venir nous joindre. Je serai maître de Guaymas quand ils arriveront. Il suffit d'un capitaine de navire pour les mener jusqu'ici, je paierai leur passage.

Mais les circonstances sont très graves. Les faits accomplis peuvent avoir de grandes conséquences pour la France et il ne faut ni pourparlers, ni hésitations, ni diplomatie, ni phrases. Il faut de l'action, il la faut énergique et rapide. (...)

Comte de Raousset-Boulbon

*

Mazatlan, le 17 novembre 1852.

Mon cher monsieur Dillon,

Une maladie cruelle me retient à Mazatlan. Sitôt rétabli, je courrai à San Francisco pour répondre aux diffamateurs qui ne vont pas manquer de m'attaquer. Je connais votre prudence, n'accueillez rien sur l'affaire de Sonora sans vous entourer de votre réserve habituelle.

En deux mots, tout m'a manqué. Je comptais sur la population sonorienne, elle m'a manqué de parole. Je comptais sur les Français de Sonore, ils m'ont trahi ; après une victoire éclatante, la compagnie s'est démoralisée. Tout tremblait autour de nous et ils ont eu peur. Les forces du général Blanco étaient détruites et cependant la compagnie, dont la situation permettait au moins la plus glorieuse des retraites, a lâchement mis bas les armes. Elle a fait une retraite honteuse. Quant à moi, je ne suis pour rien dans ces lâches abandons. Je n'ai pris part à aucun traité, je n'ai rien signé. Le général n'a pas osé me retenir parce qu'il n'a pas obtenu de moi l'ombre d'un acte de soumission. Je suis resté seul et aujourd'hui je reprends le droit à la résistance. Ma cause est juste et je ne l'abandonne pas. Si j'avais eu des Américains au lieu d'avoir des Français, à cette heure je serais mort ou je serais maître de la Sonore. Un des pays les plus riches du monde serait ouvert à l'humanité. Ce que j'ai tenté, je l'aurais accompli. Du reste, M. P..., porteur de cette lettre, vous la remettra en main propre et vous dira de vive voix certains détails que je ne puis écrire[1].

Votre dévoué,

Comte de Raousset-Boulbon

1. Le consul lui répondit (*cf. Le Comte de Raousset-Boulbon et l'expédition de la Sonore*, par A. de La Chapelle, p. 134) : « Si votre intention est de recommencer, comme je n'en doute pas, revenez ici au plus vite ; nous verrons ensemble à remonter cette affaire. »

Charles-Gustave Rivoallan

(suite de son journal)

Autre moment émouvant : la lettre à sa mère, au soir de la bataille d'Hermosillo, où l'on sent le jeune homme comme soulevé de terre.

Particulièrement important, aussi, le témoignage de son journal, plus loin : pour la première fois nous avons le récit des suites de la prise d'Hermosillo, qui jusqu'ici nous paraissaient pour le moins confuses, et même contradictoires, Raousset ayant cessé d'écrire après qu'il fut tombé malade...

Reste une question, non tranchée : pourquoi, s'il y eut complot avant le départ de Raousset pour la Sonore, Paredes et Gandara refusèrent-ils de bouger ? À leur attitude, plusieurs raisons, me semble-t-il, dont une que devine Rivoallan...

La première tient au trouble suscité par l'incroyable victoire de Raousset. Un succès plus modeste eût sans doute rassuré ses possibles partenaires, les eût convaincus de leur nécessité — cette victoire écrasante, seul contre une armée, pouvait laisser craindre que Raousset ne songeât à se faire roi : et très explicitement, Gandara lui reprochera de s'être voulu le « sultan du Sonora ». Sans doute, comme Rivoallan, Gandara se dit-il qu'après tout le plus simple était de jouer la montre, de rassembler ses forces tout en laissant Raousset et ce qui restait de l'armée mexicaine s'exterminer l'un l'autre.

S'y ajoute peut-être, pour l'anecdote, une deuxième raison, celle d'une fierté bafouée : cet épisode qu'évoque Raousset dans une de ses lettres, pendant la fête à Magdalena, quand la belle Antonia, la fille du préfet d'Altar, vint publiquement se faire sa maîtresse — autant dire que ce jour-là le préfet, humilié, qui aurait dû être de ses partenaires, devint son plus féroce ennemi...

Lettre d'Hermosillo.

Ma chère maman,

C'est presque un roman que ma vie, depuis que j'ai quitté la Californie, mais hélas ! un roman fort peu gai pour les héros, et dont bien des fois nous avons cru être à la dernière page. Quand je t'écrivais ma dernière lettre, nous étions à Guaymas sur le point de partir pour Hermosillo, la capitale, et de là pour les mines. Nous partîmes en effet quelques jours après. Mais quelle route à pied, sans eau les trois quarts du temps, un peu de farine pour nourriture, par une chaleur épouvantable, au travers d'une plaine de sable où nous ne rencontrions des cases d'Indiens que toutes les 10 ou 12 lieues. Nous avons parcouru 60 lieues. Trois hommes sont morts de fatigue et de soif sur la route. Il m'a fallu toute mon énergie, la volonté de te revoir pour ne pas rester sur la route. Enfin, nous sommes arrivés à Hermosillo. Là, le gouvernement nous a tout opposé pour nous empêcher de monter aux mines, qui se trouvent à 120 lieues dans l'intérieur. Ce n'est qu'après un séjour de treize jours que nous avons enfin pu partir. Nous étions en partie à cheval (j'étais de ce nombre), chargés de la direction du matériel qui se trouvait sur cent cinquante mules de charge. Je t'assure que ce n'était pas une mince affaire que de charger et décharger, et de veiller la nuit contre les Indiens deux cents animaux sans défense ; car dans l'espace de ces 120 lieues que nous avons parcourues nous n'avons trouvé que cinq villages, dont deux inhabités et pillés par les Indiens. Enfin, après des fatigues et des privations de tout genre, laissant encore trois tombes sur la route, nous sommes arrivés au bout de trente-six jours de route au Saric, notre quartier général.

Le Saric est une ancienne mission espagnole, dont les moines furent assassinés par leurs Indiens il y a une cinquantaine d'années. Les bâtiments sont des ruines, un vieux clocher et deux ou trois maisons sans toiture, au milieu d'énormes montagnes, sur le bord d'un torrent ; du reste, pas un seul habitant. C'est dans ce triste séjour que nous avons passé deux mois, en guerre avec les Indiens, en dispute avec le gouverneur de la Sonore, qui nous sommait par ses courriers d'abandonner les mines d'argent que nous concédait le gouvernement général, et de quitter le pays ou de nous engager comme soldats sans solde. Pendant ces différends nos vivres diminuaient, nos convois étaient arrêtés, la position était critique. M. de Raousset, notre chef, prit alors une détermination qui flattait son ambition et qui du reste était depuis longtemps arrêtée dans son esprit, peut-être avant notre départ de Californie. Ce n'était rien moins que la conquête de la Sonore, d'un pays plus grand que toute la Bretagne et la Normandie réunies, et qui possède un million d'habitants, et cela avec deux cent cinquante hommes sans habits et sans souliers, manquant de tout et n'ayant que pour dix jours de vivres et quatre pièces de canon.

Nous partîmes donc, mais, je l'avoue, la plupart décidés à tout, mais convaincus que nous marchions à la mort. Je ne te dirai pas les fatigues et les privations de ce nouveau voyage. À la Madeleine (Magdalena), village qui se trouve à 35 lieues de la capitale, nous eûmes le renfort de trois hommes dont l'un me portait une lettre de M. Chauviteau m'annonçant qu'il était autorisé à me payer un voyage pour retourner en France. Cette lettre me fit bien plaisir, ma bonne mère, tu me rappelles près de toi, je pourrai donc en cas de malheur trouver un gîte dans ma famille. Mais quand partirai-je, que ferai-je ? Dieu seul le sait, mais je continue mon récit...

Nous sommes à une lieue d'Hermosillo sans avoir été attaqués. Je fais partie de la cavalerie, je suis armé d'une lance, d'un sabre et d'un pistolet, nous sommes quarante ; notre infanterie, sans souliers comme nous, est de cent soixante hommes, nous avons quatre pièces d'artillerie. Le général mexicain Blanco est dans la ville avec mille huit cents hommes, six pièces de canon de gros calibre, deux cents cavaliers frais et bien montés. Un officier vient au-devant de nous, nous somme de rendre nos armes, on nous enverra sous bonne escorte à Guaymas pour nous embarquer, on se réserve de faire ce que l'on voudra de nos chefs ; si nous n'obéissons pas on nous punira selon la loi comme des pirates. M. de Raousset répond que dans une heure il répondra lui-même au général, nous déployons le drapeau tricolore et au cri de « Vive la France ! » nous nous sommes précipités sur la ville. L'affaire a duré trois heures et a été terrible, mais comme toujours la France l'a emporté ; une foule de prisonniers, deux pièces de canon, le drapeau ennemi, quatre officiers supérieurs, la ville enfin sont restés dans nos mains. Le général Blanco a pris la fuite, son armée de mille huit cents hommes est en fuite de tous côtés, et nous avons montré au pays que nous n'étions ni des brigands ni des pirates. Pas une maison n'a été pillée, pas un objet n'a été volé, nous avons respecté les propriétés et les habitants. Aujourd'hui nous sommes deux cents hommes maîtres d'une ville de trente mille habitants et peut-être de toute la Sonore. Mais, hélas ! nous avons à regretter dix-huit morts et nous avons une trentaine de blessés. Saurons-nous nous maintenir dans ce pays ? Nous sommes bien peu. Qu'allons-nous faire, je l'ignore. M. de Raousset s'est nommé chef du pays et nous promet des choses superbes, mais pourra-t-il les tenir ? C'est un homme entreprenant, brave, capable, mais l'on a tant d'intérêts à s'en défaire, et sans lui que deviendrons-nous ? Nos officiers les plus capables sont morts dans l'affaire. Kernabat, mon ami de collège, a reçu une balle au travers le corps, mais on espère le sauver. Kern, de Brest, a reçu une balle dans la cuisse, mais il est sauvé, Lazard a l'épaule cassée, mais l'on espère aussi le sauver. Quant à moi, ma bonne mère, mon étoile, ou plutôt ta prière, m'a toujours sauvé, mon cheval a eu les reins cassés et le suivant les jambes de devant légèrement éraflées par la mitraille, je n'ai pas une écorchure. Mais je t'assure que je suis fier d'être français après une telle affaire, où nous étions un contre vingt.

Aussitôt que les affaires seront un peu plus claires, que l'on pourra prévoir l'avenir, je t'écrirai. Si je prévois une fortune ou quelques avantages je resterai encore, sinon, si je n'ai rien à espérer, je retournerai en Californie m'embarquer pour la France. Aujourd'hui, le dénouement ne peut être loin...

Retour au journal de Rivoallan.

Le soir même de la prise d'Hermosillo, M. de Raousset avait expédié à M. Gandara un courrier pour lui annoncer le résultat de la bataille, l'engager à se joindre à nous et le prier de se mettre à la tête du gouvernement. Sa réponse ne se fit pas attendre. Elle était froide, presque menaçante, elle finissait par ces mots : « Vous êtes français, je suis mexicain ; français, vous savez ce que vous devez à votre pays, je sais aussi ce que je dois au mien. » C'était une rupture. Il avait appris la défaite complète du gouverneur, il savait aussi combien notre compagnie était réduite, il allait entrer dans la lutte avec une armée fraîche et nombreuse de *rancheros* et d'Indiens. Il possédait les ressources du pays, son plan, facile à saisir, était celui-ci : laisser le gouverneur et M. de Raousset s'affaiblir mutuellement, et tomber ensuite sur celui des deux partis qui serait vainqueur, le chasser de la Sonore et jouir seul des fruits que nous avions semés.

À cette nouvelle il y eut une indignation dans la compagnie, suivie bientôt d'un profond découragement. Qu'allions-nous faire, maintenant ? Il nous avait été facile, lorsque la compagnie était entière, de battre une armée étrangère au pays et commandée par un gouverneur détesté des habitants. Mais affaiblis comme nous l'étions, il nous était impossible de résister à une population entière, commandée par un chef énergique, soutenu par les tribus indiennes, nombreuses et excitées contre nous par l'espoir du butin. Nous étions dans l'intérieur du pays, séparés du port, où peut-être nous aurions pu recevoir des secours, par un espace de 80 lieues, espace occupé par le général Blanco et les débris de sa troupe. Si nous parvenions à faire le trajet, il faudrait encore prendre Guaymas et après tant de misères et de combats ceux qui survivraient seraient-ils assez nombreux pour défendre leur conquête jusqu'à l'arrivée des renforts ? Ce n'était guère probable.

Un deuxième motif d'inquiétude vint se joindre à tous ceux-là. M. de Raousset était gravement indisposé depuis longtemps et les dernières nouvelles avaient aggravé son état : le docteur de la ville lui avait recommandé une potion d'opium et l'on espérait qu'un peu de repos le mettrait sur pied, lorsque notre médecin, se trompant d'une manière incroyable, lui présenta une potion d'opium destinée à servir extérieurement pour une amputation. M. de Raousset la but et fut un jour entier entre la vie et la mort. La trop grande dose de poison fut ce qui le sauva, mais il ne se rétablit jamais tant que dura l'expédition et ce ne fut qu'à force d'énergie qu'il se soutint jusqu'à Guaymas, d'où il partit mourant.

Bientôt la population d'Hermosillo apprit la détermination de Gandara. Le bruit courut, dans la ville, qu'à la tête d'une armée nombreuse et des tribus du Rio Colodo, il allait venir nous assiéger. Il avait du reste de nombreux amis dans la place, qui travaillèrent les esprits. Nous vîmes le vide se faire bientôt autour de nous, la population profitait de la nuit pour quitter la ville, chaque jour rendait notre position plus critique. Nos vivres diminuaient, le découragement devenait plus grand, nous perdions chaque jour de nos blessés et ces morts de tout instant venaient encore assombrir nos idées. D'un autre côté, Blanco profitait de ce temps pour rallier ses soldats épars depuis le combat et Gandara approchait d'Hermosillo, grossissant son armée à chaque pas.

Malgré les atroces douleurs qu'il ressentait, malgré sa faiblesse, M. de Raousset quitta le lit qu'il gardait depuis huit jours, par ordre des médecins. Il rassembla tous les officiers et se fit rendre un compte exact de la position.

Rester plus longtemps à Hermosillo était impossible. Il fallait à tout prix gagner Guaymas. Là, nous pouvions recevoir des secours, et à toute extrémité nous rembarquer nous-mêmes pour la Californie. Nous avions encore assez de vivres pour faire la route, quant aux moyens de transport on en trouverait dans Hermosillo. Ordre fut donné de mettre en réquisition une dizaine de chariots, nos mulets porteraient les munitions nécessaires, le reste serait détruit.

Battre Blanco, lui passer sur le corps et gagner Guaymas était assez facile. Nous avions pour nous le prestige d'une victoire, les troupes du gouverneur étaient découragées et devaient en outre manquer de vivres et peut-être de munitions. Mais nous allions avoir Gandara sur nos derrières et les Indiens sur nos flancs : à un ennemi seul nous pouvions résister avantageusement, contre trois nous étions sûrs de succomber. Il était un seul moyen d'empêcher Gandara de prendre part à la lutte, M. de Raousset l'employa.

Les plus riches habitants de cette ville, ne pouvant emporter avec eux leurs trésors ou leurs marchandises, n'avaient pas suivi l'émigration générale. Ils étaient tous ou parents ou amis de Gandara, et entretenaient des relations suivies avec lui : les enlever, les faire marcher avec nous comme otages, neutraliser ainsi les forces de Gandara, tel fut le plan qu'adopta M. de Raousset.

La résolution d'évacuer Hermosillo n'avait pas encore transpiré : les négociants, les riches propriétaires de la ville, tout en entretenant des relations secrètes avec Gandara, nous faisaient bon visage. Craignant de se compromettre avec nous, ils étaient sans méfiance. M. de Raousset n'avait du reste communiqué son plan à personne, pas même à ses officiers.

À 6 heures du soir tous les habitants furent appelés chez M. de Raousset. Il nous envoya deux par deux chez les personnes désignées pour servir d'otages. Nous devions les amener sur-le-champ au quartier général, sans leur faire connaître le motif de cette réunion ; au besoin, nous devions les contraindre par la force. Ces bons bourgeois ne nous forcèrent pas à cette extrémité. Gandara était presque aux portes de la ville, ils savaient fort bien que nous ne pouvions l'ignorer, avions-nous découvert leurs menées secrètes, leurs intelligences avec l'ennemi ? Ils le craignaient. Aussi, en nous voyant entrer chez eux en armes, se crurent-ils perdus : plusieurs se jetèrent à nos pieds en criant grâce ! Les femmes poussaient des cris, les serviteurs plus ou moins complices de leurs maîtres prenaient la fuite, nous eûmes beaucoup de peine à les rassurer et ce fut en tremblant qu'ils se présentèrent à M. de Raousset.

Notre commandant les reçut avec sa courtoisie ordinaire, les invita à s'asseoir, leur offrit des cigarettes et, lorsque déjà rassurés, ils croyaient avoir été rassemblés pour délibérer sur quelque mesure de police pour la ville, le comte, le sourire sur les lèvres, leur dit avec son calme ordinaire :

« Je sais tout, messieurs. Depuis longtemps vous me trahissez. Je n'ai pas été dupe de vos amitiés et de vos protestations. Je ne vous craignais pas, je ne me suis pas donné la peine de vous punir ; aujourd'hui je ne veux pas davantage vous faire expier vos trahisons. Dès ce moment vous êtes mes prisonniers, ou plutôt mes otages. Voici du papier, de l'encre, écrivez au sieur Gandara, dites-lui que nous abandonnons Hermosillo. Nous partirons ce soir, demain il peut être dans la ville. Mais vous nous suivrez, et malheur sur vous si nos blessés que nous ne pouvons emporter ont à souffrir de mauvais traitements, et ne sont pas soignés comme ils doivent l'être. Prévenez aussi votre ami que s'il commençait contre nous des hostilités, la vie de chacun de vous me répondrait de celle de mes hommes. Le courrier qui portera votre lettre prendra avec M. Gandara les dispositions nécessaires pour que des désordres n'aient pas lieu dans la ville entre notre départ et son entrée. »

Les Mexicains étaient furieux. Un vieil Italien surtout, naturalisé mexicain et puissamment riche, se confondait en imprécations contre nous, et invoquait sa vieillesse pour ne pas être forcé de nous suivre. C'était un compagnon du reste peu agréable, on lui proposa de déposer un cautionnement de 5 000 piastres (25 000 francs) : moyennant cette somme, qui lui serait rendue si Gandara remplissait nos conditions, on le dispensait de faire la route en notre compagnie. Il lui fallut une nuit de bivouac passée à la belle étoile pour se décider. On lui rendit sa liberté moyennant un millier de piastres (5 000 francs) qui plus tard lui ont été rendues.

Gandara accepte ces conditions.

Le soir de ce jour, après avoir serré une dernière fois la main à nos amis blessés, désespérée, la rage au cœur, la compagnie abandonna cette ville qui lui avait coûté tant de sang. Le matin, j'avais porté dans sa dernière demeure un ami, un comptable, G. L., de Quimper ; le soir je serrais la main à Kernabat, dont une balle avait traversé la poitrine et que je croyais ne plus revoir. J'ai appris depuis que, rétabli de ses blessures, il était de retour en France, et heureux sera pour moi le jour où je le reverrai. Le lendemain, au point du jour, Gandara entrait à Hermosillo, que quittait M. de Raousset avec quelques cavaliers restés en arrière-garde.

Les mauvais jours se levaient et c'était un avenir bien sombre que celui qui se dressait devant nous. Cette route que nous avions parcourue avec tant de peine alors que nous étions en paix, alors que les *ranchos* dispersés sur le bord du chemin nous ouvraient leurs portes hospitalières, cette route se déroulait aujourd'hui devant nous avec ses sentiers sans fin, avec le souvenir de toutes les misères passées, avec les tombes d'amis morts de soif, se dressant sur le sol aride, sous les cactus épineux, mais ce n'était plus seulement la fatigue, la chaleur, la soif que nous avions à combattre.

Devant nous était Blanco, ravageant tout sur sa route, ruinant les *ranchos*, comblant les puits, faisant un désert nouveau au milieu du désert. Sur nos flancs étaient des milliers d'Indiens, escarmouchant jour et nuit, se relayant sans cesse pour nous tenir en haleine, et nous tuant par la fatigue s'ils ne le pouvaient par les armes. Derrière nous enfin, Gandara avec une armée de *rancheros*, Gandara dont nous connaissions la foi punique s'avançait, semblable à ces nuages sombres et pleins d'orage s'étendant lentement à l'horizon, comme une menace toujours prête à éclater.

Ce que nous eûmes à souffrir dans cette retraite, je ne saurais trouver des mots pour le dire. Aux ardeurs terribles de la soif se joignaient les souffrances de la fatigue, la privation de sommeil, la douleur de voir chaque jour quelques amis tomber sans secours sur le chemin. Enfin, quand venait le combat, ce n'était pas du courage, c'était de la rage que nous éprouvions. Puisqu'il fallait mourir, nous ne voulions pas mourir sans vengeance.

Ce qu'il fallut d'énergie et de force d'âme à M. de Raousset, ceux-là seuls le savent, qui l'ont vu en proie à d'atroces douleurs, brûlé par la fièvre, rongé de désespoir en voyant mourir ses amis sans pouvoir les secourir, ruiné dans toutes ses espérances, et s'efforçant de retrouver sa force pour venir combattre toujours au premier rang et ranimer par sa présence le courage de ses compagnons.

Après maints combats et de terribles souffrances, les hommes de Raousset arrivent devant Guaymas.

Une fois le premier mouvement d'effervescence passé, lorsque nous vîmes froidement notre position, le découragement se mit de nouveau dans nos rangs, et ce fut avec effroi que nous interrogeâmes l'avenir.

Nous n'étions plus que cent dix-sept hommes, fatigués par la marche et les privations, perdus dans un pays lointain, sans espoir de secours, et devant nous était encore Guaymas que l'on fortifiait depuis un mois, où il faudrait faire la guerre de rue, c'est-à-dire prendre chaque maison d'assaut. Et plus de mille Indiens étaient prêts à entrer dans cette ville, et Blanco allait s'y jeter avec le reste de ses troupes, là il trouverait encore des canons, des vivres frais, des munitions, et nous n'étions que cent dix-sept hommes.

Ce fut une nuit triste et longue que celle que nous passâmes sur ce champ de bataille et, malgré la fatigue, le sommeil se fit bien attendre à nos fronts soucieux du lendemain.

Pour M. de Raousset il était désolé, non pas de la position de la compagnie — cet homme d'une énergie de fer ne doutait pas plus de la prise de Guaymas qu'il n'avait douté de la prise d'Hermosillo : non, ce qui le jetait dans une tristesse amère, c'était le découragement de ses compagnons, c'était cette démoralisation qui s'était mise dans la compagnie et que ses paroles étaient devenues impuissantes à chasser.

Certes, de toutes ses souffrances, les plus terribles furent celles qu'il dut éprouver le lendemain de ce dernier de nos beaux jours.

Dès le matin, un négociant français de Guaymas était venu au camp, porteur d'une lettre de M. Calvo, agent consulaire dans cette ville. Dans cette lettre, M. Calvo conjurait M. de Raousset d'accepter ses conditions de paix, d'arrêter une effusion de sang devenue inutile désormais ; nous ne pouvions plus songer à reprendre les mines sans renforts et un navire de guerre mexicain mouillé dans le port avait mission d'arrêter tous les navires venant de San Francisco.

L'agent du consul resta une heure au camp, et pendant cette heure il exploita habilement le découragement des hommes. On demanda, à grand cris, la paix. Ces soldats si braves la veille étaient devenus presque peureux, ils n'aspiraient déjà plus qu'à retourner en Californie, leurs rêves de richesses sonoriennes étaient évanouis pour toujours.

M. de Raousset dut céder ; les larmes dans les yeux, la rage dans le cœur, après avoir tenté un dernier effort pour ranimer les courages abattus, il partit pour aller traiter lui-même de la paix.

Soit que la cavalerie ait eu moins à souffrir que l'infanterie, soit que par ses fonctions elle fût plus souvent en contact avec lui, toujours est-il que presque entière elle opinait pour la continuation de la guerre, de même que presque tous les officiers.

C'eût été peut-être une folie, mais néanmoins c'eût été une folie héroïque. Nous voulûmes accompagner notre commandant, il s'y refusa, et nous serrant à tous la main, il partit pour aller traiter avec Blanco, accompagné du seul capitaine Le Noir.

À peine arrivé à San José, autrement dit le vieux Guaymas, il fut obligé de garder le lit, les émotions poignantes des derniers jours avaient aggravé encore sa maladie, la fièvre s'empara de lui et il resta jusqu'à son départ pour Mazatlan entre la vie et la mort.

Du jour où la main puissante de M. de Raousset ne fut plus là pour maintenir la compagnie, la paix fut décidée : le général Blanco vint lui-même au camp la demander ; il la désirait autant que les Français. Gandara n'était-il pas derrière lui ? Une suspension d'armes de quarante-huit heures fut conclue, à la suite de laquelle fut signée la paix.

Ce traité de paix du moins fut digne de nous et ceux qui l'ont signé n'auront jamais à rougir devant la France.

Les conditions étaient ainsi conçues :

1° Les Français entreront à Guaymas avec leurs armes.

2° Les prisonniers seront rendus réciproquement. Les Mexicains qui auront servi les Français ne seront pas recherchés.

3° Une somme de 40 000 piastres sera comptée à la compagnie à titre d'indemnité.

4° Le général Blanco s'engage sur l'honneur à prendre soin de nos blessés à Hermosillo et à leur donner les moyens de retourner en Californie.

5° Ces blessés devront toucher chez M. Calvo leur part d'indemnité.

Telles furent les principales conditions du traité et je le dis, en vérité, si dans ce traité les Français semblent imposer la paix plutôt que la recevoir, s'ils forcent à transiger le général Blanco avec eux, ce n'est pas à M. Calvo qu'ils le doivent, mais à M. Martincourt, chef de section, et à M. Le Noir.

L'agent de France dans toute cette affaire s'efforça de sacrifier les intérêts des Français à ceux du général Blanco. Mais, au fait, n'était-il pas mexicain ?

Quel que fût ce traité, beaucoup d'entre nous refusèrent de le signer ou ne le signèrent qu'à la dernière heure, lorsque tout espoir de poursuivre notre plan de campagne fut perdu.

L'expédition de Sonore était finie, le lendemain du traité nous devions rentrer à Guaymas.

Je dois arrêter ici mon récit, car j'ai été étranger à la deuxième tentative où a si lugubrement péri un homme né pour de plus grandes choses. Après quelques mois passés dans ces contrées à des spéculations malheureuses, je m'embarquai pour la France et je quittai pour toujours ces rives lointaines. Le pied déjà sur le vaisseau, mes amis me pressèrent une dernière fois la main, réfléchissant aux dangers déjà courus, à ceux à courir en une aussi longue navigation, me félicitant du bonheur que j'avais d'être sorti sain et sauf de tant d'épreuves, et moi leur donnant le baiser d'adieu, je leur dis en souriant ce refrain arabe aimé de notre chef, et devenu ma devise pour toujours :

Ne croyez pas que c'est le plomb qui tue,
C'est le destin qui frappe et fait mourir.

La deuxième expédition de Raousset-Boulbon

La victoire d'Hermosillo eut un retentissement considérable en Californie. Les Américains, qui avaient des vues sur la Sonore, commencèrent à s'inquiéter — et les Français, en butte aux tracasseries des Américains, se prirent tous à rêver...

Pendant que Raousset était au Mexique, les consuls Del Valle et Dillon se trouvèrent même accusés d'avoir « recruté des troupes pour le compte d'une puissance étrangère sur le sol américain ». Dillon fit un raffut de tous les diables, mobilisa la communauté française, ôta le pavillon français de son consulat en déclarant qu'il ne le hisserait de nouveau qu'après des excuses officielles à la France. Le gouvernement français s'en mêla, Washington également, et excuses il y eut. Sans que les Californiens, d'ailleurs, relâchent leur surveillance pour empêcher que Raousset, revenu, ne recommence ses entreprises...

On ne tutoie pas deux fois les dieux. Il y a quelque chose de pathétique dans les efforts déployés par Raousset pour conjurer le sort contraire, recommencer coûte que coûte l'aventure de la Sonore — et ses lettres prennent parfois un tour étrange, quand on le voit chanter le Sonora comme une terre de miel et de lait, et dépeindre le désert aride comme s'il s'agissait d'une verdoyante Normandie...

Tout cela finira mal, on le sent, on le sait — mais dans un embrasement final digne de Raousset.

San Francisco.

(...) Non, je n'ai pas abandonné l'espérance de triompher dans cette lutte avec la chance contraire où je me suis vu engagé depuis le berceau. Sisyphe roulant sur son rocher éternellement, Jacob luttant toute une nuit contre un fantôme, c'est une image de la vie de certains hommes : n'est-ce pas un peu la mienne ? Non, je n'ai pas renoncé !

Lorsque je me suis vu abandonné par mes gens qui, incapables de se conduire eux-mêmes pendant ma terrible maladie, se sont soumis, vainqueurs, à un général vaincu ; lorsque je me suis vu mourant, et ceci a duré six semaines, je n'ai eu qu'une pensée : ressaisir la santé, la force, l'intelligence, la volonté, et retourner en Sonore.

Retourner en Sonore, c'est l'unique pensée de ma vie.

Voilà bientôt un mois et demi que je suis en Californie ; si j'étais américain, tout irait de soi-même. J'aurais déjà trouvé, et au-delà, les capitaux nécessaires ; je serais déjà reparti. Ma qualité d'étranger m'est un obstacle dans ce pays-ci. Les Américains me témoignent beaucoup d'estime et de sympathie ; je suis, parmi eux, plus apprécié que parmi les Français ; mais l'idée qu'ils se font de l'ambition du gouvernement français, de ses idées d'agrandissement, de ses vues larges et hardies, qui malheureusement n'existent que dans l'imagination susceptible des Américains, tout cela leur fait redouter de placer entre mes mains des armes destinées à se tourner contre eux-mêmes.

Ils se trompent, cependant. Je n'ai malheureusement rien de commun avec le gouvernement français. Mes idées sont en moi, mes moyens ne sont qu'en moi ; les conséquences de mes desseins appartiennent à l'humanité !

Cette lettre, mon cher Edmé, n'est pas destinée à la publicité des journaux ; elle est intime et ne doit pas sortir du cercle étroit des personnes qui s'intéressent à moi. Je serai donc plus explicite et te dirai quelle est aujourd'hui ma situation, quels sont mes projets et mes espérances.

Lorsque je vis, dès mon arrivée en Sonore, l'hostilité des hauts personnages qui s'étaient ligués pour me voler les mines d'Arizona, je compris qu'avant peu je serais réduit à prendre les armes contre le gouvernement même ou à quitter le pays honteusement. Prendre les armes, c'était proclamer l'indépendance de la Sonore. Je m'assurai promptement qu'une bonne partie du pays y était disposée ; je me fis des partisans, je préparai les esprits à une révolution nationale.

Cette révolution eût réussi sans la trahison d'un homme sur qui j'étais forcé de m'appuyer. Malgré cette trahison même, elle eût réussi sans l'inconcevable fatalité qui me priva de tous les renforts que j'attendais de Californie, et surtout sans l'horrible maladie qui m'a terrassé.

Aujourd'hui, cependant, ces éléments subsistent tels que je les ai combinés, aujourd'hui, mieux encore qu'il y a un an, ce pays est prêt pour un soulèvement général. Que j'y paraisse demain avec des forces suffisantes, et quinze jours après mon débarquement la République de Sonore existera.

Que j'aie à ma disposition une somme de 150 à 200 000 dollars, je réponds de tout : je proclame l'indépendance et j'appelle en Sonore, comme dans une Californie nouvelle, l'émigration de toutes les parties du monde ! Mon expédition se composerait exclusivement de Français, tous anciens soldats ou marins ; l'organisation serait absolument militaire, avec toutes ses conséquences. Ces hommes seraient parfaitement prévenus qu'ils vont en Sonore pour se battre, qu'il n'y a de fortune pour eux qu'à la pointe de leurs baïonnettes ; que s'ils sont vaincus, ils seront infailliblement passés par les armes, comme pirates ; qu'il faut vaincre ou qu'il faut mourir !

À ce point de vue, je n'ai rien à désirer ; tout mon monde est trouvé et il est déterminé, ou jamais homme ne le fut en ce monde. Si je le voulais, j'aurais ici quatre à cinq mille hommes en moins de quinze jours !

Dès mon arrivée ici, nombre d'Américains sont venus me voir, me faire des propositions et je fus presque tenté. J'ai résisté à la tentation. En allant avec des Américains, je perdais mon prestige aux yeux des Sonoriens, car ils détestent leurs voisins du Nord. Je n'ai pas voulu me faire l'agent d'une idée qui m'appartient, et dont je veux rester le maître. J'ai refusé ces propositions, et je conserve à cette entreprise le cachet individuel que je lui ai donné. Je sais que l'on augmente ainsi les difficultés ; mais si je réussis, je compte, par la même raison, en augmenter l'éclat et les conséquences. Le moment est bon !

*

San Francisco, 30 mai 1853.

(...) La Sonore est un beau et riche pays. Ouvrez la carte du Mexique, et vous le trouverez entre le 27° et le 33° degré de latitude, entre la mer Vermeille et la Sierra Nevada. Imaginez un archipel dont les îles seraient des montagnes, dont la mer serait une plaine, c'est à peu près l'aspect du pays. À travers les sierras circulent des vallées larges et fertiles où croissent côte à côte le produit de toutes les zones. Le blé, la canne à sucre, la vigne, l'oranger, tout cela fleurit et mûrit dans le même sillon. Le cotonnier est indigène sur les rives du Rio Gila et du Rio San Pedro, dans ces mêmes contrées où la tradition place les palais des Aztèques, les palais aux toits d'or et aux portes d'argent. Tous les métaux, sans exception, ont été jetés pêle-mêle dans la fournaise de ses sierras. Aux mines dont j'allais prendre possession, il fut trouvé, en 1769, un morceau d'argent vierge qui pesait à lui seul 3 500 livres. Sur les bords du Rio Yaqui, dans les montagnes qui ferment une des vallées les plus fertiles du monde, les minerais de fer donnent 80 %...

*

Mexico, 18 juillet 1853,
à M. A. de La Chapelle.

Monsieur,

Je reçois aujourd'hui les lettres que vous m'adressez par M. M...
Vos lettres ont été lues et méditées avec toute l'attention qu'elles méritaient. Je vous remercie des déclarations que vous me faites ; elles m'honorent et me donnent en même temps l'assurance que je puis compter sur vous pour l'avenir comme pour le présent.
Ne vous étonnez pas si je n'entre dans aucun détail sur mes occupations actuelles. Que M. Hubert Sanders continue toujours dans le même sens.
Ne m'écrivez plus, car je ne pense pas prolonger mon séjour à Mexico assez longtemps pour y recevoir vos lettres.
De toute façon, je reviendrai à San Francisco, probablement, avec des titres qui me permettront de réaliser, sur de larges bases, mes projets de colonisation.
On eût voulu m'engager ici au service du Mexique ; mais malgré tout mon désir de servir cet intéressant pays, je n'ai pu accepter une position qui, si brillante qu'on voulût la faire, ne me permettait pas de développer la puissance que je crois avoir, dans des conceptions d'une autre nature. Vous avez parfaitement bien fait de fonder un journal ; gardez-vous bien de le quitter.
Adieu, et croyez-moi votre tout affectionné,

Comte de Raousset-Boulbon

*

Mexico, 2 août 1853.

Monsieur de La Chapelle,

Le gouvernement mexicain n'a pris encore aucune résolution. Les intentions annoncées sont bonnes ; la réalisation en serait utile au pays, mais les irrésolutions du président me font craindre d'avoir inutilement fait ce fastidieux voyage.

(...)

Il y a maintenant deux projets, considérables tous deux, mais il est encore prématuré d'en parler. Les combinaisons financières de notre Franco-Allemand pourraient s'en accommoder. Adieu, mon cher monsieur, ne m'en veuillez pas d'un laconisme auquel je suis forcé par le vague et le problématique de nos affaires.

À bientôt, j'espère.

Raousset-Boulbon

*

Mexico, 10 août 1853,
à M. A. de La Chapelle.

(...) La maison avec laquelle je suis en traité paraît persister à m'imposer des conditions que je ne puis accepter. Si elle ne se décide pas demain, je prendrai mes dispositions pour retourner à mes affaires dans une huitaine de jours. De toute façon, je pense aller vous retrouver presque aussitôt que cette lettre.

G. R.-B.

*

Mexico, 14 septembre,
à M. A. de La Chapelle.

Mon cher monsieur de La Chapelle,

Il y a près d'un mois que je voudrais être parti. Diverses considérations ont retardé ce départ. Demain, jeudi, je dois aller discuter avec Santa-Anna et ses ministres une combinaison nouvelle dont les conséquences pourraient convenir aux braves gens qui ont mis leur confiance en moi. Le gouvernement mexicain se méfie évidemment de moi, et il a tort. C'est avec de telles méthodes que l'on dégoûte les cœurs les plus droits d'une loyauté qui n'aboutit qu'à leur confusion.

Je vous avais dit, en partant, que je n'estimais pas à plus d'un mois le temps de mon séjour à Mexico ; si j'ai tant tardé, si je tarde encore, c'est que je m'attache, jusqu'à la dernière espérance, aux moyens d'exécuter mes projets, tant que ces mouvements sont à ma portée.

Dans une quinzaine de jours, tout espoir sera perdu. Alors je retournerai à San Francisco, et nous verrons si ces messieurs sont des hommes de parole...

(...)

Tout à vous,

Raousset-Boulbon

*

Mexico, 1er octobre 1853,
à M. de La Chapelle.

Monsieur,

Il est probable que mes trois mois de séjour à Mexico vont porter leurs fruits ; vous saurez comment, par M...

(...) Maintenez votre journal, travaillez jour et nuit, s'il le faut ; nous en aurons besoin. La publicité est une arme que j'ai trop négligée ; je suis trop habitué à ne compter absolument que sur moi ; les auxiliaires sont nécessaires et... Prudence et discrétion, acceptez mon conseil...

Rappelez à Sanders le proverbe : *Intelligenti pauca.*

À bientôt,

Raousset-Boulbon

*

San Francisco,
à M. de La Chapelle.

Monsieur,

(...)

Je me suis laissé aller résolument dans cette fournaise où j'essaie de fondre ma colonne Vendôme !... Reverrai-je Antonia ? Finirai-je par terrasser le fantôme de Jacob ?

Quand il me passe par la pensée que tous mes efforts seront peut-être vains ; que je serai encore sans résultats pendant des mois entiers, à la poursuite de mon rêve ; des nuits d'insomnie à me labourer le cerveau avec cette pensée unique, alors il me prend une sorte de rage aveugle contre tout et contre moi-même ! Il y a ici tant et de si beaux éléments, une si forte espèce d'hommes à jeter à travers l'agonie du Mexique ! Et pour faire ces grandes choses, pour nettoyer du gouvernement qui pèse sur elle une terre miraculeusement riche, pour la livrer à l'industrie féconde de la civilisation, il suffirait d'un peu d'or, et cet or je ne l'aurai pas !... Il faut pourtant que je familiarise ma pensée avec ce dernier avortement d'un espoir qui fait ma vie ; sinon, je serai réduit à prendre une arme quelconque et à me débarrasser d'une existence désormais sans but.

Mon ami, quand on roule d'abîme en abîme à travers les cataractes de la vie, il y a des heures où ceux qui se plaisent le mieux au milieu de ces tourmentes éprouvent une soif ardente de repos, et le repos est impossible. On sent qu'il serait une joie profonde, et l'irrésistible nécessité du mouvement vous emporte malgré vous vers des secousses nouvelles. Quel que soit le milieu où nous vivons, nous obéissons tous à une puissance fatale, génie du ciel ou de l'enfer, qui est en nous, qui nous domine en se jouant, qui nous fait vivre ou qui nous tue !

(...)

Quelle éducation stupide nous recevons en France ! Je voudrais bien savoir à quoi nous ont servi nos dix ans de collège ! Si j'avais vingt ans et que la Sonore vînt à me manquer, j'apprendrais les dix ou douze langues qu'on parle dans les îles de la Sonde, et j'irais chercher les aventures dans les mers de l'Inde. Il y a beaucoup à faire dans cette patrie du typhus et des diamants !

*

San Francisco, 14 décembre 1853,
à M. de La Chapelle.

(...)

Il y a quatre ans bientôt que je porte en moi cette idée, je la retournais dans ma tête quand nous vivions ensemble dans les déserts californiens ; j'en ai parlé à tout le monde, aux intelligents, aux riches ; eh bien ! excepté les pauvres aventuriers, les désespérés de la vie, les enragés de la misère, qui donc s'y est associé ? En Sonore j'exaltais le courage de mes hommes en leur parlant de la France ! Qu'a fait pour nous la France ? Et cependant, qui peut nier qu'elle est la première intéressée à mon succès ?

(...)

D'un jour à l'autre, la Sonore, Sinaloa, les hauts et magnifiques plateaux de Durango et de Chihuahua vont devenir la proie des Américains. Il s'agit de les prévenir. En jetant sur cette partie du Pacifique les fondements d'un peuple nouveau, c'est une barrière qu'on élève, c'est une puissance rivale qu'on prépare, et dans un avenir prochain cette rivalité serait l'équilibre du continent américain.

On s'émeut en Europe de l'agrandissement des États-Unis ; on a raison. S'ils ne se disloquent pas, si ne s'élève pas à côté d'eux une puissance rivale, par leur commerce, par leur marine, par leur population, par leur position géographique sur les deux océans, les États-Unis seront les véritables maîtres du monde. Dans dix ans, il ne se tirera pas un coup de canon en Europe sans leur permission.

(...) N'oubliez pas que l'indépendance de la Sonore serait proclamée par les Sonoriens eux-mêmes ; que je ne débarquerais dans leur pays qu'appelé par eux. Le pays est si riche que l'émigration est certaine. Aussi bien que la France, l'Espagne et l'Angleterre sont intéressées à ce résultat. Qu'elles ne comptent pas sur le Mexique : il n'arrêtera rien, il n'empêchera rien. Aveuglement, ignorance, fanatisme, niaiserie, haine de l'étranger, vices invétérés, impuissance radicale, voilà le Mexique, mon ami. Au moment même où je vous écris, cinquante Américains tentent de s'emparer de la Basse-Californie et vont réussir peut-être ; voilà les États-Unis. Maintenant, concluez...

*

San Francisco,
le 28 janvier 1854,
à M. A. de La Chapelle.

En vérité, mon cher ami, si je ne craignais pas d'être ridicule, je dirais qu'un malin génie s'attache à mes pas pour me priver, au moment où je vais en jouir, du fruit de mes laborieuses combinaisons.

Malgré l'égoïsme étroit qui caractérise les marchands ou les loups-cerviers de ce pays-ci, j'étais parvenu à réunir les capitaux nécessaires pour envahir la Sonore avec un millier d'hommes. Dès que j'aurais été maître de Guaymas et de la douane, je me trouvais en main des ressources suffisantes pour y rassembler une armée d'enfants perdus disposés à tout tenter contre les promesses de l'inconnu. Ajoutez à cela le parti considérable que j'ai en Sonore même. J'ai réuni les moyens, les armes, les navires, les subsistances, les hommes ; je n'ai plus qu'à partir. Encore huit jours, et je vogue sur la mer, comme Rollon, avec des compagnons qui valent bien les Normands... Eh bien ! Voici que des lettres nous arrivent de Mexico, annonçant la vente de la Sonore aux États-Unis...

(...)

Mon rêve s'évanouit, et ce qu'il y a de plus désolant, c'est que j'ai la certitude que la nouvelle est fausse. Mes bailleurs de fonds le croient aussi ; mais dans le doute, l'argent, qui est chose sainte, délicate, sacrée, l'argent ne se hasarde pas ainsi. Ces messieurs veulent attendre les nouvelles. Si la Sonore n'est pas vendue, on m'assure les moyens de la conquérir. Mais les idées changent si vite !

(...)

Il y a des misérables qui volent ou perdent 100 000 piastres dans une seule nuit de jeu ; il y a des gredins qui jettent, en un an, 25 000 ou 30 000 francs de rente sur le ventre d'une catin, et tout ce monde ignoble, Américains ou Français, ne consacrerait pas une obole à la fécondation d'une idée qui peut donner l'aisance à des milliers d'hommes, ouvrir l'humanité à une voie nouvelle. Pas un de ces millionnaires, en qui quelque chose de noble rachetât ces millions honteux, qui soit venu me dire : « Je vous ai compris, ce que vous faites est grand. Il vous faut de l'argent, en voici ! »

(...)

Un peuple n'a pas le droit aujourd'hui de laisser ses champs infertiles, ses mines enfouies, ses frontières murées ; il faut périr ou marcher avec les siècles.

Ici, des milliers de Français languissent dans les mines. Anciens soldats, pour la plupart, n'ayant pas l'habitude du travail, n'exerçant aucun état, ils ne servent à rien dans la société californienne ; et cependant ils peuvent rendre au monde entier un service signalé en ouvrant à l'industrie de tous les peuples ce pays fermé qui, certainement, n'a pas son rival sur le globe.

S'agit-il de recommencer les invasions du Moyen Âge, de voler et de massacrer, de crier « *Vae victis* ! » et d'établir le servage ? Non, certes. Cet abus de la force serait encore dans nos mœurs qu'il n'est pas dans mon caractère. Mes hommes auront une solde et des terres ; chaque individu se trouvera classé selon sa valeur dans la patrie nouvelle. Ils portent avec eux la prospérité et non la désolation. Le peuple de Sonore le sait bien ; il est pour moi. Contre moi, j'ai les grands propriétaires, l'oligarchie qui pressure cet infortuné pays, qui trouve son compte dans l'exploitation des pauvres diables, et qui voit dans l'introduction d'un élément plus éclairé la fin de sa puissance.

Oui, mon idée est grande, noble, pleine de promesses ! Elle a mieux que l'attrait d'un roman, que l'éclat d'une aventure. Mais on ne sacrifie guère d'argent à une idée. Y pensez-vous ? Un résultat qui n'intéresse que l'humanité ? *Passez votre chemin, mon brave* ; on ne peut rien ici pour vous ! Oh ! cette vente ! Si elle était réelle pourtant ! Je n'en dors plus !...

(...)

*

San Francisco,
À M. de La Chapelle.

(...)

Tout me crève dans la main, mais je ne renonce pas, non ! Je ne renoncerai pas ! La vie n'est rien ; j'y laisserai ma tête s'il le faut, mais je jouerai la partie jusqu'au bout !

(...)

*

San Francisco, 15 mai 1854.

Mon cher A. de Lamothe,

(...)

Il est parti le 2 avril, par le *Challenge*, près de quatre cents hommes. Ils ont dû arriver à Guaymas depuis quinze jours. La plupart de ces hommes ne sont partis que dans la conviction de ma venue presque immédiate. Je suis surveillé de très près par la police américaine. Les capitalistes, effrayés par cette hostilité, ne veulent pas hasarder un centime. Je suis seul, et seul il faut que j'agisse. Je viens d'acheter un petit *boat* de 10 tonneaux, et je m'y embarquerai, moi huitième, avant la fin de la semaine.

Si je trompe la surveillance qu'on exerce ici sur tous mes mouvements ; si j'échappe aux croiseurs américains et mexicains ; si j'arrive sur la côte du Mexique après avoir parcouru les 600 à 800 lieues qui me séparent de Guaymas ; si je puis entrer en communication avec la terre, je verrai si mes hommes sont encore dans la ville. S'ils y sont, j'embarque immédiatement.

Si mes Gaulois, découragés par de faux rapports, démoralisés par six semaines d'attente, se sont dispersés et ont pénétré dans l'intérieur, alors je tâcherai de les réunir, chose difficile et lente. Il me faudra croiser dans le golfe pendant quinze jours au moins, et échapper à toute observation. Si je puis en réunir deux cents, je m'emparerai de

Guaymas, je m'y installerai et tâcherai de tirer des renforts de Californie.

Une fois maître de Guaymas, je ne bâtis pas de système et compte sur l'imprévu.

Voilà où j'en suis réduit ; vous savez ce que j'aurais pu faire si j'avais été appuyé. Je suis convaincu que j'ai dix chances contre une dans cette hasardeuse entreprise. Les Mexicains m'ont mis hors la loi. *Si je suis pris, je finirai comme pirate.* Hélas ! Je pourrai dire comme Chénier, se frappant le front avant que sa tête ne tombât sous le couteau : « Il y avait quelque chose, là. »

Remerciez M.M..., les sympathies sont précieuses dans l'isolement.

Adieu, *et pour toujours probablement.*

Raousset-Boulbon

*

San Francisco,
à M. Dillon, consul de France.

Monsieur Dillon,

Lorsque vous recevrez cette lettre, j'aurai quitté la Californie, et il ne sera plus au pouvoir de personne d'empêcher mon arrivée en Sonore. Moins que tout autre, vous devriez être informé à l'avance de ce départ. Au moment de prendre une décision aussi grave, je me dois à moi-même de vous en dire les motifs. Je ne veux laisser ni à l'erreur ni à la malveillance la faculté de dénaturer mes projets, ni de ternir ma mémoire, si je dois succomber dans mon entreprise.

S'il faut en croire la rumeur publique, dès l'arrivée des Français à Guaymas, les autorités ont essayé de les disperser. Leur résistance toute naturelle a fait naître un conflit. Bien qu'on puisse douter de l'exactitude de cette nouvelle, je la crois assez probable pour faire de mon départ un devoir impérieux.

En les attirant en Sonore, le gouvernement mexicain, comme on ne peut en douter à la lecture des instructions adressées à son consul, n'a pas eu d'autre but que de paralyser leurs moyens d'action, il est juste que ce gouvernement porte la peine de sa perfidie !

En rendant compte de mes préparatifs, en publiant des conjectures sur mes projets, les journaux américains les ont confondus avec les entreprises qualifiées de *flibustiérisme*. Le gouvernement mexicain affecte d'y voir un acte de piraterie. Vous connaissez mes projets.

Monsieur ; vous savez ce qui les distingue essentiellement de ce genre d'expéditions. Étrangers à la Sonore, nous n'avons pas le droit de prendre l'initiative : celle-ci appartient aux habitants. Or ils la prennent et ils nous appellent ; notre droit est de répondre à cet appel. C'est donc à une révolution toute nationale que nous allons prêter le concours de nos armes.

Les correspondances et les nombreux rapports que nous recevons ne laissent aucun doute sur les dispositions des habitants. Leur volonté raisonnée, fondée, définitive est de constituer un gouvernement local, éclairé et fort ; d'appeler l'immigration ; de rendre à l'industrie humaine un pays magnifique, condamné par une administration déplorable à la plus atroce misère. La seule ambition des Français est de concourir à cette révolution qui intéresse l'humanité tout entière ; la mienne, monsieur, est de m'y consacrer tout entier et de périr, s'il le faut, pour en assurer le succès !

(...) Il est à craindre que de pareils résultats ne puissent s'obtenir sans une lutte sanglante contre certains hommes qui trouvent leurs intérêts à maintenir le peuple sonorien dans une servitude qu'il déteste et dont il veut s'affranchir.

(...) Mon projet de colonisation, adopté par le gouvernement mexicain, pouvait faire la fortune de la Sonore et satisfaire les justes réclamations des spoliés d'Arizona. On nous a joués, moi et mes compagnons, nous allons agir. (...)

J'ai l'honneur, etc.

Comte de Raousset-Boulbon

*

San Francisco,
à M. Levasseur, ambassadeur de France à Mexico.

Vous trouverez ci-joint, Monsieur, la copie d'une lettre que j'adresse à M..., à San Francisco. Je n'ai rien à y ajouter en vous écrivant à vous-même, elle explique ma conduite et justifie mon départ.

En m'appelant à Mexico, en m'y retenant quatre mois sans aucun résultat, le général Santa-Anna m'a mis lui-même les armes à la main.

Je déclare solennellement, sur mon honneur de gentilhomme et sur ma foi de chrétien, que si le général Santa-Anna se fût confié à ma loyauté, je l'aurais servi fidèlement. Sa méfiance est un outrage que je n'ai pas mérité. C'en est un pour vous-même, et vous avez dû le ressentir ainsi.

Ce que j'entreprends aujourd'hui contre le général Santa-Anna donnera la mesure de ce que je pouvais faire pour lui.

(...)

Aujourd'hui, Monsieur, je ne fais pas de propositions, parce qu'elles ne seraient pas convenables ; je ne menace pas, parce que je n'en ai pas encore le droit, je me borne à constater ce qui est.

Je ne sais pas encore si je trouverai mes compagnons à Guaymas, il se peut même que je sois pris avant d'y arriver ; mais le jour où je les aurai rejoints, lorsque je les aurai derrière moi, armés, déterminés et secourus par leurs camarades de Californie, les souvenirs d'Hermosillo ne sont pas tellement effacés que le général Santa-Anna ne puisse calculer la résistance dont je suis capable.

Quelle sera pourtant ma situation ? Que veulent mes compagnons ? Ce qu'ils voulaient en 1852, ce que j'ai demandé en vain à Mexico, c'est-à-dire justice : Arizona, c'est-à-dire leur propriété et la mienne. Ce n'est pas la vengeance qui nous anime, c'est le sentiment du droit et le parti pris de le faire respecter.

(...) J'aime la Sonore, monsieur, je voudrais servir ce pays, le protéger, le féconder. Je suis toujours prêt à me dévouer avec enthousiasme aux idées que vous m'avez connues, mais je ne sais pas reculer là où mon honneur est engagé.

J'obtiendrai justice, j'établirai mes compagnons en Sonore, ou je mourrai les armes à la main.

J'ai l'honneur...

Comte de Raousset-Boulbon

*

Guaymas,
à M. le vice-consul Calvo,
le 12 juillet 1854.

Monsieur le consul,

En présence des regrettables événements qui viennent de se passer dans la ville de Guaymas, le bataillon français, représenté par ses officiers, croit devoir vous adresser l'exposé des faits suivants.

Arrivés, il y a trois mois, sur la foi de promesses dont la réalisation a été loin de répondre à notre attente, nous avons conservé, au milieu d'une population prévenue contre nous, hostile peut-être, le calme, la fermeté, la dignité, premier devoir des Français ; nos vœux étaient de rendre par notre intelligence, notre travail, au prix même de notre sang, notre bien-être personnel solidaire du bien-être du pays. Quelques malveillants, aveuglés par un égoïsme intéressé, et s'abritant sous de faux-semblants de nationalité, se sont, depuis notre arrivée, donné la mission de semer entre nous et la population des ferments de haine et de discorde : menaces, provocations directes, rien ne leur a jusqu'ici coûté pour chercher à nous faire sortir des bornes de la modération que nous nous étions imposée.

Devinant le but de ces ténébreuses menées, nous nous sommes contentés de les signaler, à plusieurs reprises, à l'attention des autorités supérieures.

Sous la pression de la panique qu'ils s'étaient plu à entretenir depuis si longtemps, ils sont parvenus à donner lieu, dans la nuit du 11 juillet, à une manifestation que les autorités, par une méprise que nous regrettons, ont semblé autoriser par leur présence.

Toute la journée du 11, les munitions qui restaient dans le fort avaient été transportées au quartier général ; des ordres spéciaux avaient convoqué la garde nationale en armes dans ce quartier, qui, quelques heures plus tard, renfermait les notabilités commerciales et administratives, ainsi que les familles fallacieusement alertées.

À la vue de ces préparatifs, dont nous ne comprenions ni le but ni la portée, nous nous sommes bornés à prendre quelques mesures de précaution pour nous mettre à l'abri d'un coup de main qui aurait pu être tenté pendant la nuit.

Ce matin, 12 du courant, les Français, convaincus d'une solution pacifique, se répandaient comme de coutume et sans armes dans la ville ; des misérables, soldés sans doute, se portèrent à des voies de fait directes contre nos nationaux désarmés, en blessèrent trois ; il fallut toute l'autorité des chefs pour sauvegarder la vie des agresseurs, qui furent depuis réclamés par la justice du pays.

Pendant ce temps-là, Son Excellence le gouverneur général se transportait successivement aux deux quartiers français pour visiter, d'un côté les blessés, de l'autre les prisonniers.

Si nos intentions avaient été celles que l'on nous a si calomnieusement prêtées, il nous eût été facile de nous donner des garanties en retenant parmi nous le gouverneur et l'état-major qui l'accompagnait. Nous avons eu jusqu'au bout confiance dans la légalité de notre cause et dans les promesses verbales dont on nous berçait depuis si longtemps. Nous avons laissé partir librement le gouverneur : quelques minutes après, les individus dont nous avons signalé plus haut la malveillance faisaient traîtreusement feu sur des Français paisibles passant dans les rues.

En présence des faits susmentionnés et des dangers qui peuvent nous menacer dans l'avenir, nous venons nous mettre sous la sauvegarde du pavillon national.

Nous vous prions donc, monsieur le consul, pour prouver au gouvernement français qu'au milieu d'agressions de toute nature, nous avons conservé intacte notre réputation proverbiale d'honneur et de loyauté, de certifier par votre signature la véracité des faits signalés dans le procès-verbal ci-dessus.

Au nom de l'équité, nous vous prions, nous vous requérons au besoin, de vous entendre avec nous et les autorités mexicaines pour obtenir toutes les garanties que réclament les difficultés de notre position.

Le commandant du bataillon,
L. Lebourgeois-Desmarais.
Et : Loiseau, A. Bazajou, Martincourt,
E. de Fleury, S. Perret, Didier, Terral, F. Canton, E. Laval, A. Sueur.

*

Guaymas, 10 août 1854.

Mon cher et bon frère,

Quand tu recevras cette lettre, je ne serai plus de ce monde. Voici brièvement les circonstances qui ont amené ma mort. J'ai quitté San Francisco le 25 mai ; je t'ai écrit pourquoi et comment. Après un voyage très accidenté, pendant lequel j'ai fait naufrage durant douze jours dans une île déserte et sans eau, j'ai fini par arriver à Guaymas, où j'ai débarqué le 1er juillet. Le 13, les Français, au nombre d'environ trois cents, se sont soulevés. Il n'est guère possible, cette lettre devant être lue par d'autres personnes avant de te parvenir, que je raconte à la suite de quels événements a eu lieu cette prise d'armes. Les Français étaient, avant mon arrivée, organisés en un bataillon de volontaires au service du Mexique ; ils avaient leurs officiers et un commandant, bon soldat, mais incapable de diriger une action. Les prétentions et la susceptibilité de cet homme m'ont obligé de lui laisser un commandement qui était au-dessus de ses forces : il a mené les Français au combat comme un troupeau de moutons, dès les premiers coups de feu, ils se sont éparpillés et mêlés dans un affreux désordre. Je lui avais donné un plan d'attaque général dont il n'a pas su faire exécuter le plus simple détail. Les Mexicains se sont d'ailleurs battus avec beaucoup de courage ; leur général est un homme d'une incontestable bravoure, et ils l'ont bien secondé. Le combat a commencé à 4 heures de l'après-midi : à 6 heures, les Français, découragés, et ayant perdu, en tués et blessés, environ le tiers de leurs effectifs, se sont réfugiés dans la maison de l'agent consulaire français et se sont rendus à discrétion. Dans ce malheureux combat, je n'ai pu qu'agir en soldat et donner l'exemple. J'ai la conscience d'avoir fait, pour les mener en avant, tout ce que peut exécuter un homme ; mais je n'ai jamais pu en rallier autour de moi plus d'une vingtaine. Je suis resté deux ou trois minutes à cheval sur une muraille, pour leur montrer qu'on pouvait passer de l'autre côté : un seul homme m'a suivi ; ailleurs je me suis lancé seul contre la caserne des Mexicains, qui était à une centaine de pas ; pas un ne m'a suivi. Je suis resté quelques minutes appuyé là, contre une muraille en ruine derrière laquelle étaient des soldats mexicains, et j'ai attendu que les Français vinssent à moi. J'ai reçu là, dans la manche gauche, un coup de baïonnette et un coup de feu. Ils l'ont vu, ils ont cru que j'étais blessé, et pourtant pas un n'est venu ; j'ai dû aller les rejoindre.

Lorsque les Français sont entrés dans la maison du consul, tout était fini, je les voyais clairement perdus : j'avais fait mon devoir et j'avais le droit de penser à ma sauvegarde ; plusieurs m'ont conseillé de fuir, je le pouvais, il m'était facile de réunir une douzaine de matelots, de m'emparer d'un navire et de gagner la mer. Pardonne-moi, mon bon frère, de ne pas l'avoir fait : on eût appelé cela une fuite. J'étais venu pour partager le sort des Français et j'ai voulu le partager jusqu'au bout ; j'ai fait, de propos délibéré, le sacrifice de ma vie, je ne me suis pas rendu, j'ai été fait prisonnier. Hier 9 août, j'ai été jugé par un conseil de guerre et condamné à mort, je serai fusillé demain ou après-demain. Le général Yanez a bien voulu m'accorder l'autorisation de t'écrire et me faire donner l'assurance que, sans avoir à subir aucune humiliation, je serai fusillé debout et les yeux non bandés, les mains libres.

Lorsque je me suis laissé faire prisonnier, je savais que je faisais le sacrifice de la vie. Depuis vingt-sept jours que je suis en prison et au secret, j'ai eu tout le temps de voir venir la mort et de penser à ce qu'elle est, quand on la reçoit à 36 ans, de sang-froid, avec certitude, dans la plénitude de la vie et de la force. Ne crois pas qu'il y ait pour moi une souffrance dans cette situation, ne t'affecte pas à la pensée qu'il faut considérer ceci comme une lente et douloureuse agonie.

Non, mon frère, tu te tromperais, je meurs avec un grand calme, il y a dans ma vie une somme de bien et de mal, je considère le supplice comme une expiation du mal, le peu de bien que j'ai fait et celui surtout que j'ai voulu faire me donnent le calme de la conscience. Si je suis ici, c'est pour avoir tenu mes engagements, c'est ma fidélité à ma parole qui creusera ma tombe. J'ai voulu faire du bien aux hommes qui m'avaient donné leur confiance, j'ai sincèrement aimé le pays dans lequel je vais mourir ; à part certains emportements de passion et de colère naturels à mon organisation, j'ai voulu sincèrement le bien de ce pays, et il ne pouvait que gagner à la réalisation de mes idées.

Si la légation de France m'avait appuyé le moins du monde quand je suis allé à Mexico, j'ai la conviction qu'il en fût résulté de grands avantages pour le Mexique et pour les malheureux Français qui luttent en Californie contre un avenir sans issue. Il a dépendu de moi de faire beaucoup de mal si j'avais voulu flatter et exalter les passions mauvaises ; je puis dire que je n'ai jamais fait appel qu'à de généreux sentiments, ma conscience est donc en repos.

J'ai dans l'immortalité de l'âme une foi profonde, je crois fermement que la mort est l'heure de la liberté, je crois fermement à la mansuétude infinie du Créateur envers sa créature. Lorsque je demeure quelque temps à suivre cet ordre d'idées, j'arrive à une exaltation qui me fait considérer la mort comme l'heure la plus fortunée de la vie. Tu le vois, mon frère, je meurs tranquille, et tu ne dois avoir aucune inquiétude sur la manière dont se seront passés mes derniers instants.

J'ai laissé à San Francisco, entre les mains de M. Gronfier, agent de Mme veuve Lyon-Allemand, des papiers qui te seront envoyés et probablement apportés par une personne sûre. Tu retrancheras de ces papiers et tu brûleras tout ce qui te paraîtra peu convenable, ainsi que quelques écrits tout à fait intimes. Tu trouveras un livre fermé par une serrure et qui contient des notes, tu effaceras ce qu'il te paraîtra convenable d'effacer, entre autres, certains rêves chimériques dont j'ai pu prendre note quand je n'avais rien de mieux à faire, mais qui ne doivent pas me survivre. Après avoir scrupuleusement émondé ces manuscrits, tu les garderas pour qu'ils servent de pièces justificatives dans le cas où, ma mémoire étant attaquée, tu aurais à la défendre.

(...) J'ai encore quelques recommandations à te faire : je les écris à mesure qu'elles se présentent à mon esprit. N'oublie pas certains manuscrits laissés à des mains où tu sais combien je suis désolé de les voir. J'ai remis en Afrique, à M. Borrely, le *Sapic*, d'autres manuscrits, des livres et un portrait de ma mère. J'ai réclamé ces divers objets pendant des années sans qu'il m'ait été possible de me faire rendre quoi que ce soit. Ce sont encore des choses qu'il me serait agréable de savoir entre tes mains.

Tu as connu dans le temps ma liaison avec Héloïse, il en est survenu une fille dont l'avenir m'inquiète. C'est un devoir pour moi de te la recommander, je laisse à ton bon cœur le soin de juger ce que tu pourras faire pour elle.

(...) Adieu encore, adieu pour la dernière fois, et au revoir dans un monde meilleur.

Gaston

*

Guaymas, 11 août 1854.

Mon bon frère,

La loi me permettant de disposer par testament de tous les objets que je possède ici, tu recevras les objets suivants, qui n'ont d'autre valeur que celle du souvenir :

1° Un sabre, il m'a été offert par le bataillon français et je l'ai porté le 13 juillet.

2° Un revolver de grande dimension, qui ne m'a pas quitté depuis le 13 mai 1852 ; les deux coups déchargés l'ont été dans le combat du 13.

3° Un petit revolver, que j'ai porté comme arme défensive dans plusieurs circonstances.

4° La chemise de laine que je portais le 13, percée au bras gauche par une baïonnette et brûlée par un coup de feu. Ce vêtement a été le mien pendant bien des années ; c'est le vêtement de l'ouvrier et du matelot, c'est la livrée du travail. Tu diras à tes enfants que j'ai mieux aimé la porter que de commettre des bassesses au moyen desquelles il m'eût été facile de vivre dans l'abondance et le plaisir.

5° Un aide-mémoire d'artillerie.

6° La médaille dont je t'ai parlé et que ta fille portera en mémoire de moi.

7° Une carabine vieille et brisée, qui est ce que je possède au monde de plus précieux. Elle a été mon gagne-pain, elle m'a nourri dans mes voyages, elle m'a donné les plus puissantes et les plus fières émotions de ma vie. La chemise de laine et cette carabine sont le symbole de ma vie dans les quatre années qui viennent de s'écouler. Tu raconteras à tes enfants l'histoire de cette carabine, et cette histoire leur donnera du cœur. Tu leur diras qu'au lieu de chercher une vie oisive et joyeuse dans les industries faciles, mais indignes, j'ai préféré travailler comme un manœuvre, rouler des barriques sur les quais, vendre le produit de ma pêche et de ma chasse, courir comme un sauvage à travers les déserts, et porter tout à la fois sur mon dos un chevreuil, cette carabine, et souvent un fusil à deux coups.

Adieu, frère, les heures passent, et la dernière sonnera bientôt.

Gaston

Je dois ajouter pour l'honneur de ma mémoire, et M. Calvo ainsi que tous ceux qui ont eu connaissance du procès peuvent l'attester, que j'ai refusé de répondre à toute question relative à d'autres que moi. Je n'ai pas dit une parole qui ait pu faire élever sur qui que ce soit l'ombre d'un soupçon de complicité. Il n'en est pas de même des malheureux pour qui je me suis dévoué ; sur douze hommes du bataillon qui ont été interrogés, dont quatre officiers, le commandant, l'officier comptable et deux capitaines, onze ont essayé de se disculper à mes dépens. Un seul, nommé Bazajou, a répondu convenablement. Je pardonne à ces ingrats.

Collationné et certifié conforme.
Guaymas, le 18 août 1854.
Le vice-consul,
Joseph Calvo.

*

Guaymas, le 11 août 1854,
à M...

Mon ami,

Je serai fusillé demain matin, je suis en *capilla*, et c'est de là que je vous écris.

Ma fidélité à ma parole et à des engagements qui se trouvent dans le livre de gravures que je vous ai confié m'ont obligé à combattre, le 13 juillet, malgré le doute où j'étais sur l'issue du combat. Le bataillon avait des officiers et un commandant dont j'ai dû respecter la susceptible incapacité, jusqu'à lui laisser le commandement pendant le combat. Le malheureux n'a pas compris le premier mot des instructions que je lui avais données. Dès les premiers coups de feu, le bataillon est tombé dans un affreux désordre. On ne rallie pas sous le feu des gens qui ne sont pas soldats ; on ne les ramène pas non plus en arrière sans les démoraliser. La seule chose qui restait à faire, c'était d'entraîner en avant ce troupeau d'hommes et d'enlever le quartier mexicain à l'abordage. J'ai la conscience d'avoir tenté pour l'exécuter tout ce que peut faire un homme intrépide. Il m'est arrivé de rester deux ou trois minutes à cheval sur la crête d'un mur, et un seul homme, un soldat d'Afrique nommé Delille, s'est déterminé à le franchir. Ailleurs, j'ai couru seul en avant jusqu'à la muraille du quartier mexicain, à laquelle je me suis adossé pendant quelques minutes, les bras croisés, en regardant les hommes, dont pas un n'est venu. J'ai reçu là un coup de baïonnette et un coup de feu dans la manche gauche de ma chemise de laine. Il est vrai que je n'ai jamais pu réunir autour de moi, et encore à la fin, lorsque l'artillerie mexicaine, entièrement démontée, avait cessé de tirer, plus de vingt-cinq à trente hommes. Je crois, mon ami, avoir fait mon devoir envers *tout le monde*.

Le général Yanez, qui commandait les Mexicains, est un brave, et ses soldats ont tenu ferme ; car malgré leur mollesse, les Français ont eu hors de combat le tiers de leur effectif ; j'ai de grandes obligations au général pour la courtoisie dont il use dans la rédaction de ma sentence et dans son exécution. Je prie que l'on joigne à cette lettre une copie de la sentence. Vous y verrez que je suis condamné comme conspirateur et révolté, mais qu'on ne m'y qualifie pas de traître, ni de flibustier, ni de pirate. Vous pouvez, cette sentence à la main, faire rectifier tout ce qu'il y aurait d'erroné dans les publications américaines. En cela, comme en toute autre chose, vous êtes naturellement de ceux à qui je lègue le soin de ma mémoire. Je mourrai fusillé, debout, les yeux et les mains libres.

Pannetrat devant aller à Paris, je désire qu'il se charge de mes papiers pour les remettre à ma famille, à Avignon, ou à mon frère, au haras de Braine, près Laon, département de l'Aisne. Je vous prie de vouloir bien, avec M. Gronfier, faire de ces papiers un paquet ficelé et cacheté que vous confierez à M. Pannetrat, au moment de son départ, ou à toute autre personne parfaitement sûre, dans le cas où M. Pannetrat ne partirait pas.

Je meurs parfaitement calme et sans regrets.

J'ai conservé la médaille que votre femme m'avait donnée ; elle sera reprise sur mon cadavre et envoyée à une fille de mon frère qui la portera toute sa vie. Rendez à votre femme le baiser d'adieu qu'elle me donna quand je quittai San Francisco.

Adieu, mon ami, adieu, pensez quelquefois à moi et ne me plaignez pas.

Comte de Raousset-Boulbon

ÉPILOGUE

La fin de Raousset signe la fin de cette aventure. Commence ensuite une autre époque — celle d'une Californie pacifiée, devenant un État « normal », au terme de ces formidables convulsions. Les Français se fondront dans la population, ou bien rentreront au pays.

Comme notre Rivoallan, qu'on retrouve avocat en sa bonne ville de Morlaix. Avec au fond de l'âme gardée une blessure qui ne guérira jamais. On ne tutoie pas impunément les dieux. Et s'il faut une conclusion à toute cette histoire, elle se trouve, me semble-t-il, dans cette lettre écrite au retour, l'âge venant — et dans la question qu'il s'y pose à mi-voix : « De ces deux vies, quelle est la meilleure ? »

Et voilà, mon cher Ernest, où nous en sommes, nous les chercheurs d'or de Californie, nous les soldats d'aventure de l'Arizona, nous les lanciers de Raousset. Après avoir tant rêvé, tant couru, tant vu, après tant de châteaux en Sonore, nous voilà redevenus tout bêtement des bourgeois de France, toi un riche oisif, moi un obscur avocat et tous les deux nous vivons notre vie comme tout le monde, déjeunant tous les jours, dînant tous les soirs, et cherchant comme tout le monde une femme à associer à notre prosaïque existence. Est-ce bien, est-ce mal ? De ces deux vies, quelle est la meilleure ? Ma foi, je te laisse à répondre...

As-tu lu *Le Comte de Raousset-Boulbon*, par Henry de La Madelène ? Cet ouvrage t'interrogera beaucoup. Tu y verras bien des choses dont tu ne te doutais pas, quelques blagues et beaucoup de vérités. Tu en concluras probablement que notre pauvre Raousset nous traitait bien cavalièrement. Mais respect à ceux qui ne sont plus et qui au fond étaient des nobles cœurs...

BIBLIOGRAPHIE

NASATIR (Pr Abraham P.), *French Activities in California, An Archival Calendar-Guide*, Stanford University Press, 1945. Pratiquement toutes les archives françaises, américaines, mexicaines recensées et résumées !

GUDDS (Erwin G.*), California Gold Camps*, University of California Press, 1975. Tous les camps recensés et l'histoire de chacun d'eux résumée.

Gold Rush, a Literary Exploration (éd. par Michael Kowalewski) Heyday Books, Berkeley, Californie, 1997.

ROHRBOUGH (Malcolm J.) : *Days of Gold, The California Gold Rush and the American Nation*, University of California Press, 1997.

Deux grandes synthèses historiques, datées, mais très riches :

BANCROFT, *History of California, 1848-1859.*

HITTEL, *History of California*, vol. 3, pour ses détails sur la vie dans les mines.

Sur la vie quotidienne, les faits divers, la vie « secrète » de la ville, bref, tout ce qui fait le piment de l'existence, si souvent négligé par les historiens trop soucieux de vues générales :

SOULÉ (Frank), GIHON (John H.), NISBET (James)*, The Annals of San Francisco*, 1854, rééd. 1964.

ASBURY (Herbert), *The Barbary Coast*, New York, 1933.

GENDRY (Curt), *The Madams of San Francisco*, 1964.

MACMINN (George M.), *The Theater of The Golden Era in California*, Idaho, 1941.

Les archives municipales des villes de la Sierra Nevada (Angel's Camp, Nevada City, Grass Valley, Marysville, Jackson, Placerville, San Andreas) m'ont été précieuses. Les travaux des érudits locaux sont souvent négligés, à tort : ils sont une mine de renseignements.

Sur les chercheurs d'or mystiques :

PANCOAST (C. E.), *A Quaker Forty-Niner*, Philadelphie, 1930. Un document exceptionnel.

TAYLOR (W.), *In search of God's Gold*, San Francisco, 1950. Une synthèse très éclairante.

Sur la justice des Vigilants :

STEWART (George R.), *Committee of Vigilance : Revolution in San Francisco, 1851*, 1964. Fait utilement le point.

Sur la vie des *rancheros* californiens :

CLELAND (Robert Glass), *The Cattle on a Thousand Hills, Southern California, 1850-1880,* San Marino, 1975. Cet ouvrage peut être dit de référence.

CENDRARS a fait du Suisse Sutter le personnage central de son roman *L'Or*. Plus fidèle à ce que nous savons aujourd'hui de ce dernier est le livre de DILLON (Richard), *Fool's Gold.*

Sur Sam Brannan, deux livres qui ne prennent, hélas ! en compte que quelques facettes du personnage :

SCOTT (Reva), *Sam Brannan and the Golden Fleece*, New York, 1954.

BAILEY (Paul), *Sam Brannan and the California Mormons*, Los Angeles, 1943.

Je tiens par-dessus tout à remercier le personnel de la Bancroft Library pour sa constante disponibilité.

Bibliographie complémentaire

ACHARD (Alexandre), « Voyage de Paris à San Francisco. Scènes de mœurs en Californie », *Revue des deux mondes*, 1850, pp. 693-708.

AIMARD (Gustave), *Le Grand Chef des Aucas. Le Chercheur de pistes. Les Pirates des prairies. La Loi de Lynch. La Grande Flibuste. La Fièvre d'or. Curumilla. Valentin Guillois. Les Bois brûlés.* Série de romans inspirés par l'aventure de Raousset-Boulbon. Paris, s.d.

Almanach californien 1851 : « Guide de l'émigrant », « Manuel du commerçant et de l'actionnaire », « Documents complets pour tout le monde sur la Californie », Paris, 1851.

ANDRÉ (Alexandre), *Mon itinéraire du Havre à San Francisco et dans l'intérieur de la Californie entre 1849 et 1850*, Paris, 1913.

AUGER (Édouard), *Voyage en Californie, 1852-1853*, Paris, 1854.

BÉNARD DE RUSSAILH (Albert), *Journal de voyage en Californie à l'époque de la ruée vers l'or, 1850-1852*, San Francisco, 1931, rééd. Paris, 1980.

BIDWELL (John), *In California before the Gold Rush*, Ward Richie Press, Los Angeles, 1948.

BIÉTRY-SALINGER (Jehanne), *Notre centenaire*, San Francisco, 1949.

BISSEL (Clifford H.), « The French Language Press in California », in *California Historical Society Quarterly,* 1960 (4 n[os]).

BLOND (Georges), *Le jour se lève à l'Ouest*, Paris, 1956.

BLUMENTHAL (Henry), « The California Societies in France, 1849-1855 », in *Pacific Historical Review,* août 1956.

CAUWET (Pierre), *Poésies*, San Francisco, 1867.

— et DUQUESNAY (Charles), *Lettres californiennes à M. Émile de Girardin*, San Francisco, 1870.

CHALMERS (Claudine), « The French and Early California, A Grand (and Mutual) Passion », *The Californians*, mai-juin 1988.

CHAPUT (Donald), *La Participation des Canadiens français à la conquête de l'Ouest américain*, Bibliothèque nationale du Québec, 1950.

CHEVALIER (Martial), « La Californie et l'émigration européenne », *Revue des deux mondes*, septembre 1852, pp. 989-1016.

CHINARD (Gilbert), *When the French came to California*, San Francisco, 1944.

COMBIER (C.), *Voyage au golfe de Californie*, Paris, 1864.

CRÉTÉ (Liliane), *La Vie quotidienne au temps de la ruée vers l'or*, Paris, 1982.

DELLESSERT (M. Benjamin), « Les Mines d'or de la Californie », *Revue des deux mondes,* 1849, pp. 468-484.

DERBEC (Étienne), « Lettres de Californie (mai-décembre 1850) », *Journal des Débats,* Paris, 1850-1851.

—, *A French Journalist in the California Gold Rush*, lettres éditées par A. P. Nasatir, Georgetown, 1964.

DILLON (Patrice), « La Californie dans les derniers mois de 1849 », *Revue des deux mondes,* 15 janvier 1850, pp. 193-219.

DUMAS fils (Alexandre), *Un Gil Blas en Californie*, Paris, 1852.

—, *Une histoire de la loterie*, Paris, 1851.

—, *Journal de Mme Giovanni,* Paris, 1854.

DYSSORD (Jacques), *Un conquistador moderne : le comte de Raousset-Boulbon*, Paris, 1943.

GAILLARD (Robert), *Le Grand Mirage*, Paris, 1946.

GASCAR (Pierre), *L'Or*, Paris, 1967.

GÉNIN (Auguste), *Les Français au Mexique*, Paris, s.d.

HAILLY (Ed. DU), « Les Américains sur le Pacifique » (« I. Première année d'une ville de l'Union » ; « II. San Francisco et la société californienne » ; « III. Les mines d'or et l'émigration » ; « IV. La Californie et l'émigration européenne »), *Revue des deux mondes,* Paris, 1859.

HASKINS (C. W.), *The Argonauts of California*, New York, 1890. Contient une liste de pionniers arrivés en Californie avant le 31 décembre 1849, parmi lesquels de très nombreux Français.

HERZ (Henri), *Mes voyages en Amérique*, Paris, 1866.

JOMARD (Edmond), *De Paris au Sacramento*, Paris, 1852.

JORE (Léonce), « Le Bordelais Jean-Louis Vigne *», Revue historique de Bordeaux,* 1959.

LA CHAPELLE (A. DE), *Le Comte de Raousset-Boulbon et l'expédition de la Sonore. Correspondance, souvenirs et œuvres inédites*, Paris, 1859.

LA MADELÈNE (Henry DE), *Le Comte de Raousset-Boulbon ; sa vie et ses aventures, d'après ses papiers et sa correspondance,* Alençon, 1856, rééd. Paris, 1859.

LAMBERTIE (Charles DE), *Le Drame de la Sonore*, Paris, 1855.

—, *Voyage pittoresque en Californie et au Chili*, Paris, 1853.

LAPEYROUSE (Samuel DE), *Misères oubliées : Californie 1850-1853. Aventures et souvenirs d'un chercheur d'or*, Paris, 1886.

LAZARD (Didier), *Simon Lazard, émigré à 16 ans, pionnier du Far West, fondateur de la banque Lazard*, Paris, 1988.

LE BRIS (Michel), « Chercheurs d'or à la conquête du paradis », *Notre Histoire,* janvier 1987.

—, « Quarante-huitards et chercheurs d'or », *Science et nature,* septembre 1993.

—, « Sur la piste des chercheurs d'or », *Ouest France,* avril-juin 1983 (trois livraisons).

—, *La Fièvre de l'or*, Paris, 1988.

—, « La Loterie des lingots d'or », *Historia,* novembre 1986.

—, *La Porte d'or*, Paris, 1986.

—, « Les Fantômes de Californie », *Le Nouvel Observateur,* juillet 1983 (trois livraisons).

—, *Les Flibustiers de la Sonore*, Paris, 1998.

LEMONNIER (Léon), *La Ruée vers l'or*, Paris, 1944.

LÉVY (Daniel), *Les Français en Californie*, San Francisco, 1884.
LOVIOT (Mlle Fanny), *Adventures of a Californian Lady in China ; or Capture of the* Caldera *by Chinese Pirates*, San Francisco, 1864.
MASSEY (Ernest DE), « A Frenchman in the Gold Rush », *Quarterly of California Society,* V, 3-43, 93-177, 219-54, 342-77 ; VI, 37-57.
—, *A Frenchman in the Gold Rush* (extraits de son journal), éd. Marguerite E. Wilbur, San Francisco, 1927.
MAURY (P.), *La Californie en février 1852*, Bordeaux, 1852.
MCMURTRIE (Douglas C.), *A History of California Newspapers*, New York, 1927. Intéressant aperçu sur les journaux français.
MEANY (Andrée), *La Californie : une merveilleuse aventure*, San Francisco, 1953.
MITHOUARD (J.), *La Californie, documents officiels et renseignements recueillis et publiés*, édité par l'auteur, Paris, 1850.
MOERENHOUT (Jacques-Antoine), « Inside Story of the Gold Rush », *Quarterly of the California Historical Society,* San Francisco, 1935.
NASATIR (Abraham P.), « International Rivalry for California », Quarterly of the California Historical Society, mars 1927.
—, *The French Consulate in California, 1843-1856.*
—, *The Sutter-Vioget Letters,* Nugget Press, 1942.
PASQUIER DE DOMMARTIN (Hippolyte DU), *Les États-Unis et le Mexique*, Paris, 1852.
PIGNÉ-DUPUYTREN (J.-B.), *Récit de l'expédition en Sonore de monsieur le comte de Raousset-Boulbon en 1854*, San Francisco, 1854.
PINART (Alphonse), *Documents for the History of Sonora (extracts from Manuscripts and Printed Matter in the Collection of Monsieur Alphonse Pinart),* 6 vol., Bancroft Library, Berkeley, n°s 286-292.
Quarterly of the California Historical Society, San Francisco, XI, 195-223, 339-357 ; XII, 35-64, 155-166 ; XLV, 129-182.
RAOUSSET-BOULBON (Gaston, comte DE), *La Question des travailleurs résolue par la colonisation de l'Algérie,* Avignon, 1848.
—, *Une conversion*, Paris, 1857.
RIVOALLAN (Charles-Gustave), *Souvenirs de l'expédition de Sonore*, manuscrit inédit.
RUDKIN (Charles), *The First French Expedition to California : La Pérouse in 1786*, Glen Dawson, Los Angeles, 1959.
RUTTÉ (Théophile DE), *Les Aventures d'un jeune Suisse en Californie, 1846-1856,* Paris, 1979.
SAINT-AMANT (Mme DE), *Voyage en Californie, 1850-1851*, Paris, 1851.
SAINT-AMANT (Pierre-Charles DE), *Voyages en Californie et dans l'Oregon par M. de Saint-Amant, envoyé du gouvernement français, en 1851-1852*, Paris, 1854.

SIMONIN (Louis-Laurent), *La Route de l'or, un Français au Far West, 1859-1868*, Paris, 1993. Reprise des articles publiés dans la revue *Le Tour du monde.*

SOULIÉ (Maurice), *La Grande Aventure : L'épopée du comte de Raousset-Boulbon au Mexique, 1850-1854,* Paris, 1926.

TRÉNY, *La Californie dévoilée, ou Vérités irrécusables appuyées sur de nombreux témoignages sur cette partie du globe*, Paris, 1850.

VERCHÈRES DE BOUCHER DE BOUCHEVILLE (Philéas), « Souvenirs d'un voyage en Californie », *Les Soirées canadiennes,* vol. V, pp. 9-290, Québec, 1865.

VERNE BLUE (George), « *French Interests in Pacific America in the* XVIIIth *Century* », *Pacific Historical Review*, vol. IV, n° 3.

VIGNEAUX (Ernest), *Souvenirs d'un prisonnier de guerre au Mexique, 1854-1855,* Paris, 1863.

WYLLYS (Rufus Kay), *The French in Sonora, 1850-1854*, Berkeley, 1932. Thèse restée, hélas ! inédite.

Périodiques

La découverte de l'or, puis la ruée française suscitèrent une multitude d'articles, voire de journaux, éphémères pour la plupart, souvent organes de compagnies de chercheurs d'or en voie de constitution. Parmi les périodiques les plus intéressants :

Courrier de la Californie, Paris, juin 1850.

Courrier de Monterey, journal des actionnaires des mines d'or La Fortune, Paris, janvier 1851.

Courrier de San Francisco, février 1850.

Écho de la Californie, Paris, septembre 1849.

Écho du Pacifique, créé le 1er juin 1852. Quatre pages en espagnol, avec pour titre intérieur *El Eco del Pacifico* jusqu'en 1856. Puis édition tri-hebdomadaire à partir du 1er janvier 1856, sous la direction d'Étienne Derbec.

Écho du Sacramento, publié par la compagnie des Mines d'or de la Californie, Paris, novembre 1849.

Journal de la France, compagnie des Mines d'or de Californie, Paris, mai 1850.

Journal des Débats : surtout pour les lettres de Derbec.

Journal de Toulouse : article de 44 pages de De Mofras, « La Californie », dans le numéro du 28 mars 1849.

L'Aurifère, moniteur des mines d'or, journal mensuel de la compagnie

l'Aurifère et des intérêts de l'Association française en Californie, Paris, 1850.
L'Illustration : vol. XII (sept. 1848-février 1849) ; vol. XVI (juillet-décembre 1850, sur une vingtaine de compagnies en voie de formation, parmi lesquelles la Mine d'or, le Monde d'or, la Ruche d'or, la Clef d'or, la Toison d'or, l'Âge d'or, la Région d'or, la Gerbe d'or, la Terre d'or, le Pays d'or, la Rivière d'or, le Fleuve d'or) ; vol. XIX (janvier-juin 1852) ; vol. XX (juillet-décembre 1852) ; vol. XXI (janvier-juin 1853).
La Californie agricole, organe des intérêts d'émigrants, publié par la compagnie la Bretonne, Paris, 1849.
La Californie, journal des intérêts coloniaux de l'océan Pacifique, Paris, 1849.
La Fortune, journal des intérêts français en Californie, mai 1849.
La Moisson d'or, journal californien, Paris, 1849.
La Revue des deux mondes.
La Toison d'or, journal des intérêts californiens, mai 1850.
Le Californien, août-décembre 1849.
Le Constitutionnel, notamment l'article de De Mofras du 29 janvier 1849.
Le Courrier de la Californie, journal mensuel, Paris, 1850.
Le Mineur, interprète des mines d'or de la Californie, Paris, juin 1850.
Le Télescope, journal des intérêts français en Californie, juillet-septembre 1850.
Moniteur de la Californie, journal de Lyon et des colonies, Lyon, 18 mars 1849.

Journaux français publiés en Californie

Chronique de Calaveras, publié à Mokelumne Hill en 1852.
La Gazette républicaine, San Francisco, 12 septembre 1850.
La Revue californienne, publiée chaque samedi par Jules de France, à partir du 7 juin 1851. Date de décès inconnue.
La Semaine littéraire, hebdomadaire créé en avril 1856.
Le Californien, San Francisco, 21 janvier 1850.
Le Messager, San Francisco, du 22 août 1853 au 31 mars 1856. Le journal des républicains édité par La Chapelle. Absorbé en mars 1856 par *L'Écho du Pacifique.*
Le Phare, journal franco-californien, San Francisco, 22 juillet 1855-1863.
The Present and the Future, San Francisco, 16 juin 1853-juillet 1853.

Quotidien rédigé pour moitié en français. Devint le *Public Ledger* le 1er août 1853.

D'autres journaux furent édités, dont il ne reste plus de traces :

— *la Gazette républicaine*, tri-hebdomadaire ;
— *la Presse*, quotidien qui vécut le temps d'une seule édition ;
— *la Revue californienne*, hebdomadaire qui tint un mois ;
— *le Colibri*, bi-hebdomadaire qui vécut deux mois ;
— *le Courrier d'Europe*, hebdomadaire lancé en avril 1853 ;
— *le Courrier de la Californie*, quotidien qui tint six semaines ;
— *le Français,* tri-hebdomadaire qui tint un mois ;
— *le Mineur*, bi-hebdomadaire qui tint six mois ;
— *le Passe-Partout*, hebdomadaire qui tint trois mois ;
— *le Patriote,* quotidien qui tint trois mois ;
— *le Spectateur,* hebdomadaire qui tint six mois.

Plusieurs journaux américains eurent, un temps, une colonne en français, sinon une page : le *Star*, le *Picayune,* le *Morning Post,* le *Whig*, le *Present and Future*, le *Globe.*

TABLE DES MATIÈRES

Introduction 7

I — La découverte 19

Lettre de Moerenhout 27

II — La ruée 53

Lettre de Raousset-Boulbon 71
Samuel de Lapeyrouse, *Misères oubliées...* 80
Alexandre Dumas, *Un Gil Blas en Californie* 92
Bénard de Russailh, *Journal* 109
Mme de Saint-Amant, *Lettres du voyage en Californie* 142

III — San Francisco 151

Patrice Dillon, *San Francisco dans les premiers jours* 159
Jules de France, *Les cris de la ville* 176
Samuel de Lapeyrouse, *Misères oubliées...* 179
Raousset-Boulbon, *San Francisco hiver 1850* 189
Bénard de Russailh, *San Francisco* 191
Ernest de Massey, *Journal* 230

IV — Sur les placers 301

Patrice Dillon, *La Californie dans les derniers mois* 311
Alexandre Achard, *Dangers d'explosion* 313
Raousset-Boulbon, *À Mokelumne Hill* 316
Samuel de Lapeyrouse, *Une saison aux placers* 319
Charles-Gustave Rivoallan, *Sur les rives de la Mocalamé* 339

V — Les flibustiers de la Sonore 345

Charles-Gustave Rivoallan, *Départ pour la Sonore* 349
Gaston de Raousset-Boulbon, *Lettres de la Sonore* 359
Charles-Gustave Rivoallan, *Une chasse aux Indiens* 371
Gaston de Raousset-Boulbon *(suite)* 381
Charles-Gustave Rivoallan *(suite de son journal)* 388
La deuxième expédition de Raousset-Boulbon 398

Épilogue 419

Bibliographie 421

Cet ouvrage a été imprimé
sur presse Cameron
par ***Bussière Camedan Imprimeries***
à Saint-Amand-Montrond (Cher)
en mai 1999

N° d'impression : 992202/1.
Dépôt légal : mai 1999.

Imprimé en France